U0033508

斷裂 2097 第二部

時間圍困

Time Siege

Wesley Chu（朱恆昱） 著

陳韻如　譯

鸚鵡螺文化

Kwaidan

鸚鵡螺，典故來自不朽科幻經典《海底兩萬哩》中的傳奇潛艇，未來，鸚鵡螺將在無限的時空座標中，穿越小說之海的所有疆界，深入從未有人到過的最深的海域，探尋最頂尖最好看的，失落的經典。

第一章　跋涉

羅曼兩隻腳都陷在深及腳踝的淤泥裡，沿著河岸奮力往山坡上跋涉。這條河與其說是河，不如說是一條慢吞吞的土石流，幾個世紀以來，它一點一點吞吃著城市的殘骸，逐漸變成這種沒有消化完全的濃稠粥狀物，暗褐色的泥漿挾帶著碎瓦礫和石塊，順著陡峭的河道往下游層層疊疊的堆積。

他踩到一塊卡在淤泥裡的金屬板，腳底一滑摔得狗吃屎，整個人往下滑了好幾公尺，爬了半天好不容易才爬到的一點進度全都沒了。他還來不及掙扎起來，又是一股泥浪把他連頭到腳給淹沒，他吐掉滿嘴的爛泥，氣得咒罵出聲。

見鬼的黑洞，他的衛生保健時間排在後天早上，也就是說他得臭到那時候，在沖到澡之前，他八成會先被自己身上的糞坑味熏死。今天晚上他大概得睡在宿舍外面，免得味道留在房間裡。

他頭頂上傳來一陣大笑：「恰奇，羅曼是你室友對吧?祝你們好夢！」

羅曼掙扎著要站起來時，恰奇的臉從山坡頂探了出來：「該死的菜鳥，笨手笨腳的，別在那裡玩泥巴了，克力梭在這裡！」

羅曼恨恨的瞪了那塊害他滑倒的綠色金屬板一眼，忽然發現上面有刻字，好像是太陽系英語的古字母。他用袖子擦掉板子上的污泥，慢慢讀出那幾個字，新—倫—敦。

「我們是在對的大陸上嗎?」他大聲發問：「我還以為我們應該在美國的某個州。」

「你那是什麼蠢問題？」芮妮的聲音從坡頂傳過來。

「我也不知道。」羅曼說：「這是我第一次來地球。我記得倫敦是歐洲的城市啊，還是在非洲？」

一艘灰色的箱型飛梭正在他們上空盤旋，在各種障礙物之間艱難的繞行，試圖降落到他們的所在位置。這個地區到處都是傾倒的電線桿、鬆脫的電線、夾雜糾纏的藤蔓，還有崩毀建築物的殘骸，這裡突起一塊，那裡突出一塊，而克力梭本來就不是很靈巧的船艦，光是要安全降落就夠難了。偏偏他們又在河口附近，因為土地軟陷，河岸兩邊很多大樓都往河中央傾斜，形成一座座橫跨河面的三角形屋頂，可是看起來都搖搖欲墜，彷彿隨時會倒塌，實在不宜久留。

「為什麼永遠都得在山頂上登艦？」羅曼嘟囔著說：「就算只有一次也好，就不能下來接我們嗎？」

抱怨歸抱怨，他還是打起精神，手腳並用的繼續往上爬，結果連他的手臂都深陷在爛泥中，不過反正他的制服已經髒成這樣，再多幾層泥也沒差了。

羅曼和他那幾個混帳同事才剛值完八小時的班。為了找到那個荒地部落，全星監控網持續了整整六個月，終於在波士頓西南邊的地區偵測到一點動靜，而被派來這個爛地方搜查的，就是羅曼他們這支倒楣的小隊。當初時旅總署搜過整個波士頓之後，發現那群野蠻人已經撤離城區，巡邏範圍不得不擴展到波士頓的周邊地帶。後來他們只能像無頭蒼蠅一樣，哪裡偵測到能量波動就往哪裡找，就這樣奔波了至少有幾百次。

因為上次時旅總署的攻擊行動失敗，沒有抓到那名異時者就從波士頓撤退，未能履行渥爾塔企業的合約條件，在渥爾塔施加壓力下，時旅總署和他們成立了聯合部隊，簡稱為「聯軍」。照理說，這支聯軍應該由渥爾塔和時旅總署兩造合作指揮，可是那些渥爾塔的混蛋根本不懂什麼叫合作，尤其是他們的老大，郭秘安官，簡直是混蛋中的混蛋。苦差事全都落在時旅總署的人身上，至於那些突擊兵可輕鬆了，只需要坐在旁邊納涼。郭甚至還當面跟監控兵隊長們說，渥爾塔突擊兵是高價值人力，禁不起浪費和消耗。見鬼的黑洞，全時旅總署都恨透了那女人。

費盡千辛萬苦，羅曼終於爬到了山坡頂，並在芮妮和鮑爾的幫忙下站直身子。特工小孟只發出不屑的鼻音，直盯著那艘即將降落的克力梭，連看都不看他一眼：「下次給我小心點，蠢材。要是克力梭的駕駛叫我們清理船艙，你自己一個人清，聽到沒有，菜鳥？」

「說得倒容易。」羅曼喃喃自語：「又不是每個人都跟你一樣，用超動能飛來飛去就好了。」不過他當然沒那個膽大聲說出來。小孟是個五級時旅特工，剛從學院出來沒多久，看上去也不過才十八九歲，想必也是一隻沒經驗的菜鳥，擺架子倒是很會，好像他已經是三級特工似的。沒辦法，即使是資深的監控兵，級別依然不如一個最低階的特工。

克力梭開始降低高度，監控兵小隊迅速散開，讓出一片著陸的空間。這次巡邏和往常一樣無功而返，但羅曼心底有點希望那些野蠻人趕快現身，讓他們的任務早點結束，他們才能擺脫渥爾塔混蛋的魔爪。

「真想早點走，這個泥巴坑根本不是人待的。」他抱怨：「我當初是為了逃離海衛二那座地獄才簽約，結果咧？竟然大老遠跑到另一座地獄來，而且還更糟。」

其他幾個監控兵頗有同感，全都笑起來。小孟只是哼了一聲，眼睛繼續盯著克力梭。羅曼不怪他，身為時旅特工，不但沒能和其他特工一樣去打撈，還得拖著一群監控兵在地球表面巡邏，也難怪這小子會這麼不爽。

克力梭終於降落了，機體觸地的時候，底下的爛泥還發出啪搭響。羅曼一行人艱難的在泥漿中跋涉，準備登艦。經過一整天的搜索，所有人都已經筋疲力盡，雖然連個野蠻人的影子都沒看到，但他們都很慶幸巡邏能平安結束，沒有任何突發狀況。

小孟打量了一下羅曼，伸出手臂擋住他，不讓他上去：「該死的，先去把你自己弄乾淨！」

「是，特工。」羅曼嘆口氣：「請等我幾分鐘——」

忽然間，一道黑影在空中劃出長弧，往羅曼疾飛過來。羅曼一瞥見，慌忙抬起手臂，但還是抵擋不及，那東西狠狠刺進他的肩膀，強勁的衝擊力害他又整個人摔進爛泥裡。他發出呻吟，瞪大眼睛想看清楚插進他肩膀的是什麼東西。是一根長矛柄，木頭削成的，又粗又重。他開始尖叫。

就在這個時候，無數根長矛射了過來，有些咚隆隆的打在克力梭艙頂，有些則插進軟陷的泥裡。接著是碰碰兩聲巨響，恰奇倒了下來，痛苦的曲起被打中的腿，另一記光彈則驚險的擦過芮妮身側。小隊其他人立刻散開來找掩護，平舉腕帶瞄準周圍的廢墟。

剛剛還看似無人的城市廢墟，轉瞬間成了一個巨大的陷阱。四面八方彷彿都是敵人，一批又一批的野蠻人從廢棄大樓的裂縫、從隱蔽的轉角匍匐而出，把羅曼一行人包圍在中間。他們的武器涵蓋各種年代，有原始長矛、火藥步槍，也有光彈雷射槍，彈火和長矛如驟雨般襲擊過來。小孟啟動超動能，縱身躍到半空中，擴大防護罩，擋下了大部分的攻擊。

「就防禦位置，守住克力梭！」他大吼：「芮妮，去幫羅曼。古提，壓制北邊大樓的攻勢。」

他放出兩道超動能索，像一隻展開翅膀的猛禽，疾速撲向規模最大的一群野人。他的超動能索往地面橫掃，一口氣掃倒好幾個野人，打散了他們的陣形。接著他在空中一個轉身，朝最近的一棟大樓飛去，兩道超動能索跟著轉向，甩進大樓窗戶裡，把躲在那裡射擊的野人逐一拖出窗外，丟到底下的街道上。

羅曼還在恍惚中，忽然有一隻手抓住他受傷的肩膀，粗魯的拉著他站起來，痛得他發出哀鳴。

「快走！」芮妮在他耳邊大喊，拖著他往克力梭敞開的艙門跑。就在這時候，一個野人從他們左邊攻了過來，但立刻就被芮妮的光彈給射倒。緊接著又是一個野人揮著斧頭從右邊撲來，這次她差點反應不及，斧刃幾乎就要砍到羅曼的臉上。射倒第二個後，又有更多敵人從各個方向聚集過來，芮妮不得不停下腳步，放開羅曼專心應戰。

少了她的支撐，羅曼站不住，只能單膝跪地。每次他想舉起腕帶，右半邊的神經就彷彿在尖叫抗議，痛得他不停發抖，得用左手撐著右臂才有辦法開火。第一發光彈貫穿了一個老人的胸膛，第二發射中的則是個鬍鬚都還沒長出來的小夥子。然後又有個青年舉著長矛撲向他，等他反應過來時，矛尖已經快要刺到他身上了。光彈擊發後，他愣愣的看著那戰士在他腳邊倒下，忽然感到一陣冷顫竄過全身。要是他慢一點開火，現在已經變成野人的晚餐了。

這是在監控兵之間非常盛行的傳言，許多人都深信不疑，羅曼也是其中一員。他們相信荒地部落民會吃人，而且在這些食人族眼中，文明人的肉是難得的佳餚。糟透了，他的屍體八成會被架在火上烤，他的肉鐵定很難吃。

他聽到船艙裡的古提在大吼：「你們到底在幹嘛？快給我滾上船！」

芮妮再次抓起羅曼，拖著他奮力往克力梭衝去。他忍住劇痛拚命的跑，一瞥眼看到一個女野人揮舞著棍棒攻向巴耶斯，巴耶斯舉起腕帶開火，卻射偏了，棍棒頓時狠狠命中他的側臉。羅曼驚恐的看著他的隊友頹然倒地，打倒他的那女人跨在他身上，居高臨下的俯視他，羅曼以為她會給巴耶斯致命一擊，但她卻遲遲沒有下手。那群混蛋，他想，他們肯定更喜歡生吃活烤。現在要救巴耶斯已經太遲了，剩下的隊員們也自身難保，能做的只有撤退。

芮妮抓著羅曼，恰奇瘸著受傷的腿，奮力往克力梭跑去，古提也拼命的從船艙裡發射光彈，盡可能為他們掩護。小孟則在他們頭頂飛過來又飛過去，像一頭橫衝直撞的公羊，試圖阻斷敵人的攻勢，為他的小隊爭取時間。羅曼自己雖然沒通過學院的晉級考試，但他跟很多特工和稽查官出過任務，看過無數場戰鬥。和那些真正的高手比起來，小孟操控超動能的技巧還不夠純熟，但至少情況還算是在掌握之下。

沒想到，羅曼和芮妮都還沒跑到，克力梭竟然拔地而起，搖搖晃晃的準備升空。

「我們還沒上船！」芮妮怒吼一聲，丟下羅曼開始狂奔，但還是太遲了。等她好不容易跑到原本的著陸點，克力梭離地已經有五公尺高。然而，就在克力梭要加速離開的時候，忽然有個東西一閃，把它從空中狠狠掃回地面。克力梭墜落時側面著地，順著斜坡一路滑下來，芮妮和羅曼差點迎面被它撞上。

「見鬼的黑洞！不會吧？」

羅曼抬頭看著那道擊落克力梭的人影，不禁目瞪口呆。浮在他頭頂上的不是別人，正是那個叛徒。「火星裔」詹姆斯葛里芬。羅曼還來不及反應過來，就被一條超動能索纏住了雙腳，整個人騰空飛起，被甩到河岸邊的爛泥中。芮妮眼看不妙，轉身就要衝下山坡，卻一樣被拖回來拋到羅曼旁邊。

「特工。」那叛徒大聲說，低沉的聲音在廢墟裡迴盪：「放過那些艾爾弗雷人，我才是你的對手。」

小孟沒有回應。他只顧著對付那些野人，好像根本沒注意到他。只見那叛徒的身影一晃，以閃電般的速度往特工撞過去。雙方的力場表面相觸那一瞬間，立刻爆出電光火花，強烈的衝擊力讓他們飛越了整面斜坡，墜落到山腳下，地面頓時被撞出一個深深的凹洞。緊接著又是轟隆一聲巨響，兩人從凹洞中爆衝而出，在超動能黃光的圍繞下纏鬥起來，雙方從平地一路打到河岸下，打得泥漿和碎石滿天飛濺。

從羅曼這邊看過去，只看得到無數條超動能索相纏交扣，但他很快就知道是誰居了上風。那叛徒操縱著至少十條超動能索，把小孟包圍在中間，小孟好不容易找到空隙鑽出去，想要逃到空中，然而叛徒眼明手快，又放出六條新的超動能索追上他。小孟也放出四條超動能索迎擊，卻被對方困死了三條，僅剩的一條還被對方的超動能力場吸住，他反應不及，整個人立刻被拖回地面。那叛徒畢竟是個戰功彪炳的前一級特工，論技巧論經驗，小孟都不是他的對手。

「你這該死的叛徒！瘟神！」小孟拼命掙扎，卻掙脫不了對方的束縛，氣得脫口大罵：「要動手就快點啊！」

在這同時，剩下的幾十個野人又重新聚集起來，從四面八方包圍住監控兵小隊，他們被打得很慘，幾乎都已經沒有力氣反抗。巴耶斯受到了輕微的腦震盪，人是還醒著，但看起來昏昏沉沉的。恰奇腿上的傷仍不停的湧出鮮血，插在羅曼肩膀上那根矛也還沒拔出來。至於倒在河堤下的芮妮，已經完全失去意識，有兩名野人正要把她抬上岸。唯二還有行動能力的隊員，古提和鮑爾，則被敵人團團包圍。另外有幾個野人爬上墜毀的克力梭機體，沒有多久，大難不死的駕駛員也被拖了出來，加入這群戰俘的行列。

羅曼緊緊閉上眼睛。他們一定是打算挑一個看起來最好吃的先吃。他在時旅總署待了將近十五年，什麼場面沒見過，但最恐怖的還是野蠻人。無論是星艦墳場的海盜、金星的共匪還是這些地球原始人，光想到都會讓他起雞皮疙瘩。

那叛徒把小孟吊上半空中，說：「交出你的腕帶，我就放了你和你的屬下。」

「交你個屁，回去操你自己吧。」

「呃，說真的。」鮑爾插嘴說：「其實這個交易還不壞。」

特工立刻瞪他一眼：「安靜！」

「不過就是些蠢腕帶，快給他啦。」古提也幫腔。

「監控兵，通通給我閉嘴！」

「該死的，你他媽交出去就是了！」羅曼忍不住大叫。

其他隊員也跟著開始求情。小孟看上去快要氣炸了，但羅曼不在乎。只要能不被食人族當成晚餐，幾條腕帶又算得了什麼。不管這小子是不是特工，他們才不要為了他愚蠢的自尊白白送命。

「很好。」小孟恨恨的咒罵：「你想要這些腕帶？來拿啊。」

他往前伸出雙手，然後猛地手腕相擊，喀鏘一聲，所有腕帶都斷成了兩截。

羅曼頓時一陣腿軟，整個人癱倒在地上。那個白癡，這下他們當晚餐當定了。他抖得越來越厲害，已經分不出是因為疼痛還是因為恐懼，接著忽然感覺到褲襠裡一股熱流，這才發現自己竟然嚇得尿褲子。他們會被丟進大鍋子裡用水煮，還是直接架在火上烤？不知道哪種更糟。最後他想到，乾脆把肩上的矛拔出來，讓自己流血流到死，說不定還痛快點。

於是他抬起還能動的那隻手，握住矛柄，深呼吸幾次後，咬緊牙關開始試著往外拉。可是他的手臂軟趴趴的，根本使不上力，這該死的玩意動也不動。他又試了幾次，還是一樣，別說是拔出來了，連好好握住矛柄都有困難。他就是辦不到，他太害怕了，連自殺的勇氣都沒有。所以他才沒能通過晉級考試。他明明就很優秀，所有人都這麼說，連他的老師都不敢相信他會被刷下來。他的懦弱不但毀掉了他的前途，現在還要讓他以最悽慘的方式死去。

他看著自己的血流過矛柄，滴滴答答的落在泥地上，兩隻手臂抖個不停。強烈的絕望流竄過他全身，無處可洩，讓他的肌肉越來越緊繃，胃像鉛塊一樣直往下沉。然後，他做了眼前能做的唯一一件事。

他開始哭嚎。

隨著他的哭聲越來越響亮，他成了在場所有目光的焦點。

鮑爾傾身靠向他：「喂，控制一下你自己。」

「拜託……別吃我，拜託。」但羅曼繼續大聲啜泣：「我的肉真的很難吃！」

那群野蠻人忽然開始窸窣低語，其中似乎有些人聽得懂他的話，再翻譯給其他聽不懂的人聽。然後，人群中居然爆出一陣笑聲，有幾個野人故意誇張的搓著肚子，還有人扔了一顆蘋果，正好打中羅曼的頭。那個叛徒也在笑，不過看起來是皮笑肉不笑。他把小孟空飄著送回隊員們身邊，撿起斷裂的腕帶查看，嘆了一口氣，又把它們扔回地上。「日子已經不好過了，你又何必跟我們過不去。」

小孟高傲的揚起下巴：「廢話少說，要殺要剮隨便你們。」

「要死你自己去死。」古提嘟囔著。

「我要是真想殺你們，你們現在早就沒命了。」詹姆斯說。

羅曼逐一掃視過他的隊友，才發現叛徒說的沒錯，每個人都還活著，而這應該不是單純的巧合。這些野蠻人竟然冒著自己的生命危險，為敵人留活口，為什麼？

這個時候，叛徒詹姆斯向站在附近的一群野人打個手勢：「可以動工了。你們有七分鐘。」

那些野人一收到指令，立刻簇擁上前，開始拆卸墜毀的克力梭。他們的動作迅速而有序，不慌不亂，簡直就像一群分解腐屍的火蟻，看得羅曼目瞪口呆。這怎麼可能？他們完全知道自己在做什麼，而且還非常有效率。不到幾分鐘，整艘克力梭就只剩下骨架和引擎留在原地，所有能用的艙板和部件都拆得乾乾淨淨。

「把零件打包，準備撤退。」詹姆斯說：「聯軍的人隨時都會找到這來。」

不過一會兒功夫，所有野人的身影就全都消失在廢墟中，神不知鬼不覺，彷彿從未現身過，只剩下叛徒一個人留在原地。他仰頭看看天空，對監控兵小隊說：「你們的同伴就快到了。」

小孟困惑的問：「你為什麼不殺我們？這樣做不是更乾脆？」

「麻煩你閉嘴，免得他改變主意。」羅曼立刻噓他。

叛徒端詳著小孟的臉，問：「你離開學院幾年了，特工？」

小孟遲疑了一下才回答：「五個月。」

叛徒點點頭：「以五級的標準來看，你操控超動能的能力很不錯。好好珍惜生命，以後你會成為傑出的特工。」

「為什麼要放我們走？」小孟又問。

詹姆斯嘆了一口氣：「因為總有一天，無論過去或現在，你都會希望自己做的是正確的事。現在的我就是如此。」他說完後，便拖曳著一道黃光飛向空中，眨眼間就不見了蹤影。

五分鐘過後，渥爾塔的女武神戰艦率領著三艘克力梭，出現在另一頭的天際，沒有多久，艦隊就在附近著陸，新到的監控兵很快就散布到整個地區，並確保了羅曼一行人的安全。

羅曼抬頭望向那叛徒最後消失的地方。這是他第一次親眼見到「火星裔」詹姆斯葛里芬。說實話，他真的很驚訝，根據時旅總署給他們的情報，叛徒詹姆斯應該是個心理狀態不穩定、貪婪而自私的瘋子，然而他們剛剛碰到的那個人，和情報描述的一點也不像。他轉頭看了看小孟，年輕特工也是同樣一臉糾結和疑惑。

羅曼艱難的爬上醫療用克力梭，恍恍惚惚中，他感覺到克力梭開始升空，心想，我傷得那麼重，應該馬上就能洗到澡，不需要再苦等兩天了吧。在他失去意識之前，這就是他腦中浮現的最後一個念頭。

第二章 情況

詹姆斯藏在一棟大樓的中段樓層裡，看著那支小型艦隊離開那片不久前還是戰場的山坡，升入空中漸漸遠去。他以船艦為單位快速估算出敵方的人數，再以部落方發動第一波攻擊到敵方艦隊抵達的時間長度，和敵方接回傷兵期間佔領的面積，評估敵方的反應速度。聯軍的反應時間不斷在縮短，不過還沒縮短到能及時阻擋他們的突襲。

收集完必要資訊後，詹姆斯便離開大樓，保險起見，他決定不用超動能飛行，而是徒步返回臨時基地。在這個時候飛過新倫敦上空實在太冒險了。這個地區本來就是偵察熱點，而且建築物稀少，沒什麼可提供遮蔽的地方。加上現在又是晚上，他的超動能黃光在夜色中會非常顯眼，能不用就儘量不用。

從最近的幾次交鋒看來，聯軍並不擅於應付游擊戰，而荒地部落已經實行這種打帶跑戰術好幾個世紀，經驗就是他們的利器。然而，聯軍在其他方面仍然佔有壓倒性的優勢，他們有強大的軍武，彷彿永遠消耗不完的能源和物資。相較之下，艾爾弗雷族擁有的資源實在是少得可憐。而且他們失去了一個重要的援手，史密特。沒有他在時間流數據庫收集資料，計算跳躍座標，詹姆斯就沒辦法回到過去打撈物資。

不過，即使他們有權限登入數據庫，他也沒辦法像以前那樣打撈了。葛瑞絲普利斯特，時間之母本人，已經給他下了判決，只要再一次或兩次時空跳躍，他就會送掉老命。沒有時旅總署配給的時旅後遺症抑制錠，每次穿越時空後產生的機能衰竭就無法緩解。而他先前累積了太多次跳躍，他的身體已經受到永久性的損傷，承受不了下一次跳躍的風險。少了他帶回來的糧食、藥品和機械設備，加上他們現在又在逃亡中，沒有固定住所，沒辦法像以前那樣靠耕種和狩獵維生，部落的生計就是眼下最迫切的問題。

詹姆斯快步往西邊移動。為了避免被追蹤，他刻意在市區繞了一大圈，謹慎的使用超動能，只有在橫越街道和建築物間隙時才加速衝刺，最後終於抵達一座半泡在海水中的廢墟，格羅頓太空站。

在二十四世紀以前，這座太空站一直都是星際運輸的樞紐，在太陽系大戰爆發後被改造成軍事基地，用以對抗外環行星勢力。到了大戰尾聲，外環行星企業的大軍登陸地球，進行大規模的殲滅戰，只有寥寥幾個基地殘存下來，格羅頓就是其中之一。承受了幾個世紀的戰火摧殘，如今整座太空站早已面目全非，然而，對艾爾弗雷族來說，這裡是個絕佳的庇護所，也是他們最後的生存希望。

詹姆斯跳到一艘公眾時期無人艦的機翼上，接著又跳上一具威尼斯集熱器的背板，然後是一架古老的民航機。飛機跑道幾乎全被褐色的海水淹沒，許多星艦的殘骸就漂浮在泥海中，隨著潮浪緩慢的起伏著，時不時相互碰撞，響起震耳的轟隆聲。他踏著這些機體越過海面，彷彿在回顧人類的航空發展史似的，來到一座蓋在山丘上的機棚前，這是太空站內少數結構還算完整的建築物。他走進機棚，三個舉著高功率爆能槍的守衛立刻迎上前來。守衛的領隊邁利一看到是他，便揮揮手讓他通過，詹姆斯也點頭示謝。

現在他認得的族人越來越多，而且還記得住名字，得歸功於伊莉絲的督促和施壓。她說這樣才能提升族人們對他的好感，讓他更容易融入部落生活。當時的他還很抗拒，經過長年的打撈生涯，短期記憶已經在他的大腦中生根。這種能力對時旅特工來說太重要了，說是賴以為生也不為過，因為他們在打撈期間，必須和成千上百的將死之人打交道，卻又不能產生真正的連繫。所以他們不能記得那些人的名字，否則任務結束後，他們會被回憶糾纏而影響到現時生活。當初他還在時旅總署的時候，除了稽查官和行政人員，他甚至連現時的人都不想記住。反正特工和監控兵總是來來去去，每天都有人死掉，每天都有新人來填補空缺，又何必花心思去認識他們呢？對他來說，艾爾弗雷族其實和時旅總署沒什麼差別，部落裡的族人這麼多，而其中有許多人可能根本活不過這場戰爭，記住他們的名字又有什麼用？將來他們只會變成另一批侵擾他心靈的鬼魂而已。

不過，看在伊莉絲分上，他願意努力。每次遇到不認識的守衛和伙夫，他都會花個幾秒默背他們的名字。剛開始他覺得這根本是浪費時間，但隨著他不斷練習，這些名字和臉孔漸漸的連繫起來了。後來他只要遇到記得名字的族人，就會不自覺的揮手打招呼，甚至和他們寒暄兩句，不知不覺間，他已經把其中幾個當成熟人來看待。而族人們也以善意回報他，不再像從前那麼戒備。所以在他得知龐恩——他認識最久的一名守衛死於聯軍之手時，他真的很難過，心裡刺痛不已。悲傷和心痛，都是從前的他不允許自己感受的情緒，如今全都浮現出來。所以他才不想記住名字啊。

詹姆斯瞥了一下身旁的幻影。那幾個鬼魂還是不肯消失，總是在他附近徘徊，不過他們的聲音已經比以前減弱很多，他甚至得刻意集中注意力才能察覺到他們的存在。葛瑞絲和納粹男孩最常出現，不過大多待在他視野的遠景，忙著和對方爭執，偶爾轉頭怒視他幾眼。可能的話，他還真想知道那男孩的名字。「納粹士兵」和「混蛋小法西斯」這兩個綽號他都叫得有點膩了。

然而莎夏的鬼魂不一樣。她總是獨自出現，睜著一雙大眼一語不發的看著他，彷彿在審判著他的一舉一動。有時候他在夜中驚醒，會看到她站在房間角落，用那種令人不安的目光盯著他。有幾次他試著跟她說話，她都只是沉默的搖頭，好像很悲傷，又像是在責備他，他分辨不出來。如果身邊沒有其他人，每次從她身邊經過時，他都會向她揮揮手。但她從來沒有回應過他。

詹姆斯一直想不透，真正的莎夏已經死而復生，為什麼她的幻影還是沒有消失？他賭上自己的性命，進行此生最後一次時空跳躍，回到二十年前的涅墨辛妮基地，重新找到了他失蹤的小妹。當時葛瑞絲嚴厲警告過他，他的身體將再也無法承受時空旅行。他非常清楚自己付出了什麼樣的代價，然而，這是他悲慘的一生中做過最好的決定。

他穿越機棚，來到一座高架平台上，喬爾和其他幾個年輕人正在埋頭苦幹，整理他們掠奪回來的物資。詹姆斯和伊莉絲剛加入艾爾弗雷族時，喬爾一行人曾經想要脫離部落，和其他族人有過一場嚴重的衝突。當時他們認為自己年輕力壯，可以靠自己的力量謀生，只要擺脫這些老弱族人，他們可以過得更好。最後是詹姆斯說服他們留下，並讓他們在他身邊工作，學習怎麼維修和操作克力梭。如今，身為他們的導師，詹姆斯對他們的表現非常自豪。在短短幾個月之間，這群自稱為「飛衛」的年輕人已經成為部落不可或缺的支柱。

一聽到他踏上金屬階梯的靴聲，平台上所有人都望了過來，熱情的向他揮手打招呼，在他面前拿彼此開玩笑。

「需要的東西都到手了嗎？」他問。

霍利舉起駕駛艙操作臺的一個部件，布莉亞則揚了揚手中的冷卻劑。但真正的大獎被喬爾捷足先登——匿蹤裝置的元件。時旅總署不是正規軍事單位，必須仰賴匿蹤技術避免不必要的戰鬥，因此他們的克力梭配有公眾時期開發、全太陽系最先進的匿蹤裝置。

詹姆斯對喬爾豎起大拇指，看著停放在他右邊的金屬怪獸。自從他的老克莉在時旅總署攻打波士頓時被炸毀後，飛衛們一直想辦法要幫他弄到新的飛船。他們本來打算偷一艘現成的聯軍飛船，但是沒有成功，聯軍的飛船戒備太森嚴了，所以這些艾爾弗雷人還是回頭做他們最擅長的事——偷他們偷得到的東西，到廢墟裡收集零碎材料，拼拼湊湊就成了詹姆斯眼前的成品。

這艘由五種不同船艦的殘骸組裝成的克力梭，長得很像某種突變昆蟲，比標準規格的克力梭足足大上四倍。它總共有三個座艙，六台分離運作的引擎，右舷裝了十幾個舷窗，看起來像蜘蛛眼睛。中央駕駛艙的頂端往外凸出，還有點歪斜，至於左舷，則是直接把兩艘標準克力梭的船殼焊接在一起。

伊莉絲第一次看到這艘船的時候，笑得停不下來，說它根本就是科學怪人再世。她本來想把它命名為「醉鬼工程學」，但這名字實在有點過份，所以他們最後決定採用「科學怪人」。等匿蹤裝置安裝完畢。「科學怪人」號就可以準備迎接首次太空航行了。

然而，要他說不擔心是騙人的，詹姆斯很懷疑這艘船承不承受得了太空航行。畢竟她飛過最長的一段航程只有橫越大西洋那次，總共也才十五個小時，而且防護系統才剛改裝好沒多久，對於這艘船在旅途中保持結構完整的可能性，他只敢抱持最低限度的信心。更何況他在工程技術方面的知識非常貧乏，這點他不否認。但黑洞在上，還好有葛瑞絲普利斯特幫他們，可以彌補他的不足。

有了新零件，飛衛們個個樂得手舞足蹈。他看著這群小毛頭，心想，科學怪人號是在他們手中七拼八湊打造出來的，他們沒有一個受過正規的工程訓練，但不管怎樣，它只要真的派得出場就好。克力梭這種飛船之所以永垂不朽，正是因為它們堅固耐操，很容易維修，規格化的零件也便於組裝和更換。就算真的出錯，還能糟到哪裡去？但詹姆斯還是決定裝作不知道答案。

忽然間，他感覺到後面有人靠了過來，雙臂環抱住他的腰。伊莉絲柔軟的身體壓著他的背，從他的臂膀下往前探出頭看他。熟悉的氣息充盈他的鼻腔，立刻平息了她不在身邊時的焦慮感。他低下頭，輕輕吻了她一下。

在這同時，葛瑞絲普利斯特，科技獨立國的領導大人，也出現在他左邊。她兩手撐在臀上，邊搖頭邊說：「偵查兵說你把時旅總署的人都放走了。為什麼？他們不會因為你對他們慈悲就良心發現。」

詹姆斯嘟囔著說：「這跟慈悲一點關係都沒有。我了解時旅總署，他們不會想為這次行動浪費太多資源的。他們派來的小隊都是最弱的那種，只有菜鳥、老人和低階特工。要是每次他們派人來我們都整隊殲滅，楊部長可能會改變想法，改派訓練級別更高的突擊兵來，我們就真的沒有勝算了。記住，我們不是要率領艾爾弗雷族擊敗聯軍，那是不可能辦到的事。我們要做的是讓大家活下去，一直活到聯軍放棄搜索我們，那才是真正的勝利。要是想達成這目標，就必須盡可能把時旅總署人力的傷亡壓到最低。」

「渥爾塔也是？」葛瑞絲問。

「渥爾塔下地獄去吧。」詹姆斯說：「能殺多少就殺多少。」

忽然一聲鏘噹巨響，把他們三個的注意力拉了回來。飛衛們正把那些偷來的部件搬到科學怪人號旁邊，並啟動了雷射焊機。喬爾朝他的同伴們大聲斥喝，因為他們連尺寸都沒確實測量好就打算開始切割。葛瑞絲看著他們漫無章法的動作，忍不住縮了一下肩膀。

「你真打算開著那殺人玩意上太空？」伊莉絲問。

「你知道嗎，小威？」葛瑞絲附和她：「有時候你的愚勇程度真是讓我驚奇。」

詹姆斯張開雙臂，用力摟了摟她們倆的肩膀：「我以前幹過更蠢的事。不多，但絕對都比我現在做的更蠢。」他轉頭看著葛瑞絲說：「等這些零件裝上去測試過之後，妳得跟我一起去。」

「要我搭這玩意？那可是另外一回事了。」葛瑞絲說：「為了生命安全著想，我最好教教這些笨蛋正確的做事方法。」然後她喃喃唸了些什麼「死神總是牽著愚蠢的手而來」，便拖著腳步向那群飛衛們走了過去。

當初詹姆斯找到她時，她是她那個時代最偉大的物理學家。來到現時之後，她又在極短的時間內成了能與伊莉絲比肩的生物學家，以及優秀的工程師。等她一搞清楚詹姆斯究竟想做什麼之後，便親手接管了整艘克力梭的結構設計，以確保這艘奇形怪狀的拼裝品真的能運作，能把他們載到他們想去的地方而不是去送死。這才是詹姆斯對這艘突變體有信心的真正原因，雖然也只是表面的信心。而且，葛瑞絲顯然一點也不在乎審美問題，科學怪人號實在醜得很直接了當。

詹姆斯又在那裡待了幾分鐘看著他們工作，才和伊莉絲一起回到艾爾弗雷族的起居的營地。晚餐時間才剛開始，小孩子和老人們正排隊等著領食物，隊伍從他們駐紮的房間一直延伸到外面的走道上。他們倆經過隊伍時，喊伊莉絲「長老」的聲音此起彼落，偶爾夾雜著幾聲「前輩」則是對詹姆斯喊的。

詹姆斯實在很想開口要她略過這頓晚餐，早點離開公共場合，這樣他們才有更多時間獨處。畢竟他今晚就要出發了，下次再見面不知道是什麼時候，連回不回得來都還是未知數。但詹姆斯終究還是沒有開口。他再清楚不過了，伊莉絲如今肩扛著長老這個新身分，還得面對人口不斷膨脹、士氣低落諸般問題，而她對這份責任非常慎重以待。部落需要她，需要一個領袖照看他們。

他靜靜的陪著伊莉絲巡視她的族人。她時不時便會停下腳步，和她碰到的每一群人寒暄，互相鼓勵慰問一番。大部分的時間都是她在認真傾聽，聽他們訴說自己的擔憂和恐懼。她怎麼有辦法記住所有人的名字，還能跟他們有真正的感情連繫，彷彿每個人都是她的密友，這點一直讓他感到不可思議。

這項每日的例行公事總要花去大半個晚上，等他們繞完營地一圈，終於可以坐下來的時候，伊莉絲往往已經精疲力竭，而且總是最後一個吃到東西。他像往常一樣，緊緊摟著她，給她幾分鐘閉目養神，讓自己重新振作起來。

「我到底還能這樣欺騙他們多久呢？」她柔聲說：「每一天我都告訴他們情況會好轉，但我心裡明知道是不可能的。」

「會好轉的。」他安慰她，雖然他也不怎麼相信自己說的話：「聽著，也許我應該留下來。」

伊莉絲搖搖頭：「我們早就討論過了。你知道你非去不可。」

「也許我可以延後出發。現在我們只勉強搶先聯軍一步，萬一他們找到你們的時候我不在——」

「也不會有任何差別，詹姆斯，無論你在不在，假如他們真的找到這裡來，我們全都死定了。」她打斷他，伸手輕撫他的臉：「沒事的，我們可以照顧自己。你只管去打撈需要的東西，平安回家就是了。」

他搖搖頭說：「現在可不是打撈的好時機。」

「照你這樣想，什麼時候才是好時機？更何況……」這時她看到一個小小的身影飛奔過來，語調頓時變得柔和：「還有更多攸關生命的問題。」

「詹姆斯！」莎夏直衝到他們身邊，一把抱住他的脖子，然後傾過身去親了一下伊莉絲的臉頰。她不喜歡親詹姆斯，她說詹姆斯的鬍子會扎得她很癢。他倒是無所謂，反正莎夏每次見到他，總是會給他一個熱情過頭的大擁抱作為補償。他的小妹妹死而復生，這件事本身就已經是個奇蹟。她仍是小孩子的模樣，剛滿十歲，但至少她還活著，這就夠了。農耕塔戰役過後，他回到二十年前的涅墨辛妮基地把她帶回現時來，那是他最後一次時空跳躍，恐怕也會是這輩子最後一次跳躍，但他一點也不在乎。拯救莎夏是他成為時旅特工以來最值得驕傲的一趟任務。然而，從死神手中偷回她的生命，很可能只是把她推向更殘酷的命運。

這個時候，莎夏用力咳嗽了幾下，咳完用手抹了抹嘴。他稚弱的妹妹來到波士頓沒多久便開始生病，如今病情是越來越重了。莎夏和一直生活在地球上的伊莉絲不同，從出生起就待在人工環境裡，沒有健全的免疫系統，她的身體對地球的毒素缺乏抵抗力。一開始他用空氣遮罩保護她，像照顧沒斷奶的幼兒一樣，試圖讓她與外面的空氣隔絕。但是聯軍的追捕迫使他們不得不躲到地底更深處，能源也變得更難取得，不可能為了讓空氣腕帶隨時保持全開消耗掉珍貴的能量，他只得把遮罩的能量值調低，可是這麼一來，這層保護幾乎起不了作用。

雖然莎夏現在胃口變得比較好，而且她在這裡可以自由活動的空間大得多，運動量也增加不少，她還是一天比一天消瘦，甚至比從前住在那座髒亂的基地時還要瘦。然而，沒人知道她究竟生了什麼病，連葛瑞絲都只能搖頭。而且，即使在地球上能找到醫生，那些醫生也不可能為她治病。現時的醫生全都是在大企業麾下受訓的契約工，要尋求醫療服務，就得向這些醫生隸屬的企業申請授權，托渥爾塔的福，住在這地區的每個部落全都得吃閉門羹。他考慮過挾持醫生這個辦法，但這麼做只會激起簽約企業的怒火，而他們現在最不需要的就是和另一家企業宣戰。如此一來，他只剩一個地方可以求助，一個搭太空船才到得了的地方，所以他才大費周章弄來這艘克力梭，還不得不離開伊莉絲和族人身邊，留他們自己守著營地。可是他別無選擇，莎夏的性命全都指望這趟遠行。

莎夏又開始咳嗽了，咳得比剛剛更厲害，咳得全身不停搖晃。她再次伸手抹嘴，這次袖口沾上了血跡。詹姆斯看在眼裡，滿心只想緊緊摟住她，但這麼做除了嚇到她之外沒有任何幫助，便強迫自己壓下這股衝動。他雙手發顫，張嘴想要說些話來安慰她，卻半個字也擠不出來，只覺得腦子一片空白。他這輩子從沒感到這麼無助過。

伊莉絲和他憂心的互望一眼。接著她取出一塊碎布，幫他的小妹妹擦手：「莎夏——」她冷靜的說：「我和妳哥哥還沒吃完晚餐呢，妳何不先回房間？我待會就上去找妳。然後我們可以生個火，把字母表和數字讀完。」

莎夏做了個鬼臉：「詹姆斯今晚就要走了，我們一家人就不能多花點時間聚聚嗎？」

伊莉絲微笑著說：「以後當然可以，親愛的，但今天晚上真的不行。妳明天要做的第一件事就是重新開始認字，好嗎？我的實驗室助理可不能不識字。」

莎夏跑開之前，又分別給了他們一個結實的擁抱。等她一離開他們的視線範圍，伊莉絲便轉過身來，雙手捧住他的臉。「你給我上太空去，想出辦法來救我們的小女孩，不計任何代價，聽到沒有？」

他點點頭。

「很好，那就別再說你要為了我和族人們留下來。我們照顧得了自己，你能做的就是快去快回。早點回來，知道嗎？」

第三章 長老

伊莉絲站在岸邊，遠遠眺向另一端的天際線。她的視線越過暗黝的海面，目送著科學怪人號斑駁歪扭的船身逐漸遠去，沒入低垂的雲層裡。這艘船的引擎是用好幾艘克力梭和一艘渥爾塔女武神戰艦的零件組裝成的，連她這種外行人都看得出來，他們肯定花了大把時間和心力把那些部件焊接起來，才勉強拼湊出個船的樣子。這艘看上去像是用膠水和泡棉膠黏成的東西竟然真的能飛，而更叫她震驚的是，他們還真敢開著這玩意上太空，不知道該說他們是夠勇敢還是夠愚蠢。但不管怎麼樣，她畢竟是二十一世紀晚期的人，在她那個時代，太空旅行才剛開始發展沒多久，人類也還沒擴散到太陽系各個星球上建立殖民地。對她來說，詹姆斯和葛瑞絲此行的目的地，還有這整趟旅途本身，全都遠超出她的想像。

科學怪人號的最後一瞬閃光消失後，她抬頭仰望著那一大片灰暗的天空，忽然感到前所未有的孤獨。詹姆斯和葛瑞絲，她的磐石和她的智者，兩個人都走了，只有地球母親知道他們多久之後才能回來。現在地球上已經沒有人能讓她尋求依靠和建議，還有一大群人指望著她的引領。伊莉絲只感到無比驚恐。

「你們兩個一定要平安回來，回來我身邊，拜託。」她喃喃說著，浪濤拍擊海岸的巨響讓她幾乎聽不到自己的聲音。

身後傳來一陣輕柔的靴聲。芮瑪正恭恭敬敬的等在她身後，沒敢打擾她，直到她回過頭來看時才開口說話：「長老，族人們已經集合完畢，可以準備出發了。法蘭薇長老說如果我們不趕快動身，會來不及在日出前橫越長島海灣。她還要我提醒妳，莫媽快要生了，可能撐不到這段旅途結束。還有，戰鬥指揮官艾瑞亞歐派出去的偵察隊回報說，大概一天半前，有好幾隊的無有地族人潛伏在泰晤士河上游。領袖認為他們隨時會發動襲擊，他要求我們盡早出發，以免和他們直接衝突。」

其實伊莉絲很希望能在格羅頓多待幾天，來到這裡之前，他們已經幾個月沒好好休息過了。現在他們的敵人不只有聯軍，還多了無有地族，繼續留在這座太空港只會越來越危險。他們在行經新倫敦的路上撞見了這支部落，在那之後這群凶狠的混蛋就一直窮追不捨。後來他們為了完成科學怪人號，決定把格羅頓太空站當作臨時據點，她還以為他們躲進來的時候已經甩掉那些傢伙了。

她抬頭看了看天空。時間是不等人的，她想。也許這樣最好。他們已經在這地方逗留了將近兩星期，是他們離開波士頓農耕塔以來最久的一次，再加上他們才剛把科學怪人號送上太空，要是這趟首航飛得不平順，今天晚上不知道還會引起多少注意。他們只能盼望匿蹤裝置全程正常運作，但無論如何，他們留在這裡越久，風險就越高。

伊莉絲查看一下AI腕帶，離日出還有四個鐘頭，這時候他們早就該上路了。長島海灣有三十公里寬，有一條高架高速公路橫跨其上，然而走這條高架路非常危險，路面上缺少遮蔽，不但會讓族人們暴露在地球毒素中太久，聯軍派出的偵察隊也很容易看到他們。只要有一個敵人發現他們的行蹤，艾爾弗雷族就別想看到明天的日出了。但這條路是他們能找到的唯一一條陸路，可以直接越過海灣抵達目的地。因為臨近海邊，這整個地區除了沼澤還是沼澤，其他通路都已經被淤泥淹沒，根本不可能通行。

她抬起頭看看芮瑪，那女孩手裡捧著一小塊石板，正在等候她的指示。「準備上路吧。告訴艾瑞亞歐，請他安排幾個守衛領先出發，和主要隊伍保持五百公尺的距離。等我們往上爬到匝道中途之後，我要所有族人盡可能加快腳步。法蘭薇長老在哪裡？」

「她和寇魯們在一起。」

「轉告她，我們只能希望莫嫣撐得過去。」

伊莉絲看著芮瑪急匆匆的寫著字，把她說的話速記在石板上，然後又急匆匆的跑開。她們認識還不滿一年，芮瑪就長大了好多，她一定是剛進入成長期，不久前她還得低頭看著她說話，現在已經比她高出半個頭了。不過，拿她自己當比較標準實在沒什麼意義，畢竟她以前在羽毛球隊上總被笑稱為「好摘的水果」，沒錯，有雙關含意的，中學女生就是這麼討厭。直到現在她對自己的身高還是有點介意，尤其是站在族人們面前說話的時候，總是不由得注意到自己的頭頂只勉強到他們脖子高。

然而，芮瑪不光是身材長高，人也變得穩重多了。幾個月前，她還是個整天在外頭打獵和找人打架的野小孩，讓年長的族人們很是頭痛。伊莉絲和葛瑞絲挖掘出她的潛力，教會她基礎數學，讓她培養起對閱讀的興趣，才接受她們的監護沒多久，這個本來連大字都不認識一個的女孩就成了全部落教育程度最高的成員之一。假如芮瑪生活在文化更進步的時代，她的成長絕對不只如此。不過，至少現在有她在，她還可以為這女孩的未來帶來些助益，一切都不算太遲。

伊莉絲來到匝道口，抬頭仰望，目光沿著傾斜的路面往上沒入濃霧最深處。幾分鐘之後，她聽到身後的碎石地唰唰作響，回過頭來，艾爾弗雷人的旅隊正行進著，由前鋒部隊打頭陣，率領著幾百名男女老幼的往她這邊走來。他們的腳步聲越來越響亮，木製輪軸喀啦喀啦行經路面的聲音也加入了行列，緊接在後的則是牲畜，幾十頭母牛、雞群、豬隻、山羊和「寇魯」——一種介於布拉曼牛和巨兔之間的物種，可以被快速複製，是二十四世紀早期基因改造工程的成果。法蘭薇長老就走在這些動物旁邊照看牠們，她伸手指了指莫嫣，就是那頭即將臨盆的寇魯，然後朝伊莉絲比了五根手指。伊莉絲點點頭。再過不久，他們就得找輛拖車來載這頭動物了。

自從「天衛四裔」李文賈維發動襲擊以後，才不過一個星期，時旅總署和渥爾塔的部隊就又回到了農耕塔所在的地區，這次的兵力足足是上次的十倍之多。他們抵達的時候，艾爾弗雷人已經撤離農耕塔，躲進了波士頓城區錯綜複雜的舊地鐵系統。聯軍也不直接開戰，而是佔據了附近一座聚落的廢墟當作駐紮點，開始掃蕩整個城區。伊莉絲一度希望他們可以繼續躲著，躲到聯軍放棄搜索撤離這個地方就好。然而她低估了敵人的決心。聯軍不但長駐不去，甚至開始有系統的剷除住在這裡的其他部落和居民。短短幾天之內，波士頓就成了一座亂葬崗和監獄。這裡原本住著幾十個部落，他們捱過飢荒、瘟疫和各種疾病，在最惡劣的環境生活了好幾百年，卻幾乎被這場滅絕式的大屠殺摧殘殆盡。對聯軍而言，進入射擊準星範圍內的都是需要被消滅的目標，沒有任何差別。伊莉絲認為是自己給這些人引來了災難和死亡，出於愧疚，她指示艾爾弗雷人盡可能收容難民，使得他們的部族規模大幅擴增，從原本的三百人到現在已經將近一千人。

後來，聯軍和他們之間的衝突逐漸演變成一種貓捉老鼠的遊戲，聯軍一次又一次派出偵察隊追蹤他們，他們則一次又一次埋伏起來，發動突襲逼退這些入侵者。經過漫長的消耗戰，詹姆斯和艾瑞亞歐終於不得不來到她面前，說服她盡早帶著族人逃離這座城市。他們不可能贏得了這場戰爭。那是個艱難的決定，但伊莉絲還是忍痛同意了。她必須一肩擔負起全體族人的福祉，這份責任實在太沉重，有時候她幾乎無法呼吸，感覺上每次勝利都是那麼微不足道，每次失敗卻都是如此致命，犯過的每個錯誤都會被無限放大。然而，族人們還是會尋求她的指引，她怎樣也想不透是為什麼。

事到如今，他們為什麼還是對她抱持著信念？

過去幾個月以來，艾爾弗雷人的生活越來越艱困，待解決的問題日以計增。為了躲避追捕，他們必須像遊牧民族一樣不斷遷移，根本無法耕種作物。加上越來越多小型部落加入他們的行列，雖然這讓他們比其他荒地部族更強大，但拖著這麼龐大的旅隊，不但機動性變差，也很難找到適合的藏身處，後來他們想到的解決辦法是把所有人組織成好幾支隊伍，每支隊伍各別行動，絕不在同一個地方停留太多天。然而，他們也因此經常侵擾到其他部族的領地而發生衝突，他們和這些部族散兵作戰的次數甚至比真正的敵人還要多。要餵飽這一千張嘴更是艱難的任務，嚴酷的寒冬已經降臨這個地區，渥爾塔和時旅總署又緊追不捨，如今飢餓已成為他們眼前最迫切的問題。

當旅隊踏上匝道後，其他族人接二連三從黑暗中現身，魚貫加入浩浩蕩蕩的人流裡，並分成無數支小隊伍，開始緩慢而穩定的往上爬，準備登上高架高速公路。為了這次遷移，伊莉絲把旅隊編制成好幾個可以自我管理的單位，避免族人們在旅途中分散。經過她面前的時候，一些熟人朝她揮手，最近才加入部落的人則向她鞠躬，她喃喃唸出這些人的名字，盡可能記住他們的面孔。這麼多人需要她，這麼多需求等著被滿足。

她站在那裡，一直等到大半個旅隊都登上匝道後才動身，和隊伍末端一支新加入的部落走在一起。這個部落叫做阿奎那，在聯軍入侵以前就住在農耕塔下游處，伊莉絲和他們的智者麗亞友善的聊了幾句話之後，又趕上另一支由老艾爾弗雷人組成的隊伍。其中有好幾張熟面孔，都是當初和她一起在農耕塔頂工作的夥伴，他們擁抱她，為她打氣，她感動得幾乎要掉下淚來。她懷念他們還在老家的日子，更懷念當時單純的生活。但她還是振作起精神，加快腳步往前進，打算好好利用這段漫長的行軍重新認識旅隊裡的新成員。

和老朋友道別後，她先是跟一群游牧人組成的隊伍走在一起，這些游牧人上個星期才加入他們，如今在守衛隊擔任偵察兵，和他們同行的大部分時間她都忙著被幾個掌管伙食的年長族人數落——倒不是存糧太少的問題，大家都知道眼下就是得勒緊褲帶度日，但他們需要更多時間採集藍寶石果，一種醃製用的香料，可以防止肉類和蔬菜腐壞。伊莉絲向他們保證她會盡力找找看。

接下來她碰到的是一群孩子，看到他們小小年紀就已經習慣了這種逃亡生活，讓她覺得無比痛心。她花了比預期更長的時間陪伴他們，給他們鼓勵，還說了個「人類黃金年代」的故事給他們聽。他們睜大了眼睛，著迷的聽她描述二十一世紀的生活是什麼樣子，沉浸在她的每個字句裡。

「妳會把那些日子帶回來，對不對，長老？」其中一個小女孩這麼問。

「當然會了，小傢伙，我們會的。」那是個徹頭徹尾的謊言。但伊莉絲能供應給他們而不虞匱乏的也只有這個了——希望。對這些孩子來說，希望就和糧食一樣，是不可或缺的養分，即使那必須用謊言來維持，也只能靠謊言來維持。

她繼續沿著隊伍往前行，當腳下的路面終於趨於平坦的時候，她感激的查看一下時間。離日出還有三個小時，他們還得經過好幾天的旅程才能抵達「迷霧之島」。那是個極為險惡的地方，幾代以前的艾爾弗雷族被迫從原本的家園遷離的時候，就是在那裡險些遭到趕盡殺絕，而現在，她竟然必須率領他們重回故地。伊莉絲只能向地球母親祈禱，希望自己做的決定是對的。無論前途是好是壞，艾爾弗雷族都得朝西方行進。她仰頭望著天空，數以千計的星辰從雲層的裂縫中顯現。她的磐石和智者將她獨自留在這顆星球上，如今她唯一能仰賴的就是自己的判斷力。

沒有什麼比這更可怕的了。

第四章　郭

渥爾塔特殊行動部的郭秘安官，全名是「木衛二裔」郭真崎。她飄浮在空中一百公尺處，俯瞰著一座看起來年代久遠的星艦墳場。整片水域零星散落著許多飛行器殘骸，這些飛行器款型十分原始，半浮半沉的浸在海水裡。根據她的大副艾娃報告，他們直到一個月前才發現這座太空站的存在，在海水退潮以前，整座基地都淹沒在水面下，因此從未被他們搜查過。

在她腳底下，三組渥爾塔獵捕小隊正在建築物內部到處探查，四十名時旅總署監控兵和渥爾塔突擊兵組成的後援部隊則分散到整座太空站，進行地毯式搜索。不到三天前，時旅總署和渥爾塔的星艦都分別透過偵察系統偵測到一個異常波峰。那個波峰只閃現了一下，很快又消失了，但為了保險起見，他們還是出動了捕獵小隊——渥爾塔的精英級戰地偵察兵前往調查。當他們發現這裡有大規模人群從北方移入的痕跡後，立刻回報要求監控兵部隊前來支援。

野蠻人很少會在廢墟裡進行這麼大規模的遷移，據捕獵小隊研判，在這裡活動過的那群人極有可能就是聯軍的搜查目標。郭秘安官得到消息後，便率領突擊隊親自來到現場，一方面出於好奇心，一方面也是想趁機活動一下筋骨。更何況，為了抓到那個擾亂時間流的科學家和她的野人部落，她在所不惜。整個行動耗掉了超出預估太多的時間，甚至已經開始引起渥爾塔管理階層的關注。在大型集團底下工作最不需要的就是這種關注。

「捕獵二號呼叫。」一道聲音從她的通訊模組傳來：「已進入機棚內部，當前位置可見數堆已拆解星艦的零件，可辨識部分是一艘克力梭的機殼。」

看來他們偵測到的訊號果真不是巧合。那些野蠻人在搞什麼花樣？這整個地區已經被她的女武神艦封鎖了，他們到底要一艘飛船幹什麼？

「捕獵一號回報。」另一個小隊成員的聲音也加入行列：「目前位於一間起居大廳。火爐已經冷卻，據跡象顯示上次被使用是約莫一天前，不超過兩天。可確知近期有大量人群在此活動過，根據能源消耗量推估至少有上百人。」

「核對這群人的身分。」她說：「查出他們往哪個方向去。」

「清查地面要花點時間。」捕獵一號回答：「漲潮會是個麻煩。」

郭查看了一下ＡＩ模組。潮水會在接下來的一個小時內漲到兩公尺高。她不禁咒罵出聲。這是他們幾個月來第一次離目標這麼近。那些狡猾的野人，不但充分掌握了地利優勢，在泥漿和汙水裡躲得好好的，還永遠超前聯軍一步，利用游擊戰法一次又一次成功偷走他們的物資。

「捕獵三號呼叫，機棚第九格點有動靜！」通訊另外一頭傳來尖叫，緊接著就只能聽到一陣電氣干擾的嘶嘶聲。

「聯軍全員到第九格點集合。」郭從ＡＩ模組拉出這個區域的地圖，鎖定第九格點的位置後，往北飛馳而去，轉眼間便來到位處太空站最外緣的機棚外。她站在高聳的雙開式大門前，啟動超動能，製造出一道巨大的白色光柱，往其中一扇門板猛力一甩，門板被撞得脫離絞鍊，轟隆應聲倒地。

緊接著，一陣小型武器擊發的彈幕迎面襲來，直接命中她的防護罩，在周圍迸出無數的電光火花。她擴張防護力場，縱身飛進機棚，整個空間頓時被籠罩在超動能的冷白色強光下，只見十來個人潛行著退進陰影處，紅色光彈和老式射擊武器的彈火仍不斷往她的防護罩掃射過來。

秘安官瞄準了其中一道從箱子堆後方發射過來的能量束，放出口徑和她等高的超動能巨砲，往攻擊來源直接轟過去，爆炸的力道之強，把後方的牆面都穿破了一個大洞，炸得那堆箱子、攻擊者的屍體和斷瓦殘片都飛散到空中。外頭的海水從牆上的破洞湧進來，大浪席捲過整座機棚，把地上的積水、瓦礫連同野人們全都沖到了房間另一頭。

緊接著又是一陣彈雨從她右邊射過來，她拽著光柱順勢往下猛劈，直接命中那個攻擊她的女野人，那女人當場斃命。其餘的野人們顯然也已經看夠了，開始試圖往外逃，其中好幾個沒能躲過她的追擊，頭顱和全身的骨頭都被轟得粉碎。她釋放出更多超動能，把光柱的口徑擴大到和天花板同高，橫掃過整座機棚，摧毀了僅剩的幾座牆，整棟建築物隨之崩垮下來，來不及出去的人全都被埋在底下，然後，她往上飛回到半空中，冷酷的俯視著最後倖存的幾批野人四散奔逃。直到這個時候，時旅總署的監控兵才拖泥帶水的抵達現場，把那些來不及逃出周邊防禦線的可憐蟲團團包圍起來。有幾個還在無謂的抵抗，全都被看守封鎖線的渥爾塔突擊兵擊倒。很快的，廢墟周邊整個地區的戰況就被控制下來，只剩下一些零星的混戰。

郭不再進一步加入戰局，她的超動能並不是以精確為目標設計的，要在這麼多監控兵之中鎖定敵人而不傷及友軍，風險太大。她和楊部長的關係已經夠緊張的了，她最好還是謹慎點，不需要點火引爆對方早已累積了一肚子的怨氣。

「抓幾個活的回去審問。」她透過通訊下令，同時縱身疾飛出去，降落在戰場另一頭的廢棄建築物頂端，幾百公尺的距離只花了不到一秒鐘。剛才她看到一小批僥倖逃脫的野人穿越了封鎖線，涉過深及腰部的褐色海水撤退到這裡來。她垂直往下發動光柱，調整超動能力場，籠罩住整棟建築物，把裡頭所有還活著的東西盡數殛斃。這發攻擊讓她的能量值陡然降了不少，但她一點也不在乎。

這些野蠻人殺了一名渥爾塔的特工，在她眼中簡直是罪不可赦。

「找回捕獵三號的屍體。」她下令，回到那群監控兵包圍住倖存者的位置。這場戰鬥短暫而兇殘，四十個野人被活捉，殺掉的則有將近一百二十個，聯軍這方總計有十二個監控兵和一名捕獵傷亡。

「捕獵二號呼叫。」一道通訊傳來：「您應該來看看這個，秘安官。」

「馬上到。」

幾分鐘過後，她人已經在機棚裡，緊盯著滿地散落的機體零件不放。看來這些野人一點也沒閒著，聯軍找上門之前，他們很可能在組裝星艦之類的東西，捕獵小隊注意到的能量波動就是這麼來的。這個地區上空已經被渥爾塔的軍艦封鎖，他們為什麼還要製造星艦，試圖從空中逃走？

等她看見捕獵二號在角落找到的那堆廢棄零件後，不禁暗自咒罵。當然了，他們想要的是克力梭的匿蹤裝置，這就是為什麼最近每次回報伏擊的都是監控兵小隊，同時也表示他們已經用搜刮來的零件成功拼裝出一台可以運作的機體了。這下情況變得更複雜，也衍生出更多新的問題。他們打算用那艘匿蹤飛船做什麼？還有，他們打算逃往哪裡去？當然不可能把全部落一趟趟分批載走，那樣絕對會引起注意。難道那名異時者和逃犯是想甩掉那群野人自己逃走？是有可能，但不像他們會做的事。根據種種跡象，那名異時者和部落的關係相當密切。

郭努力壓抑住內心的焦躁，等著她在地面上的部隊完成勘查任務。整座太空站和周邊區域的面積太大，當前的兵力又太少，搜索起來更吃力，而且大部分線索和跡證很可能都已經被潮水沖走了。大費周章忙了一整晚，只抓到十幾個俘虜，真正的目標連個影子也沒見著。

她不得不承認，這個窩藏異時者的部落機警得不可思議，非常懂得怎麼保持低調隱匿行蹤。這六個月以來，聯軍已經圍捕過上千個野人，只有不到五個被證實是艾爾弗雷族。然而，她的手下還來不及拷問出更多答案，這五個野人就服毒自盡了，直到他們檢查屍體時發現他們嚼食的毒草，才得以確認其中三個確實是艾爾弗雷族。

一會兒後，艾娃在她身邊降落。「地面清查完畢，長官。我們相信目標部落是經由高架高速公路撤離的，此時已經逃出我們的封鎖範圍。」

郭再次從AI模組拉出地圖。「從這裡往南過去這個地方，長島，幾乎全都淹在海裡，不可能住人。假如他們沿著高架公路繼續走，會通往西邊的……」

「迷霧之島。」艾娃接腔。

郭咬了咬牙。要是這些野人真的抵達那座島，只會讓她的任務加倍棘手。眼下聯軍的人數只算是勉強夠用，如果要把戰線拉到迷霧之島，她需要兩倍甚至三倍的人力和物資。

「準備一艘女武神艦。」她下令。

「是，長官。目的地是？」

「芝加哥。我們需要更多監控兵，更多。姓楊的蠢蛋要是敢拒絕我，我絕對會活剝他的皮。我不在的時候，把這區再全部重搜一遍。我要一次全天候的突襲行動，以這裡為據點往南邊和西邊推進。」

艾娃遲疑了一下。「往南最遠就是海岸。往西要多遠？女武神艦的巡邏圈已經快到極限了。」

「長驅直入到迷霧之島。」

第五章　船骸

在星艦墳場的最深處，在幾世紀以來毀棄的船隻殘骸和太空垃圾環伺下，兩頭怪獸交會了。詹姆斯透過狹長的窗口瞪著那艘曾經令人們聞風喪膽的知名指揮艦——「ＣＰ哥吉拉」的屍骸。這艘戰艦實在大得驚人，隨著科學怪人號越來越接近，它龐然的身影便佔據了他全副視野，沒多久便連一顆星星也看不到了。

幾分鐘之後，他們的克力梭駛進哥吉拉船體的一道裂口，穿過黑暗的隧道，長驅直入這艘人造巨獸的腹腔。葛瑞絲探頭到他旁邊來，看著隧道裡幾百根利牙般直指著他們的鋸齒狀金屬尖突，做了個鬼臉。

「挺壯觀的，不是嗎？」他問。

「你是說壯觀的浪費吧。」她不屑的說：「我敢打包票，想出這種餿主意的政客鐵定有拿破崙情結。」

「什麼是拿破崙？」

葛瑞絲把他從頭到腳打量一遍，調侃的歪起嘴角。

哥吉拉號是人類史上建造過最大的星艦，名字取自某個口傳故事裡的怪物，外型也被設計得像是希臘神話才會出現的遠古巨獸。太陽系大戰期間，內行星陣營在局勢最緊張的時候徵用其為軍艦，試圖為這場持續將近五十年、殘殺十數億生命的浩劫畫下休止符。當時內行星陣營以為，光憑它懾人的武力和外表便足以嚇阻其他敵對派系，再也不敢對他們發動戰爭。這艘星艦被視為一種象徵，宣示所有戰亂的終結，並將為太陽系帶來永久的和平。然而，哥吉拉號制霸太空的盛況，就在它參與的第一場也是最後一場戰役中破滅，甚至沒能撐到下半場。外環行星陣營在戰鬥途中意識到，這艘星艦實在太巨大了，大到要不被擊中根本就是不可能的。於是他們集中火力，往船身的幾處要害猛攻。就像人體一樣，一旦重要的器官衰竭，整個身體都會受到影響，哥吉拉號的主系統被摧毀後，其他相連的系統也隨之崩潰，戰事持續沒多久，哥吉拉號就成了一大塊失去行動能力的廢鐵，因為受損太嚴重無法有效作戰，也無法從戰場撤退。當初的建造者想得倒也沒錯，它的確為人們帶來了和平的新紀元，只是不是以他們想像的方式發生。

哥吉拉號被摧毀的消息傳遍了整個太陽系，六個月之後，戰爭便結束了。打造這頭巨獸耗費掉的資源徹底拖垮了內行星陣營，不光是原物料和人力破產，人們的精神和意志也被消磨殆盡。到了二五一二年，也就是將近兩百年後的現在，哥吉拉號卻在這個不受任何政府或企業管控的化外之地找到了生涯第二春。雖然主系統已經被摧毀，艦體絕大部分都保留了下來，其中有些分隔艙的構造還相當完整，提供了足以生存的環境，吸引許多海盜、走私販及想要遠離企業和星際法的團體入駐，在這些分隔艙建立起了幾十座獨立自治而活躍的小型殖民地。

當克力梭行經這些殖民地時，詹姆斯注意到好幾座砲口正虎視眈眈的瞄準他們。他以前來過這裡幾次，但從不是為時旅總署指派的任務而來。這些殖民地組成了一個鬆散的政體，也就是人們所知的『失事船殖民地聯盟』，禁止任何時空打撈活動在哥吉拉號上進行。詹姆斯能理解為什麼。這些殖民地的存續完全仰賴這座廢墟，然而漂浮在墳場裡的其他廢棄船和碎塊經常撞上哥吉拉號的船身，威力堪比砲彈，在這麼不穩定的環境裡，時間流只要有一點漣漪，都有可能對裡頭的住民造成毀滅性的影響。

「呼叫怪模怪樣船。」一個聲音從他腦中的通訊頻道傳來：「我們在你身上偵測到五艘不同星艦的訊號，三艘時旅總署的，一艘渥爾塔的，一艘木衛二歐羅巴國的。『大船頭』和失事船其他殖民地都不允許他們派來的船進入。我看你要不是迷路了，要不就是你的偽裝技巧爛得像屎。怎樣都好，反正你都會因為你的愚蠢被轟回外太空去。再見。」

詹姆斯立刻衝到控制臺前，一拳捶下通訊鈕：「呼叫『大船頭』，這裡是地球的獨立星艦科學怪人號，我們不隸屬於上述任何權力實體，不同訊號來自不同星艦拆解下來的部件。我們只是來做生意的，願意接受查核，請勿開火。」

對方停頓了很久都沒回應。詹姆斯緊盯著一路上追蹤著他們的那些反星艦砲不放。在這樣的射程範圍裡，一發砲擊就可以把他們炸成灰。要命，憑他們七拼八湊焊接起來的船身，一點碰撞搞不好都能撞鬆好幾塊艙板。

時間一分一秒的過去，克力梭就這樣懸浮在砲口前，對方隨時都有可能啟動它，眨眼間便把他們化成宇宙灰塵。詹姆斯伸手抹掉眉毛上的汗水。他已經啟動了超動能腕帶，能量開到最滿，雖然他很懷疑這麼做能起到多少作用，還是隨時準備拉起防護罩，帶著葛瑞絲逃走。他轉頭看了看葛瑞絲，她已經看膩了那座大砲，溜到船艙後頭的儲藏間找點心吃去了。這個老女人已經騙過死神一次，再和祂擦身而過一次又算得了什麼？

終於，就在詹姆斯確信他們會被轟成碎片的時候，那個聲音回應了。「你們有錢付通行費嗎？」

「有。」

「很好。歡迎來到吳碼頭。因為剛剛的多重訊號，保險起見，我們要進行搜查。把你們的

——」說著對方偷笑了一聲：「『船』開進來，雙手舉高，登錄你們所有武器和腕帶，船上的貨物也要申報。如果有任何一項你們不打算照做，趁現在趕快說，我們當場就把你們炸掉，省得大家浪費力氣爭執。不然你們也只有惹惱我們的份，然後把事情搞得更難看。對了，先準備好賄款，我們總共有五個人。」

「知道了。」詹姆斯回答後，就把腕帶全都解下來放到長凳上。

一個閃爍的藍色光點在黑暗中亮起，緊接著隧道內又亮起一個光點，轉彎處又是一個。詹姆斯駕駛著笨重的梭身，小心翼翼的沿著這條藍色指示燈串成的路標穿過迷宮般的船墟。一路上他又注意到好幾座砲台，砲口全都鎖定在他們身上。這座迷宮是大船頭殖民地的第一道防線，有很多關於這地方的故事在外頭流傳，大多是企業警察為了追捕海盜而闖進來，卻在迷宮裡迷失了方向，從此再也沒有出來過。

拐了起碼十幾個彎之後，終於他們抵達了一個像是通道盡頭的地方，右手邊是一間寬敞的貨艙，詹姆斯便把克力梭轉了進去，懸浮待機，引擎的聲音在貨艙裡隆隆迴盪著。貨艙左側的牆面中央有扇巨大的轉軸式艙門，沒有多久，門板便由外而內打開了，一道光束從門口流洩而入。詹姆斯把克力梭開進去停好，接下來只需要等艙門關上，機棚裡的黃燈轉藍。一旦指示燈變回藍色，就表示空間壓縮的程序已經完成。

壓縮完畢後，詹姆斯打開梭門，踏出克力梭，確定沒問題才向葛瑞絲打個手勢要她跟上。他吸了一口氣，發現要做一次完整的深呼吸很是費力。他都快忘了在這種人工空氣系統下呼吸起來有多困難，氧氣濃度只有地球大氣圈的一小部分比例。葛瑞絲比他更喘不過氣，她那近百歲的身體還在掙扎著適應這個陌生的環境。

他們舉高雙手放在後腦，在科學怪人號的舷梯尾端等著。很快的，五個持槍的男人快步衝進機棚，他們穿著碎布拼製的衣服，看上去活像是來打劫的。他們以組織過的方式行動，三個人負責監視他們的一舉一動，另外兩個則鑽進克力梭開始搜查。那三個人對詹姆斯很粗魯，把他推來推去不說，拍遍了他全身上下被衣物蓋住的部分，口袋也全都被翻得袋底朝天。然而，當他們上前來檢查葛瑞絲時，只不過被她冷冷的瞪了一眼，動作就明顯放輕許多。前任領導大人偶爾會發揮一下這種特異能力，人們一到她面前，就會忍不住拿出他們最良好的品行，連暴徒也不例外。

等到那兩人把克力梭整艘搜刮過，賄金也拿到手之後，詹姆斯和葛瑞絲才獲准進入下一個房間。他們在那裡繳了保安費、額外費用、機棚的各項服務費、五份檯面下費用，最後要離開房間還得付所謂的通關費，只因為他們「看起來就像麻煩精」。

葛瑞絲一邊算錢，氣到頭頂都快冒出煙來：「這樣獨立自治還有什麼意義？人之所以要脫離政府，不就是不想再被課重稅？」

詹姆斯咧嘴一笑：「有意思，妳居然管這叫『課稅』。不如實話實說吧，就只是幾個貪得無厭的混蛋想揩油水而已。」其中一個守衛聽到，立刻往他這邊瞪過來。「抱歉，無意冒犯。」詹姆斯又毫無誠意的補充一句。

那守衛聳了聳肩：「無所謂。我們就是一群貪得無厭的混蛋，而且你們離開的時候，我們還要加收一筆出關費。」

手續都辦好後，他們離開機棚，往大船頭的主要居住樓層走去。雖然這個地方是由海盜掌控，又坐落在一艘巨大星艦的船墟裡，居民們從頭到腳連牙齒都裝著武器，但除此之外，他們和外頭其他殖民地倒是沒什麼兩樣。保護這座殖民地的地頭蛇是天衛十五海盜，全太陽系規模最大也最危險的海盜集團之一，連企業和政府都不敢隨便招惹他們，要是惹惱了這批人，往往只會引發一場收場慘澹兩敗俱傷的爛仗。

大船頭是失事船殖聯的大型交通樞紐，所以路上很少有行人會注意他們，不過其中有些人會回頭多看葛瑞絲一眼。像這樣的地方，很少有人能活到她這個歲數，但他們會對她投以側目，比較有可能是因為她走在人群裡的樣子完全不像個尋常老婦人，而是活脫脫一副科技獨立國最高領導的派頭。詹姆斯提醒自己，晚點得跟她好好談談這個問題，免得這座海盜巢穴裡哪個土匪把她當成肥羊，動起搶劫或綁架勒贖的歪腦筋來。

「頂著一顆高價碼的腦袋會造成什麼問題嗎？」當他摘下遮面的兜帽時，葛瑞絲問他。

「我在這裡倒不需要操心這問題。」詹姆斯笑說：「賞金獵捕禁令是這裡少數有在嚴格執行的法律。有很多人都是被懸賞的人頭，倘若他們解除禁令，大概要不了幾個鐘頭失事船就整艘完蛋了。」

他們穿越了好幾個樓層，沿途經過貿易區、奴隸宿舍、進貨市場，緊接著又走進通往居住區樓層的繁忙過道，一路上詹姆斯都感到相當安全，但他還是沒有完全卸下防備。這裡的犯罪率還是居高不下，常常有人會在半夜莫名其妙失蹤。而且他的懸賞金額實在太高，也許會有人抵擋不住誘惑，甘冒風險觸犯天衛十五海盜的司法系統。畢竟貪婪會讓人變成魯莽的蠢蛋，他還是不能掉以輕心。

他們在居住區租了一個小房間，小到剛好夠兩個人並肩而坐，但如果把床舖放下來，就只夠一個人躺，沒辦法兩個人同時睡覺。氧氣供應也是個問題，居住區每個房間的空氣配給量是固定的，只要用量超過就要額外收費。

「我不懂。」聽完他的解釋後，葛瑞絲皺起眉頭說：「空氣怎麼會這麼貴？還有，開門的時候空氣為什麼不會自然流進來？」

「太空殖民地都是這樣，空氣都得回收過濾再利用，特別是像這種比較老舊的基地，空氣隨時都在外洩。」詹姆斯指了指門板上那層黯淡的藍光：「門上的感應器會測出房間裡的氧氣攝取量，再從我們的配給量扣除，只要超過當天的定量就要付罰金。」

「來的路上我研究過失事船的經濟體。」葛瑞絲說：「他們的規模大到很容易就可以進入體系，卻又小得很容易操控。這會是個有趣的謎題，我馬上就要開始執行運算了。」

詹姆斯走出門口的時候說：「我出去打探一下這裡的情況，看能不能找到人當我們的打撈人。運氣好的話，可能會碰上前任時旅特工或非法跳躍者，或許還能找到個醫生。」

「留心那些偷權限的駭客。」她在他身後喊道：「還有，別靠近酒吧。」

詹姆斯站在幾條歪扭生鏽的走道前，左右掃視過一圈，隨機選了個方向開始漫步。這麼做是為了瞭解周遭環境，萬一事態惡化，對環境的熟悉度就很重要了。而且，假如葛瑞絲操縱市場的計畫成功，他們很可能會引來不少敵人。希望葛瑞絲知道自己在做什麼。他才這麼想，立刻又打斷自己的思路。她當然知道自己在做什麼，她總是知道，而且這次她也必須知道。一切成敗都掌握在她手上。

詹姆斯已經好幾個月沒在現時文明人的世界裡走動過了，如果海盜和走私販也稱得上文明人的話。雖說是海盜的巢穴，這座殖民地倒是乾淨得出乎他意料，不過，這幾個月以來他和艾爾弗雷人都生活在城市廢墟和地下道裡，相較之下不管什麼地方看起來都很乾淨吧。然而，這地方文明化的外表給他的震撼還沒消退，才繞過下個轉角，就赫然看到一具腐爛的屍體倒在走道上。

他只管繼續走，把房間周圍的通道都記錄成地圖，確保他們需要臨時撤退的時候，有多條不同的路徑可以回到科學怪人號的所在位置。接著他又到主要活動大廳和其他區塊繞了一圈，把每個地方的環境特徵默記在心裡，分門別類記下重點，以備不時之需。

他在忙碌的人群裡逆向而行，每經過一個路口都會不小心和人碰撞。他上次在這種太空站活動已經是很久以前的事，可是奇怪，印象中他以前從來沒碰過這種情況。接著他忽然意識到，那是因為他現在不是高階特工了。長久以來，人們對時旅特工的畏懼在他們周圍形成了一種不可接近的氣氛，他也一直都把那種氣氛視為理所當然。而現在不一樣了，他走過這些大廳的時候，沒人會對他另眼看待，沒人會往旁邊避開，留給他偌大的個人空間。這正是他當特工那段時間最渴望的，人們對他視而不見，在他們眼中他就只是個普通人，一個無名小卒，和其他人沒什麼兩樣。

而他感覺糟透了。

他接連不斷的被人擦撞，像彈珠台的彈珠一樣被人推過來推過去，不斷被擠到更擁擠的人群裡。他只能拼命忍住不要發作，深呼吸，提醒自己現在的身分和立場，乖乖的順著人潮走。然而，隨著他探勘過越多區域，他就越感到鬱悶和窒息。這座殖民地讓他想起希瑪利亞和涅墨辛妮太空站，全世界他最討厭的兩個地方。不過，說老實話，如今幾乎每座太空站都是這副德性。

他還來不及意識到人潮把他帶去了哪裡，不知不覺間，他已經來到大船頭其中一間破敗的酒吧前，『眾醒獨醉』。當然了，不然他還能去哪裡？買醉的誘惑實在太強了。如果他夠聰明，這時候他應該頭也不回的繼續走。航程中的某天晚上，葛瑞絲在儲藏櫃裡找到他窩藏的酒精，狠狠痛罵了他一頓，聲音大到整個船艙都是回音。她甚至連莎夏的名字都搬出來，用她生病的事打擊他。

一想到他的妹妹，他不由自主定在原地，心頭充斥著種種糾結的情緒，安心，焦慮，還有愧疚。安心是因為她再度回到他生命中，他終於可以放掉二十年來不斷侵蝕著他的自責。然而，這份安心也伴隨著沉重的焦慮和壓力，身為她的照顧者，就像從前一樣，她的安全和福祉又重新落回他手上。他已經失去過她一次，要是再失去她第二次，他不認為自己還活得下去。更何況，這二十年來他只需要顧到的只有他自己，現在不只有妹妹需要他操心，還加上一個伊莉絲，這一切都讓他感到快要不堪負荷。

「振作一點。」他咕噥：「你可是跟太陽強盜集團和冥王星食人族交手過。比起來照顧兩個女人要輕鬆多了。」

然而並不是。至少他一點都不這麼覺得。該死的黑洞，他真的需要喝一杯。納粹士兵和莎夏的鬼魂又出現了，分別站在酒吧入口兩側。妹妹的鬼魂很不以為然的盯著他，眼神彷彿要在他身上鑿出洞來，然後便轉過頭去不肯再看他。

納粹士兵吹了聲口哨。「才第一次離開她們身邊，你就滿腦子只想著要喝酒。我還以為她的死和二十年的悔恨能把你變成個比較好的哥哥咧。」

「那不是真的。」詹姆斯抗議：「我只是要進去看能不能幫她找到個醫生。」

「你只是這麼認為。」

「操你的，你這個小法西斯。」詹姆斯回嘴，視線始終沒從妹妹身上移開過。

「我有名字的你知道嗎？」

「喔？叫什麼？姓納名粹嗎？」

「你在殺掉我之前應該先問一下。」納粹少年大笑起來，轉而對莎夏說：「走吧，姑娘，你哥哥根本不在乎你。他現在只想抱著酒瓶不放。」

「不，那不是我進去的目的。」詹姆斯繼續否認：「還有，不准你跟我妹妹說話。」說到這裡，他猛然停了下來。那當然是他進去的目的，他騙不了自己的。他正被渴望酒精的念頭牽著鼻子走。這段時間以來，他一直很努力不喝酒，他答應過伊莉絲，答應過莎夏，答應過他自己，然而看看他現在人在哪裡，一逮到機會離開他愛的那些人，他就想也沒想的往酒吧直衝。

他低頭看著妹妹的幻影，她依然站在原地，像站崗一樣守在酒吧的入口前面。不對，她是在守衛他，不讓他進去。詹姆斯吞嚥了一下，覺得嘴裡越來越乾，強迫自己轉過身去，沿著走道一步一步遠離那間酒吧，踏出去每一步都比上一步更費力。

終於，直到他覺得自己簡直是抵抗著三倍的重力在走路，好不容易繞過一個轉角後，才停下來靠著牆面休息。他的眉毛都被汗水浸濕，雙手也無法自制的發著抖。他深吸一口氣，試圖讓自己的思緒重新聚焦，聚焦在他此行真正的目的。他是來這裡找救莎夏的方法的，真正的莎夏，而不是他病態的心智製造出來的幻影。真正的莎夏還活著，她和伊莉絲都在地球上。他又回頭望了一眼，酒吧門口的霓虹燈招牌在轉角另一頭閃爍著，妹妹的幻影也還在那裡，站在招牌下盯著他。一直、一直盯著他。

詹姆斯終於重新定下心來，轉過身，堅定的往反方向走去。他在這裡有任務要完成。他得找到一個時空旅行特工和一名醫生。為了莎夏。該是工作的時候了。

第六章　迷霧之島

在一片看不到盡頭的灰茫裡，幾道暗影接二連三的從灰暗的滾滾濃霧切穿而過。這些黯淡的人影不斷浮現又消失，越來越多，越來越密集，挾帶著幾千個人行走的腳步聲而來。濃霧的漩渦纏繞在這些人影周圍打轉，如活物一般舞動著，直到人影再度被吞沒後才消散於無形。幾分鐘之後，籠罩這整片地區的霧靄又重歸平靜，彷彿什麼也沒發生過。

他們來到一根傾斜的路柱前，伊莉絲歪頭看著那面只剩一角還掛在柱子上的金屬告示牌。告示牌寫著『布魯克林大橋』，旁邊標有一個指向左上角的箭頭。路柱後面則聳立著一座鋼索、水泥樑和砌石交雜的不明構造物，直刺入迷霧深處，看上去就令人生畏。

這一路上，艾爾弗雷族走高架公路橫越長島海灣，沿著長島半島的長邊往下行，穿過海水淹沒的漢普頓區，往西轉進高度較低的蘇福克公路，花了將近一個星期好不容易才抵達紐約市外郊，緊接著又花了一天時間找路通過皇后區。現在，他們站在東河的東岸，準備進入恐怖的迷霧之島，也就是她那個時代所知的曼哈頓。

今天是他們進入霧靄區的第一天。這片霧靄是太陽系大戰期間一顆電磁脈衝炸彈留下的結果，炸彈的後續影響從二十四世紀中期持續至今，形成了不自然的濃霧，出於不明原因而永久滯留在曼哈頓地區。任何形式的波頻都會被這片濃霧阻絕，無法輸出也無法輸入，把這裡變成了一片監控和通訊都無法觸及的無訊號區。雖然這片濃霧會拖慢艾爾弗雷人的行進速度，但也為他們提供了絕佳的掩護，不被聯軍偵測到，對他們來說優勢遠大於劣勢，更何況他們也沒有選擇的餘地了。

忽然間，一聲尖嘯從遠方傳來，引得伊莉絲往海面的方向望過去。就在島的南邊，遠遠的海面孤立著一座高聳的黑影，那是一座頂端已經崩毀的塔，一大群像是翼手龍的巨大生物在它四周黑壓壓的盤旋著，看來牠們是把巢築在那座塔的鋸齒狀傷口上。牠們的叫聲尖銳而淒厲，在近乎死寂的夜色中分外刺耳。

她瞇起眼睛看著那些生物。不會吧，難道真的有人蠢到把恐龍帶到這個世界來了嗎？天曉得。她才來二五一二年的世界不到一年，就已經目睹到太多連她最可怕的噩夢都比不上的恐怖事物，多到數不清，像是有人形軀幹的蛇，貌似已經發展出高等智慧的獅群，還有蜈蚣化的熊。未來世界的遺傳學家鐵定是無法自拔的沉迷在突變的領域裡，這讓身為二十一世紀生物學家的她感到作嘔。

那座毀壞的塔勾起了她一些回憶，於是她又仔細觀察了一下，終於知道她為什麼會覺得它的形狀很熟悉了。那是一座斷頭的女人雕像，高舉在空中的右手從手肘處橫斷，軀體中間應該是心臟的部位也破了一個大洞。

「交給我吧，那些疲倦的、貧窮的、蜷縮著渴望呼吸到自由空氣的群眾。」這些字句輕柔的從她齒唇間溢出，連她自己都沒意識到自己說了出來。這段詩文來自另一個遙遠的時空，可能也早已被人遺忘，只剩下時旅總署數據伺服器還保存著它們，深埋在某個角落無人聞問。這些字句背後有著深刻的意義，傳達著慷慨共享和團結的精神。如今這個世界早已沒有它們的容身之處。

一陣強風從南方的海上刮過來，讓伊莉絲打起哆嗦。這陣風推送著一大團怪霧，淹沒了自由女神像，越過海面襲捲過來，眨眼間便把他們籠罩在一層層或灰或黑深淺不同的陰影中，彷彿整個世界都被一張巨大的罩布給蓋住了。緊接著又是一陣風吹來，她能看到霧氣被風吹動，但同時又一動也不動。這時她搞懂了，這團霧包含了兩種不同的霧，一種會隨著空氣的變化反應，另一種卻不會。她科學家的那一半腦很想再深入調查下去，但作為長老的那一半腦只想著該怎麼應對這個緊急狀況。

她聽到遠處在打雷，先是在西邊，然後是東邊，接著四面八方都是雷聲，彷彿那些飽含著酸雨和雷電的積雨雲是在彼此唱和。空氣中的劈啪聲不斷增強，緊接著閃電便以水平方向在空中流竄，從這團積雲劈向另一團積雲。暴風雨很快就會追上來，而且將會毫不留情的襲擊他們。如今她身處的這個世界，並不懂得用其他方式對待棲息在它之上的居民。

霧裡走來一道黑影，她看了老半天才辨認出芮瑪的臉。「長老，最後一批人也都已經聚集到橋墩下了。艾瑞亞歐說我們現在行蹤太暴露，他建議我們今晚就過橋，不然就得找個更好的藏身處。可是法蘭薇長老命令我們暫停行進。」

伊莉絲哀傷的看了自由女神像最後一眼。「撐住，老女孩，能多久是多久。」然後她才轉回來看著芮瑪：「我們今晚就在這邊的河岸紮營。告訴艾瑞亞歐，請他找個至少有兩面封閉的開放空間，在河邊或在建築物裡都可以。營地邊界每兩百公尺設一名守衛。為什麼法蘭薇需要暫停行進？」

芮瑪一邊點頭，一邊在石板上振筆疾書：「她和寇魯們在一起。莫嫣快要生了。」

伊莉絲嘆了口氣。又多一個待解決的問題。「帶我去找她。」她說，接著便跟著女孩回到營地。他們從負責看管家畜的守衛隊旁邊經過，繼續沿著長長的隊伍往前走，在隊伍最前端轉進主要街道旁邊的一條巷子。進去就是一片空地，那頭寇魯正躺在地上哀鳴著，有好幾個女人圍繞在牠身邊照顧牠。法蘭薇長老正在為牠檢查，一條手臂伸進產道裡，深及手肘。莎夏也在她旁邊，試著安撫那頭掙扎不已的動物。自從葛瑞絲和詹姆斯到外太空去之後，她就常常跟在法蘭薇身邊。

老婦人抬起頭來看她，搖了搖頭：「現在不能移動她。得讓裡頭的崽子翻身，馬上在這裡接生。不得已的時候就把我們單獨留下來。」

伊莉絲環顧一下四周。這個地方沒有任何遮蔽，而且就在主要街道旁邊，可以輕易看到路上擁擠的人流，而法蘭薇和莎夏竟然還同時待在這裡，倘若有敵人發動突襲，她們連逃都來不及逃。感謝大地母親，這股濃霧阻絕了大部分的視野，住在附近建築物裡的本地居民應該看不到她們。萬一莎夏出了什麼事……她不禁打了個冷戰，不敢再繼續想下去。

寇魯是很有價值的牲畜，對整個部落的生存也至關重要。可是，這種物種有個很麻煩的特性，牠們的群體意識非常強，只要有一頭寇魯動不了，整個寇魯群都會一起留在原地，不肯離開牠們的同伴。這表示他們得盡快為這頭母寇魯接生，不然很可能整群寇魯都保不住。

伊莉絲第一次為家畜接生是在青少女時期，在蒙大拿州的松嶺牧場，她那時甚至還沒學會開車。她把雙手抹乾淨，捲起袖子說：「讓我來吧。長老，芮瑪，妳們去找艾瑞亞歐，請他帶一隊守衛來這裡。莎夏，我們需要乾淨的水，馬上幫我煮一些過來。」

守衛們在幾分鐘後抵達現場，在她們周圍就防禦位置。能有額外的安全防護讓她非常感激。接著她們花了一個小時才把懷孕的寇魯安撫下來。這趟旅途帶來的壓力讓這位準媽媽的生產過程變得格外困難。

煮水的火堆在她們旁邊燒得熾亮，看上去肯定是非常醒目，把方圓一公里內的掠食者都吸引過來了。寇魯的幼崽才剛落地，連第一步都還沒踩穩，黃首衛——「首衛」是負責指揮守衛隊的人的稱謂——就趕著催她們離開。他朝著隊員吼出幾句指令，把火堆踩熄。「很抱歉這樣催促您，長老，但是我們部落受到兩個不同方向的襲擊。前哨部隊正在和來自北邊的敵人交戰。另一個我們先前沒發現的部落正從東邊推進過來。我必須確保妳們的安全。」

她急忙抱起新生的寇魯幼崽。四周的守衛收攏隊伍，把她包圍在中間往營地衝刺。槍戰已經爆發開來，彈火打得碎石塵土到處亂飛，空氣裡充斥著乒磅聲，在建築物之間反彈震盪。忽然，她右邊的一個守衛倒了下來，緊接著又爬起身一跛一拐的繼續跑，另一個女守衛跑過去扶他，替他掩護。她急忙轉頭往左看，確認法蘭薇的安危，一個魁梧的男人像抱小孩一樣抱著她跑在旁邊。一根長矛射過來，嗖的插在地面上，離他們只有幾公尺。更多小型武器的開火聲在空氣中迴盪，附近還有一陣箭雨從天而降。那名女守衛索性把受傷的守衛整個人抱起來，腳步絲毫沒拖慢。幸好最後所有人都安然無恙的抵達營地。

一分鐘之後，他們已經躲進廢棄車輛和武器架成的路障裡，法蘭薇則在守衛們護送下進入大帳篷。伊莉絲檢查自己的脈搏，發現只加快了一點點，不禁暗自高興。

「老天，這個未來世界真能讓一個人改頭換面。」她喃喃的說，然後深呼吸了一下。假如是一年前的她碰上這種場面，八成會心臟病發。如今這些緊迫的危機感覺都不過是日常現實的一部份，只是比較刺激一點。

她低頭看看懷裡的幼崽，唔，看來這世界上還是有些事物不會改變的。她吩咐莎夏拿條毯子過來，給幼崽保暖。接著她問芮瑪：「牠的媽媽還好嗎？」

「莫媽沒事，牠被照料得很好。」芮瑪回答：「不必擔心，長老，我們絕不會丟下寇魯這麼寶貴的東西不管。可以的話，容我先告退，我想去幫忙守衛們擊退那些襲擊者。」說完她鞠了個躬便快步跑出帳篷。從前那個野孩子仍然殘留在那女孩的血液裡。伊莉絲只能祈禱，希望她能平安無事。

遠處交火的乒磅聲越來越密集，喊叫聲也越來越響亮。看來這場戰鬥一時半刻還不會結束。伊傷害。

莉絲站起身，開始巡視營地，確認族人們是否安好。幸好大部分人都順利抵達營地，沒有受到什麼

伊莉絲逐一去探望了每個獨立編制的小組，他們都各自升起了小火堆，和同伴依偎在一起。這些持續不斷的威脅和侵擾讓他們心力交瘁。從前在波士頓，艾爾弗雷人需要擔心的敵人只有聯軍。好幾個世代以來，他們和周圍其他部落和平共存，共享一段歷史悠久的合作關係，團結起來對抗他們的共同敵人。如今，他們被迫置身在陌生的土地上，除了聯軍，他們還得抵抗另一群荒地部落，因為這些部落相信他們是入侵者。每個人都是他們的敵人。在被徹底瓦解之前，艾爾弗雷人還承受得了多少次衝突？

伊莉絲仰起頭來，透過帳篷的縫隙仰望著暗沉的天空。「快回家吧，詹姆斯，不然等你回來的時候，已經什麼都不剩了。」

第七章　大船頭

鎖定黑市打撈師的行蹤是件磨人的差事。吃這行飯的人當然不會高調的到處招攬生意，而且他們討厭陌生人，特別是好奇心太重的陌生人。時旅總署向來抓這些非法跳躍者抓得很狠，所以能在這行發跡的人要不是技術高超，行事極端隱密，要不就是有個強大的組織在保護他們。通常都是三者兼備。

黑市的時空跳躍死亡率也高得嚇人，往往比時旅特工高出十倍。時旅特工在學院受過五年訓練，還有整個機構的技術資源在背後支援他們。但即使如此，也只有大概百分之七十的特工能活過第一年。而這些非法打撈師，通常都抱著虛幻的期望，想要一夕致富，有百分之七十活不過第一年。

假如這份工作本身沒害死他們，他們也會被稽查官殺掉。技術不夠精湛的打撈師會留下可追蹤的漣漪，稽查官只需要跟著他們留下的每個痕跡走，知道他們在過去搞了什麼鬼，就能和現時發生的變化連繫起來。他們頭幾次跳躍或許還能僥倖逃過，但終有一天還是會被稽查官趕上。那些能夠生存下來而且還能做得生意興旺的，通常都是在學院受訓過的特工人員，很多都是三級以上的前時旅特工。他們的戰鬥技巧高明，又很熟悉時旅總署的運作系統和傳說故事，而且他們在署裡通常都有內應，長期穩定供應時旅後遺症抑制錠給他們。要想買到這些黑市打撈師的交易權限，通過地下網絡買情報是唯一的門路，而且如果是剛到大船頭來的菜鳥買家，他們開的價碼更是昂貴。

詹姆斯做了好幾天的白工，上門去找過好幾個不同的團夥打聽，追查過一條又一條的傳聞和線索。大概他在大船頭到處砸錢問問題的事跡已經散播開來了，到了第十天早上，他終於有了第一次突破。有人主動來搭訕他。當時他正獨自坐在『眾醒獨醉』的桌邊，一個男孩過來找他，衝著他直伸手，要求詹姆斯買早餐給他。那男孩年紀不大，看上去頂多只有十一、二歲。詹姆斯拒絕他之後，男孩告訴他，給克力梭取名叫克莉真是又懶又蠢，你最好乖乖買早餐給我。詹姆斯一聽，立刻招手叫來女侍，那男孩要吃多少喝多少，他全部買單。

那條情資的意思再明確不過。只有極少數人知道詹姆斯的克力梭——那艘已經在農耕塔大戰被炸毀的老女孩叫克莉。會知道這件事而且當成笑話講的，只有和他同級的特工。

他看著那男孩狼吞虎嚥的吃了個撐，又用兩杯酒把自己灌醉，在醉倒之前及時掏出一張紙條交給他，接著便倒在桌上睡得不省人事。紙條上寫著一個地址。不出幾分鐘，他就在酒吧問到了那個地址的所在，就在天衛十五海盜的領區內。唔，他的確是很想引起那些打撈師的注意，看來他無意間引來最大咖的了。

詹姆斯喝完自己的飲料，又看了那醉倒的小信差一眼，內心掙扎著該不該把他丟在這裡。運氣好的話，他明天早上醒來只會頭痛到不行而已，但萬一交上壞運，他可能會發現自己少了一顆腎臟。出於某種家長的心情，詹姆斯抓住他的襯衫後背，拎著他站起來：「走吧，小子。」

他往男孩臉上拍了幾下叫醒他，陪著他走出酒吧。他們幾乎快要橫越整個大船頭的時候，男孩似乎比較清醒了。老實說，詹姆斯也不太確定天衛十五海盜的領區在哪裡，便讓男孩幫他帶路。抵達目的地之後，他又給男孩買了一袋水，把他打發走了。

詹姆斯進入天衛十五海盜的安檢區時，立刻有三個警衛迎上前來。他拿出憑證給他們查驗過後，那些警衛蒙住他的頭，領著他又走了十分鐘。轉了十來個彎之後，他能感覺到他們往下走到了比較低的樓層。搞不好他們是想把他帶到某個氣閘門扔出去。等到頭罩終於掀開的時候，他發現自己置身在一扇華麗的金屬大門前，就在一條長廊的盡頭。

他吸了一口氣。這裡的空氣明顯比殖民地其他區塊乾淨得多，住在這裡的人要不是有權有勢，就是非常有錢。那幾個警衛透過通訊頻道和門裡的人講了些什麼，很快的，大門喀啦一聲打開了。一張熟悉的臉出現在詹姆斯眼前。

赫比斯被時旅總署逮到的時候，已經是個一級特工，離贖身只剩下兩年。當時他和天衛十五海盜勾結，暗中走私時旅後遺症抑制錠給他們。當時署裡派人逮捕他，他殺了三組監控兵和一個三級特工之後，一路逃亡到大船頭殖民地，遠離時旅總署的掌控範圍，知道他們不可能光為了逮他一個人無謂的消耗人力資源。從那時候起，他就一直在為天衛十五海盜從事打撈事務。時至今日，他依然穩坐時旅總署通緝名單第九名。

「見鬼了，『火星裔』詹姆斯葛里芬。」赫比斯驚呼，招了招手要他進門，領著他走進自己極盡奢華的住處：「要是你沒來我地盤上到處亂刺探，我還以為你老早就死了，刺穿巨人之眼什麼的。你向來比我們其他人要更鬱悶一點。聽說你和署裡決裂了，有傳聞說你打破了好幾條時間法。」

詹姆斯才踏進房裡十步左右，就有兩個壯漢上前來分別守在他兩側。他把他們從頭到腳打量了一番，看看他們手持的武器——一個是近距離射程離子手砲，另一個是超動能鎖鏈，但絲毫不為所動。

「這真的有必要嗎？」詹姆斯問。

赫比斯聳聳肩：「你也知道現在的世道，誰也不能信任誰，不是嗎?你不介意吧？」

「不介意。」

超動能鎖鏈是超動能使用者的剋星，但是通常相當少見，因為超動能技術很昂貴，在常規軍隊裡也不普及。只要被這種鎖鍊連接上，使用者就無法啟動超動能，就算是在啟動狀態被抓住，也無法再製造新的超動能索，而且使用者的活動範圍會被牽制在鎖鍊的長度內。

詹姆斯也不相信赫比斯身上沒裝備武器，但他實在沒有選擇的餘地，畢竟他是來這裡拜託他幫忙的。當紅色的能量套索圈住他時，他感覺到一股劇烈的震顫傳過來，接著套索便牢牢扣住他的身體。赫比斯接過手柄，牽著他走進一間比較小的接待室，指了指沙發要詹姆斯坐下，自己則走到房間另一頭的吧檯邊，拿出一只醒酒壺和兩個玻璃杯。「你喝威士忌，對吧？」

一股冷顫竄上來，猛地讓他渾身緊繃。他嘴裡發乾，一時竟擠不出完整的字句。簡單的一杯酒很容易就會演變成一場爛醉。

於是他搖頭：「工作期間不喝。」

赫比斯停住動作，回頭瞄了他一眼，雙手的停頓格外明顯。但他點了點頭說：「我欣賞能公私分明的人。」然後給自己倒了一杯深紅色的醇酒，又另外倒了杯水給詹姆斯，在對面的沙發坐下。「說吧，有什麼需要我效勞的？想找工作嗎？我手下的團隊是最頂尖的，永遠用得上另一個一級特工。」

「我是來招聘的。」

赫比斯滿臉驚訝：「你才離開署裡裡個月，就已經有你自己的打撈團隊了？我得說這真讓我刮目相看，沒想到你也會有這種創業精神。有意思，這麼獨佔性競爭的市場，我怎麼會沒聽說有新玩家下場。」

「我並沒有要下海做生意。」詹姆斯字斟句酌，小心選擇他接下來要說的話：「我只是需要有人幫我打撈東西。」

「你為何不自己——」赫比斯頓了一下：「時旅後遺症爆發了，對吧？有多嚴重？」

「下一趟跳躍就可能送命，第二趟必死無疑。」

「原來。」一陣尷尬的沉默後，赫比斯拍了一下膝蓋，態度變得熱切起來：「好，既然如此，你就是我的客戶了，這樣更好。告訴我你想打撈什麼，我先給你估個價。但無法保證到時候會是我親自上陣，畢竟我的服務可不便宜。」

詹姆斯深吸一口氣。接下來他要說的話很有可能會害他當場被轟出門。「是這樣的，赫比斯，我今天來不是要僱用你，而是以更遠大的目標徵召你。」

接著，他開始向這位前時旅特工說起故事來，盡可能閃避所有細節，特別是關於伊莉絲和莎夏的部分，只集中火力聚焦在他們有可能治癒地球瘟疫這個重點上，刻意淡化了他們和聯軍之間的衝突，也沒提到艾爾弗雷人擁有的資源實在少得可憐，基本上根本付不起長期聘用他的定金。但他再三強調這是為了更好的將來，希望能喚醒赫比斯對人類共同福祉的關切。畢竟，赫比斯已經擁有這麼多財富，現在他可以為了更遠大的理念而戰，有機會讓自己成為流芳百世的傳奇人物，一個人的生命中還有什麼比這更值得追求的？

然而，詹姆斯才剛開口沒多久，就知道自己是註定慘敗了。赫比斯的眼神越來越木然，臉也開始垮下來，但他還是不死心的繼續說下去，語速還越來越快：「等我們成功之後。」他說：「你會躋身成為時間流有史以來最重要、影響最深遠的人物之一。你覺得怎麼樣？」

緊接在那之後的，是一陣蓄勢待發的死寂。赫比斯坐在原位一動也不動，既沒伸手去拿酒喝，甚至好像也沒在呼吸，就只是直勾勾的瞪著他，瞪了不知道多久之後，才再度開口說話。然而，他說的每個字，都足以澆熄詹姆斯剩無所幾的那一點信心。

「『火星裔』詹姆斯葛里芬。」赫比斯用力的咂著嘴唇，彷彿想把他的名字從自己嘴裡像滾輪一樣輾出去：「我殺過很多浪費我時間的人，他們說廢話的時間甚至比你還少。」說著他豎起手指：「好吧，至少這解釋了為什麼你的懸賞金額會那麼高，除了當初那個殺掉風火暴企業執行長的傢伙，我已經好久沒看過有人第一次登上通緝名單就名列前茅了。我甚至不相信那些傳聞，說什麼你打破了第一條時間定律，不過現在看來是我錯了，你比我認為的還要愚蠢。」

詹姆斯張嘴想辯駁，但赫比斯拿起鎖鍊手柄，抬起手示意他閉嘴。「不要插嘴，我還在講話。講明白點，你什麼都別想再說了。現在我能做的最聰明的決定，就是直接把你送回去時旅總署，把那一大筆獎賞揣進口袋，問題是我自己的懸賞金額比你還高，所以要是我當起賞金獵人來，場面會很尷尬。你是有毒物質，『火星裔』詹姆斯葛里芬，光是待在這座殖民地都可能讓我們身陷險境。但畢竟我們之間還是有點老交情——你在金星上掩護我的事我不會忘記的——我不會把你交出去，也不會把你趕出大船頭。至少現在還不會。我給你三十天，讓你把要辦的事辦完。如果你還打算繼續用那套白癡論調，這段時間應該足夠讓你找上的每個打撈師回絕你了。三十天期限一到，你就得走人。聽懂了嗎？」

詹姆斯只能點頭。

「聽懂了就他媽的滾出去。忘掉你來見過我的事。還有——」當那兩名大漢領著詹姆斯出去時，赫比斯又叫住他：「別在我的地盤上惹麻煩。在大船頭你只有一次出擊的機會。」

於是，詹姆斯就這樣被人毫不客氣的扔出天衛十五海盜領區，額頭上還貼著永遠不准回來的警告。不過，這場會面的結果基本上和詹姆斯預料的差不多。這些非法打撈師，特別是署裡出來的這些，早就把時旅總署教給他們的道德原則、拯救人類的基本信念拋諸腦後了。那是個早已淪喪的信念，卻是唯一一個他還緊抓著不願放掉的信念。

當他回到他們的小房間，灰頭土臉的走進門時，葛瑞絲普利斯特正忙著埋首在她的計畫裡。她抬起頭看著他，放下手頭的工作聽他說完這場會面的結果，說：「被天衛十五海盜的專任打撈師掃地出門了？從最頂尖的開始找結果大概都差不多。也許該去找那些比較低階的，搞不好會被咱們高尚的事業打動。」

詹姆斯嗤之以鼻：「我才不信。這場會面簡直就是去白白給人羞辱。」

她聳聳肩說：「反正打從一開始，那個打撈師就不可能對你說『我願意』的。他會跟你見面，只是想摸清楚你葫蘆裡賣什麼藥，大老遠跑來大船頭做什麼，是不是要來跟他搶生意。現在他知道你腦子裡裝著個唐吉訶德式的夢想，而且註定要失敗，他大概就隨便你去了。」

「很好，被妳這麼一說，我現在感覺更糟了。」他嘟囔：「什麼是唐吉訶德？」

葛瑞絲歪嘴一笑：「就是你，詹姆斯。」

他走到桌邊，看著她那正在高速捲動的視訊平面。「妳新建立的犯罪帝國怎麼樣？」

「好極了。」她喜孜孜的搓著雙手，看起來簡直玩得有點太開心了：「我現在有個時間流數據庫權限駭客程式的大交易要操作，同時跟三個競標人周旋，挑撥他們互相撕咬。」

葛瑞絲普利斯特，人類歷史上數一數二的天才，才來到大船頭沒多久，就成了一場席捲情資市場的大災難。剛開始的時候，她不過是在幾個聯繫人和資產之間牽線，在這些以物易物的小型交易裡擔任中間人，比如說，有個技師想要Ｖ１阿普洛普羅斯擴充器，有個收藏家想要二十二世紀的有機質肖像畫，某個傭兵需要人幫他修理高射砲裝甲，又有個走私販想偷渡進歐羅巴國的星軌港口，她就把這些客戶互相串連，讓每個人從彼此手上拿到需要的東西。當然，她只從中收取少量的傭金。

不到一個星期，她就把陣地轉移到了規模更大、利潤也更高的案子上，像是商業併購和機密情資買賣，她甚至還代理了一場綁架案的人質和贖金交換。沒有多久，她又以驚人的速度滲透到高變動高獲利的地下交易網裡，在那裡建立起了規模相當可觀的殖民地內情報代理事業。

「我手上有一些情報，應該可以加快你的搜尋進度。」說完她便把兩條訊息傳進他的AI腕帶：「剛好有個人還欠我人情，我要他提供給我兩份名單，一份打撈師的，一份是醫生的。你照著名單去一個個登門拜訪，看有沒有人願意看在偉大願景的份上助我們一臂之力。」

名單上總共有十九個打撈師和四十個醫生。他瀏覽過之後，把這兩份名單和他打探收集來的各種結盟團體的名單交叉比對。葛瑞絲給他名單上有十七個醫生已經和犯罪組織或幫派綁約，想必受到嚴密保護，基本上是連看都別想看到他們。

剩下的那些人則都是獨立執業。他得設法說服他們接受少得可憐的酬金，大老遠跑到地球去給莎夏看診。坦白說，他不是沒想過直接綁架他們，但那是最下三濫的手段。挾持專業的技師或醫護人員是全太陽系最嚴重的罪行。他還不想走到那一步，然而，如果是為了莎夏，他很可能會開始考慮這麼做。

葛瑞絲又傳送一份更新過的數額給他，讓他知道手頭上有多少錢可以運用。詹姆斯做了個鬼臉：「只有這樣？」

「其他部份我要留著周轉。你得先有錢才滾得了錢。」她斬釘截鐵的說：「等我把需要的東西弄到手之後，你就可以拿去用了。」

詹姆斯用那天剩下的所有時間拜訪了名單上的三個打撈師和七個醫生，看他們對這趟地球之旅有沒有興趣，再加減估算他們的服務要花多少錢。連開價最便宜的醫生開出的價碼都是他現有的五倍，至於那些打撈師，他們連問價都懶得問。對於他的請求，他們頂多只是大笑幾聲，有幾個聽完他的理由還笑得更大聲。其中一個打撈師甚至威脅要殺了他，因為他實在蠢到不該繼續活在這世界上。

拜訪到最後一個醫生的時候，詹姆斯花了整整一個鐘頭想要說服他，到後來幾乎是半懇求半威脅的強迫那個可憐人跟他到地球去，一會保證他未來的榮華富貴，一會又威脅說他如果不從就殺了他。他的小妹已經是命懸一線，可是沒有半個人在乎這點。

到了傍晚，他只飽受了一肚子挫折，恨不得砸爛什麼東西，拖著疲憊的身體垂頭喪氣的回到他們的小房間。這根本就是一趟愚人之行，除了害他遠離伊莉絲和莎夏之外徒勞無功。他應該待在她們身邊才對，而不是把自己困在星艦墳場最深處，到處懇求罪犯和海盜加入他們虛幻而無望的拯救人類大業。

他站在房間門口，遲遲不敢進去，不知道該怎麼跟葛瑞絲交代。他們應該放棄這次行動。他們根本不應該在這裡。他應該留在家裡保護他摯愛的人們，而她應該在為地球瘟疫的療法努力。，許久之後，他好不容易鼓起勇氣，打開門，準備叫她開始打包行李。

葛瑞絲還是和他出門時一樣，動也不動的坐在桌子前。當他急匆匆闖進房裡的時候，她只看了他的臉一眼，就把注意力移回視訊平面上：「你看起來很累。去睡一覺吧。」

「葛瑞絲。」他開始說：「我們應該重新考慮——」

「小威。」她頭也不回的指了指舖位，眼睛還是緊盯著螢幕：「我的答案是不。還有一大堆醫生和打撈師等著你上門拜訪。」

「我們只是在浪費時間。」

她終於把視線移回他身上，用哄小孩的語氣說：「科技獨立國人有句話說的好：做重大決定之前，先去數星星。你何不等到明天早上再做前一件事？」

「我不懂妳的意思。」

「我的意思是叫你休息，然後看在太空份上，把你該死的任務完成。」她站起身，雙手交叉在胸前：「詹姆斯，我現在是以領導大人的身分在跟你講話。今天就到此為止，睡一覺，明天你的運勢會好轉的。」

「遵命，葛瑞絲。」

「叫我領導大人。等你不再哭鼻子之後，才准你直呼我的名字。」

詹姆斯嘆了口氣，只得乖乖上床睡覺。

第八章　增援

在芝加哥的時旅總署地球總部，郭秘安官站在一面落地窗前，往下俯瞰著坐落在總部園區北側的街道。街道上塞滿了人群，密密麻麻雜亂不堪，活像一大堆攢動蠕行的蟲子。對歐羅巴國出身的人來說，眼前的景象幾乎稱得上駭人。在高度文明化的外環行星殖民地，他們已經習慣了受到嚴格的管控和限制、整潔舒適的環境。她的目光移向其中一個大型十字路口，行人、陸用車和載貨牲口全都壅塞在兩條六線道的交會處，彷彿各方大軍正為了多前進幾吋展開激烈的會戰。她困惑的看著這一切。

不知道為什麼，待在總部的這一星期以來，這間辦公室對她有股莫名的吸引力，讓她一而再的回來這扇落地窗前，半是著迷，半是恐懼的凝視著窗外那片混亂的景象，凝視這顆星球上和她系出同源的原生物種。部長的辦公室有整棟大樓最好的視野，而部長本人也已經習慣她這樣來來去去，連進出辦公室的報備都免了。

「部長。」郭開口時，眼睛仍然盯著底下那一大團掙扎著要疏通自己的交通壅塞：「你為什麼會放任這種情況持續下去？」

「月球裔」楊霍布森，時旅總署地球總部的部長，從埋首的書本抬起頭來。「放任什麼情況，秘安官？」他從椅子上撐起身，拖著那條變形的腿，步履蹣跚的踱到她旁邊，整個上半身因為右臂截肢而略微往左傾斜。他順著郭的視線往下看：「放任交通運行嗎？」

郭先指了指地面那一團混亂，接著又往上指著天空，無數的飛船在城市上空進進出出，天空的規劃方式和地面類似，也是多線道並行，也同樣擁擠。接著她又指了指刮過窗外的風，一陣又一陣灰褐色的風在空中肆虐，肉眼清晰可辨。「這顆星球簡直一團糟，六百年來都是一團糟。看看這些消耗和浪費，簡直不可原諒。而你竟然放任這種情況持續下去。假如時旅總署真的有心要保存資源，確保人類的存續，你們首要該做的就是發布全球戒嚴令，把那些野蠻人趕進隔離區，然後以最佳方式分配剩下的所有資源。」

「妳是說，把地球變成大型企業的供應站？」楊老乾巴巴的說。「放任式資本主義造成的威脅好像也沒差多少。」

郭譏嘲的冷笑一下，逕自到楊老的儲物櫃去拿紅酒，倒了兩杯，一杯遞給楊老。她拿起酒杯，一直等到他和她碰完杯，舉到唇邊啜了一口才放下心。如果酒裡有毒，就算下毒的人已經服過解毒劑，喝酒之前還是會有點遲疑，這是人類的一種本能。她並不是不信任這個男人，但她畢竟是從一個作風狠辣的社團主義世界出來的，長久養成的習慣沒那麼容易擺脫。至少這回部長通過試驗了。

她舉起酒杯向他致意，然後也啜飲一口。「人類正瀕臨崩毀。不管你喜不喜歡，唯一能阻止人類滅絕的就是企業和股份公司。歷史已經一次又一次的證明過，政府對這個問題束手無策。」

「那麼，等渥爾塔取代了時旅總署的地位，成為太陽系的權威之後，又會怎麼做？」楊老問。

「現在該是採取鐵腕行動的時候了，部長。你可能還把外頭那些骯髒的群眾當人看，我可不。我認為他們是全太陽系規模最大的浪費。一個人要是無法成為貢獻者，就只是整個社會的負擔。在我們這個時代，浪費就是一種罪，而且應該被徹底根除。」

「所以你認為應該屠殺這裡的居民？」

「別開玩笑了。」郭搖了搖頭：「渥爾塔才不幹那種浪費的事。我們又不是怪物。企業是很講求實際的，而且我們知道外頭的人群裡有才華和技術等著被發掘，就像有價值的穀粒得從麥糠裡篩出來。至於剩下的那些就得清除掉，讓更大的利益有空間生存。」

「妳打算怎麼判斷誰值得生存，誰又該被淘汰？」楊老一邊說，一邊看著自己殘破的身體，眼睛放著精光：「我猜我大概會跟其他的垃圾一起被撲殺。」

郭翻了個白眼。「拜託，部長，你這是在侮辱我們。你肯定沒見過我們的執行長，『木衛二裔』朱文，他從四歲以來就得靠輪椅行動。你的經驗，你的領導特質，還有睿智的決策——」她特別強調最後那五個字：「都證明了你的價值。不然的話，沒錯，的確沒什麼理由把你留著。」

「非常謝謝妳認為我還有點價值。」楊老彎下歪曲的身體，姿態殷勤而誇張的向她鞠了個躬。

郭當然沒錯過他話裡的諷刺。雖說她很喜歡抒發她的觀點，但她也知道最好不要再繼續挑時旅總署部長的神經了。和他保持盟友關係對他們比較有好處。至少現在是如此。

「我們還是回頭談正事吧。」她把酒杯擱到他桌上，坐下來：「之前我要求增派監控兵支援我第二階段的行動。為什麼到現在還沒有動靜？」

「是的，關於這點。」楊老說著，也在她對面就座：「我暫緩了那道命令，等到我們有機會討論的時候再執行。妳不能沒先知會過我，就把我手下十分之一可執勤的監控兵調走。」

「很好。」郭回答：「現在我知會過你了，那五百個監控兵要多久才能準備好？」

「妳打算怎麼配置他們？」楊老又問。

「這很重要嗎？」

雙方陷入一陣沉默。許久之後，楊老才以緩慢而謹慎的口吻說：「時旅總署也不是你們的供應站，秘安官。」

「支援我們是你們應盡的義務，部長。」

「我們給了妳五百名監控兵和後勤人員。我們已經盡了義務。」

「現在我需要更多。」

「如果妳打算繼續用同樣的方式部署他們，門都沒有。為什麼總署人員的傷亡數就占了總數的八成？妳根本是在濫用我們的合作關係。」

「我必須用最有效率的方式運用手上的人力和資源。」她聳聳肩：「我帶來參與這項專案的部隊，都是技巧最頂尖、最專精的特工人員，而你的監控兵和新晉升的時旅特工，技術含量比較低，因此比較經得起消耗。」

有那麼幾秒鐘，她還以為部長終於找回了他的硬骨氣。他往前傾身，完好的那隻手重重的壓在桌面上，把自己從椅子上撐起，雙眼放光，看來好像就要講出什麼有意思的話來。郭差一點就要啟動超動能了。就差一點點。然而，等那凝滯的幾秒鐘過去，這位身殘體破的行政長官又退了回去，回復成她這段時日以來熟知的那個樣子。

「時旅總署和你們簽訂的合約裡，可不包含我方要在這場行動中承受大部分的損害。我們很清楚有哪些條件是我方必須履行的，但相對的，我們也期望你們能針對我方的人力和資源損失提供賠償。」

「我會把這份要求呈報給索恩聯絡官。」她說，嘴角浮起一抹微笑：「現在我得回戰場去了，部長。我的捕獵小隊已經鎖定了異時者的座標，就在迷霧之島附近。把我需要的兵力給我，你很快就可以擺脫掉我們。」

楊老嘆了口氣：「很好。這是最後一次了，郭。」

她起身離開前，仰頭把杯裡剩下的酒喝完。不浪費任何東西是她的習慣，更何況是這樣的好酒，上好的二十三世紀海衛一佳釀。她放下空杯，朝楊老點點頭：「渥爾塔派來的增援部隊會在三天之內抵達，到時候請確保他們轉移到我的所在位置。等我接收到這兩支援軍，這樁任務很快就能了結。」

說完她便走出楊老的辦公室。離開大樓的路上，和好幾個時旅總署的人員擦肩而過。她無視他們，但她知道這些人的目光全都緊盯著她不放。如果能逮到機會，這棟大樓裡每個人八成都恨不得從背後捅她一刀。全時旅總署的人都恨她恨得牙癢癢的，這點她很確定。她也知道為什麼，是因為那場公開審訊，讓「天衛四裔」李文賈維，近期以來最受人愛戴的地球高級稽查官被流放的那場審訊。

他們怎樣想都無所謂。這個小小的機構不過是個工具，是巨型企業為了達成目標而加以利用的一間承包商，至少目前是如此。他們的意見對她來說一點意義也沒有。她需要在乎的只有那些比她高階的長官，還有渥爾塔的董事會。

無論如何，不管其他人怎麼說，郭知道自己選擇的陣營才是好的那一方。她跟從的是太陽系的最高原則：盈利、市場佔有率、還有最重要也是最根本的，人類的生存。那些目光短淺的人可能會以為渥爾塔只關心自己的利益，那可是大大的誤解。他們沒能搞懂一件事，要阻止人類走向滅絕，更大的共同利益和公司本身的利益必須方向一致，才克服得了這一路上各種艱鉅的難題。

企業需要的只是適當的激勵。人類要是想拯救自己，這些企業扮演著關鍵的角色。要讓這些企業願意而且有動力投入這個目標，就得讓拯救人類的過程有利可圖，畢竟到頭來，大公司是掌握在股東手上，而他們最在乎的是當前的短期獲利，而不是看不見摸不著的長期需求。

有些人會稱之為貪婪，有些人稱之為自私。郭自己卻認為這不過是充分利用了人性最強大的力量。對成功和財富的追求是人類的美德，這種美德在歷史中無所不在，而擁有這種特質的人，往往推動著全人類不斷登峰造極。集體需求的動力泉源，必須建立在人類天生的自我欲求基礎上。能夠拯救全人類的，就是這種累積財富和權力的欲望。

從過去以來，人類一直試圖以利他主義的方式達成這個目標，從共同利益、宗教正義到哲學思維邏輯，很少有成功的例子。一旦缺乏明確的利己動機驅使，歷史上的人類幾乎從未達成過任何有實際價值的成就。如今，在這個慘烈的時代，該是人類最了不起的發明——專為累積財富而生的巨型企業——領導他們遠離滅絕的時候了。

幾分鐘之後，郭抵達了位處總部園區南邊的格拉斯大廈，這裡是企業派來的高階人員和訪客專用的會館。主要出入口配置了四名突擊兵，左邊的側門也有一個。有渥爾塔的代表團在這裡，不管是總署還是企業都絕對不會掉以輕心。從幾個月前那場公開審訊以來，兩個陣營的關係就一直很緊繃，波士頓回傳的報告只是雪上加霜，讓軍官和下屬之間的關係更加惡化，甚至惡化到索恩聯絡官提出要求，在未受到確切邀請的情況下，時旅總署的人員不得接近格拉斯大廈，並由渥爾塔突擊兵代替監控兵的執勤工作。

她來到索恩位處大廈頂樓的套房外，恭恭敬敬的在門口等候。渥爾塔地球執行部的副總裁，也是董事會的聯絡官索恩，此時正站在一間開放式房間的正中央，好幾個巨大的頭像投影在他周圍飄浮著。她認出其中四位董事會成員，木星執行部的副總裁卡明索、運輸部主席波塔德、第二艦隊上將梅鐸斯，還有達米安，內環地區的財務長。

最後這個是她最需要擔心的。因為無論如何，不管你在企業裡身處什麼位置，永遠是財務部門的長官們握有最終決策權。她帶來的消息對她的處境更是一點幫助也沒有。

這個時候，索恩剛好瞥見她，輕輕點頭暗示她進門。於是她走到大廳盡頭的落地窗前，在那裡繼續安靜等候。落地窗正對著位處城市東邊的那座大湖，從這個距離望過去，可以清楚看到那團由湖水孕育而成的暴雨雲籠罩在上空，不斷吸取著底下糞褐色的泥水，直到形成無數漏斗狀的龍捲風，在視線可及範圍內，同時有七八個龍捲風在湖面肆虐。閃電也接連不斷的劈下來，有好幾道劈中湖邊的集雷針。人們在湖岸周圍插滿了這種集雷針，用以收集和馴化這種毀滅性的自然能量，給整個城市供電。她的目光隨著其中一個褐色龍捲風的軌跡移動，看著它橫越湖面，登上湖岸，拖曳行進了一百多公尺後，才被一陣陸地發射過來的音爆打散。

她初次造訪這地方的時候，曾經去問過本地的陸地防衛隊，知道他們沿著湖岸設置了一整排音爆發射器。防衛隊告訴她，原先他們認為這些龍捲風、這些兇猛的地球天氣循環產物只是偶發的異常現象。然而，隨著時間過去，它們的出現已經成為常態。在音爆發射器還沒設置之前，這顆星球上每座沿海城市都飽受過這些龍捲風的摧殘，程度嚴重到人們不得不捨棄那些規模較小的城市。

郭不禁搖了搖頭。這顆星球上的權力制衡太氾濫了。大自然早已背棄了她自己的孩子，放任他們在她的糞坑裡溺死。倖存下來的那二十億人，每天都要付出高昂的代價和環境搏鬥才生存得下去。有這種種徵兆在前，他們早該看出來，這顆星球已經容不得他們繼續住下去了。只有蠢蛋才不這麼想。如今他們所能做到最聰明也最有效率的事，就是重新開始。他們應該把這顆星球重新歸類為不友善環境和非法居住區，清除掉所有當地居民，把那些有保留價值的人轉移到太陽系其他高效能高控管的殖民地去安置。然後，巨型企業應該接管這顆星球，把剩餘的所有資源收集起來，好確保人類的生存。畢竟再怎麼說，地球依然是全太陽系蘊藏量最豐富的儲藏庫。

「郭秘安官，索恩聯絡官可以見妳了。」一個悅耳的女聲在她腦中響起。

郭把視線從窗外那彷彿帶著催眠效果的毀滅景象移開，緩步走向隔壁房間。她走進來的時候，索恩仍然在跟最後一個飄浮的頭像交談，粗略判斷應該是達米安。緊接著，影像消失了，索恩打個手勢，遙控一張懸浮椅朝她移動，示意她坐下。「追蹤異時者的專案任務進展得怎麼樣了，郭？」

郭先鞠了個躬，然後才坐下。「還在進行中，聯絡官。很不幸，她逃離我們的掌握，逃到波士頓廢墟外，暫時失去蹤跡。我們已經擴大了搜索面積，規模將擴及整個地區。」

從開始執行這項專案以來，她每周都會呈交現況報告，但她也知道索恩根本不會一份份去讀那些報告，他只要統整過的重點資訊。那傢伙滿心只想往上爬，在渥爾塔董事會佔有一席之位，不過，倘若在他手下表現得夠好，他或許會順勢提拔她一把，最好是能頭也不回的離開這顆落後的星球。假如他對她的表現不滿意，她的前途很可能就要永遠陷在地球這潭泥淖裡了。

「因為行動需要額外徵用五百名監控兵，部長要求我方提供相應的賠償金。」她繼續說。

「照妳提交的部署綱領看來，這並非不合理的要求。」索恩搖搖頭：「楊已經來跟我抱怨過妳使用監控兵的方式了。說真的，秘安官，妳有需要這麼明目張膽嗎？」

郭聽得一肚子火。那個老頭當然是先來告狀了，不然他哪來的膽子直接無視她的要求？這麼一來，就只剩最後一個問題……

「聯絡官，我必須請問你，無論從哪個角度看，對渥爾塔來說，追蹤這名異時者的投資回報率不都是負面的嗎？作為一名具備專門知識的科學家，對我們從諾卓思回收來的機器有透徹的瞭解，她的確很有價值沒錯，可是過程中的資源支出也十分可觀，而且渥爾塔還必須仰賴時旅總署這種

——」說著她還咂了一下舌，以表達她的不滿：「制度僵化又問題重重的非營利機構。正因為他們的官僚作風和低落的效率，才讓她有機會逃走。現在我們相信她就躲在迷霧之島，要在那樣的環境鎖定目標的行蹤，又要消耗更多的人力資源。無論是從經濟層面考量，或是從專案本身的可行性去評估，我都看不出這次行動為何有持續下去的必要。」

從頭到尾，索恩只是一言不發的聽她說完，食指和姆指反覆搓揉著下巴，好像那裡長著一叢看不到的鬍子似的。然後，他臉上浮起一抹微笑：「妳的分析非常正確，郭。雖然時旅總署已經承擔了大部分的損害，這次行動對渥爾塔的投資回報率來說的確還是負面的。但無論如何，我們還是按照原定計畫進行。渥爾塔認為，我方和這間非營利機構之間的協議是出於道德義務。」

「我不懂。」她說。

「這麼說好了，這個異時者，這位科學家，從我們手中逃走了，而基於時旅總署先前那趟打撈任務的失敗，渥爾塔允許他們背棄雙方原先簽訂的合約，和我們重新談判，而他們擺上談判桌的條件，是願意為那趟失敗的任務負起任何他們認為自己應該負的義務。下一次呢？如果下一次再發生這種事會怎麼樣？」

「從這次的經驗記取教訓，不再犯相同的錯誤。我首先要建議的就是每次行動從一開始就應該由渥爾塔主導。」

索恩點點頭。「我們已經學到教訓了。可是，假如下次我們又要委託這間機構提供服務，而他們卻還是無法順利完成任務，到時候又該怎麼辦？」

「我們只需要——」

「不會再有下一次了。」索恩打斷她：「別說下一次，以後搞不好連『這次』都不存在。這就是非營利機構的問題，就像任何形式的政府或其他同樣沒效率的公共實體，他們的失敗總是被輕輕放過，不必承擔任何後果。不過呢，這次我們會強迫他們負起責任。我已經通知董事會，這名異時者一定要被送回渥爾塔，因為這是時旅總署欠我們的。而妳非得完成這項專案不可，郭。專案沒完成之前，妳都不被允許返回歐羅巴國。做好心理準備吧。」

就是這個。這才是真正的理由。索恩已經向董事會保證會收回這名科學家，只許成功，不許失敗。郭不由自主的捏緊拳頭，鞠躬說：「遵命，聯絡官。」

「還有一件事，郭。」就在她要離開房間時，索恩又叫住她：「突擊兵的人數配置要平均。我不想再聽到那個跛子來跟我抱怨說我們在濫用他的資源。再怎麼說，健康的交易關係還是要建立在信任和公平之上。」

第九章　爆發點

葛瑞絲純粹就是在哄騙他，他的運勢完全沒好轉，第二天，第三天，之後的好幾天都一樣。事實上，他的壞運氣持續了整整兩個星期，甚至比之前更糟。他找遍了名單上每個醫生和打撈師，低聲下氣的懇求他們幫忙，然而，即使這些要求並沒有超出他們的專業能力，他們還是都拒絕了他，他們說的每個「不」字，都像一記拳頭打在他肚子上。

至於那些醫生，對於航行到地球這個概念一點興趣也沒有。有些人的態度還算客氣，至少沒其他人那麼冷酷無情，但最後都還是回絕了他。他們並不在乎那是不是他的妹妹，是不是一個可能快要病死的小孩，他們只在乎他拿得出多少錢。

說真的，詹姆斯也不怪他們。他基本上是在要求他們捨棄這裡的業務，大老遠飛到地球去，只專門診治莎夏一個人。但他也不可能把莎夏帶來這裡，海盜的巢穴對一個十歲小女孩來說太危險了，光是想到她落入奴隸販子和變態手裡會是什麼下場，就讓他渾身打冷顫。而且就算他真的帶她來，陪她留在這裡接受診療，代表他得把伊莉絲一個人留在地球上，天曉得要多久才回得去。這種風險他承擔不起。

不，無論如何，他都得找到一個願意留在地球上治療她的醫生。也許是某個古道熱腸的，有冒險精神的，甚至那種欠債欠太多，需要逃去別的地方換換風景的傢伙也可以，只要他能來，詹姆斯都無所謂了。可惜運氣並不站在他這邊，他從來沒碰過一個心腸好到——或是走投無路到願意接受他條件的人。

打撈師那邊的情況還更糟。這些人全都是些態度強硬的傭兵，什麼治療地球的願景他們根本不屑一顧，而且等他們知道他拿得出手的酬勞有多少，更是毫不留情的譏笑他。雖然葛瑞絲在交易市場裡賺的錢已經足夠支付幾趟打撈，但對整個艾爾弗雷部落的需求來說，那點資源根本就是杯水車薪。葛瑞絲告訴過他，如果他聘不到長期打撈師，她就得把那筆資金用在別的地方。如果要直接在供應艾爾弗雷族的需求和為莎夏找醫生之間取捨，他很清楚葛瑞絲會怎麼選擇。她已經從這筆資金撥出了一大部分買物資，為整個部落渡過嚴冬做準備，剩下的部分則要用在買研究所需的設備。這一切只讓他感到更加絕望。

碰了最後一次釘子，詹姆斯拖著腳步走回他們的住處。那是名單上最後一個打撈師。他已經走進了死胡同，榨乾了他在大船頭能觸及的所有機會，不禁懊惱到了極點，對這個塞滿混帳的殖民地已經不抱任何希望。然而，這可不表示他打算放棄莎夏，有另一個計畫已經開始他在腦中成形。如果他沒辦法替她找到個醫生，或許可以把她偷渡到某個文明化的殖民地，像是土衛六、木衛二和木衛三殖民地，或甚至是土衛五那種蠢地方。他可以把她單獨留在那些地方，讓她看起來像是被人遺棄在那裡。企業掌管的殖民地不會讓小孩挨餓，他可以過幾年之後再偷偷來接她。光是想像這個計畫就讓他心痛到快要吐出來，但還能怎麼辦？他已經別無選擇了。

「詹姆斯。」葛瑞絲的聲音忽然在他腦中響起。「跟祭日三合會的打撈師談得怎樣？」

「不好。」

光是這兩個字，都能聽出他現在感覺有多挫敗，可惜葛瑞絲從來不是會安慰人的類型：「別哀怨了，我聽得出來。我想我可能找到了一點東西，現在傳過去給你。」

他的AI腕帶跳出一條訊息，訊息裡指示了一個地址，位處在殖民地最邊緣一個破落的低樓層工業區。他把詳細資訊拉出來看。「土衛一裔」洛夫特黑斯，可能是第四級特工。

「我從沒聽過這傢伙的名號。」他對葛瑞絲默念：「這條資訊是哪來的？他是誰？」

「我那時在轉手一批轉速表葉片，有個生意夥伴問說你是不是在找收費便宜的打撈師，他聽到二手消息，說有個人來這裡取一批時旅後遺症抑制錠，只待一星期。聽說他很難找到工作，低價的委託也肯接。」

詹姆斯在走道上停住腳步，直盯著飄浮在他腦中的資料看：「妳查證過了嗎？」

「沒太多能查證的部分。這個人預定明天就會搭乘一艘飛梭出境，這點我確認過了。」

詹姆斯暗自咒罵一聲。他最討厭沒搞清楚狀況就行動。他之所以能當那麼久的時旅特工沒掛點，就是因為他從來不會不做好準備就隨便跳躍到某個陌生的時空，所有細節都要在出發前仔細確認過，一個也不能漏。然而，假如這個前任時旅特工真的肯做便宜工，而且明天就要出境了，他願意冒險試試看。

「這就去。」詹姆斯轉進一條比較小的走道，來到通往低樓層的樓梯間。他檢查了每條腕帶的數值，超動能腕帶的能量值只剩不到百分之五十，不過，已經足夠用來應付緊急狀況了。

雖然這裡是海盜的巢穴，令人意外的是，大船頭的治安警隊相當專業而且有效率，或者應該說，就因為他們要管的是一大群海盜才不得不如此。失事船聯盟立法禁止擊發式武器，因為在一艘百年老星艦的廢墟裡開火射擊是極端危險的事。隨便一發跑錯地方的彈火都可能會引起爆炸，導致珍貴的空氣、水或其他維生資源外洩。這就讓近身戰武器，像是刀子、棍棒、還有其他檢測不到的武器，在殖民地大受歡迎。詹姆斯自己就在口袋裡藏了一把老式的伸縮型警棍。

隨著樓層越來越低，人群也越來越疏落，到後來整個昏暗的樓梯間就只剩下他一個人。出來之後，他沿著一條狹窄的長廊繼續走，走到後來，光線越來越暗，只剩下幾盞閃爍的白燈在和黑暗對抗，從長廊分岔出去的那些走道全都是一片漆黑。空氣也越來越稀薄，他一定是快要走到殖民地最外緣了，只要轉錯一個彎，或是開錯一扇門，他都有可能被吸到外太空去。

他手上這間住所的位址是一間氣體交換艙，屬於這艘星艦複雜的自動化傳輸系統的一部分。不知道為什麼，太陽系大戰時期的人很喜歡以人體生理學為基礎設計星艦的構造，這種做法隨他們興起，也隨他們消亡。這間艙室又長又窄，寬度只剛好夠兩個人背對背站著工作，兩邊分別都有二十四顆橘色小燈遍布牆面，像燭光一樣照亮整個房間。他往內踏進一步。

「報上你的姓名。」一個聲音從房間盡頭傳來。

「『火星裔』詹姆斯葛里芬。你是四級特工『土衛一裔』洛夫特黑斯？你是哪一屆學院生？駐留過哪些地方？」

全太陽系有將近四千名時旅特工。詹姆斯當然不可能認識每個人，剛晉升的那些他尤其不熟，但再怎麼說，他們還是個很小的圈子。

「我才是問問題的人。你需要我，而我不需要你。你的差事是什麼？」

「我聽到的情況可不是這樣。」詹姆斯說著，又踏前一步：「我們好好討論一下。差事不只一件，而是一系列的——」

「站住。先卸下你的腕帶，我們才有話好談。談完之後再讓你戴回去。」

詹姆斯頓住了。不管是現役還是非現役的，除非雙方正在交戰中，真正的時旅特工絕不會要求另一個特工卸下腕帶。他還來不及做出反應，一道超動能鎖鍊的能量束便驟然襲擊過來，伴隨著震顫扣住他的手腕，讓他無法啟動腕帶。能量束的紅光籠罩了整個房間，照出對面盡頭的三個人影，一個坐在椅子上，另外兩個站在他兩側。其中一個衝到他面前，揮起某種堅硬的棍狀物往他臉側狠狠打過來，幸好詹姆斯有一秒的時間可以反應，順勢轉個身倒向地面，消解掉對方攻擊的力道。

「卸下腕帶，否則我打爆你的頭。」打他的那個女人低吼，用那根金屬管指著他。

「別打死他。」她身後的聲音說：「不然腕帶就沒用了。」

那女人揮起管子，往他的腦袋又是一記，詹姆斯及時轉開頭，金屬管匡啷一聲擊中地面。他抬腳往那女人腿上一踹把她踹倒，打了個滾站起身，緊接著又立刻被另一個人攔截，這次是個戴著強化臂鎧的瘦皮猴，往他肚子連揍了兩拳，差點把他肺裡的空氣都打出來，然後又是一記下鉤拳直中下顎，打得他眼冒金星，整個人往後踉蹌，撞上身後的牆板，緊接著那瘦皮猴又欺身上前，肩膀直撞進他肚子。

「就卸下你的腕帶，渾球，我們會留你一條命的。」

詹姆斯努力試著理清混亂的思緒，意識飄忽不定，倏地又瞥見對方的拳頭往他臉上揮來，閃身躲掉了一部分攻勢。接著他雙手揪住瘦皮猴的耳朵，狠狠賞他一記頭槌，然後用沒被扣住的那隻手肘擊他的背，把他壓制得跪在地上。在這同時，他眼角餘光瞥見那個女人又往他這邊衝來，於是就看準她舉起金屬管的瞬間抓住她的手臂，然後往左一旋身，把兩個攻擊者都甩到地上。

「你們以為自己在跟誰打交道？」他惡狠狠的說，沸騰的怒氣流竄過全身，幾個星期以來的挫敗和惱怒一口氣爆發開來。他轉過身，氣勢洶洶的衝向控制著超動能鎖鍊的傢伙。那個人急忙掏出手槍朝他開火，光彈往左偏得老遠，從詹姆斯身旁擦過去，灼傷了他的左臂，光彈的衝擊力也帶得他身體往後打轉，但他還是繼續往前逼近。他矮身躲過另一記光彈，往對方身上猛撲過去，往對方的太陽穴連續兩拳重擊，打得他整個人癱軟成一團，手上的超動能鎖鍊手柄掉到地上，能量束也隨之解除了。

詹姆斯啟動超動能，甩出幾道超動能索，把三個攻擊者全都捆起來舉到空中。兩個男的已經失去意識，女的還在有氣無力的呻吟，看上去都只是尋常的小偷。

「求求你。」那個意識還清醒的女人向他哀求：「不要殺我們！我們只不過是想拿你的腕帶去換一些食物和空氣。我們會乖乖離開殖民地，不會再找人家麻煩了，我保證！」

詹姆斯不確定該怎麼處置他們。只要收緊超動能索，當場就可以把他們了結，簡單俐落。畢竟他們也是自作自受，天曉得有多少人曾經落入他們的騙局。然而他已經厭倦殺戮了。這些小渾球看起來很年輕，頂多只有二十來歲，幹這種勾當可能也只能讓他們勉強餬口而已。這把超動能鎖鍊大概是他們無意間弄到手的，以為可以靠著它過點好日子。從他們身上，他看到很多自己過去的影子。

他看著那把滾到地上的鎖鍊手柄，考慮要不要自己沒收下來拿去賣，便撿起來查看一下它的狀況。這是相當有價值的科技產品。然而，他很快又注意到它已經被用得很舊，外表磨損得很嚴重，甚至還沾著血漬，不知道這幫惡徒已經用它陷害過多少人。於是他放出另一條超動能索，把它砸了個粉碎。

「我正把你們的指紋和影像傳送給天衛十五海盜。」他說：「我不知道他們收到資料之後會怎樣處置你們。我想你們也不知道。或許你們該好好思考一下自己的出路了。」

他鬆開超動能索，任由手柄碎片灑在地上，然後便怒氣沖沖的離開那裡。他循著原路走了好久，回到樓梯間，一路沉默的往上爬。他臉上有好幾個地方在痛，手臂上的灼傷也熱辣辣的。就算不想承認，他也很清楚自己能撿回一條命純粹只是僥倖。對方只要有專業特工的一半本領，在他被鎖鍊扣住又被三個人圍攻的時候，他早就死了。他好氣自己，氣自己怎麼會這麼盲目。要是以前的他絕不會犯這種錯。他已經被逼到走投無路了。那三個混蛋多半已經觀察了他好一陣子，知道他一直在到處碰壁，等到他被名單上最後一個人拒絕之後，就把那條地址和資訊寄給葛瑞絲，擺好陷阱等他自己送上門來。假如他是個三級或更低階一點的特工，他們真的有可能會得逞。如果他們成功逼他卸下腕帶，找扇氣閘門把他扔出外太空就好，死不見屍，死無對證。

詹姆斯拖著疲憊又傷痕累累的身體爬回主樓層，喪氣的往住處走去。他已經二十個小時沒闔眼，拼命想為他們迫在眉睫的那一大堆問題找到解決的辦法，最後卻一頭撞進死胡同裡。或者應該說，明明眼看著出路就在前方，他卻怎麼走都走不到。已經結束了。他失敗了。他離開地球的時間越長，伊莉絲和莎夏就越有可能發生什麼不測。他得回去，他就是得回去。老實說，和剛才那群小混混搏鬥了一場讓他暢快不少，雖然這也讓他有點罪惡感。最近他實在受了太多挫折，讓他老是有股想要打爛什麼東西的衝動。或是打爛某個人。

這個時候，他恰好經過那條往返過無數次的熟悉走道。『眾醒獨醉』就在那裡，招牌上的粉紅色霓虹燈依然閃爍，讓四周的牆面和地板都染上了糖果色的光澤。他停下腳步，直瞪著酒吧看。不知道有多少次，每當他覺得需要來一杯的時候，他都會強迫自己繼續往前走。但這次，這次不一樣了。他真的需要好好喝一杯，這是他應得的。

『屬於過去的都已死。』一個輕柔的聲音低語著。

他站在酒吧前，看著顧客來來去去。酒精正從門裡向他招手。他感覺有某種力量在拉扯自己的身體，彷彿那裡頭有一塊強力磁鐵，而他的皮膚忽然變成了金屬，讓他腳步虛浮，踉踉蹌蹌的往酒吧走去。

莎夏的幻影依然站在入口旁邊，雙手抱胸直盯著他看。詹姆斯避開目光，不跟她眼神交會。如果他看不到她，她就等於不存在，對吧？何況她本來就不存在。真正的莎夏在地球上，而且還活著。當他進門時，他看到莎夏離開了她的崗位，在走道轉角另一頭生氣的跺腳。

『屬於過去的都已死。』

那該死的聲音到底是打哪來的？他走進酒吧的主廳，人群的喧嚷很快便淹沒了他腦中的聲音。酒吧裡擠得滿滿的，穿著亮色衣服的年輕娼妓們在陰沉的酒客之間穿梭流連。光是這些景象，就讓詹姆斯感到精神為之一振，彷彿又活了過來，只管繼續往前走，往他的身體最需要的東西靠近。

他在吧檯邊坐下來之後，酒保從他面前經過了好幾次，卻一直沒理他。最開始那幾次可能是因為他打量過詹姆斯的衣著，判定他是不值得搭理的客人，但接下來的二十分鐘根本是刻意無視他。詹姆斯感覺到一股麻癢爬上後頸，努力抑止雙手的顫抖。

好不容易，那酒保終於願意往他這邊看了。他一邊慢條斯理的擦著檯面，一邊說：「想怎麼著，朋友？」

那是個熟悉的口頭禪，是他從前執行任務的時候常常在腦中聽到的。詹姆斯呆住了，彷彿忽然被人兜頭澆了一桶冰水。一股被他長久壓抑在心底的哀慟猛然席捲而來，在他胸腔裡造成一陣陣椎心的劇痛。從別人口中聽到那幾個字之前，他甚至都沒意識到自己有多想念那句口頭禪。那酒保一定是海衛八出身的，和史密特同樣的家鄉殖民地。

詹姆斯抹了抹眼睛，想抹去眼前的一片模糊。「威士忌，要好的年份。」

就一杯。就只喝這麼一杯，沖刷掉今天遭受的所有回絕和失敗，好讓他明天可以重新開始。他喝這一杯只是想澄清思路。他保證。他會來這裡就只是因為這樣。

「我就知道，沒我在你根本活不下去。」那聲音再度響起。

眨眼間，一個小錫杯就出現在他面前，緊接著酒保就再次丟下他，招呼別的客人去了。詹姆斯瞪著那個酒杯，不出他所料的，喉嚨開始變得乾燥，全身上下每條神經都在向他吶喊，要他拿起那個酒杯，把酒精灌進身體裡。他兩隻手握住酒杯，彷彿這麼做就能把它牢牢固定在吧檯上。他掐得太緊，杯子都快被他掐出凹痕來，感覺到那股衝動再次以慢動作襲來，催促著他舉起酒杯，讓裡頭的東西全都灌進嘴裡。只喝一杯不會少塊肉吧？不會吧？

他轉過頭去，看著正在和另一個客人聊天的酒保，又頓住了。酒保的臉變得不太一樣，也許是光線讓他皮膚的色澤改變，又或許是因為他那帶著熟悉感的腔調。緊接著，他臉上的特徵和輪廓也逐漸淡去，彷彿他臉上的易容遮罩正在消除，而藏在遮罩後面的，則是他再熟悉不過的另一張臉。他強迫自己移開視線，轉頭窺看了一下人群，努力隱藏起雙手的顫抖，深怕引起任何注目。

「你還好嗎，朋友？」那酒保又走回來問他。這次甚至連聲音都像。

詹姆斯深吸一口氣，轉過身去重新面對吧檯。酒保的臉又恢復正常了，變成原本那張陌生的臉。詹姆斯拿起酒杯舉到唇邊，感覺到自己的身體不自覺的往左傾倒，幾乎就要跌下高腳凳。他實在是太累了。還有壓力。還有那些堆得和山一樣高的無解難題。

「我不該在這裡的。」他絕望的反覆喃喃自語：「不該在這裡，不該。我得離開這裡。」

那聲音又開始低語。『現在我們都在這裡，在我們應該在的地方。』

詹姆斯把酒杯碰的一聲放回吧檯上，幾乎是狂奔著衝出酒吧，一路推擠過人群，把擋住他去路的人全撞都到一邊，直直衝向他和葛瑞絲的住處。周圍的聲音在他耳裡成了嗡嗡作響的一團模糊。房間扭曲成了奇怪的角度，方方正正的四個角被拉成了平行四邊形。他踉蹌的踱進房裡，然後整個人就直接往床鋪倒下去。幸好葛瑞絲不在房間裡，不然他根本不知道該怎麼解釋自己現在的狀況。

「我只是需要睡一覺。」他咕噥著說，手腳並用的鑽進被單，把自己蜷曲成胎兒的姿勢。最近他實在承受了太多壓力，他已經好久沒經歷過這種心力交瘁的感覺了。睡個覺對他有好處。他全身無法控制的打著顫，一股寒氣從毯子底下直透進他骨頭裡。幾秒鐘之後，睡意開始籠罩他的意識。他伸手抹了抹眉毛，是濕的，然後忽然感覺到一股冰冷的風吹到臉頰上，吹得他後頸毛髮直豎。這怎麼可能，他想，然後，他閉上眼睛，只覺得好冷好冷。

第十章　我的朋友

在土衛三的時旅總署學院，偏處校區最北邊的U—B前哨基地裡。「火星裔」詹姆斯葛里芬渾身冷得直發抖。這座前哨基地只是由四片牆和一片屋頂搭起來的簡陋棚子，裡頭只有一個低電量充電器，電量低到連一次只充一副腕帶都不夠，更別說是要同時充氧氣腕帶、調溫腕帶、通訊腕帶和AI腕帶了。不僅如此，他還得保留足夠的電量給淨水器和配給保存器，還有最重要的，越野車，讓他有辦法開兩百公里的路南下回到學院去。

所有這些難題都是學院「箱室測驗」的一部份，在學院受訓的五年內，詹姆斯得撐過無數次像這樣的箱室測驗。這次是他進學院以來第十五次，也是當級課程最困難的一次。測驗的難度會逐年遞增，配給考生的物資會越來越少，待在箱室裡的時間也會越拉越長。

在這次測驗裡，詹姆斯得靠著五天份的水和糧食撐過二十天。測驗條件很難，不過那是經過設計的，只要受訓生懂得如何正確的分配和運用物資就能成功。然而，有很多人都在這次測驗被刷掉，超過九成的人會在第二十天期限前要求增補物資，死亡率則大約在百分之十九上下浮動。

今年到目前為止，他們班上還沒有一個人通過這第十五次測驗，而詹姆斯鐵了心要當第一個。他已經撐了十八天，就快要看到終點了，但只要一個不慎就會全盤皆輸。剛開始他規劃分配的時候算錯了幾個單位，必須靠後面縮減的能源用量補回來。現在他的氧氣腕帶用量已經儘可能調到最低，低到讓他呼吸困難，調溫腕帶也只保持在不致於讓他失溫的溫度。然而，即使如此，為了把能量集中給這兩條腕帶，他只能讓通訊和ＡＩ腕帶失效，這表示他沒辦法傳訊要求退出測驗，學院的院監們也追蹤不到他的生命指數。這樣很蠢，沒錯，但他寧願傾盡全力靠自己通過這次測驗，也不想為了向安全網求助消耗掉僅剩的能量，削減他成功的機率。

現在，他躺在哨站堅硬的地板上，望著舷窗外頭覆滿冰霜、反光亮到足以刺痛眼睛的衛星表面，冷得發抖不說，意識也只勉強能算得上清醒。還剩下兩天。四十八個小時。越野車得充六小時的電才夠開完需要的里程數，氧氣腕帶要維持目前的供應量則需要充十四個小時，調溫腕帶……詹姆斯的意識越來越模糊，閉起眼睛，放任自己往下沉入黑暗中。

「醒醒，詹姆斯。」

他睜開眼睛。外頭還是老樣子，整片望不到盡頭的冰凍荒原，熾亮、潔白、平整而荒蕪，然而，遠方出現了一個小黑點，破壞了這片一成不變的單調景色。他分辨不出來那是什麼，是一輛車？還是他的幻覺？或者是上帝，至少是他所知的那種。

「不是上帝。你還沒掛點，老友。」

詹姆斯翻過來轉成正躺，然後緩緩坐起來。史密特就坐在他左手邊，背靠著牆壁，正大口啃著一條配給棒。見鬼的黑洞，他最好不是在吃他的，要是史密特敢動他的食物，他絕對要狠狠修理他。他總共只剩五條配給棒，只勉強夠他撐過接下來的兩天和之後回學院的路程。

他站起身，覺得整個房間搖搖晃晃，然後做了一次緩慢、漫長而艱困的深呼吸。「你跑來這裡幹嘛，史密特？要是學院那邊發現你在這裡，會害我被取消資格的。我才不要因為你無聊想找人陪而重頭再做一次這個鬼測驗。我發誓——」

「放輕鬆，詹姆斯。」他的好朋友咯咯笑起來：「沒人知道我在這裡。你把ＡＩ腕帶關掉了，記得嗎？順帶一提，你這樣做真的有夠蠢。」

「我得把所有東西都用在刀口上。」詹姆斯雙手扶著牆面，試圖讓自己站穩，又往窗外望了一次。那個黑點還在，而且比剛才更大了。他回過身來，從史密特身上跨過去，走向洗滌盆。小小的儲水器裡還有兩百毫升的淨水，詹姆斯喝了三分之一，含在嘴裡，默數三十秒之後才讓水流進喉嚨，然後又做了一次深呼吸，轉過身來看著史密特。

「我不能說太多話，沒那麼多氧氣可以浪費。你也不能在這裡待太久。」他停頓了一下：「說到這個，你是怎麼過來的？」

史密特跳起身撥了撥手，剛才吃的配給棒碎屑掉了滿地。他吃東西向來都會搞得滿身滿手，詹姆斯不是不知道，但他竟然就這樣大喇喇的在自己面前浪費珍貴的食物，簡直是在折磨他。接著史密特走過去拿起儲水器，詹姆斯還來不及阻止，他就把裡頭剩下的水一口氣灌完了。

「啊。」他舒了一口氣，抹抹嘴唇：「回收塑膠做的午餐就是要配清涼的冰開水。」

詹姆斯目瞪口呆的瞪著空空如也的儲水器：「你竟然把我最後的水喝光了。」他氣得簡直想衝過去掐住史密特的喉嚨，當場把他活活掐死。

「不，我的朋友，你只是這樣認為。你再看一次。」史密特指了指手上的儲水器。

這句話像是一記耳光甩到他臉上。他低頭一看，裡頭真的又重新裝了水，一點也沒少，這怎麼可能？「你是怎麼……？」他不可置信的瞪著他的朋友。奇怪，史密特看起來比他記憶中要老。他們還在學院受訓，這時候史密特應該才十九歲。「這時候」。不對，他「就」是十九歲才對。然後他注意到史密特的手臂，一條腕帶都沒有，他怎麼可能還活著？這到底是怎麼回事？

忽然間，他想起來了。這場測驗是很久很久以前的事。在那之後又發生過好多事。詹姆斯最後通過了這場測驗，成了一個時旅特工。「史密特……」他回過頭來看著他的朋友：「你……你已經死了。」

史密特搖搖頭：「可惜我們最後還是沒能去成木衛二。」

「你並不是真的在這裡。我們都不是。當時的你也不在這裡。」詹姆斯環顧四周：「不對，你有來這裡！」他走向舷窗往外看，剛剛那個黑點越來越大，越來越清晰，形狀已經依稀可辨，那是一輛越野車，正從荒原遠處往這邊疾馳而來，在它身後拖曳起一道冰塵飛揚的軌跡。他又回過頭來看著史密特：「真正的你來過這裡，對不對？你來這裡檢查我的狀況。」

史密特走到他身邊，和他一起看著窗外：「你已經連著六次檢查點都沒傳訊回來，而且ＡＩ腕帶也整整兩天沒反應了。那些院監推測你可能是想把所有能量省下來，寧願放棄退出的機會也要通過測驗。他們想得一點也沒錯，你這該死的大白癡就是這麼勇敢！那些混帳可佩服你了，甚至還開賭盤賭你可以撐多久。所以我告訴自己，去他黑洞的，我非得過來看你不可。」

詹姆斯閉上眼睛，沉浸在往日情景中。有太多回憶被他埋在內心深處，不堪回首也不願意再想起，但這個回憶從來不是其中之一，他卻不知不覺忘記了。為什麼？

他轉頭看著他的摯友：「我失敗了。」

史密特點點頭：「我到的時候，你的能量大概只夠再撐四五個鐘頭，你本人已經失去意識天曉得有多久。是我把你帶回學院去的。」

「我記得你因此被叫去訓斥了一頓。」

史密特咧嘴笑開來：「操他們的。你活下來就好。」

可是史密特沒能活下來。郭因為他幫詹姆斯的忙而殺了他。詹姆斯知道自己害他置身險境，但他當時滿心只顧著自己。假如他真的像史密特在乎他一樣那麼在乎對方，打從他開始逃亡那時候起，就應該切斷和史密特的所有聯繫。但他不但沒這麼做，甚至還要求史密特冒著生命危險當他在署裡的內應，最後讓他付出了無可挽回的代價。

他喉嚨裡一陣哽塞。史密特拍了拍他的背，然後轉身往出口走去。「好好照顧自己，我的朋友。別讓我白白犧牲，記得，我這麼說的意思是叫你不要替我復仇。」說完他便開門走了出去，順手把門在他身後帶上。

詹姆斯跑回舷窗前，看著史密特往遠方走去，隨著他離前哨基地越來越遠，他的身影也一點一滴消失在空氣中。沒有多久，那輛越野車便從舷窗前急衝而過，緊接著他聽到門碰一聲被甩開，另一個更年輕的史密特衝進哨站裡。

「詹姆斯！」他用高八度的聲音尖聲叫著：「操，已經失去意識了。頑固的大蠢蛋。我就知道你會幹這種傻事——給我醒來！」他往昏迷的詹姆斯臉上甩了一巴掌：「快醒來，不准丟下我一個人自己死掉，你這大混蛋。我就知道，沒我在你根本活不下去。」然後又是一巴掌。「起來！」

詹姆斯睜開眼睛，剛好看到葛瑞絲的臉懸在他上方，保養得宜的手還舉在半空中。

「我起來了，起來了！」

但葛瑞絲還是毫不留情的甩上他臉頰，打得他耳裡嗡嗡作響。她打得太用力，打完之後還按摩起自己的手。「你的腦袋瓜硬得跟石頭一樣。」

「那妳幹嘛打我？」他皺著臉說，一邊搓揉熱辣辣的臉頰。

「把你從那個讓你手腳亂揮還大吼大叫的噩夢裡叫醒。還有我自己想。」她邪惡的露齒一笑。但接著她注意到他濕透的眉毛，又輕柔的隔著毯子拍拍他：「又是幻覺？」

詹姆斯坐起身後，她騰出空間來讓他把腳挪向床沿放下來。他低頭把臉埋進雙掌中，深吸一口氣。老實說，這六個多月來，他幾乎沒怎麼想起史密特。自從莎夏回到他身邊，加上聯軍一直在追殺他們，他眼前有太多事要煩惱。然而，那個酒保觸動了他深埋心底的回憶，讓他的情緒翻騰不已。一開始，他還以為自己只是想念他的好朋友，他這二十年來唯一一個真正的朋友。然而，那股情緒不但徘徊不去，還不斷在他心裡滋長。然後他終於了解到，他會有這種感覺不只是因為想念史密特，而是因為他沒能親手埋葬他。他從來沒能好好跟史密特道別，他們之間的關係因此始終懸而未決。

有太多太多事情在拉扯他，莎夏，伊莉絲，艾爾弗雷族，聯軍，他自己的酗酒問題，現在還加上他摯友的鬼魂。他就像是想要涉水而過，卻被一陣又一陣的大浪侵襲，只能勉強撐著不要被強勁的潮水沖倒。他感覺自己正瀕臨某種崩潰邊緣，而他只知道一種方式能暫且紓緩他的壓力。於是，他站起身往門口走去。

「你要去哪裡？」葛瑞絲語氣尖銳的問。

他沒有回頭看她，逕自打開門大步走出房間。「我只是需要散個步。」

「你想都別想——」

此時他人已經走遠，沒能聽到她的後半句話。他並不是很清楚知道自己要去哪裡，只是放任身體本能帶著他走，彷彿這樣就能騙過他的心智，他的意識。他沿著樓梯往下走了兩層，來到位處大船頭主樓層區最低層的風化區。

本地出身的妓女在妓院前招攬客人，迪斯可和俱樂部傳來音樂聲，他無視那些聲音，只管繼續走，不知不覺間，他發現自己站在一間狹小的酒吧前。這間酒吧位處偏僻，坐落在整個殖民地最破落的其中一條分岔走道裡，招牌上的紫色LED燈閃爍著「月光私釀」幾個字。他很確定之前從沒來過這個地方，不知道自己是怎麼找到這裡來的。他從門旁邊僅有的一扇小窗往內窺看，酒吧裡黑壓壓的，除了吧檯和一排高腳凳之外，什麼都沒有，活像一條又窄又長的老鼠洞，總之絕不是那種一般人會去的社交場所，而且他從這裡也沒看到半個客人。太完美了。

詹姆斯推開沉重生鏽的鐵門走了進去，讓酒保吃了一驚。酒保是個體態胖碩的居家型婦人，前額的頭髮全部剃光，後腦勺拖著一條長長的辮子。看她的髮型，一定是從海衛七來的，那是個封閉的海王星殖民地，一群擁護純血思想的華人後裔的家鄉。

他坐上那張最靠近門口的高腳凳，然後，用他最後僅剩的一點堅持質疑自己的決定，但很快便把所有抗拒的念頭扼殺殆盡，開口說：「威士忌。隨便哪種都好。」

一個塑膠杯出現在他面前，酒保無精打采的給他倒酒，等她倒完一份的量，詹姆斯一把抓住酒瓶不讓她收走。「留著。」

他幾近虔誠的捧起塑膠杯，端到唇邊，注意到自己的雙手又開始劇烈顫抖起來，體內好像有什麼東西在尖叫。那聲音很小，幾不可聞，像某種尖細的嗡嗡聲在他耳裡縈繞。

「去他的。」他喃喃的說，仰頭便把那杯酒全都灌下去。

劣質威士忌熱辣辣的灼燒過他的喉嚨，讓他胸腔裡一陣緊縮。酒精立刻在他身體裡發揮起作用，某種令人舒緩的感官浪潮沖刷過全身。他覺得一切彷彿又都重新回到他掌控下，彷彿過去這一年來各種狗屁倒灶事不再那麼不堪忍受，不再像之前那樣撕扯他，要把他整個人拆成碎片。他又給自己倒了一杯，閉上眼睛，任由灼熱刺辣的酒精沖刷過他整個身體，像一股純淨的火焰，燒掉紛雜的思緒，麻痺他的痛苦。

「你應該先去導航站找我報告，才可以出現在這裡吧？」一個熟悉的聲音調侃他。

詹姆斯手一抖，把剩下的酒都灑在了吧檯上，嗆得狂咳不止，拳頭握得死緊。不可能。他用力揉了揉眼睛，做了幾次深呼吸，重新睜開眼，直盯著前面放滿酒瓶的架子。他總共也只喝了兩杯。他得讓自己冷靜下來。然後，他轉過頭去往左看。

史密特就坐在他隔壁的凳子上，對著酒瓶直咂舌。「要是你已經放棄了，至少該用好一點的酒把自己灌醉吧，還可以留個紀念。這餿水八成是他們自己在店後面釀出來的。」

關於那件發生在他導航員身上的事，詹姆斯始終不知道實際狀況的細節。他只知道渥爾塔的秘安官在他生前折磨過他。根據李文的說法，他到死前都沒透露半個字。直到最後一刻，他的朋友都對他無比忠誠，也因為這份忠誠死在郭手上，付出了慘痛的代價。詹姆斯捏緊拳頭，又轉活來繼續瞪他的酒瓶。史密特不應該在這裡的，他已經死了。為什麼所有已經在他生命中消逝的東西都不斷回來找他？「屬於過去的都已死。」他喃喃的說。

「你只是這樣認為，我的朋友。」史密特一邊說，一邊傾過身來拿他的酒瓶，也給自己到了一杯酒。詹姆斯看著他端起塑膠杯，就著混濁的黃色燈光檢查杯裡的酒液，遺憾的搖搖頭：「如果能用上真的玻璃杯，叫我拿什麼來換都願意。」然後他把酒杯往左遞過去，而莎夏，就坐在他旁邊，接下了那杯酒。詹姆斯還來不及阻止她，她就把杯子端到嘴邊喝起來。

「哎呦，好噁。」她皺著臉說，轉過頭來瞪著詹姆斯：「你打破了我們的約定，就是為了來喝這種黏黏的怪東西？」

「莎夏。」詹姆斯輕聲說：「妳為什麼……妳不該在這裡的。」

史密特拍拍他的肩膀，那觸感如此真實，彷彿他真的還活生生的坐在他旁邊。「你只是這麼認為，詹姆斯。我們都在這裡，在我們應該在的地方。」

他把酒瓶遞給詹姆斯。他接了過來，索性把杯子扔在一邊，直接就著瓶口喝起來。

第十一章　下城區叢林

伊莉絲念初中的時候，曾經被羽球隊推選為隊長，因為她是隊上最受歡迎，同時也是唯一一個沒被任何人討厭的成員，後來還在春季舞會上當選為年度人氣小姐。可惜好景不常，到了學期尾聲，整個羽球隊都對她反目相向，最後她甚至得退出所有羽球活動。擔任隊長那段期間，從那群堅持己見、競爭心強、能毫不遲疑的朝一顆高速飛來的羽毛球猛力揮拍的女孩身上，伊莉絲學到了寶貴的教訓。然而，不幸的是，她學到的教訓和成為一個更好的領導者沒半點關係。

打從那個時候起，伊莉絲就討厭死了領導者這個角色，除了用四隻腳走路有毛皮的生物之外，她這輩子都再也不想領導任何人或任何事。這就是為什麼艾爾弗雷族推選她和法蘭薇一起當他們的長老時，她會有那種前途註定要毀滅的可怕預感。她肩負起這份工作還不到一年，這種害怕壞事即將發生的憂慮感只有越來越強。當艾爾弗雷族橫越布魯克林大橋，進入迷霧之島後，她的憂慮簡直升到了最高點。

曼哈頓下城區是一片有數千個部落居住的人口密集區，這些部落在城裡的高樓和建築物裡各自佔有自己的樓層，把這些樓層視為他們的領土嚴加捍衛，因此，他們當然不會張開手臂歡迎一大群外來者闖進他們的地盤、佔用他們的建築物。她曾經派過使者去尋求和談，向這些部落解釋他們的困境和到這裡來的原因。這些使者大多無功而返，有些甚至再也沒有活著回來過。

至於還沒被迷霧之島的原住民佔領的地方，全都由大自然接手掌管。有時候只有幾個樓層，有時候是整棟大樓，隨著伊莉絲他們往深處推進，建築物裡的植披茂密到必須要用工具砍出路來才有辦法前進。曾經的辦公室、公寓大樓、倉庫和工廠成了一座又一座的部落領地和叢林，棲息著有貓科外形的掠食者，還有各式各樣類人的物種住在裡面。有些比較低的樓層甚至形成了河流系統和瀑布。

由於他們亟需在這片蠻荒叢林裡找到可以落腳的地方，加上城區內部的結構比外圍來得穩固，伊莉絲終於在百般艱難中做出決斷，下令武力進駐離他們最近的完整建築物。那是整排臨近東河河岸的摩天大樓群的其中一棟。族人們佔領了兩個比較低的樓層，然而，他們的領地邊防相當薄弱，頂多就是在樓層周邊安排一定數量的守衛全天候站崗。

伊莉絲站在防堵西翼樓梯間入口的路障後面，看著六名守衛擊退一群來自上方樓層的入侵者。自從他們來到這地方後，不時就會從各個方向受到鄰近部落的入侵和騷擾，只能盡可能把他們阻擋在外。不光是人類，大自然也和他們作對，派出入侵者擴張自己的領土。有時候襲擊他們的一群野生動物，或是一群怪異的類人形生物。所有棲息在這片地區的生命似乎生來就有一種殺戮的本能和天份，而且他們非常精於此道。這些攻擊從來沒有間斷過，不分日夜，有時候是各個小群體單獨行動，有時候會有好幾個同時前來。伊莉絲自己就曾經目睹過兩支入侵者為了爭奪侵掠他們的優先權而廝殺起來。簡直太瘋狂了。

這些攻擊者大多以兩人或三人為小組行動，也有十五人組成的小型隊伍，很少有規模大到足以對他們真正構成威脅的隊伍。然而即使如此，來到這裡的第一周，他們遭受的侵擾就已經夠讓族人們焦頭爛額了。

「皮諾受了傷，他的小隊也已經累壞了。」她抓住芮瑪的肩膀，對她說：「必須找候補人手來替換他們。叫艾瑞亞歐再多召集一支小隊加入輪值。跟他說交替的間隔還要再縮短。」

「可是長老——」

「我不管是不是要輪班更多次。大家需要更多空檔休息。」

她看著那女孩跑出去幫她傳達命令。由於進入電磁脈衝霧的範圍內後，他們之前用的短波通訊器無法運作，艾爾弗雷族又重新開始用起了信差傳訊。考慮到目前的狀況，她需要再多找幾個新助理了，不然這麼大的工作量肯定會把芮瑪累垮的。

替補的人手趕到後，伊莉絲趕緊退開來，讓他們把皮諾的小隊從前線撤換下來。皮諾小隊的狀況很慘，六個人當中有三人傷勢嚴重，每個人身上都帶著小割傷和嚴重的瘀傷，幸好那座家具、金屬圓桶和牆壁碎塊堆成的路障保護著他們，不然後果可能更不堪設想。

伊莉絲抬頭望向窗外，看著這座城市殘存下來的遺跡。二〇九七年的曼哈頓看起來實在太不一樣了。她曾經在前往諾卓思平臺的幾個星期前造訪過這座城市，感覺起來，那彷彿是發生在開天闢地之前的事。

暴雷雨正在城市上空蠢蠢欲動，但外頭霧茫茫的空氣讓她無法真的看見聚積的雲層。大片大片濃稠的褐色泥水覆蓋著建築物和街道，從失去遮蔽的窗口灌進大樓內，滲流過整個樓層，把走道淹成一條條河流，底下的街道則已經完全被褐色泥漿水淹沒。現時的居民稱之為海洋，用這個名字描述覆蓋了整個星球的地球瘟疫和不斷上升的海平面，未免太客氣了些。在這片泥海之上，這座城市似乎還在永無止境的長高。整個曼哈頓不斷把自己往上增高，在大樓上加蓋的樓層是越來越多。他們所在的這棟大樓原本只有三十幾層樓，現在則足足有一百二十層，彷彿有人把好幾棟大樓像疊樂高一樣疊在一起。大樓之間則有幾百座位處不同樓層的空橋連接，讓整座城市看起來就像一片結構複雜而混亂的３Ｄ立體蜘蛛網。下城區的居民就是用這些通道在城市裡移動或遷徙。艾爾弗雷族只在這棟大樓佔據了兩個樓層，總共就有兩個主要出入口、四座空橋和六個樓梯間要防守。

莎夏朝她這邊跑來。「伊莉絲，法蘭薇長老請妳到下樓層去。」

伊莉絲轉身離開之前，又朝防守路障看了一眼。現在她知道為什麼法蘭薇，這位前任長老的妻子，同時也是最合情合理的下一任領導人會拒絕這份職務了。要應付這麼多解決不完的問題，實在是太累人了。

「伊莉絲長老。」她前腳都還沒踏進主廳裡，法蘭薇便迎上前來：「我們的糧食存量太低了，需要再派一支遠征隊出去打獵。還有，我們最後一批夸洛種子用完了。等妳的時旅特工回來，得叫他再去交易一些回來。」

伊莉絲注意到她講起詹姆斯時，眼神閃爍了一下。「如果」妳的時旅特工回得來的話，這才是她真正想說的。伊莉絲不禁咬了咬嘴唇。如果他沒回來，他們全都完蛋了。法蘭薇列出的問題清單越來越長，聽得她都頭痛起來。有那麼多口人要養，又沒地方耕種作物，四面八方都是想要殲滅他們的敵人。而在一切問題之上，她還得設法找出治癒地球的藥方。

「伊莉絲長老。」皮諾一邊喊，一跛一拐的快步跑進主廳：「『五點族』在攻擊東南角的樓梯間，已經攻進走道裡了！拉莫克正在請求增援。」

「該死！」所有事物都在分崩離析。伊莉絲立刻作出反應：「莎夏，快去叫醒芬威克部落，要他們馬上去支援防線。芮瑪，趕快去北邊的樓梯間，叫那邊的守衛注意後防，每個人都要守住崗位。」接著她又轉向皮諾：「我馬上跟你一起過去。」

法蘭薇走向她，伸手搭住她的肩膀：「妳已經兩天沒闔眼了。剩下的守衛對付得過去的。如果妳死在戰場上，不但對艾爾弗雷人毫無幫助，也治不好地球瘟疫。」

伊莉絲深吸一口氣。法蘭薇說的對，更何況她在戰鬥中的確派不上什麼用場。可是，他們的前任長老卡沃始終都陪在他們身邊，和他們一同作戰。她那時候就學到了，一個真正的領導者不只要有正確的決斷，還要能激勵人們追隨你的腳步。

「我會保護好自己。」她回答，隨即示意皮諾給她帶路。

伊莉絲是全部落少數幾個有配戴光彈腕帶的人。她曾經想過要轉交給其他守衛使用，他們比她更能發揮腕帶的用途，但詹姆斯堅決反對，說她如果不武裝自己，他是絕不可能放任她自己在外面走動的。和族人們一起爬上樓之前，她輕撫過手臂上的六條腕帶，這六個月以來，她已經越來越習慣這條光彈腕帶，她曾經打從心底厭惡這種暴力手段，現在卻常常需要依賴它，甚至有點太依賴了。

她加入一小群守衛的行列，往那片已經擴散到走道和獨立房間的戰區走去。這棟建築物以前是一棟住宅大樓，因此有幾十間走道串連的小房間。等他們擊退敵人之後，還得再一間一間檢查淨空這些房間。他們才剛爬上樓，隨即和一批五點族的人迎頭交會上，隨即陷入一陣槍林彈雨，五點族猛烈開火，試圖把他們從這個樓層逼退。伊莉絲小心翼翼的瞄準了一個敵人，一擊命中對方胸口，接著她立刻往後撤，謹慎避開戰況最紛亂的交火區。其他族人在靠近房間中央的位置建立防禦據點，開始從那裡向外推進。她則負責指揮調度守衛們，把他們派往需要的地方，就像卡沃長老從前做的那樣。老實說，看在大地母親份上，她大部分時間都不知道自己在幹嘛，但這是族人們期望她做的，她也會盡力做好。

等他們終於把五點幫逼退回去樓梯間，整個樓層也都淨空的時候，太陽都已經下山了。總計六人死亡，三十幾人受傷，入侵者還偷走他們好幾箱糧食和一箱彈藥。伊莉絲提醒自己要記得叫艾瑞亞歐增派更多守衛看守庫存物資。這是最近這幾天以來第二次有入侵者突破路障，偷走他們的物資。艾爾弗雷族正被一天天的削弱，受傷人數不斷增加，食物卻越來越少。他們必須趕快想辦法改變現況，不然很可能根本撐不過這一年。

法蘭薇在樓梯間的出口和他們會合。她往樓層裡看了一眼，便用一條毯子裹住伊莉絲，然後開始指揮一群族人為傷患設置鋪位。伊莉絲正要過去幫忙時，法蘭薇阻擋住她。「妳，姑娘，去上床睡覺。」法蘭薇嚴厲的說完，大步走向樓層西翼，沿途又向族人吼出好幾句指令。

伊莉絲在原地等了一會，等到法蘭薇身影離開視線範圍後，便捲起袖子往反方向走去，到樓層東翼幫忙設置檢傷區。有這麼多傷患要看顧，今晚將是個漫漫長夜。

「長老。」芮瑪一邊喊著一邊跑向她：「曼吉爾說潮水正在上漲，下樓層已經在淹水了。」

伊莉絲不禁咒罵一聲。真是屋漏偏逢連夜雨。如果底下的樓層保不住了，就表示只剩一層樓還在艾爾弗雷族掌控下，空間絕對不夠用。

「快把所有庫存物資都搬到乾燥的地方！然後把族人們遷到樓上來。通知艾瑞亞歐，我們的下樓層逃生路線不能用了，上樓層樓梯間和空橋的守衛人數要加倍，叫他在西北角的樓梯間跟我會合。快！在我們失去更多東西之前快去！」

伊莉絲只得先擱下照料傷患的工作，快步前往路障堆得最高、有其他樓梯間兩倍寬的西北角樓梯間，在那裡，艾爾弗雷族的守衛正透過路障，和樓梯上方的五點族人大眼瞪小眼。伊莉絲從守衛們中間擠過去，端詳著那十幾個全副武裝的五點族人，對方也毫不客氣的回瞪她。

「去跟你們的酋長說，我希望能和他談話。」她的聲音在樓梯間迴盪。

過了幾秒鐘，其中一個人才回話：「國王說，如果妳想聽他說話，妳得自己上樓來。」

哦？國王是嗎？看來有人是個自大狂。忽然她感覺到一隻粗糙的手搭上她肩膀。「連考慮都別考慮，長老。」艾瑞亞歐在她耳邊低語：「不能信任這些傢伙。」

「底下的樓層在淹水。」她也壓低聲音回答：「如果進攻的話，有辦法通過他們的樓層嗎？」

「可以，但會是一場苦戰。五點族是個大部落。」

伊莉絲望著樓梯間那些直指著他們的樁刺。不只是苦戰，可能還會血流成河。這個時候，她身後又來了兩隊守衛，緊接著五點族那邊也有更多人集合過來，聚集在樓梯間的人越來越多。

「其他的樓梯間呢？」她問。

「所有狀況良好的守衛都已經就位。」艾瑞亞歐說：「我們只需要叫其中一支隊伍攻破他們負責的出入口，在那裡擋住敵人，其他族人就可以從那條路線往上撤離到更高的樓層。」

「還有別的選擇嗎？」

「我們可以往上殺出一條血路，或是走其中一座空橋到隔壁大樓去。」

「空橋對面有什麼？」

「一座非常茂密的野生叢林。要在那裡砍出一條可以通行的路很困難。」

樓梯上方的五點族人開始用武器敲擊地面，規律的碰隆聲在牆面之間迴盪著，響徹了整個樓梯間。一塊石頭忽然飛過來，差點打中她，幸好艾瑞亞歐及時把她拉開。她身後的幾個人對守衛們大聲喝令，要他們冷靜下來。兩方人馬開始朝著彼此怒吼，情勢越來越緊張。

「您怎麼看，長老？」艾瑞亞歐一手抓著長矛，另一手執起手槍，在她面前肅立待命。

伊莉絲能感受到瀰漫在空氣中的那股暴戾之氣。她要命令她的族人攻擊另一個部族嗎？他們該對抗的敵人是聯軍，而不是和彼此自相殘殺。更何況，一開始是艾爾弗雷族先侵入了五點族領地，才會造成後來的局面。

「您得先撤退到安全的地方。」艾瑞亞歐扶著她的手臂把她帶開：「這裡沒有長老的位置。」一根長矛從樓梯上方射過來，匡啷一聲打在後牆上，底下她的族人也往路障扔了一根作為回敬。兩方人馬之間的距離越來越近，男男女女朝著彼此叫囂，五點族人揮舞著長矛往他們的方向虛刺，想挑釁他們往前進。她眼睜睜看著自己的守衛們一步步往樓梯上爬，只覺得束手無策。

「站住！」她大叫，然而沒有一個人注意到她，她只得揪住艾瑞亞歐的領子，往他耳邊大吼：「撤退！」

「長老？」有那麼一瞬間，艾瑞亞歐看起來非常猶疑，彷彿就要違背她的命令，但最後還是點點頭，轉身對兩隊守衛說：「通知其他的樓梯間，所有人通通撤回樓梯底端。」

伊莉絲打個手勢叫芮瑪過來：「去告訴法蘭薇開始打包東西，準備越過空橋。我們今晚就動身。」

「那邊的情況可能也不會好到哪裡去，長老。」艾瑞亞歐警告她。

「再怎麼樣也不會比這邊更糟。」她回答。其實她也不確定下令解除戒備是否正確，但她能確定的是，發動攻擊絕對是錯的。無論如何，這是她身為長老必須下的決斷，而她只能冀望自己選了對的那條路。

第十二章 解決辦法

詹姆斯感覺到有什麼東西打在臉上。他決定不管它。緊接著又來了好幾次，但感覺起來很微不足道，很遙遠。他整個人像是被包裹在子宮裡，安詳的漂浮在沒有顏色的無意識之海深處，但又清楚的意識到自己正漂浮在裡面。他聽到有人在說話，他們的聲音全都化成了柔和的嗡嗡聲，有點擾人，但他照樣不管。麻木。他喜歡這種麻木，感覺不到時間流逝，也不知道自己身在何處。挺諷刺的，不是嗎？他居然喪失了時間感和空間感，他這大半輩子，整個特工生涯在奔忙的一切，都是為了讓時間流正常運行。現在他索性全都放掉，再也不去煩惱那些事，感覺到前所未有的自由和解脫。

他打了個嗝，忽然發現自己吸不到空氣。奇怪了，他怎麼會還在呼吸？然而，隨著窒息的感覺越來越強，時間感又回來了，他甚至能數出自己溺水了幾秒。緊接著身體一陣痙攣，他醒了過來。

詹姆斯睜開眼睛，看到一道水柱像瀑布一樣直往他臉上噴來，水全都往他臉上的七竅孔洞流，嗆得他立刻坐起身猛咳。他揮了揮手想阻擋水柱，傾洩下來的勢頭卻比剛才更猛。

「把水關掉！」他沙啞著聲音喊。

他試著站起來，腳下一滑又跌回水柱下，後腦勺撞到了身後的牆壁，害他本來就脹到不行的頭更痛了。他呻吟一聲，伸手抓住他摸到的第一樣東西，想把自己撐起來，抓到的卻是某個人的襯衫前襟，對方卻把他按回地上。他聚焦目光，看清楚那是個頭髮斑白、看來一副惡棍模樣的傢伙。他們打算溺死他！但他實在太虛弱，沒辦法把那人推開，只能拼命往對方手臂上和臉上亂抓。

那個看來打算殺死他的兇手轉頭對著旁邊說：「妳要我繼續嗎？」

「我想你可以拉他起來了。」另一個聲音回應。等等，那好像是葛瑞絲。

那該死的水柱終於停了，一雙粗糙的手拉著他站起來。他用濕透的袖子抹抹眼睛，試著讓自己站穩，卻又滑了一跤，浸在冷冰冰的水灘裡直發抖。緊接著有人往他臉上扔了一條毛巾。

「還有什麼我能效勞的，夫人？」那惡棍模樣的傢伙問。

「這樣就行了，傑先生。感謝你的協助，請代我向赫比斯先生致意，不好意思造成你們的麻煩。」

「是的，夫人。」

沒一會後，房間裡便只剩下葛瑞絲和他兩個人。葛瑞絲鐵青著臉說：「剛才有個像鼻涕蟲的男人，叫赫比斯的，領著一批天衛十五海盜跑來這裡，像扔垃圾一樣把你扔在我們房門口。他碎碎念了一堆什麼你的期限已經用光了之類的鬼話，叫我們在一個星期內離開這裡。」說完她雙手叉腰：「告訴我他的意思不是我想的那意思。」

詹姆斯頹喪的點點頭，內心卻暗暗鬆了一口氣，因為這表示連葛瑞絲都已經別無選擇，只能同意打道回府。「我猜我們得準備打包了。」

葛瑞絲，一如既往，立刻看透他的心思。「我看你蠻樂意的，是不是？算了，至少這次你還沒把事情完全搞砸。恰好有個挺有意思的機會送上門來了。」

「怎麼？有一艘配備泰坦能源槽的獵戶座巡航艦登陸了嗎？如果不是，我們手上有的機會已經他媽全都用光了。」

葛瑞絲歪嘴一笑：「記得那個時間流數據庫權限駭客程式的案子嗎？那三個被我玩弄在股掌新

的競標人？其中一個退出了，另一個連夜逃出殖民地，聽說是因為他涉入了一連串超動能鎖鍊搶劫案。現在沒有競爭者了，最後那個競標人就想把底價壓低，賣家被他搞毛了，只想盡快用原定價把東西脫手，別讓他虧本就好。那是個相當不錯的交易，所以我決定自己買下來用。」

「對現在的我們來說好像沒什麼幫助。」詹姆斯說：「僅限閱覽的權限駭客程式是挺難得的，但要找到一個願意幫我們出任務的打撈人才是最難的。」

「這你就錯了。」葛瑞絲說著，在房間另一頭的椅子坐下來。雖然她常常都是一副自傲的樣子，但他看得出來這次比平常還要洋洋得意。不過說實在，她的確很有資格這麼自傲。「後來有一天，又有另一個客戶找上我，一位不怎麼討人喜歡的男士。這位男士是來休假的，他跟我要了一整批量不同種類的毒品，要我在他回去工作崗位之前調給他。」

這個時候，詹姆斯正好把濕衣服脫下來，感覺到葛瑞絲不懷好意的眼神在他身上游移。忽然間，他們彷彿又回到遠程號上，而他則是她的小威。

詹姆斯不禁紅了臉，轉身背對著她從行李袋裡抽出一套乾衣服。「繼續說。」

「好吧，小威。」葛瑞絲滿意的呼嚕一聲：「為了確保這樁毒品買賣不會追蹤到我身上，我在安排期間做了些調查，結果發現我的客戶原來是個海衛一的獄卒。唉呦，這名字怎麼感覺有點熟悉，不知道是為什麼。」

某個回憶湧入詹姆斯腦海。緊接著，他忽然搞懂了葛瑞絲想幹嘛，立刻猛回過身來：「不要！」

葛瑞絲又露出了那種邪惡的笑容。「要，詹姆斯，要。」

「我舉雙手雙腳反對。一定還有別的辦法。」

葛瑞絲聳聳肩：「那你就繼續舉著吧，小威，如果這樣比較舒服的話。就算你沒害我們被踢出大船頭，我們也已經沒別條路可走了。而且我為了買下這個駭客程式，已經把手頭上大部分資金都投進去，所以基本上這個計畫已經上路了。那個獄卒會在兩天後搭運輸艦離開，時間有點緊迫，但還算得上充裕。我已經付錢雇了人跟蹤他。我們現在就是要做這件事。」

詹姆斯氣得在房間裡用力踱步，藉以表達他對這個計畫的強烈不滿，但就像往常一樣，他完全拿葛瑞絲沒輒，他唯一的抗議方式就是反覆的說「不」，直到葛瑞絲拿莎夏出來堵他，答應他會從過去找個醫生回來醫治她。最後他只能百般不情願的宣告投降。

他花幾個小時醒過酒之後，再度來到『眾醒獨醉』酒吧，在偏處角落的雅座裡找到了那個大塊頭。他還是恨透了這個主意，但是葛瑞絲先是對他說之以理，搬出一堆邏輯灌滿他的腦袋，然後又動之以羞愧，讓他的心糾結成一團。最後他終於體認到，撇開他個人的感覺不論，這的確是個好計劃，而且恐怕也是他們唯一的計畫。

那名獄卒正在喝哈卡希酒，是一種礦物釀成的酒，在外環行星很受歡迎。詹姆斯完全無法忍受那玩意，覺得那喝起來像是在喝土。但他點了一杯一樣的，然後帶著那杯酒來到那獄卒的桌位前，在對面的長椅坐下，開始仔細端詳起他的目標。這個人年紀比他大，身形魁偉，體格非常壯碩，是那種搭運輸艦實需要買兩個座位的體型，而且看起來心腸硬得像是鐵打的。他頭上的幾道傷疤，還有總是不停來回閃動的目光，在在都顯示著往日的暴力生涯。他穿著一件灰色的智慧型網孔紋貼身制服，這種衣料會配合穿著者的身形自行調整。詹姆斯不確定這件衣服的智慧程度到哪裡，考量到對方做的是非常低階的工作，應該不可能太精密，但他還是把這點納入需要留意的項目中。沒有腕帶，沒有擊發式武器，不過有一柄裝在皮鞘裡的近身武器，有可能是電擊棍或電子鋸齒刀。

詹姆斯侵入他的私人空間時，他沒有什麼反應，只管自顧自啜飲他的哈卡希酒，一邊冷靜的觀察詹姆斯，把他當成某種潛在的威脅，既不虛張聲勢，也不裝出友善的樣子。詹姆斯很欣賞他的直截了當。他們就這樣沉默的面對面坐著，等著看誰率先動作。過了幾分鐘，那獄卒大概是注意到詹姆斯一直沒動那杯酒，身體明顯放鬆下來。他把自己剩下的酒一口氣喝完，放下空杯擺到桌邊，往後傾靠著椅背，看著詹姆斯把那杯酒推到他面前。他端起那杯酒嗅了嗅，向詹姆斯舉杯致意。詹姆斯也很欣賞這個帶著尊重的舉動。他幾乎都要開始喜歡這傢伙了，真可惜。

大塊頭啜了一口酒，放下酒杯，朝他點點頭：「兒子？外甥？還是愛人？」

「兒子。」詹姆斯回答。

「名字？」

「我先請你喝完另一杯再說。」

接下來的幾個小時，詹姆斯就和這個大塊頭大聊特聊起來。他名叫銳刺，是打過兩次克里米亞大戰的老兵，二五〇二和二五〇七年，兩次都是戰敗方，說來有意思，要連續兩次在牽涉了五方陣營的戰爭中選錯邊站，運氣真不是普通的壞，而且這顯然也表示戰爭的結果對他來說意義不大，至少在攸關他財務狀況的決定上是如此。從各個層面來看，他都是最純正的傭兵。

作戰合約期滿之後，銳刺便開始做起了保安工作，因為急需要錢，不得不去給那種只負擔得起一兩個保鑣的低階有錢人當貼身保鑣。那可以說是所有類型的保安工作中最危險的一種，因為歹徒發動襲擊的時候，頭一個瞄準的一定是單獨執勤的貼身保鑣。二五一〇年，他和雇主碰上了土星環強盜集團，他的雇主被他們從氣閘門丟出外太空，他自己則成了人質，被他們挾持了足足兩個月。結果保全公司不肯付贖金，那些強盜只好直接跟他本人談條件。後來他就退出了貼身保鑣這一行，轉而到亞馬遜企業旗下工作。至於他和土星環強盜談成了什麼協議，銳刺只避重就輕的帶過去，但詹姆斯心裡已經有了個底。土星環強盜是規模最大也最活躍的海盜集團之一，也是天衛十五海盜的死對頭。他們在全太陽系安插了幾萬人替他們羅織犯罪活動，還有幾千個人在各個監獄殖民地大賺黑錢。所以，他表面上替亞馬遜工作，實際上多半是給土星環強盜當內鬼。他還告訴詹姆斯，這幾個月他才剛去完火星一趟回來。每年他都會趁這段假期回去探望家人，現在假期屆滿，他計畫搭下一班補給運輸艦出境，返回海衛二殖民地。

將近四個小時之後，到了晚上酒吧關門、經過一小時的打烊時間又要重新開門的時候，詹姆斯對他的目標已經有了相當充分的把握。他相信自己可以用銳刺的方式說話，模仿他的小動作和口癖，甚至能模仿出他講話時的聲音抽顫。他的易容腕帶也早已經把對方的外貌資料複製完畢。現在他只需要再收集到一些小細節，一些讓銳刺之所以是銳刺、和其他人有所不同的微妙特徵，就大功告成。

他們推開酒吧大門，一塊沿著走道往一般居民的居住區走去。詹姆斯稍微落後幾步，跟在步伐搖搖晃晃的銳刺身後觀察他。詹姆斯總共灌了他九杯哈卡希，天曉得在詹姆斯進去之前他已經喝了多少。這個大塊頭喝了這麼多酒，拿著酒杯的手居然還是穩的。他的重心稍微偏向右腳，走路的時候會大幅度的甩手臂。他還習慣靠著牆邊走，這種習慣在就職中的保安人員身上很常見。

等他們走到銳刺的住處門口時，銳刺斜睨了他一眼：「你為什麼要跟著我?先說一聲，我不搞男人的。」

「沒事，只是要確定你平安到家，朋友。」詹姆斯說：「畢竟你是我和我兒子之間唯一的管道，最好不要讓你出什麼事，對吧？」

這時候，銳刺的目光忽然變得犀利起來：「你一直沒告訴我你家男孩的名字。還有，你到底想要我怎麼幫你？偷渡東西進去？給他帶封信？聽著，蠢貨，給我一個名字，然後告訴我你到底要我給他什麼東西。」

詹姆斯聳聳肩：「那個包裹很大，想送進去鐵定要花我不少錢，不過絕對值得你麻煩這一趟。可不可以我們明天約個時間，我把東西帶來給你看？」

銳刺再度瞇起了眼睛：「等我一下。」

接著他打開門走進房間，消失在黑暗中。下個瞬間，忽然有個堅硬的東西狠狠戳進詹姆斯的腹部，戳得他猛地彎下腰來。一開始的物理疼痛隨即被一陣電擊的劇痛取代，從被戳到的那個點擴散到全身，讓他往後踉蹌了幾步。就在這時候，銳刺抓著電擊棍從房間裡衝出來，擊中詹姆斯的太陽穴，把他打倒在地。

「你差一點點就把我騙倒了，混蛋。」銳刺說：「但後來我想到，你壓根不在乎那座監獄裡的誰。給你一點建議吧，下次如果你還想搞這種花招，你最先該問的問題應該是你他媽的兒子好不好。他過得怎麼樣？他有沒有吃飽？有沒有被人當成婊子搞？他舔的是誰的老二？」銳刺往他肚子猛踢一腳，踢得他整個人從地面彈起來。電擊棍從他耳後橫掃過來，打得他迎頭撞上另一頭的牆壁。「——不然你看起來根本就不像是有在關心他的死活。給我老實說，你為誰工作？亞馬遜的內務部門？還是典獄長派你來的？」

電擊棍再次向他揮來，但這次詹姆斯及時舉起前臂擋下攻擊。剛才的撞擊簡直快把他撞散了，希望沒撞斷他哪根骨頭。有那麼一瞬間，詹姆斯差點就要啟動超動能，但還是打消念頭。風險太高了，等真正需要的時候再說。這裡是居住區，如果他用了超動能，大船頭的保全系統幾秒之內就會偵測到，並立刻派人下來掃蕩他們兩個，他很可能會因此失掉利用他的機會。更何況，他心底深處還是有點希望能放銳刺一條生路。從客觀層面來說，這個人是無辜的，不過被他痛揍了這麼多次之後，詹姆斯實在很難客觀得起來。

銳刺再次揮起電擊棍，顯然打算結束這場單方毆打，直接讓詹姆斯腦袋開花。詹姆斯在棍子擊落前驚險的閃開，棍端鏗鏘一聲擊中底下的格柵板，力道大得幾乎要削下金屬屑來。接著他攫住銳刺的手臂往下拽，把他拉得失去平衡，然後雙手扣住他手腕，一個借力站起身，試圖從他手中奪下電擊棍，兩人一路扭打過走道，在牆壁之間撞來撞去。銳刺的力氣很大，比詹姆斯大得多，而且少了超動能輔助，他沒有足夠的力量或施力點把電擊棍從銳刺手裡撬下來。銳刺肯定也注意到了這點。

「你還真是虛有其表，渾球。」銳刺譏嘲說：「不然就是你太弱了。」

他揪住詹姆斯往左甩向牆壁，然後又往右把他甩向對面牆，感覺到詹姆斯的扣在他腕上的手鬆了，便高舉起手臂往下擊落，眼看就要把詹姆斯整個人打趴到地上。但詹姆斯兩隻腳踩住身後的牆面，猛力往前一蹬，撞得兩人往後飛出去，雙雙撞進銳刺的住處。

銳刺被撞得失去平衡，以身體為軸心往右狂甩，想要把他甩出去。詹姆斯的身體撞上置物架，撞毀了兩層架子，第三層的東西則全都掃到了地上。他藉著旋轉的力道甩回來，雙手緊緊抓著銳刺的手臂，飛起雙腿鎖住銳刺的頭頸，使出吃奶的力氣夾緊大腿。大塊頭的嘴完全被他的大腿堵住，發出含糊不清的怒吼，背朝牆壁往後使勁一撞，想把詹姆斯撞下來。

詹姆斯覺得好像聽到肋骨斷掉的聲音，但他還是只管拼命夾緊雙腿。銳刺又把他往牆壁甩了兩次，力氣才開始逐漸減弱，好不容易，彷彿過了一世紀那麼久，大塊頭終於單膝跪倒下來，雙雙和詹姆斯癱倒在地上，在他徹底失去意識之前，兩隻手還死抓著詹姆斯的大腿不放。

詹姆斯喘著大氣，奮力從這大塊頭底下鑽出來，踉蹌著走過去門口把門關上，以免有誰走進來撞見這場面。附近的鄰居鐵定都聽到了剛剛的騷動，不過在這種地方，沒人會探出頭來問東問西，自己招惹麻煩上身。他走回昏迷的銳刺身邊，檢查一下他的生命跡象，發現他的脈搏還是很強。他可不想再跟這個巨人打第二輪或第三輪了。有那麼幾秒鐘，詹姆斯考慮要直接殺掉他。他會讓他死得毫無痛苦。而且，從戰略上來說，殺死他也是最正確的決定。他伸出雙手抓住銳刺的脖子。只要簡單快速的一扭，馬上就能了結他。

但他最後還是阻止了自己。這個人雖然心術不正又惡貫，但也不過只是另一個想讓日子過下去的可憐蟲。

「該死的黑洞。」詹姆斯喃喃自語：「你開始變鈍了。」

這句話只說對了一半。一直以來他都在自我否認。早在好幾月前他的狀態就已經就在走下坡了。假如是一年前的他，不管是銳刺、那個五級特工小子還是那些監控兵，殺不殺他們根本無所謂。然而，現在的他就是無法再多忍受一次這種殺戮。

於是詹姆斯卸下他的冬眠腕帶，戴到銳刺手腕上。幾秒鐘過後，銳刺便開始輕聲打起酣來。接著他又花了一個小時把整間公寓仔細搜索過一遍，拿走一些小東西，然後把那套灰色制服從銳刺身上扒下來。情況必要的時候，使用這些真的物品可以給他更多應變空間。等他結束搜索，準備踏出公寓時，又轉頭看了銳刺最後一眼。冬眠腕帶的電力足夠讓他持續昏睡兩個星期，這段時間應該就夠詹姆斯飛去海衛二把任務完成了。

「祝好夢，大傢伙。」他說，然後便匆匆忙忙的趕回他和葛瑞絲的住處。

他進門的時候，葛瑞絲正在收拾行李。

「你看起來糟透了。」葛瑞絲一看到他便說：「甚至比你平常的樣子還糟。」

「真是謝謝妳的問候。」

「拿到你需要的東西了嗎？」葛瑞絲問。

他舉起銳刺的粗呢袋子給她看：「我兩天內就啟程。到古柏行星帶等我，我已經給科學怪人號輸入了確切的座標。妳確定妳真的可以自己一個人駕駛它？」

「你認真的嗎，詹姆斯？你現在是在問我，時間之母有沒有辦法駕駛她親自設計親手打造的飛船？」葛瑞絲嗤之以鼻：「我很確定我應付得來。」

詹姆斯可不敢像她這麼篤定。科學怪人號很不容易操控，畢竟它基本上是由一堆克力棱零件拼湊的大雜燴，而克力棱向來不是以靈活的機動性出名。「那我們就這麼敲定了。」

葛瑞絲勾起嘴角，發出調侃的嘖嘖聲：「噢，小威。我一直都知道如果你再不改過自新，早晚會害自己進監獄的。」

第十三章　三三九

三三九號囚犯沿著狹窄的隧道往前走，警醒的雙眼不斷左右來回掃視，留意兩側岩壁上那些狹長陰暗的裂縫。這條隧道通過地下層被稱為『地牢』的監獄附屬區域，岩石路面在經年累月的交通往返磨耗下，早已變得凹凸不平，腳下踩的每一步都能感覺到明顯的隆起和凹陷。

他已經沿著這條隧道走了將近一個小時——與其說是走，因為低重力的關係，更像是在跳步前進。他的兩個同伴六三〇和四六一落後幾步跟在他後面。六三〇相當可靠，可以幫他瞻前顧後，四六一在這種狹窄的空間就完全派不上用場了，何況他一開始會挑上他，純粹也只是因為他外表嚇唬人而已。也許就這麼一次，他們可以不必大動干戈就擺平，但那大概是不可能的。在這個地方，在亞馬遜三號監獄殖民地，事物自成一套運行法則。

他們三人繞過轉角，隧道在這裡往下傾斜成一道陡坡，他們繼續順著斜坡往下走。整個海衛二佈滿了這種地下坑道，一直往下深入到地層裡。哪裡還有礦脈，監獄殖民地就往哪裡挖。坑道裡照明稀少，天花板上每盞燈之間大約有四十公尺的間隔，微弱的光線只夠三三九看清楚正前方一小塊區域，再遠就什麼都看不到了。假如有誰想要暗算他，這裡就是絕佳的伏擊地點。現在他就是生存在這樣的世界。

他們沿途行經好幾群挖礦的囚犯，他們用動能鎬敲開質地稠密的表岩層，沉積在底下的低等級礦物或天然氣礦脈層。這顆衛星蘊藏的東西值不了幾個錢，但對這座監獄的營運者亞馬遜公司來說，有現成的勞役犯幫他們挖礦，這項副業還是能添上不少額外收入。而且繁重的工作也能消耗囚犯的體力，讓他們沒力氣惹麻煩。

三三九經過其中一條開挖過後留下的溝槽，看到溝槽盡頭的土石堆上倒著一個人。他立刻朝兩個同伴打手勢，等他們在他身邊就定位後，上前去把那具倒得歪七扭八的軀體翻過來。檢查後發現這個人還有體溫，也有微弱的脈搏。他惱怒的抬起頭，瞪著不遠處那五六個沿著岩壁繼續往前開採的囚犯：「五〇六還活著，為什麼不送他去救護站？」

「甩掉他正好。」離得最近那個囚犯說，甚至懶得轉頭往這邊看：「那老頭一直在拖慢我們的進度。反正他也只剩一隻腳能用了。而且，送他上去要浪費掉一天時間，我們的礦車只裝滿一半，不想為了這個可憐蟲少拿一半的配給。」

三三九站起身。「你們幾個，全部去把東西收一收，帶他上去救護站。馬上。」

大多數的工人連鳥都不鳥他。也難怪，畢竟亞馬遜的獄卒從來不會下來這裡。這座監獄殖民地的運作方式並不怎麼需要監工。上面叫你做什麼就做什麼，不然就等著挨餓，或是直接被丟出外太空，就這樣。在這之外，囚犯們自成一套等級制度。

「他們哪時候開始讓犯人當起獄卒來了？」其中一個囚犯聳肩說：「你何不自己把你的命令收一收然後去吃——」

旁邊另一個囚犯急忙抓住他的肩膀，把他整個人轉過來面向他。那個大嘴巴一看到是他，立刻把後半截話吞回肚裡，表情看來憂慮大過於懼怕。「噢，我不知道是你。來吧，大夥們，準備收工了。」

不到一分鐘，這群囚犯已經收拾好工具，把他們失去意識的同伴搬到礦車裡。三三九又檢查過一次他的狀況，才讓他們把礦車推上坑道，然後從自己的衣袋裡掏出一包電熱煙，分送給每個人一根。「收下這個，上去之後也給五〇六一根。如果他撐過去了，你們都能多拿到四分之一的配給。」

那個大嘴巴囚犯搖了搖頭，努力擺出羞愧的樣子：「不要擔心，三三九。我還記得剛來這裡的時候，你是怎麼幫我的。我會好好照看這個老傢伙。」

三三九目送著他們離開，直到他們繞過轉角消失在隧道盡頭之後，才回頭對兩個同伴說：「走吧。」

六三〇咧嘴笑著說：「他們和那些帶著電擊棍的沒卵蛋獄卒說話都沒這麼有禮貌。」

三三九咕噥一聲，打個手勢要他們跟上。時間不夠了，希望還沒有太遲。他們又繼續沿著隧道往地底深入，經過一群又一群挖礦的囚犯，終於抵達幾條分支坑道會合的盡頭。到了這裡，平滑的岩壁已經被質地比較自然的尖凸狀岩石取代。他們離開最後一盞燈的照明範圍，深入這座礦坑最黑暗的腸道系統。

這些坑道是整個監獄最偏遠的地帶，距離主要殖民基地大約一個小時的腳程，溫度幾乎總是逼近冰點，空氣也最稀薄，所以，如果有人在這些坑道裡受了傷，能活著出來坑道外求援的機率是微乎其微。三三九再清楚不過，他自己就曾經是其中之一。有時候死在裡面的囚犯要好幾個星期之後才會被找到。剛進監獄的菜鳥總是最先被送來這裡，能活過第一個月的人數不到一半。如果他們服刑越久，工作表現越好，被允許分派的挖礦地點就越接近殖民基地。

他們三個走進其中一條最近才剛挖通的坑道，礦車的軌跡在坑道內一百多公尺的地方就斷了，兩側岩壁也都還沒被開採過。

「我們分頭走。走到三百步就折返，不要冒險前進。」他指著右側兩條分支坑道的入口下令。

他們分散開來後，各自沿著黑暗的坑道往內深入，唯一能仰賴的光源只有背帶上的肩燈。他聽到兩個同伴的喊聲以穩定的節奏傳來。

「十六步。」

「十二步。」

喊聲不斷持續，隨著他們越走越遠，迴盪在狹窄岩壁間的聲音也越來越微弱。大約二十分鐘後，便只剩下他自己一個人與寂靜作伴。幾乎所有的囚犯都恨透了這些分支坑道。底下這片不見天日的黑暗令人窒息，而且會混淆人的感官。不過，三三九大半輩子都在無重力狀態下工作，對他來說，這片黑暗和漫無邊際的太空倒是沒有太大的差別。置身在這兩種環境裡，你都必須關閉或過濾掉一些不必要的感知，才能全神貫注在真正重要的事物上，否則，不管你面對的是浩瀚到令人畏懼的一大片虛空，或是深埋在地底下彷彿能把你壓碎的黑暗坑道，你都不可能承受得了。

然而，有個東西是三三九號囚犯沒辦法關閉的，那就是他的心智。而且他現在正獨自走在黑暗而曲折的地下坑道裡，在這種狀況下，除了邁動雙腳不斷往前走之外，他唯一能做的事情就是思考。思考往往等於和自己為敵。一個人如果不停思考自己人生中犯過的每個錯誤，很容易就能把自己逼瘋。有許多在這裡度過了漫長歲月的人都如此收場。

三三九搖了搖頭。這裡就是他的命，是試煉他道德修為的苦行，而他能榮耀它最好的方式就是盡全力堅持下去。那些混帳以為可以奪走他的一切，他們嘗試過，也差點成功了。剛被送下來這裡的那幾天，他差點就要迷失在其中，讓黑暗吞噬掉他的意志，但他想起了自己是誰，想起他之所以是他的原因。那是唯一他們無法奪走的東西，也是他現在又重新回到這裡的原因。

然後他聽到了，他在等待的那個聲音，從他身後遠處傳來。兩響搖鈴聲，兩響之間有短暫的停頓，清晰而確實。其中一個同伴找到了他們在找的東西。三三九連忙循著原路折返，腳步有點不應該的凌亂，因而不小心被自己的塑料鞋絆了一下，在一段有高低差的路面踉蹌了幾步。

等他趕回剛剛的主隧道時，六三〇和四六一已經等在那裡了。拿著搖鈴的是四六一，他打個手勢要他們跟上，領著他們走進右邊第二條坑道。這條坑道最開始是一段陡峭的上坡，然後又再度打平成一條長長的通道。

「他們有多少人？趕得及嗎？」三三九問。

四六一搖了搖頭。「看起來大概有五六個尖端幫，菜鳥有三個。」

「要把人拖到那裡去，肯定要花不少時間。」六三〇補充。

幾分鐘之後，他們就聽到一連串拳頭打在皮肉上的碰擊聲，又悶又重的迴盪在岩壁間，緊接著是一陣哀嚎和狂笑，然後又是更多碰擊聲。他們一繞過轉角，就看到了那群被稱作尖端幫的霸凌者團團圍住躺在地上的三個囚犯毆打。他們肯定才剛開始動手不久，因為被毆打的那三人只有一個失去意識，另外兩個蜷縮成胎兒的姿態，試圖抵禦暴雨般落在他們身上的拳頭。

三三九剛來到這裡的時候，也曾經應付過這種狀況，只不過那次是七對二。那次他殺了對方兩個人，三個人被他打到送進醫務室。可惜和他在一起那個菜鳥沒能撐過去。因為那天的事蹟，讓他成了這座殖民地的傳奇人物。

他咳了一聲。

幾個正在中場休息的傢伙全都往他的方向看過來。正在打人的其中一個立刻停下來，但另一個又多揍了好幾拳才肯罷手。「看來今天就到此為止了。」

他認出那是七九三的聲音，他是這夥人的頭目，恰好也是那天被三三九打到進醫務室的其中一個。其他幾個人拍拍屁股站起來，悠悠哉哉的從三三九旁邊晃過去，還若無其事的笑鬧著，好像沒什麼大不了似的。每次只要有載著新囚犯的運輸船抵達殖民地，就會發生像這樣的圍毆事件，囚犯們都稱之為「歡迎會」，幾乎每個禮拜都要來一次。尖端幫用這種手段把恐懼灌輸到囚犯們腦子裡，鞏固他們在三號殖民地的控制權。大多數時候，三三九都來不及阻止他們。好幾次他們找到地方，趕到現場的時候，圍毆已經結束了，他們唯一能做的就是把那些新囚犯殘破的身體拖出坑道送去醫務室。這次，他也差點就趕不及了。差一點。

正當七九三要從他身邊走過時，他伸手按住對方的胸口。「這次就是最後一次。」

七九三拍開他的手：「放你的屁，太空爛貨。別以為你以前是個警察之類的，這地方就歸你管。想阻止我們，先找到我們再說。」

他還來不及踏出另一步，三三九往前傾身折了他的手臂，一記肘擊打碎他的顴骨。因為低重力的關係，七九三還往後打轉了好幾圈才落地。

緊接著三三九瞥見一道光往旁邊退開，又斜切到他左邊朝他疾衝而來。他雙手同時出擊，一手攫住一隻前臂，一手揪住對方的襯衫，拽著他的身體由下往上甩了半圈，利用離心力把他整個人甩出去撞上天花板。

又有一個人上前來，揮舞著一把金屬長柄，以大幅度動作朝他攻過來。這夥人顯然不是尖端幫身手最好的。三三九扣住他的手腕往反方向拗過去，金屬柄應聲落地，接著又一擊掃得他臉朝下撞到地上，往他下巴踢了一腳作收尾。

又一個人不死心的想要攻擊他，但這次兩個同伴出手替他解決了，六三〇先放倒對方，然後四六一一屁股坐到他身上。不過幾秒鐘時間，尖端幫的四個人已經躺平在地上，不是失去意識，就是在軟趴趴的呻吟，最後剩下的兩個則在角落嚇得縮成一團。「把你們的垃圾撿起來，帶回去給你們的老大看。告訴八八一，下次再讓我看到這種事發生，我會把你們這夥人連根斬除。」

剩下那兩個霸凌者一邊發著抖，一邊勉力拖起四個同伴的身體，在他嚴厲的目光下退了出去。他們應該慶幸這個衛星的重力夠低，不過他敢打賭，等他們明天早上清醒過來後，身上的刮傷和切口絕對夠他們受的。其中兩個很可能還被他打斷了幾根骨頭。

三三九走到那個昏迷的囚犯身邊，用肩燈照亮他的臉。那張臉看上去一團糟，全是血漬和塵土，幾絡稀薄的灰髮披散在臉上。這個人瘦得雙頰凹陷，皮膚佈滿皺紋。雖然這次幸運逃過一劫，但三三九擔心這人在海衛二可能撐不了太久。他俯下身檢查他的傷勢，發現他的骨頭都沒斷，於是單膝跪下來，在他臉頰上輕拍幾下

「你現在安全了。」他說。那囚犯眨了眨眼睛，睜開眼看到他，嚇得縮著身體，試圖從他身邊爬開。三三九舉起雙手以示無害：「別害怕，朋友。尖端幫那夥人已經走了。」然後他站起身，朝那囚犯伸出一隻手：「你的號碼是什麼？」

那老囚犯遲疑了好一會才握住他的手，站起來：「我叫邦納。我不應該在這裡的。他們說我蓄意謀害我太太，但那不是真的。我已經在歐羅巴國當上行政主管，怎麼會想要傷害她？那是個可怕的錯誤。我愛我太太，我絕不會做任何傷害她的事。」

三三九只是靜靜的等著，任由他滔滔不絕的去發洩。這又是另一個常見的現象，這些菜鳥剛到這裡來的時候，都會抓住他們碰到的第一個願意傾聽的人，拼命向他們訴說自己有多麼無辜。

等到那老人終於說完之後，三三九聳了聳肩：「我不在乎，朋友。我只知道每個被送來海衛二的人都是罪有應得。現在可以告訴我你的號碼是什麼嗎？」

「我告訴過你了，是——」

「在監獄殖民地，我們只用號碼。對外面的世界來說，我們等於已經死了，外面的世界對我們來說也一樣。我是三三九。」

那老人試圖回想起自己的號碼時，一臉痛苦的表情：「我是……我應該是五五二。」

「好，五五二，從這裡出去還有很長一段路要走。如果你錯過今天傍晚的配給，得等到下個輪值才有東西吃。」

他幫五五二打開肩燈，燈光亮起照到他的臉時，兩隻手擋在眼睛前遮光。

五五二吃了一驚：「你看起來好眼熟。我們以前見過嗎?你叫什麼名字?」

對三三九來說，這個人就算看過他也沒什麼好奇怪的，畢竟曾經有一陣子，全太陽系每個視訊平面上都看得到他的臉。那不過只是六個月前的事，感覺卻已經恍若隔世。有好幾個囚犯提過那件事，但從來沒有人認出他來。而他也比較樂意繼續保持現狀。

三三九背過身，招手要他跟上：「走吧。」

老人倚著岩壁，步履蹣跚的跟在他後面。「等等，你的臉，你的聲音。我現在想起來了。」有那麼一瞬間，三三九幾乎就要開口承認了。自從他踏進海衛二以來，他就一次都再也沒說過那個名字。或許那個名字會喚回一些從前的自己，喚回他過去的人生。能提醒自己並不只是一個號碼總是好的。

不。屬於過去的都已死。這就是現在的他。

他回過頭來，和五五二面對面。「我的名字是三三九。趕緊動身吧。」

第十四章 侵略

破曉的時刻一到，聯軍的部隊便浩浩蕩蕩沿著哈萊姆河北邊的河岸前進。就在六天前，一支隨機巡邏的捕獵小組在一個叫里奇蒙丘的地區發現了那群野蠻人的氣味，並進一步在附近獲取了相關目擊證據，跟著線索往西追蹤，一直追蹤到一個名叫皇后區的人口稠密地區才失去他們的蹤跡。最後的目擊記錄顯示，這支部落仍在持續向西往迷霧之島前進。

當時郭還沒有足夠的人力資源發動入侵，加上電磁脈衝霧的影響，所有現代化的監控網和通訊設備都無法使用，同時還得在能見度低的情況下執行任務。太陽系大戰最後幾天，敵方在紐約投下這顆炸彈，只投了一顆，卻對整個島嶼造成了永久性的後續影響。這個地區的野蠻人人口太密集也是個大問題。要對付這麼龐大的勢力，直到最近她都深受兵力不足的問題困擾。現在，她要求楊老增派的五百名監控兵已經到手，渥爾塔也額外增補了相同數量的突擊兵，聯軍終於準備好征服這座島，把這名異時者從地球上連根拔走。

郭站在河岸邊一棟低樓層建築的屋頂，望著河對面那座籠罩在神秘面紗下的島。一大片濃厚的灰霧遮蔽了她的視野，只勉強能辨別出一些建築物的輪廓線。她的部隊必須謹慎前進。

曼哈頓是一座3D立體迷宮，林立的高樓大廈動輒幾百層樓高，建築物之間由無數的空橋和樓梯連接，彷彿永無止盡的往上延伸，而且有太多的隱蔽處、縫隙和坑洞可供那名異時者躲藏。她打算先在島嶼最北端設一個據點，然後再從那裡開始往南掃蕩，一層接一層、一棟接一棟、一街區接著一街區的攻下領地，再配合女武神艦隊從上空封鎖整座島，要把那名異時者和她的部落逼出來，只是時間早晚的問題而已。

她示意艾娃過來她旁邊：「準備發動攻擊。」

這將是她的進攻部隊到今天傍晚之前收到的最後一道命令。在電磁脈衝霧的範圍內，所有單位都將依照事前規劃的戰略計劃自主行動。這麼一來，能根據戰況變化作調整的空間也大幅減少，但她不認為這有什麼必要。再怎麼說，他們要對付的不過就是一群野蠻人。

幾分鐘之後，為數三百人的空中部隊便在哈萊姆河對岸空降落地，地面部隊則從一座叫作百老匯的橋渡過河面。今天的目標是把港口到迪克曼街佔領下來當據點，等部隊控制住這塊區域，就可以把物資運過來建立作戰基地。

很快的，第一批空中部隊便降落在最北邊一棟摩天大樓，這棟大樓有八十層樓高、有九座空橋和周邊大樓相連。根據偵察隊估計，大約三十個部落居住在大樓內，需要剷除的野蠻人人數大約兩千個。因為人數懸殊，突擊兵和監控兵部隊將會持續受到敵方圍攻，而且這座都市叢林異常茂密，他們的機動性將嚴重受限，越是深入對他們越不利。因此聯軍必須像榔頭一樣從上而下襲擊這座大樓，把裡面的野蠻人都逼出洞來。

就在空中部隊發動攻擊時，地面部隊的前鋒也在港口對面登陸。一陣小型擊發武器的彈火從大樓內朝他們射來，原本黑暗的窗口被黃色的閃光照亮，伴隨著閃光的則是無數彈火擊發和能量爆擊的聲音。

這個時候，大樓旁邊轟的一聲巨響，激起滿天塵土飛揚。渥爾塔的藍白色力場照亮了天空和地面，突擊兵開始向敵人發動攻擊，地面部隊從較低的樓層攻進去，有飛行能力的人則從高樓層的窗口進入大樓內。接著又有好幾次爆炸聲響起，女武神艦和克力梭也加入了攻勢。在這同時，幾支監控兵小隊從克力梭降落到空橋上，阻斷所有往外連通的路線。

「再發動第二波攻擊。」郭下令：「告訴女武神艦隊，投放燃燒彈的時候要小心，我要這棟大樓的結構保持完整。拘押所有野蠻人的首領，送到第兩百一十八設施和第九設施接受審問。」

「遵命，長官。」艾娃張開白色的超動能力場往空中飛去。郭也跟著縱身越過港口來到對岸，貼著那棟大樓的側面飛行，另外兩名秘安官緊跟在她身後。他們從一扇無遮蔽的窗口飛射而入，正好撞見一群正在和突擊兵交火、試圖阻止他們從樓下攻上來的野蠻人。

對付一群原始的亞人類，動用到三名渥爾塔的秘安官、配備有全副戰鬥型超動能的精英特工，已經稱得上是過度殺戮，但郭從來不信戰鬥公平性那一套。那群愚蠢的亞人類，有些甚至光著腳，身上只穿著破麻袋，揮舞著棍棒朝她攻過來。當他們的原始武器被她的防護力場彈開來時，她只是冷酷的睥睨著他們。她讓其中一個魁梧的男人衝進力場內，閃過他揮來的棍子，看準位置一腳踹斷他的兩隻膝蓋，接著又讓另一個人衝向她，這次她直接從對方手裡奪走武器。那男孩看起來才剛過青少年的年紀不久。她把武器反轉過來，直直捅進那男孩的肚子。

他們三個繼續推進，用超動能巨砲一路切穿敵軍，一次橫掃十幾個人，把他們轟到牆上，有時候直接打穿牆壁把他們轟出大樓外。才進入這層樓不到幾分鐘，他們製造的混亂就讓這群野蠻人的陣勢徹底潰散，紛紛捨棄崗位往上方的樓層逃竄。等他們完全控制住了整個樓層，便把能抓到的倖存者都活捉起來，關進臨時拘留所等待審問。之後她的部隊會掃蕩上方的樓層，同樣的方式屠殺剩下的那些野蠻人，如果他們還試圖架設防禦路障，也要盡數剷除。

到了這天的尾聲，第一天的戰略目標已全部達成，聯軍已經往島嶼內部推進了兩公里。敵方傷亡數上看數千人，聯軍方總計損失十三人。有些野蠻人還沒逃出他們佔領的據地，可能還要再花幾個小時才能把他們全部殲滅。

捕獵小隊的回報也不斷湧入。關於這場襲擊的消息已經往南傳開，許多部落十分恐慌，開始全面往島嶼更深處撤退。聯軍在這短短一天內製造的混亂，就已經足夠讓恐懼和動盪擴散開來，遠在他們實際抵達之前傳遍了整座島嶼。

郭站在他們剛佔領下來的大樓的其中一座陽臺上，研究迷霧之島的地圖。要覆蓋這麼大面積的區域，她的兵力還是遠遠不夠。往後他們要怎麼控制住已佔領區域會是個難題，她已經可以預見這情況，但是相較之下，要求增援更令她感到厭惡。她俯瞰著大樓底下的開放空間，突擊兵正把一支剛投降的部落聚集起來，人數相當可觀。她頓時有了個想法。

她跨出陽臺，直接從三十層樓墜落到地面。潮水上漲之後，底下的街道有一半都泡在泥水裡，到了晚上，這整片地區就會完全被海水淹沒。轟的一聲巨響，她降落在水泥地上，墜落的衝擊力形成一股氣波，從她的著陸點往外擴散，讓周圍的積水翻湧起來。在她附近的幾個野人嚇得往旁邊退開，全都把臉遮起來，深怕和她目光接觸。在這些住在爛泥巴裡的野人眼裡，她看起來肯定就像某種神明。

她嗅了一下周圍的空氣，調高空氣腕帶的能量值。身處戰場上的時候，她習慣把設定值調低。在戰鬥中讓感官保持敏銳非常重要，而空氣腕帶會鈍化感官。她曾經看過一個實習生受到致命的重度灼傷，就是因為他把空氣腕帶開到全滿，完全沒有意識到自己就站在一大片等離子火焰前面，不知不覺讓能量耗盡，才會造成這種下場。

她走進大樓裡，來到一間橫跨整個樓層的大房間，房間裡擠滿了一排又一排的俘虜，至少有幾百個人，他們跪坐在地上，雙手捆在背後，低垂著頭滿臉懊喪。他們當中有很多人負傷，有些則已經躺在地上，看來就算沒死也已經去了半條命。幾十個監控兵在他們之間巡邏，注意這些俘虜的動靜，以免有人想要脫逃或反抗。房間另一頭，不時有幾個野人被人從行列中拉出來，半拖半扯的帶往樓上的審問室。

郭不禁皺起眉頭。真是浪費資源。她看到正忙著在指揮突擊兵的艾娃，打個手勢示意她過來。

「找到這個部落的首領，然後把他帶來給我。」

艾娃點點頭，隨即把命令傳下去，她手下的突擊兵開始朝那一排驚恐的部落民喝令，要他們把首領帶上前來。沒過多久，便有兩名突擊兵帶著一名年紀較長、皮膚上的紋飾比其他人繁複的野人來到她面前。他的臉上坑坑疤疤的沾滿血跡，一塊已經發紫的皮肉從頭顱上掀落下來，全身上下也都佈滿了割傷，看起來幾乎連坐都坐不穩，眼神卻仍十分警醒。

艾娃領著他們爬了兩層樓梯，轉進一條筆直的長走道，走道兩側是無數個小房間。他們走進轉角處一間有窗戶的辦公室，辦公室中央擺著一張桌子和一把椅子。突擊兵拽著老人的臂膀，用力把他推進房間裡，老人被推得雙膝落地，翻身躺倒在地板上。

「你是這個部落的首領？」郭居高臨下的看著他。

老人勉強撐著站起身，向她鞠躬。「從妳的樣子看來妳也是位首領。我是高地街區諾斯伍德部落的頭目。曾經是。」他說最後那句話的語氣帶著點諷刺：「你抓了我的族民，現在他們成了妳的族民。」

郭轉頭瞥了一眼那如觸鬚般從窗口滲進來的霧氣，然後又轉回來看著頭目：「你要負責當我和諾斯伍德族之間的傳聲筒。告訴他們，我們會提供他們食物和住處，而相對的，他們必須付出努力掙取自己的生計，成為我們這個物種當中有生產力的成員，回報我們的慷慨。掙取的方式，就是要完成各種慣例勤務和依情況必要另外分派的任務。如果你的部落能達成要求，等到我在這裡找到需要的東西之後，我就會放他們自由。你說怎麼樣，頭目？」

頭目往後退了一步，痛斥道：「你打算利用我奴役我的族民。」

「我打算利用你把他們當前最迫切需要的東西提供給他們。我要提供給他們智慧。」她說：「假如有人膽敢以下犯上，這份慷慨的提議就會立刻撤銷。不服從命令者死。攻擊我手下任何一個人也是死。聽懂了嗎？」

「妳用我們的屋子收容我們，用我們的食物給我們溫飽。」首席搖了搖頭：「我不會要求我的子民卑躬屈膝。諾斯伍德人對你們毫無用處，請放過我們，讓我們平靜度日。」

這個野蠻人簡直傲慢得不可理喻。她放出一股能量束勒住他的脖子，把他整個人提到半空中。老人那張佈滿刺青、覆蓋在裝飾煤灰下的臉逐漸脹得通紅，雙腳在空中揮舞踢翻了椅子，兩隻手在粗厚的半透明能量束上亂抓，卻無法阻止它一點一滴把生命掐出他體外。她又把他舉得更高，幾乎要碰到天花板，然後瞬間解除能量束。老人摔下來撞到桌面上，力道之猛把整張桌子都壓垮了。他嘴裡發出一陣呻吟，拼命吸氣，胸口隨之劇烈起伏。

郭相當佩服他的強韌。在這顆星球的重力下被人從這樣的高度摔下來，如果是太空出生的人，多半都要摔斷幾根骨頭，因為他們的骨頭細長，質地也脆。這些野蠻人皮厚肉粗，比他們耐操得多，才能在這麼惡劣而病態的環境中生存下來。與其殲滅他們，渥爾塔或許可以有更好的方式利用他們。畢竟便宜又強壯的勞力向來很難取得。

於是她拉起椅子，在頭目面前坐下：「我相信任何人或任何事物都有其價值，頭目。人類正在面臨迫切的危機，而無論我如何打從心底厭惡，我還是得承認，你和你的族民畢竟也還是人類。因此，我決定提供給你一個機會，幫忙我們拯救我們的種族。協助我們，成為有生產力的人，你的族民就可以活下去，否則你們的存在就只是一種浪費。你打算選擇哪條路，頭目？」

「就算我命令他們這麼做。」他說：「我的族民也不會聽的。」

「那就設法說服他們。」她說：「你還想不想讓諾斯伍德族活下去？如果想，他們就得乖乖聽你這個頭目的話。是還是不是？」

頭目猶疑了一會，然後，朝著她昂起頭：「我們無話可說了。」說完頭目便轉過身去，縱身往窗外一躍而下。一旁的艾娃立刻放出能量束纏住他的腰，試圖阻止他愚蠢的自殺意圖。

「不。」郭說：「這老畜牲頑固得無藥可救。如果他不想再為他的族民服務了，就如他所願吧。」

說完郭便叫出了自己的能量束，把艾娃的能量束截斷，然後她傾身探到窗外，看著諾斯伍德族的頭目迎頭墜向死亡。接著她回過身來，往房門外走去：「把那個部落第二順位的領袖找來，跟他說他現在就是新任的頭目，把我的命令轉達給他，叫他轉達給他的族民。如果他拒絕，就用處置他前任的方式處置他，然後再找第三個。還有，審問那些族民，看他們有沒有目擊過那名異時者。看起來在迷霧之島消息傳播得很快，肯定有人知道有關她或她當前行蹤的資訊。」

「我們要怎麼做？」艾娃問。

郭聳聳肩：「他們是野蠻人，打到他們肯說就是了。」

艾娃傾過身來：「長官，這裡絕大多數的野人都和那名異時者沒有任何關連，他們甚至不知道我們到底在追蹤什麼。或許我們可以用別種替代方案獲取這些資訊，比如給他們一些獎勵，食物，或是承諾提供給他們居留地。」

郭直瞪著艾娃：「妳認為我的做法太殘忍。」

艾娃遲疑了一會。「我只是想尋求其他更多選項，長官。當然我們可以把花銷編列在預算內，要不然至少向公司請求額外的資源分配……」

郭還是繼續瞪著她：「渥爾塔正面臨一場多重前線戰爭，同時和其他好幾家企業對抗，這場戰爭牽涉到的不光只是市場佔有率和利潤，還攸關全人類的生存。面對日益減少的資源，我們每天都得做出各式各樣困難的決定。難道妳真的要為了給一支野蠻人部落所謂的公平待遇，明知道這些資源可以在前線發揮更好的用途，卻還要消耗在他們身上？」

她的副官別開視線：「當然不是。我只是——」

郭搖了搖頭：「你認為我做得太殘忍，但我只是實際而已，艾娃。太陽系正在逐漸耗竭，我們需要強悍的人去做這些困難的決定。如今能阻擋人類走向滅絕的，就只剩下我們了。我不得不殘忍，因為別種替代方案只會讓情況更糟。現在，妳對我的命令還有任何疑慮嗎，秘安官？」

艾娃鞠躬說：「沒有，長官。一切按照妳的命令執行。」

第十五章 海衛二

海衛二的三號監獄殖民地，中心是一座合作社。囚犯們的社交活動都在那裡進行，他們在這裡吃飯，接受典獄長的訓導，大部份的謀殺事件也都在這裡發生。雖然被稱為合作社，卻看不到半點合作精神的影子，很可能還是全殖民地最危險的地方。

令三三九驚訝的是，考量到這座監獄的人為管理有多麼鬆散，謀殺案實際發生的次數其實還蠻少的。一方面是因為囚犯們在平常狀態下是被允許自治的，而且他們為了尋求保護和秩序，已經自然形成了穩定的等級制度。另一方面則是因為亞馬遜公司備受爭議的懲戒手段。他們使用毒藥。監獄殖民地的刑罰是各種不同級別的毒藥。比較輕微的違規就用比較溫和的毒藥，會讓囚犯的身體衰弱好幾天，如果這些囚犯有朋友或幫伙照應，就只需要忍受幾天的胃痛和抽搐，通常可以順利度過刑期。少了這些支援，囚犯們在身體衰弱期間就得額外忍受其他人的毆打和欺凌。其他較嚴重的犯行則會用上更致命的毒藥，有時候可能會導致囚犯眼盲甚至肢體殘廢。

有意思的是，三三九發現暴力行為和謀殺並不會受到太嚴厲的懲處。人命對那些管理者來說一點也不重要。有些犯行，像是不認真執行開採礦石、提煉天然氣之類的勞役工作，通常只會施以輕度懲處。中度懲處大多是因為妨礙獄卒值勤。造反暴動的懲處最嚴重，他們會把囚犯的器官摘下來送到器官市場販賣。

那天傍晚，在全面熄燈前最後幾個小時的自由活動時間，囚犯們和往常一樣聚集在合作社，吃他們每天唯一的一餐。三三九和圍繞在他身邊那群效忠於他的囚犯，就坐在西北邊的角落。三號殖民地總共有超過四千名囚犯，此時全都窘迫的擠在這個只設計來容納三千人的空間裡。這四千多人分屬於好幾個不同的聯盟或幫伙，每個群體依照自然形成的等級制據有各自的位置，有同盟關係的幫伙則和彼此相鄰。人多就是力量，吃飯的時候更是如此。新來的囚犯如果無法盡快結交到盟友，或是向某個幫伙投誠，就得面臨挨餓的窘境。

合作社的四個角落因為是整個空間最好的防禦位置，最受各個幫伙垂涎。目前全監獄最大的兩個幫派，三三九率領的「大眾幫」和八八一為首的尖端幫，分別佔據了彼此對面的角落。大眾幫能成為最強勢的幫派之一，是整個三號殖民地前所未見的。在這座監獄綿延不絕的幫派衝突中，大眾幫是最年輕的勢力，才崛起不過幾個月，成員幾乎都是游離份子、弱者和被霸凌的人，基本上只要是被其他幫派視為不夠格而拒收的囚犯，全都匯集到這裡來。值得慶幸的是，他們的人數非常多。三三九抵達這裡沒多久，就把這些人全都聚集起來，幾個禮拜之內就把他們組織成了一個具有向心力的單位，有充足的人數和紀律可以保護自己。不到兩個月，他們已經強大到足以佔據一個角落。其他的幫派也跟著分成兩大塊，如今他們要不是和尖端幫結盟，就是跟大眾幫結盟。

三三九坐在同伴們身邊，看著他們吃稀粥和種子碎粒做成的晚餐。五〇六也在，就是那天被他發現昏倒在隧道裡的工人，他果然順利撐了過來。三三九遵守諾言，把自己那份配給分成四等份，分給那幾個工人作為獎勵。這表示今晚他得挨餓，不過他早就已經習慣了。自從他來到海衛二，到現在已經六個月了，而這六個月來，如果要他算，他大概每五天就有一天不吃東西。

他抬起眼來，望向對面角落的尖端幫。那些人的體格比較強壯，是更好的鬥士，也比較野蠻，而他們的老大八八一，本身就是個善戰又有魅力的領袖。不過，大眾幫的人數更多，也有更多盟友，而且每天都有一大堆新進囚犯加入他們。整個局勢逐漸倒向大眾幫，而八八一也很清楚自己正在失勢。兩個幫派之間的戰爭遲早會爆發，三三九對此感到憂心，因為萬一雙方真的打起來，他知道大眾幫必輸無疑。

彷彿有某種心靈感應，八八一也往他的方向看過來，和他的目光交會。三三九看到他眼睛周圍的皮膚緊皺起來，惡狠狠盯著他。他能感受到對方的恨意，沉重到令人窒息。他胸腔裡一陣扭絞，一股深深的失落感侵襲上來，讓他不得不別開視線。他為自己感到羞愧，從以前到現在，無論他做什麼，最後他都得打破原本的誓言去維護另一個誓言。

就在這時候，天花板的燈光暗了兩次，囚犯們開始往牢房區散去。分區大門將在十五分鐘後關閉。三號殖民地的獄卒從來不會特地去確認是不是每個囚犯都有回到各自的牢房，因為大門關閉後，所有人都會被困在他們所在的房間裡，同時公用區域的暖氣和氧氣生產器都會全部關閉，這表示那些還待在牢房外面的人得在稀薄的空氣或酷寒中度過一整夜。

各個幫派一批一批分散開來，沿著走道往各自的獨立分區或牢房走去。由於獄卒向來不查房，囚犯們常常會交換牢房。大眾幫目前住在第三分區，但隨著人數增多，之後可能很快就要擴展到第四分區。

當他的幫眾魚貫通過狹窄的走道時，三三九一邊快速數著人頭，一邊注意有沒有其他敵對幫派的成員靠得太近。一點最輕微的推擠都有可能引爆為鬥毆，而且這段返回牢房的路程又格外凶險，隨時都可能有人拿著什麼棍棒武器從背後偷襲。有時候會有囚犯一時輕忽，被人刻意阻隔而從自己的幫伙落單下來。三三九自己就從這種情況生還過三次。

一個尖端幫的成員朝他接近。守衛在他旁邊的六三〇和四六一立刻上前攔住他。對方舉起雙手，捲起袖子，緩慢的轉了一圈，任由他們給他搜身。確定對方身上沒有藏武器後，六三〇向三三九點點頭，他也點頭回應。

「你欠我們三次，大眾幫的。」那個尖端幫成員低聲說：「八八一要我知會你，我們遲早會找你的羊群開刀。你不可能顧得了所有地方，不是嗎？」

三三九不理會他的威脅：「你只管回去告訴八八一，要他記住，現在這座監獄裡的每個菜鳥，每個踏進這座地獄大門裡來的可憐人，全都在我保護之下。聽懂了嗎？」

尖端幫的往他傾身靠近：「八八一知道你是不會跟他開打的。他知道如果他真的出手，就會在他手裡結束。他說你是個小雜種。我們都知道，膽小鬼。」

六三〇一個箭步就要撲過去，但三三九抬起手來阻止他。「如果你該吠的都吠完了，就趕緊滾回去找你家主子吧。」

這傢伙說的事情早已不是什麼新聞了。三號殖民地的每個人都知道這件事，但只有三三九和八八一本人知道背後的原因。兩個幫派之間曾經發生過三次激烈的全面衝突，三次他都和另一個老大單獨面對面對峙過，但他三次都拒絕和對方交手。然而這只更加激怒八八一，讓他的行徑變得更具攻擊性更殘酷。在這幾次戰鬥中，大眾幫都落居下風而不得不以撤退告終。但是總有一天，三三九將不再有這條後路可選，而且他自己很可能會為此送命。

他看著那尖端幫成員慢慢晃回去房間另一頭，才轉頭對四六一說：「叫所有隊長都到我牢房裡集合。我們需要開會討論。」

十三分鐘後，其他十一個人都已經聚集到三三九的四鋪位牢房，肩貼著肩坐在床上，把房間中央三三九站著的那塊地方以外所有空間都擠得滿滿的。

「尖端幫在引誘我們出手。戰爭很快就要來臨了。」他一邊說，一邊在狹小的空間裡來回踱步：「從現在開始，每個成員都要接受防暴訓練，每隔三天的晚上受訓一次。我們贏不了一對一單打，但群體戰我們有勝算。六三〇，把其中一輪例行勞役的輪值成員組織起來，讓他們在白天的時候可以隨時動作。」

六三〇用木炭把筆記記在一塊布料上：「要讓他們配備庫存的武器嗎？」

三三九搖搖頭：「還不行。要讓獄卒站在我們這邊。」

「這樣對我們的人很不利。」四六二說。

「獄卒到目前為止都還保持中立。」三三九說：「直到他們選邊站之前，我們都不能配備武器。」

「聽起來還是太冒險了，老大。」六三〇皺眉說。

三三九一邊踱著步，一邊用指尖敲著下巴。幫眾們很可能會因為他這個決定而死，然而，他想打贏的不是眼前的零星戰鬥，而是整個戰爭。「我們用人數彌補劣勢。每次下去地牢裡的人馬至少要有六組，每組不得少於五十人。最靠近合作社的小組要安排一個人手，情況發生變化時負責警告其他所有成員。從現在開始，每個菜鳥都要有三個人在旁邊隨時照看，不允許單獨行動。」

接下來兩個小時，他們繼續討論計畫的細節。忽然間，一聲響亮的金屬匡啷聲從寂靜中傳來，傳遍了整個分區。三三九豎起食指抵著嘴唇，示意大夥安靜。有這麼多人擠在他房裡，索性就別藏了。獄卒忽然在這個時刻過來，是很不尋常的，要不是外頭出了什麼事，就是有人要被帶去懲處了。總之，會在夜半時分找上門來的從不會是好消息。

他的幫眾們安靜的坐在原位，一棟也不動，緊接著又是一聲匡啷響從分區大門傳來，在寬敞的外側走道裡迴盪著，逐漸逼近的腳步聲也加入合唱。三三九閉起眼睛凝神細聽，但他心底已經知道不管來的人是誰，絕對都是衝著他來的。

沒一會後，一道穿著獄卒制服的黑影來到他的牢房門前，在肩燈照射下逐一掃視過牢房裡的每一張臉。三三九認得他，有一批跟尖端幫結盟比較危險的獄卒，這人就是其中之一。他不禁有點擔憂起來。

「近衛兵銳刺。」他鞠了一小躬：「有什麼需要我們效勞的嗎？」

那獄卒觸了一下手腕上的遙控腕帶，房門隨即打開。三三九腦中的警鈴立刻響起。情況不太對勁。這裡的獄卒從來不敢不帶後援就一個人晃進牢房分區，更別說是獨自進入一個擠滿囚犯的牢房了。這裡可是個關滿了重刑犯的高度戒備監獄。

然而銳刺只管上前來，好像一點也不擔心：「全部出去，你們幾個。」他以平板的聲音說。

「走道的空氣已經關了。」六三〇說。

銳刺聳聳肩：「只是一下子而已，死不了的。」

三三九伸手擋住他們，要他們待在牢房裡：「已經很晚了，近衛兵銳刺，你到底想幹什麼？」

「別讓我再重複一遍，你們這些囚犯。」近衛兵銳刺放輕了嗓子說。「閃到旁邊去。」

「你不是銳刺，對不對？」三三九說：「你是何方神聖，刺客嗎？」

霎時間，每個隊長都從舖位上跳起身，搶到三三九面前，在他和假獄卒之間擋成一道人牆。四六一則繞到假獄卒後面，用身體擋住房門。他們的忠誠讓三三九深受觸動。不過幾個月前，他們還只是一群烏合之眾，滿心只顧著自己，每天想的只是如何避開暴力和幫派糾紛，如何多挖一點礦石換取更多配給，好讓自己在這個人間煉獄裡多活一天是一天。而現在，他們全都挺身而出，用自己的身體為他擋住刺客。一股熱流從他心底湧上來，比任何電熱煙都要來得更溫暖。

緊接著，三三九注意到冒牌獄卒身上浮現出熟悉的淡黃色半透明光暈。

「退後！」他急忙大喊，然而已經來不及了，冒牌貨身周的光暈猛地往外擴張，把幾個隊長震得往後飛，七零八落的撞在鋪位和牆壁上。一〇二，所有隊長當中年紀最大的一位，縱身往刺客直撲過去，卻被超動能索抓住，整個人浮在半空中轉了一圈。他嘎嘎慘叫一聲，只能徒勞無功的拼命揮舞手腳。

三三九知道自己是死定了。這名刺客是個經驗老到的超動能使用者，而不是哪個碰巧拿到腕帶隨便亂用的囚犯。事實上，這間牢房裡所有人也都別想活得過今晚。

「所有人都退下，留在原地不要動。」三三九按住還想掙扎起身的六三〇，把他推回地上。一〇二還吊在半空中，像顆失控的衛星一樣轉個不停。三三九邁步來到那刺客面前：「放過這些人，讓他們離開，我才是你的目標。」

那刺客又掃視了一下牢房裡其他人，不但不在乎，甚至還有點厭煩的樣子：「看樣子，你狗改不了吃屎，現在還同樣是一個正直的混蛋。看來就連監獄都沒能把那根插在你屁股上的刺磨平。」

那刺客的臉開始逐漸變化。剛開始只是皮膚的色調淡去，顏色全都和成一團，臉上的線條也分解消失，只留下一片空白的畫布。然後皮膚的顏色重新擴散分布，塑成一張線條銳利的臉，突出的鼻樑，還有堆在頭上的一團濃密亂髮。唯一不一樣的地方是他的膚色，比他記得的要深得多。

三三九非常驚訝。他怎樣也想不到會是這個人出現在他眼前。百般複雜的情緒兜頭襲來，他既鬆了一口氣，又覺得好奇，但更多的是怒氣。他握緊拳頭。「你在這裡幹什麼？回來了結你未完成的任務嗎？」

「我不是來殺你的。」那人回答：「我也希望我是。但正好相反，『天衛四裔』李文賈維，我是來帶你逃獄的。地球需要你。」

第十六章　重逢

詹姆斯現在真的非常需要來一杯。從大船頭到海衛二的這趟旅程真不是普通的艱辛。他做夢都想不到，在這整個禮拜裡，被銳刺痛毆一頓竟然還算是最不難受的。

在他獲取銳刺的身份，登上運輸艦之後，花了他兩天航程才抵達阿波羅尼亞交易站，一座以軌道繞行海王星的衛星太空站，然後運輸艦又待了一天才再度出發。來到海衛二之後，他花了一天才找到三號監獄殖民地的所在位置，以獄卒的身分回到監獄的工作崗位上又花了兩天，然後又花了他媽的一天才找到他要的囚犯。而現在好了，詹姆斯忍受了一大段漫長又沉悶的旅途，跑了大老遠就是專門要來接他的，而這個人竟然跟他說他不能走。出於某種完全超出他理解範圍的瘋狂理由，李文竟然還對他試圖劫獄救走自己這件事唧唧歪歪。

見鬼的黑洞。他的嘴巴好乾。光是喝酒這個念頭——如果是豪美帝國出產的玩意更好——都足以讓他皮膚發癢。他的腦筋和耐性都已經快要見底了。就算他絞盡腦汁想一輩子，也想不通到底是什麼樣的傻瓜才會白白放棄離開海衛二的大好機會。他甚至還假想過李文看到他的時候，應該要感動到在他面前痛哭流涕，覺得自己終於解脫了才對。不過，呃，再怎麼說李文還是個稽查官，掉眼淚應該還不至於。

「聽著，我想可能是我講得不夠清楚。」他咬牙切齒的說：「我可是千里迢迢的跑來這個鬼地方，混進這個全太陽系最糟糕的監獄裡特地來救你出去！如果你想跟我一起走，很好，如果不想，你就是天字第一號大白癡。」

李文的其中一個跟班抬起手：「老大，我完全搞不清楚現在什麼狀況，但如果這個傢伙是來帶你逃出海衛二的，天哪，你就去吧！機會不等人的啊！」

李文轉過頭去看著他：「事情沒那麼簡單。我還有誓言要遵守，不只是對你們，還有另一個人。我不能違背我的誓言。」

「老大。」另一個跟班也加進來：「我就不客氣的說了。我活了大把年紀，海衛二是我蹲過的第四個苦窯，也會是我嗝屁的地方。在我悲慘的人生歲月裡，只碰過幾個真正乾淨的人，真正的好人，你就是其中之一，像你這麼正派的傢伙全宇宙再也找不出幾個來了。我只認識你兩個月，但這短短兩個月裡，你給過我的，比我這輩子認識的所有人加起來，甚至包含我老娘都還要多。所以，假如這個混蛋想幫你逃獄，管他什麼誓言不誓言的，你就接受吧。逃得他媽越遠越好，老大！」旁邊其他幾個隊長也不住點頭。

當這些人得知李文不光只是個前時旅特工，還是第九順位的稽查官的時候，他們都嚇了一跳，但並不是真的很意外，直說他們早就知道李文這個人不簡單。詹姆斯不得不佩服他，才來這裡幾個月，就讓一堆人把他當救世主看待。

「你應該聽他們的。」詹姆斯說：「老實說，我簡直不敢相信我們竟然在討論這件事。你是太空官能症發作了還是怎樣？」

李文回嘴：「因為我選擇來到海衛二，為我犯下的罪行贖罪，我必須貫徹始終。諾言和誠信是我如今僅有的東西，要是連這兩樣都捨棄，我等於什麼都沒有了。」

詹姆斯聽得目瞪口呆，從下顎到拳頭之間的每條肌肉都緊繃起來，用盡全身的力氣阻止自己揮拳往牆壁搥去。「接下來我打算這麼做。」他說：「我會離開這間牢房五分鐘，讓你跟你的同伴去把你們要做的事情收個尾，五分鐘後我就會回來，直接在你後面的牆上打個洞，然後我們就得走人。」

詹姆斯沒等他回答，就大踏步走出牢房，繞過轉角來到走道上，用力的深吸一口氣。說服一個正在全太陽系最糟的糞坑裡服無期徒刑的前稽查官，應該是整個任務最輕鬆的部分才對。這傢伙簡直都該用他的名字給自己第一胎小孩取名了。當然，事情從來不會那麼簡單，先不論他闖進監獄這個過程本身，現在整個任務眼看著就要泡湯，只因為這傢伙竟然真的「想要」留在監獄裡——

他焦躁的咕噥了一聲。就是這個不知感恩的傢伙害他不能回去伊莉絲和莎夏身邊。當初還是伊莉絲哄他哄了半天，好不容易勸到他願意離開她身邊，加上他十歲的妹妹叫他不要那麼頑固，催促著他趕緊出發，他才飛過大半個太陽系來到這裡。現在唯一還在拖著他的腳步，害他不能回去和他人生中最重要的兩個人團聚的，就只剩下這個大混蛋。

「我還不如直接綁架他，強迫他重獲自由。」不，詹姆斯知道那樣行不通。像李文這種傢伙什麼都要講原則，要是強迫他去做什麼事，他可能寧願去死。這個的話他倒是可以安排。不，不行，艾爾弗雷族需要他，伊莉絲也需要他。他得設法說服李文自願跟他走，這是唯一的辦法。

詹姆斯把臉埋進掌心裡：「見鬼的黑洞。我需要喝一杯。」

牢房裡那些傢伙正壓低了嗓子熱烈討論著，搞不好是在盤算著要搶走他的腕帶，或是叫他滾蛋。唔，如果他們打的是這兩個主意，祝他們好運。

「時間到。」他走回牢房裡說：「你們打算怎麼辦？」

李文完全沒有已經打包好要走人的樣子。相反的，他還坐在床邊，指了指對面的舖位，看起來甚至比以往都要來得輕鬆：「坐吧，詹姆斯。其他的人，請你們到外面稍等一下。」

當那十一個人從他面前魚貫走出牢房時，他的目光從頭到尾都沒離開過李文身上。最後終於只剩他們兩個人，李文又指了那張空鋪位一次。

「我站著就好。」詹姆斯說：「沒打算待那麼久。」

「你來這個監獄殖民地多久了？」李文問。

「久到足以讓我知道這地方有一半都歸你管。有兩把刷子，我得說，但也沒什麼好意外的就是。」

「你知道我離開之後會發生什麼事，對吧？我的男孩們會被人當成肥羊宰。」

詹姆斯聳聳肩：「所以呢？這是座監獄，天天都有人被宰。」

「我給過他們承諾。我不能就這樣丟下他們不管。」

他的前任上司接下來想說什麼，詹姆斯有不好的預感。「聽著，我們沒有時間搞這個。我可不打算留下來幫你這場監獄大戰助陣，更別提這樣會把場面鬧得多大。幾天之內亞馬遜就會派軍隊來抓我，而且在那之外——」

李文搖搖頭：「我不是要你幫我打這場仗，我要你幫我從源頭掐斷它，預防它真的發生。你幫我做到這件事，我就能守住我的承諾，拯救這些可憐人。」

「你什麼時候在乎起這些罪犯來了？你可是李文耶，第九順位的高級稽查官，鐵錚錚的硬漢。」

「是前任高級稽查官，我在乎他們，因為我現在也是他們的一份子。還有我從不違背承諾。」

「我可不是在跟你談條件。我們……」忽然間，詹姆斯彷彿能聽到伊莉絲、葛瑞絲、法蘭薇長老和一堆有的沒的聲音從腦海裡冒出來斥責他。心懷怨氣可是做不成好餌的。好好聽一下李文到底想幹嘛，配合一下他的需求，又不會少塊肉。於是他吐了口氣，妥協了：「你想怎麼辦？」

「我想帶另一個人跟我們一起走。」

詹姆斯不情願的點點頭：「這會讓情況變複雜，但我可以安排。去跟那個走狗運的傢伙說他抽中離開地獄的特等票了，我們馬上離開這裡。」

「他不在這個分區裡。」

詹姆斯一頭霧水：「第三分區不就是大眾幫的地盤嗎？」

「是。」李文站起身，示意詹姆斯跟上。詹姆斯打開空氣遮罩，把自己和李文包在裡面，沿著黑暗的走道往連接所有分區的通道中樞走去。李文的手下全都在走道裡等著，以審慎的目光緊盯著詹姆斯。李文要他們回去他的牢房休息，在那裡待到早上，然後便繼續和詹姆斯走到通道中樞的大門前。他透過狹小的窗口指著通道中樞對面另一扇大門。「我們要找的人在那裡。」

詹姆斯從ＡＩ腕帶裡叫出監獄的概略圖，皺起眉頭說：「我的資料顯示那是第八分區，尖端幫的地盤。」

李文看著詹姆斯，嘴角牽起一絲笑意：「沒錯。如果你要我跟你走，就得連尖端幫的老大一起帶走。」

李文絕對是在整他。

「別鬧了，你在開玩笑吧，是吧？」他問：「你絕不會想要那傢伙幫你盯著背後。」

「就像你說的，對一個罪犯來說，有什麼比逃出海衛一更值得？」

這完全打亂了詹姆斯的計畫。帶個忠心的部下一起走是一回事，至少李文控制得了他，如果帶的是個全然的陌生人，那問題可就大了。這人搞不好會從背後捅他們一刀，或是背叛他們向獄方尋求赦免。

他搖了搖頭：「太冒險了。回地球的航程很長，那傢伙大可以趁我們睡著的時候暗算我們。」

「這點交給我操心就好。」李文說：「條件就是這樣。帶他們的老大一起走，我就乖乖跟你合作。」

如果眼前是其他任何人，詹姆斯一定會拒絕。然而，無論他再怎麼痛恨李文那副義無反顧的脾氣，他知道這個男人一定會說到做到。於是他點點頭：「好吧。」

「很好。我們的逃脫計畫是什麼？」

詹姆斯聳肩說：「啊，對，關於這個，我們得想個替代方案。我當初沒預料到要帶三個人走。」

他原本的計畫與其說是計畫，基本上就只是在殖民地外牆炸個大洞，兩個人直接飛出外太空，飛到鄰近的古柏行星帶，在那裡登上科學怪人號。但是他的腕帶能量不夠帶三個人飛那麼遠的距離，沒有一點外力幫助是不可能的。也許他們可以設法登上哪艘星艦，多少可以幫他們省點路。

「等所有人都到齊之後再討論。」李文說：「打開大門，我們去會會尖端幫。」

李文竟然又開始指使他做這做那的，讓詹姆斯很火大。他向來就看李文那副權威架子不順眼，就算還是他下屬的時候也一樣。現在他可是來救他出去的人，更沒道理忍受這種鳥氣。往後他們如果還想在同個空間裡和平共處，得先把話攤開來講清楚才行。不過，他還是暫且照他說的做，把大門打開。

他重新套用銳刺的易容模組，以免在大廳裡撞見其他獄卒。他們兩個沉默的走在黑暗中，行經無數個寂靜的房間，用詹姆斯的遙控腕帶通過一道又一道的大門，在這座佔地廣闊而雜亂無序的設施裡穿行。他們經過裝配車間、天然氣處理廠來到合作社，花了二十分鐘走過蜿蜒曲折的通道、十幾座陡峭的樓梯，終於抵達遠在三號殖民地另一頭的第八分區。這個分區位在殖民地的最低樓層，因為原有的空間越來越擁擠，獄方把這層結構改建為牢房區，同時這裡也是離殖民地其他部分最遠的分區，提供給住在這裡的囚犯最多隱私。

「簡直就像是從一座陡峭的山頂一路往下爬。」詹姆斯說：「在礦坑裡待了一整天還要走這段路回去，肯定是趟地獄之旅。為什麼會有人想住在這麼偏遠的地方？」

「第八分區本來是一間庫房，暖氣生產器就在旁邊。所以就算暖器關掉的時候，這個分區的走道和牢房還是能維持一定程度的溫暖。」

終於，他們來到了那扇位在大斜坡尾端的雙開大門前。詹姆斯再次啟動遙控腕帶，大門向外打開，發出了刺耳的鐵鍊碰撞聲。他們才剛踏進分區，眼前的景象就讓他們猝然停住腳步。所有的囚犯都聚集在分區的共用空間，清醒的等著迎接他們到來。

詹姆斯往後退了一步。他們為什麼全都從牢房裡跑出來？如果打起來，他們兩個分別就要對付兩百個人，就算他有腕帶，這絕對也會是場苦戰。

「站到我後面。」他對李文說。

「這是第二個原因。」李文說：「這裡沒有牢房，只有一間獨立的大房間。尖端幫的協調性之所以比其他幫派都要高，就是因為他們不像我們其他人那樣被分隔開來。」

尖端幫最前面那排人開始往大門這邊逼近，有些人拿著鐵棍，有些人還在打哈欠，試著搞清楚這突如其來的騷動是怎麼回事。接著他們注意到李文就站在詹姆斯身後，立刻提高警戒。在幾聲警示的呼叫過後，整個房間裡的人像不斷收緊的絞索那樣往他們聚攏過來，彷彿視詹姆斯身上的制服如無物。也有可能就因為他穿著這套制服。總之，這群人看起來是越來越險惡了。

「退後！」詹姆斯斥喝，把李文推往外頭的走道。

第一個尖端幫成員已經逼近到手臂可及的距離內。詹姆斯往他肚子猛踹一腳，踹得他往後連滾帶翻的撞上另外三個人。另一個人從他視線死角攻過來，他有點狼狽的閃過去，反身肘擊他的喉嚨。接著又是一個人朝他欺近，這次李文出手了，他矮身抓住對方的膝蓋，由下往上把他翻倒拋出去，撞倒了旁邊一群幫眾。然而這只更激怒了這群人，逼上前來的勢頭也更兇猛。

「停手！」一個聲音忽然響起，蓋過了一屋子暴徒的咆哮。

在這同時，原本雜亂的人群紛紛往旁邊退開，讓出一條通往房間中央的路來。詹姆斯趁機評估了一下尖端幫，發現他們受過相當精良的訓練，很有紀律，就像一支正規軍隊，而且每個都比他剛剛在李文房間看到的那幾個人要魁梧。看樣子，如果這場幫派戰爭真的爆發，大眾幫是必輸無疑。

「三三九，你來這裡幹什麼？」一道暗沉的身影從人群中浮現：「特地來找死的嗎？還是你？銳刺？是不是想從尖端幫這裡撈點什麼好處，才把他送來這裡？」

他最好盡可能在尖端幫和李文之間拉出空間來，越大越好，要是讓李文落到他們手上，天曉得他來不來得及在他們把他大卸八塊之前搶回來。他往前踏了一步：「亞馬遜公司的命令。不准你們動他一根寒毛。去跟你們老大說，叫他養的這群狗退下，否則可有你們苦頭吃的。我們有話要跟八八一談。」

那道身影來到詹姆斯面前，露出了困惑的表情：「你他媽的是出了什麼毛病，銳刺？你不認得我了？在我的分區，沒人可以對尖端幫發號施令，連獄卒也不例外。」

該死，這個人就是八八一，從其他人對他畢恭畢敬的態度他早該看出來的。但不管了，他沒時間繞圈子了。

「我們需要談談。」

「我們沒什麼好談的。」

「有，我們有，寇爾。」李文一邊說，往前跨到詹姆斯旁邊：「也該是解決我們分歧的時候了，外甥。」

這個全新的揭露立刻引起尖端幫一陣譁然。詹姆斯驚訝的看著他，他提出的這個不尋常的要求頓時變得再合理不過。詹姆斯還記得寇爾，一個表現不怎麼突出的四級時旅特工，他逃亡到過去這件事，當時在同儕之間是很大的醜聞，而身為稽查官的李文，因為和他有血緣關係也難辭其咎，因此他本人親自出馬，親手將自己的外甥逮捕歸案。

聽到自己真正的名字，寇爾整個人忽然抓狂，直往他的舅舅這邊撲來。到這個時候，詹姆斯已經受夠了，他啟動超動能，一把揪住寇爾的襯衫，把他整個人舉起來，雙腳離地懸在半空中。旁邊的幫眾立刻全部往後散開。

「你找了個有腕帶的人來殺我？」寇爾一邊咆哮，一邊奮力扭動身體。

「為什麼這裡每個罪犯都覺得我是來殺他們的？」詹姆斯忍不住發作。

「這裡是個監獄殖民地，不然你以為還能有什麼好事？」李文說完，來到他的外甥面前，閃過對方踢來的一腳，抬頭看著他：「如果我想殺你，寇爾，我早在幾個月前就動手了。現在你肯談了嗎？」

知道自己的武裝等級遠不及詹姆斯，寇爾點了點頭。詹姆斯鬆開手，隨便把他扔在地上，寇爾重新站穩腳步後惡狠狠瞪著他，詹姆斯只是板著臉不理會他。

「你是誰？」

詹姆斯解除了偽裝影像。

寇爾只是斜瞟他一眼，很快又把注意力放回李文身上。「你沒銳刺那麼醜。你們兩個混蛋到底想怎樣？」

李文看了一眼站在他們四周的尖端幫眾，轉身背對他們：「我們到走道上談。」

「走出去好讓我落單？」寇爾回嘴：「我才不——」

「他有超動能腕帶，寇爾。」李文說：「你真的覺得有差嗎？」

尖端幫的老大輪流看了看他們，看了半天，最後終於心不甘情不願的妥協了。他跟著他們來到樓梯頂端，距離足夠讓尖端幫的人看得到他們老大，但又遠到讓他們聽不到談話內容。

「你們有兩分鐘。」寇爾說，儘可能離詹姆斯遠遠的，好像這麼做就有用似的。

「我要帶李文離開海衛二。」詹姆斯說。

「而我要你跟我一起走。」李文說。

寇爾花了幾秒鐘才消化完這個訊息。他的表情經歷了一連串劇變，從憤怒變為驚訝，驚訝變成領會，然後又從領會變成滿懷希望。然而，就在下個瞬間，他又回復成原本那個憤怒又疑神疑鬼的樣子：「為什麼？如果我跟你們走，他可以拿我換到什麼好處？」

詹姆斯往空中一甩雙臂：「你也來？你們家的人是都有什麼毛病？」

「除了讓我內心重獲平靜，放走你不會讓我換到什麼好處。」李文說：「我只是想彌補你母親，還有你。」

「要不是因為你，我現在也不會在這裡。」寇爾發作起來。

詹姆斯走上前擋在他們兩人中間：「我才不在乎你們愚蠢的家族恩怨。你到底是要不要走，還是你寧願下半輩子都爛在海衛二？」

等著寇爾答覆的時候，李文沉默得奇怪，神情憂鬱，甚至無法和他們兩個眼神交會。詹姆斯看得出來他很痛苦，某種不動聲色的絕望正在折磨他，他從來沒在李文臉上看過這種表情。直到現在他才明白，親手把自己的外甥送進大牢，對李文來說有多麼痛苦。

另一方面，寇爾看上去也正陷入天人交戰。這很可能是他唯一能離開海衛二的機會，然而接受這個機會，等於接受了當初送來他這裡的人的幫助。他已經緊抓著他的驕傲和怒氣太久，即使這麼做會讓他重獲自由，要他向李文讓步還是很困難。

不過，最後還是他的判斷力佔了上風：「好吧，我加入。我們什麼時候走？」

詹姆斯和李文互看一眼。「後天，下一班補給運輸艦來的時候。」詹姆斯說：「我們會需要一點聲東擊西。」

第十七章 全銀河

在艾倫街和堅尼街的交叉口上空，一支小型部落正要越過第五層樓的三線道空橋，前往斜對面的大樓。就在這個時候，伴隨著轟雷般的巨響，另一支規模更大的部落忽然毫無預警的現身，從他們後方發動襲擊，對他們大肆屠戮。小部落完全不是他們的對手，已經在空橋上的人拼命往前跑想逃到對面去，對面的入口卻湧出更多敵人，截斷了他們的去路。

被困在空橋中間的大多都不是戰士，有些人試著反擊，但很快就被對方壓倒性的武力淹沒。隨後發生的事甚至稱不上一場戰鬥，在一陣激烈交火後，空橋上那支部落的人數急遽減少，即使他們大部分的人都已經丟掉武器舉雙手投降，對方還是繼續毫不留情的攻擊他們。在迷霧之島，投降並不是個可行的選項。緊接著，一連串低級燃燒彈引發的爆炸在空橋中央炸開來，把橋上的男女老少炸得飛到半空中，許多人就這樣被拋出空橋摔死在地上。

不過幾秒鐘時間，這場襲擊就結束了。幾十具屍體散落在整座空橋上，這場戰鬥的勝利者則在屍體之間穿梭，從他們身上搜刮戰利品。任何有價值的東西，科技工具、食物，甚至生還者，全都被這支大部落瓜分殆盡。有些人為了爭裝備和奴隸激烈爭執起來，還得有人把他們拉開。有兩個男人為一把高科技的線膛槍大打出手，還有兩個女人為了爭奪一個年輕男奴隸而吵起來。

「長老，我們必須馬上離開。他們離我們太近了。」艾瑞亞歐把伊莉絲從窗口邊拉開。底下發生的這場大屠殺看得她整個人凍結在原地，要不是她胃裡已經什麼都沒有，她一定會當場吐出來。

她回過頭來，看著聚攏在她身後、身體蹲低緊貼著地板的艾爾弗雷人隊伍，不禁緊張得心臟狂跳，這次攻擊離他們的部落本體真的太近了。這幾天以來一直在跟蹤他們的就是那個大部落，他們自稱為加茲族，是一群蠻橫的掠奪者，專門獵捕弱者的兇殘食人族，根本無法和他們談判溝通。

像剛才那種小規模的混戰，在這座島的低樓層地區經常發生，而且彷彿永無止盡。他們會為了爭奪戰利品和樓層而激烈交戰，幾百個小部落不斷互相侵吞，其中的勝出者會逐漸壯大起來，壯大到一定程度後便會往上佔領更高的樓層，那裡有更多陽光可以耕種，和其他大樓相連的空橋和通道也更少，更易於防守。

逃亡了這麼多天，在每個地方頂多都只能停留幾個小時，族人們已經精疲力竭了。她當初的決定是要避免和其他部落發生衝突，事實證明他們為此付出了相當的代價。他們找不到適合的棲身處，只能在這片地區不斷到處遷移，成了一群居無定所的流浪者。低樓層區有一些條件不錯的樓層，也有一些不受淹水侵擾又易於防守的樓層，但早就被其他部落佔領下來，而且他們對自己的領地保衛意識極強，完全沒有想和任何人共享的意思。

部落裡有許多前輩開始質疑她的決定，為什麼不直接武力佔領他們需要的樓層，雖然沒人敢真的違抗法蘭薇和艾瑞亞歐。到目前為止，他們兩個都還支持伊莉絲的決定，但是戰鬥指揮官的耐性也已經快要磨到見底了。伊莉絲叫出曼哈頓地區的舊地圖，查看他們目前所在的位置。這份地圖是二二三三年的，很多建築物已經長得不一樣了，但有總比沒有好。她偷偷從窗口往外看，望向街區下行的大樓群，那是附近最大的幾棟大樓，她特別注意到其中一棟，有十幾座空橋以它為中心向外連接。

「我們再往上走兩層樓，橫越西邊這條街道之後。」她用手指在地圖上畫出路線：「再從那裡往下走四層樓，接著就一路往北走到這個摩天大樓群。」

她把地圖交給艾瑞亞歐，讓他研究她剛剛規劃的路線：「西邊是條三線道，至少有一百五十公尺長。我們的人數太多，走這段路會讓我們的行蹤暴露太久。妳也看到剛才那群可憐蟲是什麼下場了。他們到底在想什麼，為什麼會挑在這個時間從那麼接近地面的樓層橫越街道？我們應該先從這裡繼續往北走，等到天色暗下來之後，再從比較窄的路段切過去。」

伊莉絲皺眉說：「我本來是希望到商業區去。那裡的大樓比較高，樓層面積也寬，在那裡可能會有品質更好的棲身地。」

艾瑞亞歐滿臉疑慮：「建築物越大越搶手。我們在那裡可能會碰上武裝更完備、更強大的部落，更北邊那些大樓比較保險，那裡的部落規模比較小，可能會願意跟我們談判，至少不會阻擋我們通過他們的地盤。」他把地圖交還給她：「無論如何，如果我們要強行通過，碰上實力弱的部落總比實力強的好。」

「好吧，那我們就往北。」伊莉絲不情願的說。

於是族人們開始打包準備動身，守衛們和往常一樣，在整個旅隊最前端和最尾端就防禦位置。她看著寇魯群從她面前經過，特別留心那頭緊靠在媽媽身上的幼崽。可憐的小東西，到現在都還沒吃過一口牧草，他們爬樓梯的時候還得抱著牠。一想到這個廢墟般的世界，這種不斷掙扎求生的日子，就是牠從出生以來唯一所知的生活，就讓伊莉絲感到悲傷。

艾爾弗雷族繼續往北走，沿途上上下下的爬過好幾個樓層，終於抵達一座連接到另一棟大樓的空橋。通常在這樣的旅途中，他們要不是得穿越茂密的野生叢林，就是會碰到保衛領地的其他部落。這些部落大多寧可避免無謂的戰鬥，任由他們通過，但其中有些部落會向他們收取過路費。

這就是伊莉絲劃清底線的時候了。通常碰上這種情況，她都有辦法說服這些部落，讓他們放棄這種勒索行為。如果他們不聽，她就會展示出裝著先進武器的箱子威嚇他們。通常用光彈腕帶或強化線膛槍對空射個一兩發，向對方暗示說他們還有一大堆這種武器，就足以讓他們順利通過。

到了薄暮時分，他們終於抵達位於百老匯街和第十九街交叉口的全銀河大廈。伊莉絲還在二〇九七年的時候聽說過這個地方，在她那個時代，世界上大部分國家和彼此較勁的方式，不是通過運動賽事，就是建造這種異國風情的大廈。全銀河大廈就是民主聯盟加入競賽的入場作，她看過提案階段的實體模型和全息投影，詹姆斯帶著她跳進現時世界的時候，他們才剛打好地基沒多久。

如今，站在通往大廈的空橋入口，她必須承認，雖然廢棄了這麼多年，外觀也早已破敗不堪，它看上去還是壯觀得令人驚嘆。它並不是以高取勝，全銀河大廈並不特別高，但是它的體積很龐大，非常雄偉，地基極為遼闊，足足佔去了好幾個街區。根據地圖顯示，這座建築的全寬從第五大道延伸到公園大道，全長則從第十九街延伸到第二十二街。

她的視線一路往上看，目瞪口呆的看著這棟大廈彷彿沒有盡頭的往上直沒入濃霧裡。雖然它絕對不是全曼哈頓最高的建築，但也還是不能算矮，它畢竟還是有一百多層樓高。更叫她驚訝的是，它外牆的玻璃帷幕幾乎都還是完整的，這表示住在裡面的人不但可以利用照射進來的陽光耕種，同時還能把惡劣的氣候擋在帷幕外。伊莉絲忽然對這幢巨廈裡的居民感到又羨又妒，這幾個星期以來，艾爾弗雷族只能在滿是瘡孔的樓房裡忍受強風和大雨的侵襲，光是想到能有一片完整的牆，都讓她感到振奮不已。

她又忍不住盯著大廈看了好久，直到她發現族人們的隊伍不知為何在長長的空橋上停了下來，才把目光移開。他們離大廈還有四分之一的距離，她連忙小跑步過去，正好看到艾瑞亞歐在重新組織隊伍前端的守衛。「發生什麼事了？」她跑到隊伍前端時問。

艾瑞亞歐指了指大廈的入口，乍看之下，擋住他們去路的似乎是一座垃圾堆成的小山。但她靠近一點仔細觀察，發現那是被人刻意堆成的路障，延伸到空橋左右兩端，把入口完全堵死了。路障頂端有座臨時牆垛，一排全副武裝的人守在牆垛後，已經擺好架勢準備擊退他們。依她目測判斷，他們的武器並不先進，但看起來他們保衛陣地的意志十分堅定，這就有可能造成問題了，而且如果艾爾弗雷族要進攻，當前的位置對他們很不利，空橋上沒有遮蔽，他們會完全暴露在對方射擊範圍內。

艾瑞亞歐指著路障的一部分說：「長老，這座路障的材料絕大部份都是水泥和金屬，拆除起來會很不容易。」

「看起來這座路障已經設置在這裡很久了。」她也指了指那扇裝在路障中間的雙開鐵門，門上全都是鏽蝕。

「我們要回頭嗎？」

伊莉絲端詳了一下站在路障頂端的那排人。他們有男有女，有年輕人，也有老人，有些人狀態良好，配備的武器也很齊全，有些人則還帶著傷，手裡只有長矛，但看起來全都神色堅決，顯然絕不打算讓艾爾弗雷族通過。也許他們真的該回頭。

她回頭看了看空橋另一端，他們剛走出來的那棟大樓。走回頭路還是解決不了他們的問題，那裡什麼都沒有。但是這裡有，如果他們想找到一個可以安頓下來的地方，這棟大廈就是他們最大的機會。她的族人已經累到了極限，有些人幾乎只是在行屍走肉，這種流亡的日子不能再繼續下去了。伊莉絲不禁咬緊牙關。是她害他們落到如今這種處境的，她必須讓他們從中解脫。

於是伊莉絲邁步往路障走去，艾瑞亞歐又想把她拉回來，她扭動肩膀甩掉他的手。在這同時，路障上那幾十支武器全都舉起來瞄準她，她的心臟簡直要從胸腔跳出來。「我們並不是要侵犯你們。我希望和你們的領袖，你們的族長談話。」她用清晰而緩慢的語調朗聲說。她一步步往前走，每踏一步就吸一次氣，然後又吐氣，吸氣，吐氣，覺得下個瞬間就會聽到一聲巨響，被一顆子彈或其他的什麼打穿肚子。

牆垛後的那些人開始和彼此討論起來。她的目光落到其中一個年輕男子身上，他從槍套裡取出一把線膛槍，舉起槍口對準她。接著她注意到落在她臉上和胸口上的紅色小光點。看來這些人還是有些先進武器的。但她還是繼續一步接著一步往前走。

「這裡是熨斗族的領地。」一個女人的聲音傳下來：「誰都不准進入。繞路走。」

「拜託你們。」伊莉絲甚至不想掩飾自己聲音裡的絕望了：「我們願意拿東西和你們交換，請讓我們進入你們的大樓尋求庇護。」

「熨斗族以前也中過類似的詭計。」那聲音回答：「我們不會再犯同樣的錯誤。」

「我們不能走原路回去，有人在追我們。」

「如果讓你們通過，也會把他們引進來。」

「求你們了。」伊莉絲又往前踏一步。

就在這時，一記子彈擊中她腳邊的地面，激起塵土飛揚，嚇了她一跳。她連忙高舉雙手，袖子滑落到肩膀，讓她的手臂暴露了出來。看到她極力想要忍住眼淚的樣子，上面那些人顯得既驚訝又不安。如果讓這個部落看到艾爾弗雷族的領袖恐慌的樣子，他們又會怎樣看待她的族人？她終究得讓自己成為一個真正像樣的領袖。

「離開。」那女人的聲音又重覆。伊莉絲腳前的塵土又是一陣飛揚。

伊莉絲往後退一步：「至少讓我們好好談幾句？」

「不行。下一次就瞄準心臟了。」

伊莉絲只能乖乖聽話，轉身往回走，往自己的族人身邊走去。她還在猶豫他們該不該強行攻進路障。場面會很慘烈，但說真的，他們還有別的選擇嗎？現在這樣的日子他們又能撐多久？

「等一下。」一個新的聲音從路障後方傳來。這次是個男人的聲音，比較蒼老，也比較薄弱。

雖然是透過通訊腕帶的萬語翻譯器聽到這幾個字，伊莉絲忽然意識到，這個人說的不是荒地部落的共通語言，而是太陽系英語。不管說話的人是誰，他以前一定待過外面的世界。

對方說完那句話，又陷入了一陣長長的停頓。她回過身來，雙手高舉過頭在原地等著，強迫自己抬頭挺胸，堅定的直視前方，不要回頭看她身後二十公尺外的族人們。如果上面那些人想殺她，她的族人也阻止不了他們。終於，彷彿過了一個世紀那麼久，伊莉絲甚至都開始覺得有點無聊的時候，路障中間的鐵門打開了，露出門後面一片黑壓壓的房間。

「妳可以進來了。只有妳一個。」

伊莉絲往前踏了一步，兩條腿軟得都快站不直了。她回頭看了艾爾弗雷族一眼，艾瑞亞歐和芮瑪都拼了命的猛搖頭，打手勢要她回來。她又試著往前踏一步，卻發現自己的腿像是扎在地面上一樣，抬都抬不起來。

一個中年婦人從路障後面走了出來，來到伊莉絲面前停下來，猶豫了一下，姿態優雅的向她鞠了個躬，幾乎稱得上是一個屈膝禮了。伊莉絲試著用同樣的方式回禮，卻只能笨拙的模仿她的動作。

「我叫哈蕾，是導師的妹妹。」那婦人說：「我會代替妳站在這裡，直到妳出來為止。」

伊莉絲看了看自己和路障的距離，然後又回頭看看自己的族人，明顯要遠得多。這實在算不上是公平的交換，然而，這個小小的善意表現已經超出了她的預期，至少讓她膽子壯了一點。

「謝謝妳。」她說。

她跨進那道雙開鐵門，強迫自己不要再回頭看，直直走進路障後的一片黑暗中。她才一踏進去，幾十支武器立刻從四面八方包圍過來，好幾道雷射光束瞄準著她。人群形成的暗影跳舞似的圍在她四周，簇擁著她往前行進。他們押送著她來到一間開放式大廳，斜穿過整棟大樓往對角走去。這間大廳極為寬闊，天花板足足有三層樓高，以前應該是一間待客大廳或是倉庫，看起來也很像是比她的時代更早以前那種老式火車站大廳。大理石牆面到處爬滿了裂縫，牆上以等間距插著火把，火光連綴成的框線剛好提供給她空間透視，更讓她感受到這棟大樓究竟有多大。

一個手持線膛槍的女人踏進其中一支火把的火光下，指著旁邊的一扇門：「進去。」

那就是剛才在路障上和她說話的女人。她的左肩和手臂用破布緊緊包紮著，全身上下也都是紅色的灼傷痕跡。伊莉絲看了看她，又看了看周圍其他人，他們身上都帶著類似的傷勢。他們很可能最近才經歷過一場苦戰，難怪會對陌生人那麼戒備。

伊莉絲走進那間小房間，看到兩張扶手椅，椅子前方有個火堆燒得正旺。左手邊那張椅子坐著一個老人，他的皮膚滿佈皺紋，留著長長的灰髮和灰鬍子，正直勾勾的盯著她看。他朝旁邊那張椅子打個手勢：「坐吧。我是熨斗族的導師克羅。妳現在站的地方是我家。妳請坐。」

能坐下來歇歇腿讓伊莉絲非常感激，現在她的腿簡直和果凍沒兩樣，而且坐下來也能讓她的顫抖舒緩一點。如果她真的得跟人交涉，從頭到尾在人家面前抖個不停一點幫助也沒有。

「謝謝你願意跟我談話。」她說：「我們要往北方去，我的族人們需要一個可以休息的地方。

你們的大樓看起來既寬敞又牢固，我想請你考慮——」

「我們待會再討論這件事。」克羅打斷她：「妳戴著時旅特工的腕帶。」

伊莉絲抬起手臂：「你知道這些是什麼？」

「我知道。事實上，妳的族人們裝備的武器我也認得很多種。你們為什麼不直接攻進來？」

「我說過我們不想侵犯你們，是真的。」伊莉絲說。

老人點點頭：「妳不是來自這裡的人。妳透過腕帶說我們的語言。」這位導師似乎對外面的世界所知甚多。

她點點頭：「我才剛加入我的部落不久。」

「而他們讓妳領導他們。」

「這說來話長。」

「告訴我，你們還擁有哪些科技設備？」

至少這是個開端。伊莉絲深吸一口氣，開始進行這場談判。

兩個小時之後，伊莉絲從路障中間的大門走出來，回到艾爾弗雷族身邊，雖然疲憊，但也如釋重負。艾瑞亞歐在距離哈蕾幾公尺的地方配置了一排族人，如果情況有變，隨時準備發動攻擊。當哈蕾看到她走出來，原本緊繃的臉頓時放鬆下來。

「花了比我預期還久的時間。」她說。

「妳哥哥問了我很多問題。」

「其實導師並不真的是我哥哥。」哈蕾聳聳肩，露出一絲狡獪的笑容，然後便撤退回去路障後。

「發生了什麼事？」法蘭薇質問她。

「天色已經暗下來，叢林也開始甦醒了。我們得盡快離開這座空橋，找個棲身的地方。」艾瑞亞歐說：「族人們已經準備好，隨時都能動身。我們或許可以佔用這棟大樓北側的一個區塊，就在空橋西南邊。我會先派偵察隊過去，找個安全的位置架設營地。」

「不。」伊莉絲指著入口：「我們要進去。」

「我們得付多少給他們才能通過大樓？」艾瑞亞歐問。

「我們不是要通過這裡。」伊莉絲說：「我幫族人交涉到了食物和兩個上面的樓層。這整棟大樓都是熨斗族的領地。」

「這怎麼可能？」芮瑪說：「他們的部落有那麼多人嗎？」

伊莉絲搖搖頭：「他們是個大部落，稍微比我們大一點，但也沒有那麼多人。他們摧毀了其他所有對外連接的空橋和通道，只守住這層樓，像個堡壘一樣。他們把上面的樓層用來耕種，和我們在波士頓農耕塔那時候一樣的做法。」

「那他們為什麼肯讓我們進去？」艾瑞亞歐問。

伊莉絲指著族人們搬運著的幾個板條箱說：「把十七個醫療用品箱，包含所有治療燒傷的材料搬進去，把東西留在大廳裡。這些已經不屬於我們了。另外還要三十把強化爆擊波線膛槍，連充電器一起給他們。」

「長老。」艾瑞亞歐驚恐的說：「那是很大的一筆代價。」

伊莉絲嘆口氣：「我知道，但我們需要一個可以充分休息的空間。」

法蘭薇點點頭：「那是很大一筆代價，但如果能換來一個安全的避風港，擺脫聯軍和其他荒地野狗的糾纏，就算只是暫時的也值得了。我相信妳和他們的導師談到了一個好條件，讓我們可以長期居留在這裡？」

伊莉絲又嘆氣：「我們可以居留在這裡，對，但不是長期的。我們只被允許在這裡待十天。」

第十八章　暴動

才不過短短的一年內，那個混帳「火星裔」詹姆斯葛里芬就已經搞得李文的人生天翻地覆，兩次，都快變成某種習慣了。不過，他也很難一口咬定說逃獄這件事不會為他的人生帶來起色，他猜這得取決於外頭有什麼在等著他。

他們計畫用一場暴動分散獄卒的注意力，得動用到尖端幫和大眾幫兩派人馬，策畫過程相當耗時，但他們會花這麼多時間，主要是因為雙方必須協商出這場鬥毆的條件限制。到了最後，李文能做的就是確保兩邊都不會使用武器，還有暴動會在他們三個離開之後立刻結束。李文痛恨自己棄大眾幫於不顧。雖然兩個幫派已經承諾休戰，然而，這個承諾大概頂多只能維持到李文和寇爾離開這顆衛星為止。至少他努力過了。

「我不想聽。」當李文親自來向他本人致歉時，四六一搖了搖頭：「我不想再聽到你說什麼你遺棄了大眾幫，或是你沒能遵守諾言。有人給你機會離開這裡，你就要把握機會，換作其他男孩們也一樣，不這麼做的人才是傻瓜。」

「他們都是好人。」李文說：「保護他們的安全。只要你們繼續保持團結，就會沒事的。」

「別操心我們這些戴著腳鐐的人了，自由人。」四六一回答：「外頭還有人覺得你有價值，特地來帶你越獄，你只管去做你該做的。」

「總有一天我一定會回來。」李文說。

四六一歪起嘴角笑起來：「別許下另一個你遵守不了的諾言，老大。」

李文搭住四六一的肩膀：「我們會再見面的，我的朋友。」他帶領的這些人，雖然他不知道他們來到海衛二之前是什麼樣的人，但他知道現在的他們是什麼樣的人。他們都是好人，一群值得他回報和補償的人。他伸出手：「『天衛四裔』李文賈維。」

「抱歉，你說什麼，老大？」

「那是我的名字。我們每個人，每一個人，都不只是一個號碼而已。我想該是時候記住這件事了。」

四六一猶豫了一會：「『地球裔』埃洛巴米。」

「你來自地球？」李文驚訝的說。

埃洛點點頭：「科羅拉多地下殖民地，所以我的皮膚才會像太空裔的那麼白。年紀很小的時候就被逮捕，因為搶劫糧食公司的貨物運輸艦。那時在挨餓。我打了一名警衛，結果不小心誤殺他。我從小就是個大塊頭。」

李文能理解，他確信這裡許多人的故事也都大同小異。時局太艱困，即使是那些還沒犯罪的人也都在絕望中掙扎求生。說來奇怪，他來到海衛二之前從來不曾這樣想過。監獄殖民地確實改造了他，但完全不是他們以為的那種改造。

暴動在晚餐時間過後爆發。從一個眨眼，一個點頭，還有四六一往某個尖端幫隊長揍過去卻刻意打偏的右鉤拳拉開序幕。兩個幫派早已累積了不少怨氣，那股蠢蠢欲動的張力隨即被引燃，把這場預先設計好的大戲變成了貨真價實的鬥毆。

李文看著這場混亂鋪展開來，看著他的好幾個幫眾負傷流血，看著暴力像野火一樣在一個又一個囚犯之間不斷延燒。很快的，整個合作社就成了一片戰場。詹姆斯套著銳刺的易容影像，假裝想要平息這場暴動。他演得相當不錯，充分利用那個大塊頭的手臂，把扭打的囚犯拉開來用力摜到地上。緊接著，寇爾從餐桌上一躍而起飛撲到他身上，更多尖端幫的人也紛紛照做，把詹姆斯整個人埋在人體堆成的小山下。

這個舉動很快就會引來其他獄卒。通常囚犯之間爆發鬥毆的時候，獄卒們都樂於袖手旁觀，如果情況開始失控，他們只會直接把房間裡的空氣抽掉，讓鬧事的囚犯昏過去。然而，假如他們當中有人陷入麻煩，其他獄卒就會立刻全副武裝的趕下來。

詹姆斯置身在這團混戰的中心，開始表演起他所謂陷入大麻煩的戲碼來。他扯開喉嚨大聲嘶吼著呼叫後援，笨拙的左甩右晃，大幅度揮動身體，想要把包圍在他身邊的囚犯甩開。之前他們已經指示過囚犯，鬥毆期間不要真的攻擊詹姆斯，但顯然有人壓根沒拿到那份備忘錄。那些倒楣的傻瓜做得太過火，全都被詹姆斯下重手狠狠修理了一頓，根據李文目測判斷，大部分都是尖端幫的。

從一名稽查官的專業角度來看，如果要給這個前任時旅特工的表現打分數，他會說詹姆斯演得有點太誇張了。詹姆斯把他模仿的這個人演得太過業餘，不像是個老練的獄卒會有的表現，還有他喊叫的音調也狂亂得過頭。但是當囚犯太靠近時，他攻擊的方式又太有效，一個普通的獄卒不會有這種戰鬥技巧，他的動作應該要反映出這點才對。還有，真正的獄卒碰到這種場面的時候，根本喘不過氣來，不可能一邊戰鬥一邊還一直喊得那麼大聲。如果要李文完全實話實說，他對這位一級特工的表現很失望，雖然他怎麼想一點也不重要。再也不重要了。

但詹姆斯終究達成了他的任務。監獄殖民地的獄卒們肯定已經發動警戒，因為幾分鐘之後，合作社兩邊的雙開式大門都被猛地打開，好幾排裝備著防暴護具、成四面盾牌隊形的獄卒衝了進來。

他們步伐一致的推進到囚犯群裡，開始揮舞電擊棍無差別的攻擊那些囚犯。

然而，囚犯們早已準備好迎接他們的到來。當大門一打開，獄卒們衝進大廳裡的那一瞬間，所有的囚犯立刻停止和彼此的鬥毆，全都轉過來對付他們。獄卒們完全沒料到會受到這麼協調一致的攻擊，很快就從大門被逼退到大廳牆邊。其他一些囚犯則從安全門衝了出去，跑到走道尾端那道上鎖的雙開門前，開始徒勞無功的搥打門板。

就在這時候，仍然套著易容影像的詹姆斯來到李文身邊。他們朝寇爾打個暗示，接著三個人便悄悄從囚犯群裡推擠出去，來到走道尾端那扇門前。「退後。」李文把擠在門邊的人拉開，讓出一小片空間，然後朝詹姆斯點點頭。詹姆斯靠過來，把兩隻手放在門上，超動能黃光在他的手掌下一瞬爆閃，門板頓時被往外轟開，接著他把門板從門框扯下來飛射過去，打中走道另一頭的一群獄卒。暴動的人群開始從合作社湧出來，詹姆斯朝李文和寇爾打手勢，三人便脫離人群，轉進一條分支走道，沿著維修用樓梯間往上爬。

「你知道我們要去哪嗎？」寇爾問。

詹姆斯指指自己的腦袋：「來的第一天就把地圖記下來了，走吧。我們得在亞馬遜的保安部隊抵達之前劫持到一艘運輸艦。」

寇爾停住腳步：「那根本是自殺。開著運輸艦是能逃多遠？他們會直接在太空中把我們炸爛。」

「閉嘴繼續走就對了。」詹姆斯吼他，趕著他們加快腳步。隨著他們越來越接近地表，鬥毆的聲音也越來越微弱。爬了六層樓梯後，他們在機棚門口又遇到四個警衛。詹姆斯一揚手，甩出超動能索把他們四個一口氣掃到牆上，好像他們只是一些擾人的障礙物。「幫我看著。」他說，然後便開始用超動能撬開厚重的機棚門。

寇爾跑向其中一個失去意識的警衛，拿走他的線膛槍，用槍口抵住另一個警衛的額頭。李文連忙撞開他的手臂，發射出去的子彈偏到空中，沒造成任何傷害。

「住手！你在幹什麼？」李文抓著他轉過來，揪住他的襯衫前襟。

寇爾把李文往後推開，舉起線膛槍指著他的胸口，兩人同時靜止在原地。「我應該開槍的。」寇爾壓低了嗓音說：「拿來對付你正好。我是你的血親，你卻把我送進這個人間地獄！」

李文一動也不動的站穩，認命的凝視著他的外甥：「你是真的想要讓一切如此收場？那麼，動手吧。」

「如果我是你，我可不會動手。」詹姆斯開口，仍然專心埋首在搞那扇門：「李文是個混蛋，但如果不是他，你根本不會有離開這裡的機會，小子。」

有那麼一瞬間，寇爾看起來幾乎就要扣下扳機了。然而，最後他只是啐了一口，把槍口轉而指向走道：「這筆帳我們還沒完。」

李文拾起另一把線膛槍，在他旁邊就定位：「我也不覺得這會有了結的一天。再怎麼說，我們畢竟是家人。」

「我沒有家人。」

「你母親不會同意的。」

「打從一開始你就應該把我留在明朝──」

「你們兩個可以閉嘴嗎？」詹姆斯斥喝，轉過來朝他們翻個白眼：「我發誓，你們兩個再吵下去，我就用冬眠腕帶讓你們一路睡死到地球。」這個時候，機棚門在他的超動能扳動下開始嘎嘎響，幾秒鐘之後，終於被撬開到足以讓一個人側身通過的寬度。「快來。」

李文率先滑進機棚門，緊接著是寇爾，詹姆斯殿後。這是一間寬敞的機棚，李文才剛踏進去，一陣彈幕就往艙門猛烈掃射過來，他急忙抓住跟在他後面的寇爾，拽著他的手臂把他拉到地上，匍伏著爬到一堆金屬貨櫃後面。

「遠側壁有超動能。」當詹姆斯通過艙門時，李文朝他大喊。

至少有三個警衛朝他們逼近。有超動能的那個警衛飄浮在空中，全身包裹著綠色的亮光。那是一種特化過的超動能，專門設計來控制人群的。李文以前跟這種超動能對戰過，但他不確定詹姆斯有沒有經驗。

「那種超動能會同時形成大量超動能索。」他大喊。

「不用替我操心。快去把船開動準備逃跑。」詹姆斯說完便飛到空中，擋在那名警衛和運輸艦之間。就在這時，那警衛一口氣放出三十幾條超動能索，盡數攻向詹姆斯，詹姆斯則叫出十來條自己的黃色超動能索，試圖攔截他的攻勢。

李文看了他最後一眼，隨即轉身跑離戰鬥現場，拉著寇爾衝向運輸艦的艙口：「解決掉那些警衛，別讓他們靠近詹姆斯。」

另外三個警衛正往運輸艦這邊衝來，寇爾在艙腹旁截住他們，把他們全都打倒在地。李文則鑽進運輸艦裡，開始設法發動它。這是一艘老舊的勇士型星艦，船齡少說也有三百年。這種星艦構造簡單，速度緩慢，但同時也節能而穩固，基本上就是個裝著小引擎的超大飛行貨櫃。駕駛這口大箱子，他們逃不了多遠的。寇爾之前說的沒錯，他們要是想逃離監獄殖民地，需要的不光是一艘開得動的船而已。他希望詹姆斯有更好的計畫，而不單純只是靠著這玩意逃出去。

李文縱穿過這艘長方形的箱型艦，跑向小小的駕駛座艙。透過三條狹窄的窗縫，他能看到綠色和黃色的超動能光照亮了外面的空間。綠色的超動能索無所不在，充斥在整間機棚裡。他希望詹姆斯擺脫得了對方。一個前時旅特工能照顧好自己，但他過了這麼久的逃犯生活，天曉得他的能耐被消磨掉多少。

李文開始著手研究運輸艦的啟動程序。像這種便宜又耐操的星艦有個優點，就是它們的操作方法都是最基本的。除了相對簡單的導航功能和最低限度的防護罩系統之外，整艘船不外乎就是由推進器、舵和維生系統構成。李文剛進學院的時候，都能自己建造出類似這樣的東西。船艙裡甚至沒有人工重力和中央暖氣系統，只有在駕駛座艙配備了一台電熱器。總的來說，這是艘簡陋到不能更簡陋的載具，然而正因為簡陋才容易發動。不到幾秒鐘，後方的推進器就轟隆隆的甦醒過來。

李文跑回船身的貨艙部位，向寇爾大喊：「趕快進來，關上艙門。」然後又跑回駕駛座艙看著窗外。綠色的超動能索還是沒減少，黃色超動能則已經不見蹤影。李文沒辦法看清楚外面的戰況，但他擔心詹姆斯可能快要輸了。

唔，如果真的是這樣，他也無能為力。假如詹姆斯撐過這場戰鬥，他們就還有機會，但如果他沒成功，他們兩個也死定了。那個操縱綠色超動能的警衛很容易就能抓住運輸艦，阻止他們起飛，就算他們僥倖飛出機棚也跑不了多遠。

李文已經好幾年沒駕駛過飛船，這艘玩意又寬得像座該死的太空基地，反應靈敏度也和一座基地差不多。他讓運輸艦騰空離地，然後操縱它——假如讓它動起來稱得上操縱的話——來到機棚正中央，以慢得折磨人的速度轉過來面向出口，還差點擦撞到另一艘停在機棚裡的船。機身轉過來後，沿著機棚的長邊緩緩移動，往起飛跑道的方向前進。在這整段過程中，綠色超動能索都沒過來抓住運輸艦，把他們拉回地面，顯然詹姆斯還在繼續奮戰。

李文駕駛著運輸艦通過機棚的空氣遮罩，來到出口的起飛跑道上，感覺到時間一秒一秒的在流逝。等到他終於轉完最後一個彎，看到眼前的景象，他的心陡然一沉。通往外面的機棚門是關著的。他檢查控制臺，看有沒有武器可用，卻什麼都沒找到。這艘運輸艦的防護罩強度只剛好足夠抵擋閃燃，根本承受不了船體直接衝撞機棚門的撞擊力。他們被困住了。

就在這時候，一道黃色亮光閃進他的視線範圍，只見詹姆斯直往機棚門衝去。這表示他不僅活過了剛剛那場戰鬥，還成功撂倒了警衛。他朝李文打個手勢，示意他在原地待機，然後便開始著手處理那道門。

李文看著他弄完右側的門板，又往左側的門板飛掠過去，緊張得手心直冒汗。他們花掉太多時間了，機棚裡竟然還沒被一大群要來抓他們的警衛和獄卒塞滿，讓他覺得很驚訝。那場暴動肯定引開了絕大部分的注意力。他在心底再次默默的感謝大眾幫。總有一天，他一定會再回來，完成他對他們許下的諾言。一定會。

好不容易，詹姆斯終於破解了門上的機關鎖，把兩片門板往兩側拉開。等他一跳上船，李文就立刻按下按鈕起飛。經過顛簸的幾分鐘，他們就脫離了海衛二的範圍，往一片黑暗的太空飛去。然而，就在短暫的二十分鐘過後，偵測雷達就開始嗶嗶作響。

「兩架亞馬遜無人機朝我們飛來，再十分鐘就會截住我們。」李文說。

寇爾傾身越過控制臺，驚慌的望向詹姆斯：「你接下來的計劃是什麼，特工？」

詹姆斯嘟囔著說：「等它們更靠近再說。希望這口箱子把我們載遠一點，至少開到我的超動能能量值夠用的距離。我們離古柏帶還有多遠？」

「我們到那裡之前，無人機就會先追上我們。」李文說。

「我們不需要開到那裡。切換成自動航行，設定運輸艦往反方向走。」詹姆斯示意他們跟上來：「走吧。」接著他打開空氣腕帶，把寇爾和李文都罩在裡面，然後抓著他們兩個從艙門跳出去，飄浮在太空中，看著運輸艦繼續以悠閒的速度漸行漸遠。詹姆斯拉著他們兩個貼近自己身體，往古柏帶的方向飛射而去。

「靠近一點，然後保持安靜。」他下令：「我要把指數調低，等那兩架無人機過去。攻擊型無人機的感應器沒那麼靈敏，應該偵測不到我們，但還是要以防萬一。」

他才剛把空氣遮罩的指數調低，來自太空的冰冷立刻往他們三個身上席捲而來。詹姆斯把空氣遮罩降到最低，只保持在足以讓他們存活的限度，他們必須緊貼著彼此的身體取暖，呼吸也越來越吃力。等到詹姆斯終於再度調高指數時，李文的意識已經開始模糊了。

「然後呢？」寇爾咕噥著：「我們就要像這樣被困在海王星的邊緣，連艘船也沒有？天殺的黑洞，現在要怎麼辦？」

詹姆斯冷冷看他一眼：「我可是個一級特工，小子，我永遠不缺計畫。」

第十九章　醫生

詹姆斯恨不得能把自己講過的話吞回去。科學怪人號花了比他預估更多的時間才在古柏帶找到他們。等他終於看到它搖擺不定的朝他們的方向開過來時，他的腕帶指數只剩下百分之八。他都開始懷疑他們到底撐不撐得過去了。他一看到黑暗中閃爍的推進器亮光，臉上頓時煥發出希望的光采，用手肘輕推一下身旁的李文，指著那個越來越靠近而逐漸擴大的船影要他看。

終於，科學怪人號來到他們的視野範圍內，詹姆斯簡直高興得要當場歡呼出來，可是他的喉嚨太乾，只能發出微弱的吱吱聲。他們這個越獄三人組已經在太空中飄浮了整整兩天，苦等著葛瑞絲來接他們。為了保存能量，詹姆斯把所有腕帶都關掉，只留下通訊腕帶和空氣腕帶，但即使如此，他還是只能把這兩條腕帶保持在最低耗能狀態。也就是說，他們三個必須忍受好幾個小時持續不斷的呼吸困難、足以把人屁股都凍掉的寒冷，加上沒有東西吃，還得忍受嚴重的飢餓。關於這點，詹姆斯倒是得負全責，竟然連他自己都沒想到要帶食物。幸好李文有先見之明，帶了一壺水在身上，那就是他們這兩天唯一攝取過的東西。

不消說，他們的脾氣當然不會好到哪裡去。

寇爾瞇起眼睛：「那是一艘飛梭，還是一大塊剛飛過垃圾堆的磁隕石？」

「那是要來載你回家的船，小渾球。」詹姆斯忍不住發作，忽然對科學怪人號產生了某種保護慾。對他來說，只有建造它的人才可以取笑它。他檢查一下腕帶指數，應該夠他們撐到它開過來，希望可以，前提是葛瑞絲有辦法準確開到他們的所在位置。他看著科學怪人號繞了個幅度太大的彎閃過一顆小行星，又驚險萬分的及時煞停，才沒迎面撞上另一顆，接著船身的方向緩緩轉過來，朝他們這邊加速前進。

過了好一會兒，科學怪人號終於抵達他們的位置，靠近的時候差點撞上他們，詹姆斯還得拉著另外兩個人從它的路徑閃開才沒被撞扁。等他們從艙門鑽進去的時候，他剩下的能量只夠再撐三十分鐘，如果他把那個廢物寇爾踢出遮罩外，可能還能撐到一小時。他們三個才被迫用彼此的體溫取暖沒多久，詹姆斯就已經開始嫌惡這個年輕的前特工了，但他也不意外就是，畢竟這傢伙和李文可是親骨肉，同一根枝枒長出來的兩顆蘋果。不過寇爾的個性比他的舅舅更差勁，一副全世界都對不起他的樣子，是個難相處的混蛋。至少跟李文打交道的時候，只要摸清楚他那種傲慢的道德感，就知道怎麼應付他。寇爾就只是個忿忿不平的年輕人，把自己的問題都怪到別人頭上，而且滿心只顧著自己，完全不值得信任。

他們三人從狹小的遮罩裡踉蹌而出，癱倒在科學怪人號的船艙地板上，大口大口用力吸氣，試圖讓凍僵的手指和腳趾恢復知覺。詹姆斯翻過身來仰躺著，用力按揉眼窩，想把那股凍得腦子都快裂成兩半的寒氣逼出去，視線一片模糊，但他能分辨出葛瑞絲凌駕在他上方的身影，正衝著他發火。

「這口箱子駕駛起來簡直就是場噩夢！」她一邊嚷嚷，一邊用腳尖戳他的身體。

「我也很高興見到妳。」詹姆斯坐起身來咕噥著說。這兩天以來他們三人為了節省能量，都儘可能保持不動，現在他全身的關節沒有一個聽使喚的：「所以我走之前才叫妳要練習啊，是妳自己跟我說妳應付得來的。」

「我的確應付得來。」她反駁：「在我把大笨牛開進這一大片亂飛的石頭海之前，一切都很好。」

「妳的意思是，駕駛飛船不是只有設定目的地，然後照著路線直走而已囉？」詹姆斯忍不住咧嘴笑開來。

葛瑞絲看起來一副想要揍他的樣子，但她沒有，而是張開雙臂給他一個結實的擁抱。「我還以為我趕不上了。」

她忽然流露出來的真情和關切讓詹姆斯大吃一驚，只能笨拙的呆坐著，一時不知道該怎麼反應。她的身體在發抖，看來是真的非常擔心他。他伸手在她背上拍了拍：「好了，好了，沒事了。」

然而被他這麼一拍，葛瑞絲立刻抽開身，又擺出一副領導大人的派頭：「不准用那種態度安撫我，小威。你看過我的裸體不代表你和我就是對等的。我還是——」

「慢著，什麼？」李文一臉憤慨的大喊：「你上過她的床？你這遭天譴的渾蛋。」

「那是任務所需。」詹姆斯低聲咕噥著說。

「有史以來最棒的任務。」葛瑞絲得意的說，然後轉過頭來看了看寇爾：「這小鬼是誰？」

寇爾站起來。「妳叫誰小鬼，老巫婆？」

李文整個人跳起來，氣呼呼的說：「嘴巴放乾淨點，這位可是時間之母。」然後他轉身面向葛瑞絲：「請容我致歉，他是我的外甥寇爾。」

葛瑞絲把寇爾從頭到腳打量一遍：「舅甥倆都進了大牢？看來你們家族有些共通的壞習慣。」

「可以這麼說。」李文語氣乾澀的回答。

聽到時間之母這個稱號，寇爾也瞪大了眼睛，同樣不客氣的打量著葛瑞絲。然而，他最後只是不以為然的聳個肩，走到船艙後頭的食物櫃翻找起來。沒有多久，他抱著滿懷的配給糧回來，臭著臉瞪了他們一眼，便躲進其中一間附屬艙房去了。

「那個年輕人需要學點禮貌，不然就是欠人給他打屁股。」葛瑞絲評論。

「顯然監獄不是個能讓人改過自新的地方。」詹姆斯說。

「這幾個月對他來說很難熬。」李文說。

「對你來說不是，對吧，李文？你根本一點都沒變。」詹姆斯說。

葛瑞絲揮了揮手打斷他們。「回頭談正事吧。李文，你能重獲自由可得感謝我。」

李文立刻站起來。「謝謝您救了我們，時間之母。」

「先別急著道謝，我是準備要好好利用你的。你要當我們的新任打撈人。」

「從稽查官變成海盜的打撈人。」李文沉吟：「這個故事真是越來越精采了。」

「不是海盜，你是被我們徵召的烈士，幫助我們治癒地球瘟疫，拯救這顆星球。」

「不管你們怎麼美化你們的所作所為，一樣是非法跳躍。」

「差遠囉，海盜行為是有利可圖得多，我們給你的卻是真正有意義的工作。」

「我可以拒絕嗎？」

「當然可以，詹姆斯也可以現在就把你扔下船，但我想你們兩個小伙子不會做這種傻事的，對吧？面對現實吧，你需要我們，我們也同樣需要你。你生來就有種想要撥亂反正的欲望，你也需要願景，一個你能夠相信並為之奮鬥的願景。以前你把時旅總署當作是你維護秩序的工具，但後來你發現了它的真面目。那才是你自願進監獄服刑的原因，對吧？你不想成為腐敗的一份子。何不讓我們提供給你一個新的目標？」

李文咕噥著說：「而我唯一能做的也只有說不。和我猜想的一樣，你們不就是為了這個才特地劫獄救我出來的？」

「很好，既然現在我們已經達成共識，等我們下星期抵達金星，馬上就開始你的第一次打撈任務。」

李文聳肩說：「也只能這樣了。」

「妳已經找到打撈目標了？」詹姆斯問。

葛瑞絲點點頭：「我可是充分發揮了數據庫權限駭客程式的用途，找到了個正適合我們的人選。其實我剛好還認識那個老頭呢，有史以來最棒的發明家之一，他是個傑出的軍事發明家，充滿創造力的天才，同時也是個醫術普普的醫生。」

詹姆斯皺著眉說：「如果他是個蒙古大夫，怎麼會是適合的人選？」

「決定每次跳躍都得考量到多方因素和變數。」葛瑞絲說：「你應該也很清楚。我們能運用的時間有限，但還是被我找到了，這個人的死亡座標就在金星當前的公轉位置和自轉週期附近，我們剛好可以在回地球的途中繞路過去。他是個很好的打撈對象，對伊莉絲的研究和艾爾弗雷族來說都大有用處，而且還是個醫生，可惜不是特別優秀的那種，這是唯一美中不足的地方。」

「等一下。」李文說：「你們要我打撈的是個人？」

「這攸關我妹妹的性命。」詹姆斯說：「所以我比較希望我們直接跳過其他附帶的好處，把重點放在醫術的部份。」

葛瑞絲不以為然的說：「不好意思，他就是我們要找的人了，如果你想再多花六十個小時在時間流數據庫找個更好的對象，請自便。」

「慢著！」李文說。

「他真的是我們的最佳選擇嗎？」詹姆斯繼續逼問。

「他是我們唯一的選擇。」葛瑞絲說：「相信我，小威，他沒問題的。這對我們所有人來說都是最好的安排。」

「好吧，我相信妳。」接著詹姆斯轉頭對李文說：「希望你的功力沒有退步太多。」

李文站到他們兩人中間，舉起雙手：「這次跳躍我不幹。」

他們倆同時用疑惑的眼神看著他。

「你少說一次不要是會怎樣嗎？」詹姆斯問。

「為了這個更崇高的目標，我可以在道德原則上稍微妥協，但我絕不打破時間法，特別是第一定律，這就是我的底線。我不會把過去的人帶回現時。」

葛瑞絲氣惱得兩隻手都彎曲成爪子，在空中亂揮亂抓：「又是該死的時間法！那是我寫出來的！你們這些人可以不要一天到晚拿我寫的鬼話來堵我嗎？」

「你好了不起啊，吭？」詹姆斯揪住李文的衣領，狠狠把他推到牆上：「我妹妹生病了，知道嗎？混帳。你不幫我想辦法治好她，就等著被我扔到氣閘門外面去。」

李文的臉色連變都沒變一下，雙手還是交叉在胸口：「不要威脅我，詹姆斯，你還是特工的時候我不吃你這套，現在也一樣。」然後他轉頭看向葛瑞絲：「妳要我幫妳幹髒活？可以，但要用我的方式做。你們要嘛接受，要嘛就拉倒。」

「我們接受。」葛瑞絲說：「放開他，詹姆斯，我們再找別人。」

「妳說他是我們唯一的選擇。」

「他是，但我們還是找得到其他辦法的。」

詹姆斯心底彷彿有什麼啪擦一聲斷線了。為了找到個醫生，他苦苦尋覓了好幾個星期，好不容易看到一線希望，卻又在轉瞬間化為烏有。強烈的挫敗和惱怒終於淹沒了他，他忍不住往艙板上猛捶一拳，力道之大震得整艘船嗡嗡作響，然後強迫自己從李文身邊退開，以免做出什麼無法挽救的事，害得將來的自己後悔莫及。

宇宙是何其殘酷，經過二十年的罪疚和哀痛，妹妹終於又重新回到他身邊，他卻只能眼睜睜看著她一天又一天的衰弱下去。他感覺整個世界故意和他作對，嘲弄他。操他的宇宙，操他們所有人，他絕不會任由她就這樣死去，再也不會了。他寧可一死，也不會再讓他們從他身邊奪走她。

詹姆斯深吸一口氣，屏住氣，然後緩緩從鼻孔呼出氣，轉過身來面對另外兩個人。「我去。」

「不行，你會害死自己。」葛瑞絲說：「我不會允許你去的。」

「我已經沒有用處了。」他指了指李文：「妳現在有新的打撈人。我不過只是消耗品。」

她搖了搖頭：「你才不是消耗品。何況伊莉絲怎麼辦？你打算把她一個人孤零零的丟在現時世界嗎？」

這句話戳痛了他。他已經向伊莉絲保證過，無論如何他都會保護她。她是他這輩子除了家人以外唯一愛的人。然而，現在伊莉絲有艾爾弗雷族，還有葛瑞絲、李文和其他人照看她。莎夏只有他，從他們的母親過世以後，他們就只有彼此。他已經讓她失望過一次，絕不會再重蹈覆轍。

「我已經下定決心。」他說：「我想不到還有什麼比這更值得我付出性命了。假如我活著回來，當然很好，如果沒有，那也不是人力可以左右的。到時候我妹妹就拜託你們了。」

葛瑞絲瞪了李文一眼：「你打算就這樣放任他去嗎？」

李文的表情還是紋風不動：「每個人在人生中都要做出像這樣的決定，這些決定將會定義你是什麼樣的人，你相信什麼，即使那可能會讓你賠上一切。我已經付出了我的代價。」說著他走向船艙後頭的儲物間，經過詹姆斯身邊時停了一下腳步，搭住他的肩膀：「如果那是你非做不可的，就去吧。換作是我也會這麼選擇。祝好運。」

第二十章　第一個盟友

只剩兩天。

這段日子以來，她幾乎每天都累到骨髓裡，但此時此刻，她卻怎樣都睡不著。過去這八天對艾爾弗雷族來說，簡直就是天上掉下來的大禮。熨斗族提供了全銀河大廈的兩個樓層給他們住，他們也充分利用了這次難得的喘息機會，休養生息，好從先前漫長的跋涉中復原過來。然而，只要想到期限將至，他們很快又要重新上路，就讓伊莉絲完全無法靜下心休息。

身為長老，她每天都有一大堆做不完的事。她得管理部落每天的日常雜務，注意自己的研究進度，還要檢查莎夏的狀況，確認她的病情沒有惡化。整個世界都壓在她嬌小的肩膀上，而她得努力撐持著這份該死的重擔，戰戰兢兢的唯恐它落下來，這一切讓她感到好疲憊。

只剩兩天。

她躺在一間舊辦公室裡，在結了硬塊又破爛的長沙發上不停的翻來覆去。再四十八個小時，熨斗族就會要求他們離開。明天會是悲傷又忙碌的一天，艾爾弗雷族又要開始打包行李了。實在很可惜，難得他們兩個部落的族民才剛開始要融洽起來的。雖然艾爾弗雷族一直被隔離在分配到的樓層裡，每個入口都有熨斗族的守衛看管，但到最近這幾天，熨斗族人慢慢放下了戒心，開始和艾爾弗雷人做交易，也和他們有不少來往。本來她還希望這份日漸增生的信任可以讓她再和導師克羅交涉一次，請求他讓艾爾弗雷族多待幾天，然而，導師克羅的態度還是同樣堅決，十天後他們非走不可。

不過，伊莉絲並不怪他，她知道只要破例過一次，就會有第二次第三次，然後在所有人回過神來之前，艾爾弗雷族就會變成長住在這裡的居民了，這樣大樓裡的人口等於暴增為原本的兩倍，即使熨斗族在高樓層的居住空間還綽綽有餘，也沒有那種善心讓他們留下來。迷霧之島的部落對領土的佔有慾是很強的。

值夜守衛的敲更聲響起時，她拉起薄毯蒙住頭。敲更不只為了報時，也是為了讓其他族人們安心，知道有人在為他們守夜。如今他們住在全銀河大廈裡，周圍有牆壁保護，守夜敲更好像沒什麼必要，但法蘭薇堅持他們必須儘可能保留越多傳統越好。伊莉絲也同意她的看法，畢竟以他們當前的狀態，他們唯一能把握的就是他們的過去，至於未來會是什麼樣子，誰也不知道。

忽然間，一陣陣腳步聲和喊叫從低樓層傳來。伊莉絲的住處就在樓梯間附近，旁邊就是電梯廳，所以常會聽到很遠的聲音從電梯井傳上來。她翻過身去背對著聲音來源。這已經是她第二次在半夜裡聽到吵雜聲了。底下究竟發生了什麼事？

就是在這種時刻，她會格外想念詹姆斯睡在她身邊的感覺。她向大地母親祈禱，祈求他平安無事。他現在正在做什麼？已經在回程的路上，要回到她身邊了嗎？她緊閉著眼睛，回想詹姆斯的臉，那張滿是雜亂鬍鬚的臉。早晚有一天，她得去拜託葛瑞絲做支電動刮鬍刀，她可以在聖誕節前要求這個當禮物，唔，總之差不多那個時候啦。如今好像連那天的日期都沒人知道了。

樓下的喊叫聲越來越響亮，伊莉絲嘆口氣，索性坐起身，反正她也沒怎麼在睡。她從沙發爬起來，套上鞋子，往樓梯間走去，在樓梯間的門板上敲了敲：「我是伊莉絲。」

門打開之後，她和守在門口的娜亞德打個照面。娜亞德是熨斗族的「鬥者」，這是他們的戰士的稱謂，負責守衛艾爾弗雷族所在樓層的出入口。與其說是守衛，更像是他們的門房。最開始那幾天，她還對他們滿懷戒心，總是穿戴全套護甲、手持一把老式獵槍在站崗，然而現在她只穿著輕便的襯衫和長褲，獵槍也只靠牆擺在旁邊。

「長老。」娜亞德鞠躬：「有什麼我能效勞的嗎？」

「樓下的騷動是怎麼回事？」她問。

「有人在攻擊我們的大樓，這次是從東面來的。」娜亞德搖搖頭：「我當門者這些年來，從來沒碰過這麼多次突擊。」

伊莉絲很是困惑：「又來了？你們最近被襲擊過多少次？」

「幾乎都是在晚上，而且都是整個部落出動，最近來得特別頻繁。等等，現在不能下樓去，太危險了！」

她想叫住伊莉絲，但伊莉絲人已經跑進樓梯間，往下走了二十二層來到三十四樓。所有對外連通的空橋都在這層樓，每個出入口都設有路障，所以又被稱為路障樓。當她從樓梯間出來時，眼前的景象讓她驚訝得張大嘴巴。整層樓都隨著這場戰鬥活躍了起來。由於真正的醫務室在樓上，他們在樓層中央的開放空間設置了臨時檢傷區。主廳裡有許多全副武裝的熨斗族人在跑進跑出，有一群戰士聚集在最北側的路障底下，還有很多人正往東側衝過去。

有個男孩抱著一大捆長矛跑過她身邊，她抓住他的臂膀問：「現在是什麼情況？」

「兩面突襲。」男孩回答她之後，又匆忙跑開了。

「兩面……」伊莉絲轉身跑向導師克羅的辦公室。導師克羅正被他最親近的一小群顧問包圍在中間，俯身看著一張破損的大樓藍圖。站在門口的守衛擋住她不讓她進去，但她能聽到導師的聲音從裡面傳出來。這是一次經過謀劃的襲擊行動。最開始是北側出入口先遭到攻擊，把守衛的注意力從其他的路障引了過去，緊接著十五分鐘後，東側的空橋也遭到攻擊，敵方甚至突破路障攻了進來，熨斗族人費了好大力氣才把他們逼退回去，傷亡相當慘重。

伊莉絲逮住機會說：「導師克羅。」

導師身旁的一個軍事官看到她站在門口，立刻皺起眉頭。這個人的態度向來很苛刻，堅決不肯延長艾爾弗雷族的居留期限。他直直往門口走來，當著她的面把門甩上。

這下可氣壞了伊莉絲，她舉起小小的拳頭，往厚重的木板門就是一陣狂敲猛捶。就在這個時候，旁邊爆出一聲巨響，她看到好幾個熨斗族鬥者從北邊路障的牆垛上摔了下來，有許多人趕過去支援，但防守的部隊看起來搖搖欲墜。她回過頭來繼續敲門，敲得比剛才更猛更急，忽然間門又打開了，剛剛甩她門的那個臭臉討厭鬼探了出來，她來不及收手，拳頭差點揮到他身上，但他眼明手快的抓住了她的手腕。

「熨斗族正在忙，沒樓層的禿鷹。」這是下城區部落慣用的貶稱，專指他們這種沒有佔領自己的樓層或建築物的族群。

「不要碰我，混蛋。」她回嘴，一邊用力想把手抽回來。

「讓長老進來，莽克斯，對人家要有禮貌。」

「是的，導師。」莽克斯不情不願的退開。

伊莉絲快步上前，克羅的顧問團讓出路讓她進來。「你有兩層樓正在遭受攻擊，死傷人數也持續攀升。」

「這種程度的消息並不值得您特地來打斷我們的作戰會議，長老。」克羅板著一張臉說。

「請讓我派出艾爾弗雷族的守衛加入作戰。」

「導師。」莽克斯說：「不能讓這些街道禿鷹在我們的樓層使用武器！他們不值得信任。」

「看看你現在面對的情況，克羅。」她只管繼續說：「沒有後援你是守不住那些路障的，一旦路障被突破，你就會失去整個樓層，樓層失守之後接著就是整棟大樓。」

克羅傾身湊到莽克斯耳邊，雙方用耳語激烈討論了一陣，克羅才回過頭來對伊莉絲說：「我們允許妳派五十名守衛到東側的路障支援。為了回報你們的協助，你們希望在這裡再待多少天？」

她本來只打算要求再待一星期，然而，她決定賭一把看看。「就當我們這次是免費贈送吧。」

克羅點點頭：「莽克斯會跟你們一起過去。」

於是伊莉絲跑出辦公室，沿著樓梯往上爬，克羅的軍事官也和她同行。他們爬得很快，每步都跨個兩三階，伊莉絲跟他跟得很吃力。他的臉還是那副兇巴巴的樣子，但她再怎麼看不過眼，也只能提醒自己，熨斗族領袖很看重這個年輕人的意見。

好不容易，他們爬到了艾爾弗雷族所在的第一個樓層，娜亞德看到他們，閃身退到旁邊，讓氣喘吁吁的伊莉絲上前把門拉開。然而她才剛開了個小縫，莽克斯隨即又把門關上。

「我不信任你們，街道禿鷹。」他沉著嗓子說：「別想輕舉妄動，我手下的鬥者會緊緊盯著你們的守衛，沒有你們搞陰謀詭計的餘地。」

到了這時候，伊莉絲已經不太確定是熨斗族人的說話方式本來就比較奇怪，還是翻譯器出了差錯。但不管怎樣，她都不會再放任這傢伙胡說八道下去。

「要是沒有我們幫忙。」她冷靜的回答：「你大概也剩沒幾個鬥者可以監視我們了。麻煩你閃開，我要去召集我的守衛。」

說完她便用力拉開門，力道比她預期的猛了點。她大踏步進去：「守衛，集合！」

不過眨眼間，二十名守衛便像是憑空現身一般來到她面前，一股驕傲之情頓時充塞了她的胸臆。六個多月來的磨練讓這群保衛部落的戰士們變得更強悍了。

「我還需要三十個志願者，幫忙熨斗族守住全銀河大廈。」她喝令。沒有多久，便有超過六十個守衛集結了過來。

就在她轉過身來，要率領他們步下樓梯時，莽克斯擋住他們的去路。「只准帶五十個。」

「五十個人跟我來。」她又喝令一次，目光動也不動的和他對視。

「妳也算一個。」莽克斯說。

「頑固的蠢貨。」她低聲暗罵。照理說她是不該和守衛們一起下去，但她絕不會讓自己的族人受欺侮，放任這個混蛋對他們呼來喚去。不，卡沃長老把族人們送上戰場時，總是待在他們身邊，和他們並肩作戰，而她也將會這麼做。於是她又差走了一名守衛，帶著不多不少剛好四十九人跟著莽克斯下樓，來到那座正遭到圍攻的路障前。

當他們抵達主廳時，東側的兩座路障都已經陷入交戰。二十來個熨斗族戰士正在拚命奮戰，試圖逼退比他們足足多出五到六倍的敵人。伊莉絲看得目瞪口呆，這根本不是突襲，而是一次全面性的圍攻。她望向另外那座離他們比較遠的空橋，那邊的戰況也是同樣慘烈。

伊莉絲指著比較遠那座路障說：「把我的族人分成兩批，一半留在這邊，一半去那邊支援。」

「不行，你們這些街道禿鷹只准待在同一個地方，我才有辦法監視你們。」

「喔，看在大地母親份上，你這個白癡。」她放聲大吼：「擦亮眼睛看清楚，現在是誰在攻擊你們？你該操心的是外頭那些人！」

莽克斯遲疑了一會，最後終於點點頭：「妳留在這裡，我帶另一半人過去那邊。」

伊莉絲很快便分派好族人，鼓舞他們加入戰局，接著自己也想一起到牆垛上作戰，卻被一名年長的守衛阻擋下來，她不死心的想跟上去，對方卻威脅說如果她堅持要來，他就得安排一個褓姆跟在她旁邊，時時刻刻保護她的安全。

她逼不得已，只得待在安全距離外，眼巴巴的看著他們作戰，什麼忙也幫不上，也不敢隨便用光彈腕帶把那些爬到牆垛上的敵人射下來，連試一下都不敢，因為她的準頭實在太差，生怕會誤傷自己人。到了後來，她意識到自己一開始就應該留在樓上，對所有人來說都比較好。不對，那不是真的，她告訴自己。因為她在這裡，那個莽克斯才不敢任意差使她的族人。

這場戰鬥又持續了一個多小時，等到終於結束時，她的守衛們拖著疲倦的身體，扶持著比他們更疲倦的熨斗族鬥者，肩靠著肩從路障撤退下來，由另一群鬥者替補他們。然而，來替補的人看起來也好不到哪裡去，只不過比他們多休息了一會。她迅速清點過人數，確定沒有任何嚴重傷亡，不禁感激的鬆了一口氣。但還是有一大半的人掛了彩，還有一個人從牆垛摔下來，跌斷了一條腿。

莽克斯在路障前大聲喝令，指揮著來替補的人各就其位，轉過身來的時候，剛好和她隔空視線交會。到這個時候，伊莉絲才發現他並不是故意對她擺臉色，那只是他平常習慣性掛在臉上的表情。他幾不可察的朝她輕輕點了個頭，緊接著又回過身去，繼續朝他的族人大吼大叫。唔，至少他連提都沒提說要直接把她押送回艾爾弗雷族的樓層，應該算是某種進展吧。雖然這只是很小的進展，但她欣然接受。

伊莉絲指揮她的族人到樓上的醫務室去，並派了個跑腿的人回部落去，拿一些他們貯存的醫療用品下來。接下來幾個小時，她都忙著在照顧傷患，直到有個護理員過來告訴她說她錯過了午餐時間，她自己也無法再忽視胃袋發出的抗議聲，才放下手邊的工作去吃午餐。

她往上爬到六十樓，這裡是吃飯的地方，也是唯一一個允許雙方族人交誼和做買賣的樓層，眼角餘光瞥到克羅正在和一個管理糧食的人員談話，克羅也恰好往她這邊看，但隨即又回頭繼續處理他原本在處理的事。伊莉絲只能儘可能保持平淡冷靜的樣子，如果他真的打算說些什麼，做些什麼，或是想要提供什麼，他都會按照自己的步調選擇適當的時候過來找她。不管她內心有多焦灼多急切，她都不能表現出來讓人家看到。

她拿到了一些食材碎屑煮成的羹湯，坐下來，低頭直盯著自己的碗發呆，累到簡直想一頭栽下去把臉直接埋到湯裡，但緊接著她又提醒自己，至少她還有餘力自己爬上樓來，那幾十個帶傷流血的族人現在可是還躺在樓下的地板上。他們才是為這次決定付出犧牲的人，為了什麼？這些犧牲換來的會不會只是一場空？

她獨自吃完那份少得可憐的午餐，抬起頭來，往克羅的方向偷覷了最後一眼，然而他已經不在那裡了。她只得默默把失望吞回肚裡，站起身，準備回去樓下的醫務室。

忽然間，一個年邁的聲音在她身後響起。「我不希望打擾到您用餐，長老。」

她閉起眼睛，努力壓抑住不讓寬慰的情緒顯露在臉上，然後才轉過身來：「別這麼說，導師，隨時都歡迎您來找我。」

「我兒子告訴我，妳的族人作戰非常勇猛，如果沒有你們幫忙，東面防線的戰況可能會更艱困。」

「你兒子……就是莽克斯？」伊莉絲完全掩飾不住驚訝：「那個壞脾氣的傢伙？」

「那孩子不輕易信任人，但他沒有惡意。」克羅頓了一下：「他也討厭稱讚別人，這點恐怕是從他爸爸這裡學來的。他的童年很不好過。」

「他看起來是個傑出的年輕人。」她撒謊：「還有什麼我能幫忙的嗎，導師？」

「我有個提議，長老。就如妳看到的，像今天這樣的突襲，近期以來不但規模變大，次數也越來越頻繁，而且大部分都是從北方過來的。我們不知道成因是什麼，但我的族人要想守住這棟大樓，變得比以往更困難。因此我希望能和你們部落共享資源，相對的，我也希望你們能和我們分擔工作。」

「什麼樣的工作？」伊莉絲問。

「東牆和北牆由妳的守衛負責防守。而作為回報，我們歡迎你們留下來。」

那是最常受到攻擊的兩道防線，但伊莉絲也親眼看到了熨斗族戰士的狀況，他們需要從前線退下來一段時間休養復元。同時她也很清楚，如果接受這份提議，他們等於被動接受了克羅的親善策略，更重要的是，她看得出來克羅也很清楚這點。

「艾爾弗雷族需要更多樓層，還有，樓層出入口不上鎖，也不能再有人看守我們。如果你們真想要放心把你們的安全交付給我們，就得信任我們。」

克羅陷入深思：「但界線還是要劃分清楚。你們是我們的客人，並受制於我們的法律。你們部落的勞動力還是你們自己的，不屬於我們。」

「不過我們仍然是一個獨立自主的部落。你們的物資就是你們的，我們的也是我們的。」她說：「另外，我們要能在未使用的樓層種植作物。」

克羅點點頭，朝她伸出手：「如果你們在這裡待得夠久，你們就可以在合理範圍內擁有那些樓層。」

她握住他的手搖了一下，心中燃起了希望。他沒有拒絕他們在高樓層耕種的要求，或許可以當作一種無聲的提議，默許了艾爾弗雷族的長期居留。接著他們討論起這份協約牽涉到的其他細項時，她臉上只保持著淺淺的微笑，其實內心簡直是狂喜不已。經過了好幾個月的磨難和顛沛，她終於看到了一絲希望的光芒。

第二十一章　提圖斯

「你真的不是執政團那些無腦蠢蛋派來的？在老提圖斯航向他最後的『光爆』之旅之前再惡整他最後一次？」

提圖斯二．三，暗面最高執政團的大陪審官，已經活了一百五十五個金星年，是全金星最長壽的人之一。他是他那個世代最前瞻的發明家，還曾經名列為本世紀排行第二的天才，不過最近剛掉到第三名。把他刷下來的是個十九歲的小姑娘，從那個瘋狂的科技獨立黨來的，叫普利斯特。那些混蛋實在蠢得可以，為什麼就不能多等一個星期，等他被太陽烤成焦炭之後再宣布他被降級的消息也不遲啊。

據他們所說，這個小姑娘葛瑞絲是千年難得一見的天縱奇才，呿，他年輕的時候人們還不也是這樣形容他。看來一千年也不算太長嘛，是不？不過，這頂頭銜他已經扛了大半輩子，他很樂意拱手讓人，讓其他年輕孩子去承受身為天才的負擔。反正他也當派對上最聰明的人當得很煩了。

那個陌生人擋在他通往榮譽光爆飛梭的通道上，往後扭頭伸長脖子，看了看那艘細長尖針形飛梭的梭頂。飛梭預定在十分鐘後發射，光爆推進器都已經冒出煙來，開始啟動預燃程序，他卻和這個陌生人雙雙站在發射平臺上僵持不下。提圖斯這個時候真的應該登上飛梭了，他的親朋好友和同僚全都在五公里外的瞭望塔上，在那裡安全的觀賞他即將成行的自殺之旅。

「我敢跟您打包票，大陪審官，能被允許執行光爆之旅確實是至高無上的榮耀，但飛向太陽可能是您能想像到最恐怖的死法之一，等您的防熱遮罩——」

「我當然知道會發生什麼事，孩子，這玩意是我設計的。把我們這些老屁股發射出去燒成一顆大火球，是金星人的傳統，該死的無上榮耀之焰！」提圖斯衝著他發火：「我的壽命已經延長過四次，順帶一提，這可是有紀錄在冊的。我是功勛最多的金星人，而且說老實話，我這該死的背也累到直不起來了。我這輩子已經做了別人花三輩子都做不完的事，如果那些混帳東西忽然又想在這節骨眼上喊停，我也沒轍，我實在沒那個力氣跟他們爭了。」

「您的頭腦還是一如既往的清楚，提圖斯。」

「請稱呼我大陪審官，這頭銜是我努力掙來的。」

「如您所願，大陪審官。我來這裡是為了提供一個機會給您，讓您可以繼續您的事業。」

「你真的不是執政團派來的？」

「真的不是，我保證，大陪審官。如果您不相信我，大可以直接登上那艘光爆梭，我不會阻止您。不過，我的掃描結果顯示您的身體還很健康，很有機會再活上好幾年。如果您希望剩下的生命能得其所用，您就應該跟我走。」

提圖斯遲疑了一會。他已經向他的丈夫和兩位妻子道別過，接見過他的孫子輩們，陪曾孫們好好玩過最後一次，讓他們知道曾祖父這次上路之後就不會再回來了。執政團的小夥子們給他舉行了盛大的派對，甚至還給他招了個妓女，但提圖斯實在不知道能拿這年輕的小東西怎麼辦，不把自己弄傷就不錯了。他的人生已經畫下了句點，像他這樣的老傢伙要有點自知之明，電影終場字幕開始跑的時候，就該自己摸摸鼻子退場。然而，眼前這個陌生人提供給他的機會似乎很有意思，再怎麼說，就算只有幾年時間也是不容小覷的。如今殖民地人人配戴的反射式輻射遮罩，只花了他兩年就開發完成。他能獲邀成為執政團一員，正是拜這項成就所賜。但是，他也不能這麼輕易就把傳統拋到一邊，身為一名年長的金星榮譽公民，他有義務要面對最後的光爆儀式，要是他臨陣脫逃的流言被人家傳出去怎麼辦？那會成為醜聞的！到時候他的血脈家族該怎麼——

「不好意思，大陪審官，時間不多了。六分鐘後光爆梭就會發射，我得在那之前離開爆燃的波及範圍。總而言之，你要不就是現在就進去梭裡，要不就得跟我走。」

「不准催我，小夥子。」提圖斯厲聲說：「你難道不知道我是誰嗎？」

「我知道，大陪審官，你是——」

「我只是在跟你開玩笑，你這小流氓。這是個重大的決定，我不喜歡被人這樣催促。還有，我們到底是要去哪裡？」

「一個需要您的技藝和智慧，能讓您繼續從事良善志業的地方。所以我猜您是打算跟我走了嗎？」

「隨你怎麼猜，我還在考慮。說起來，你是怎麼通過保全來到這裡的？要知道，這座發射基地是我親自設計的，姑且稱之為專業上的好奇心吧，至少現在搞清楚了，等我下輩子投胎就可以設計出更完善的系統，把那些跟你一樣行跡詭異的混蛋通通擋在外面。這可是個私人派對。」

「門口那兩個榮譽衛兵根本不知道我在這裡。」

「真的嗎？衛兵！你們這兩個懶鬼，還不快滾進來。」

那陌生人嘆了一口氣：「我還巴望著你別這麼做。」

就在這時，兩名身穿紅色鎧甲、手持電能三叉戟的金星皇家榮譽衛兵衝進房間來。他們那身昆蟲似的鎧甲出自諾維恩的手筆，裝飾性遠大過功能性，依那傢伙無用的審美品味，肯定是用某種曾經被當作神崇拜的古老地球甲蟲為原型設計的。不過，那兩名衛兵倒是執政團特別精挑細選過，為提圖斯二・三的光爆儀式致敬的精英級戰士。

「請您先迴避，大陪審官。」其中一名衛兵說著，平舉起三叉戟對著那個陌生人。

有一瞬間，提圖斯很害怕會被那陌生人當成人肉盾牌，還來不及體體面面的踏上自殺之旅，就這樣死在自己的光爆梭旁邊，那是何等令人憤慨之事！然而，出乎他意料的是，當他拖著蹣跚的步伐走開，站到安全的地方去的時候，那個陌生人居然沒有阻攔他。剛剛說話的那名衛兵把三叉戟瞄準陌生人，射出一道閃電弧。陌生人稍微往左偏頭，只偏了大約幾釐米，閃電弧恰好從他頭顱側邊驚險的擦過去，連根頭髮都沒傷到。

「你的神經反射很好。」提圖斯在旁邊看得津津有味。

緊接著，另一個榮譽衛兵也衝上前，舉起三叉戟朝陌生人開火。提圖斯激動得開始喘起大氣來，他認得自己發明的每個寶貝，那衛兵用的是他最近才開發的超動能矛，它發射的超動能力場能把目標包裹起來並加以操縱和控制。他看著藍色的力場球從戟端射出，把陌生人籠罩在裡面，然而，令他驚訝的是，力場球一碰到那陌生人，就像肥皂泡一樣消散於無形，完全起不了作用。

「你的矛一定有瑕疵。」提圖斯脹紅了臉這麼評論，但緊接著，那陌生人身上忽然閃現出一道閃電狀的黃色能量波，看得他目瞪口呆。一開始他還以為是三叉戟故障造成的能量反饋，仔細觀察後，才發現他全身都被一種散發著淡淡黃光、近乎透明的力場包圍著。

就在這時，衛兵手裡的超動能矛忽然爆炸，不過眨眼間，那個陌生人就已經在衛兵身旁，速度快得簡直像是瞬間移動，衛兵抵擋不及，整個人往後飛出去，狠狠撞上筒倉另一頭的牆面。

另一個衛兵再度開火，這次直接命中了陌生人的胸口，但藍色的電弧一碰到他身上的黃光，頓時碎成了幾千片，緊接著那種黃色能量波再次出現，往那衛兵席捲過去，他的胸甲被震成了兩半，整個人也被無形的衝擊力震得飛出去撞到欄杆上。

陌生人轉過身來，對提圖斯說：「很抱歉，大陪審官。如果您真的不想跟我走，我不會強迫您的。」

提圖斯，這位終生的和平主義者，清了清喉嚨：「你們這些年輕小子永遠只會用下面那根和二頭肌思考。好吧，這下你真的勾起我的好奇心了。問題是我無法確定你說的是不是真的，如果我跟你去，你要用什麼方式擔保你提供的那些條件？」

「要不在我們動身之前，我先給您一顆氰化鉀？假如到時候您改變主意了，您大可以直接吞藥自殺。」

提圖斯抬起頭，看著光爆梭執行最後的發射程序。再過六十秒，他們兩人就會被烤成焦炭，到了這關頭，無論是要逃走還是登梭都已經太遲了。這就是他整個人生的寫照，總是花了太長的時間做決定，這也是為什麼他總是得不到他應有的成就，只能在他的世代位居第二。他比諾維恩那個老賊聰明多了。那傢伙能有現在的名聲，純粹是因為懂得操弄執政團的同儕。他行事果斷，總是第一個投入市場，而且說老實話，他的品味真的比較好。這也是為什麼諾維恩總是率先晉升，而他只能當陪襯。過度分析癱瘓症，他的第二任妻子都這麼形容他。然而，反過來說，也正因為他總是謹慎的做每個決定，他才能活那麼久。唔，不過眼前的情況是個例外，因為他的優柔寡斷，他們兩個眼看著都要命喪當場。

「喔，好吧。」他咕噥：「不過我想已經火燒的來不及——」

說時遲那時快，陌生人一把抱起提圖斯，摟著他緊貼住自己的身體。就在飛梭的推進器點燃的那瞬間，他們兩個從筒倉裡飛射而出，直直往上沖入太空中，好像他們的屁股上也裝著看不到的噴射火箭。

幾分鐘之後，一道亮光飛離金星表面，在黑暗中拖曳出細長的金黃色軌跡。他們在太空深處飄浮了二十分鐘，看著他的棺材直直的朝著太陽飛去，逐漸消失在耀眼的光芒裡。

「簡直就像在觀賞自己的葬禮。」提圖斯咕噥著說。

「這是一件了不起的盛事，大陪審官。」陌生人說。

「現在怎麼辦？我們為什麼還飄在這裡？這樣飄讓我頭好暈，可能還會害我拉在褲子裡。我們接下來要去哪？」他頓了一下：「這又是怎麼辦到的？」

陌生人微笑起來，這還是提圖斯第一次看到他笑。「請您稍候。我們還要在這裡等一下，等障礙淨空之後才能跳躍回去。」

「奇怪了，先是急著催我走，現在又叫我等。真是火燒的沒禮貌。還有那個什麼，跳躍？那又是什麼意思？我們是要跳去哪？」

「到未來去。」

提圖斯一點都不驚訝，根據這陌生人使用的各種超能力，他也大致這麼推測。「天殺的，我就知道！你這關子賣得可真大，小夥子，你應該用這句話當開場白的，我一定馬上跳進你口袋裡，省得你在那邊跟我兜圈子，浪費我的時間。對了，你們這些未來的土包子有沒有辦法治好我這身老毛病？」

「很抱歉，大陪審官，衰老是沒得治的。」

「該死。」提圖斯頓了一下：「至少未來世界挺不賴的吧？像個烏托邦樂園？」

陌生人搖搖頭：「我實在很不想讓您失望。」

「火燒的該死。看來我真的應該待在我的飛梭上。」

「您想現在就吃那顆氰化鉀，還是晚一點再說？」

先是黃色閃光亮起，然後是一陣劇痛席捲而來，接著他就失去了意識。幾秒鐘之後，詹姆斯醒過來，瞪著廢棄的金星殖民地和一片火紅的星球表面，腦袋裡全是尖叫聲。他的皮膚被強烈的太陽光曬得灼痛，但同時又感覺到一股寒氣直透進他身體裡，冷得他連骨頭都在發抖。他轉過頭，看到提圖斯就飄浮在他旁邊，老人的皮膚變得很僵硬，驚恐的表情凍結在臉上。這個時候，詹姆斯才意識到自己剛剛昏了過去，他的空氣腕帶也跟著斷線了。他連忙重新拉開空氣遮罩，提高溫度，把空氣灌進這顆保護他們的大泡泡裡。

「看在太空份上，詹姆斯，該死的，快回答我！」

「我還在，葛瑞絲。」他默念。

「你跳躍回來的時候，該死的生命讀數電圖全都沒反應了。」她說。

「我失去意識多久？」

「只有幾秒鐘。撐著點，這就過去接你們。」

詹姆斯檢查提圖斯的脈搏，老人的脈搏很微弱，萬幸的是他至少還有呼吸。他實在很走運，要是沒及時醒過來，大陪審官很可能撐不了多久。他深吸一口氣，緊接著立刻嘔吐起來，頭痛得像是隨時都會炸裂開來，彷彿有人拿著把大鎚子在猛敲，下一秒他的腦袋就會像顆香瓜一樣被敲得稀巴爛，腦漿全都噴出來，和他的胃袋內容物混在一起。他彎起身體，看著自己的嘔吐物往外飄，黏附在空氣遮罩平滑的內壁上，在他們兩人周圍包成一片膜。

他真的很需要喝一杯。他記得他們準備啟程之前，他偷偷從眾醒獨醉挾帶了一小瓶酒到船上。雖然只有一點點，但總比沒有好，最後這次跳躍簡直像是把他的五臟六腑都翻過來。

很快的，一個雙色小光點出現在遠處，往他們這邊靠近。他低頭看了一下濕透的襯衫，還有飄浮在空氣遮罩裡剛被他吐出來的午餐。太尷尬了，不過，至少這次他們不必等太久。幸好葛瑞絲事前做足了各種預防措施，還給他額外配戴一副緊急維生腕帶，就是為了避免這種危急情況發生，果然不出她所料。如果她沒這麼做，現在他和提圖斯多半已經沒命了。待會回到船上，葛瑞絲絕對不會放過他。

提圖斯那張乾皺的老臉開始浮現出血色，呼吸也漸漸恢復正常。他的身體蜷縮成球狀，活像是子宮裡的胎兒，與世隔絕的原地自轉著，甚至還大聲打起呼來，在一片寂靜的太空顯得格外響亮，幾乎讓詹姆斯覺得有點可愛了。

過去這一個小時，對這老人的衝擊肯定很劇烈，從他們離開金星之後，他都在不停的抱怨，糾正詹姆斯做的每件事，直到現在睡著了才消停。才和他相處沒久，詹姆斯就已經知道自己又找來了個難對付的傢伙。這就是把頭腦最傑出的人都聚集在一起會有的問題，他們要不是極端自大，就是已經太習慣發號施令，認為一切都應該在他們掌控下。不過，這已經不是他的問題了，讓伊莉絲和葛瑞絲去頭痛吧，是她們自己想要一個發明家和巧匠的，現在她們有啦。只要他的醫術夠好，治得了莎夏的病，其他的他通通不在乎。

「那個怪老頭還好嗎？」笨重的科學怪人號終於來到他們旁邊停下來時，葛瑞絲問他。

「還活著，如果妳想問的是這個。」

「把他搬到鋪位上。」葛瑞絲對李文說，然後走到詹姆斯身邊，檢查他的生命跡象：「到此為止，詹姆斯，不能再有下一次了。再跳躍一次，你就會死。」她嚴厲的說：「這次你已經是孤注一擲，下次你絕不可能活著回來，你如果死掉，對我們一點用處都沒有。我要你答應我絕不會再這麼做，用伊莉絲和莎夏的生命發誓。」

他點點頭：「到此為止。」

「快去休息，我還要再觀察你的生命跡象讀數幾個小時。」

「我得駕駛科學怪人號回地球。」

「我可不是在請求你。開船的工作交給李文就好。」

詹姆斯只得點點頭，踱著沉重的腳步走進船員艙，途中撞見了史密特的鬼魂，他看著昏睡不醒的提圖斯，吹了聲口哨：「真是不得了，對吧？既然你已經打破了從來沒人敢動的第一條時間法，再多幾次又有什麼關係，是不是？」

詹姆努力試著忽視他。至少這次來糾纏他的人是真的已經死了，不像莎夏和葛瑞絲。

「少來，老友。」史密特咧嘴一笑：「屬於過去的都已死。一個人不可能那麼簡單就活回來。」

「你就沒別的事好做嗎？」他咕噥。

「你只是這樣認為。」史密特回說。

「你的腦電波圖波動得很厲害，詹姆斯，我不是叫你去休息嗎？」葛瑞絲透過通訊腕帶在他腦子裡說：「你是不是又在跟那些幻影說話了？」

「只有一個。」詹姆斯還沒跟她說過史密特的事。他不確定該不該說，這次的幻覺感覺上和之前都不一樣。他回到船艙後面的房間，在其中一個比較低的鋪位躺下來，全身上下沒一個地方不痛的。就在他快要陷入深眠之前，忽然想起藏在儲藏櫃裡的那一小瓶威士忌。酒魔在召喚著他。有那麼幾秒鐘，他真的覺得進入夢鄉才是更好的選擇。然而，他還是睜開了眼睛，拖著疲憊的身體爬下床，躡手躡腳的溜進了隔壁的房門。

第二十二章　行政事務

聯軍佔領了另一棟一百三十三層樓高的大樓，這棟大樓位處哈林區，總共有二十三座空橋和第一二五街其他建築相接，是和這個地帶其他街區連通的中央樞紐。根據捕獵小隊的估算，光是這棟大樓裡的居民就有將近四千人。越深入曼哈頓島，野蠻人的人口越來越稠密，但郭的部隊作戰也越來越有效率，能夠熟練的俘虜和鎮壓這些當地人。到目前為止，聯軍已經征服了這座島四分之一的面積，而且在他們一路穩定推進的過程中，幾乎沒有碰上任何有效的抵抗。

郭站在一百一十四樓大樓最南側，俯瞰著底下廣袤的叢林，這片叢林覆蓋了好幾個街區，一直往南方延伸。今天早上的霧比較淡，能見度大幅提高，能看到幾百公尺遠。她得承認，電磁脈衝霧比她原本預期的還要棘手。部隊的人數有限，又無法使用現代的通訊設備，所以一開始要控制住已經佔領下來的街區時碰到不少問題。有時候一棟建築物才剛淨空，不到兩天又會有野蠻人跑進去，突擊兵部隊就得再淨空一次。以她手上現有的人力和資源，要管理的區域實在太多了，無論水平或垂直來說都是。

後來郭想到的解決辦法，就是利用他們在當地俘虜的幾千個原住民。被人從自己的家園驅離，找不到可棲身的地方，這些天真無知的原始人全都喪失了希望和方向。她提供工作給他們，讓他們成為聯軍的契約傭工，是給他們機會。在她看來，是她把這些在爛泥巴裡打滾的原始動物提升到了文明人的水準。

改造這些人並沒花她多少工夫。先拿幾個人殺雞儆猴，把恐懼灌輸到他們腦子裡，再找個有權威形象的人來當傳聲筒，轉達上面的指令，確保他們會安安份份的聽令行事。如果有野蠻人膽敢妄動，就再多殺幾個。除此之外，就是拿食物餵飽他們。用不了幾天，所有被他們擊敗的部落就已經全部臣服在新秩序之下。

像是諾斯伍德族，艾娃殺了他們十來個領袖，終於找到一個願意聽從命令，能讓其他族人乖乖聽話的人。在那之後好幾個星期，聯軍的勢力範圍以穩定的速度擴展出去，接連佔領了一棟又一棟的大樓，向當地人宣示他們的到來。如今已經有超過一百個野人部落歸他們契約所有，有些小到只有二十人，有些規模大到將近一千人。有了這些額外附加的勞力，聯軍才得以控制他們既有的佔領地區，並從中獲取穩定收入，讓他們繼續一個街區又一個街區的吞噬這座島。

最開始的規劃，是由比較強壯的野蠻人負擔粗重的勞動，小孩子負責跑腿傳訊，年老體衰的則負責站哨。這是經過戰略考量的安排，佔領區和未淨空區交界處的大樓出入口和路口全都由這些老弱者看守，一旦發生騷動，站哨的人就把情況轉告給傳訊的小孩，讓他們跑回去距離最近的監控兵前哨基地通報。這種配置方式很原始，但只要每個人都恪守崗位，做好該做的事，就是很有效的方法。

然而，這套系統才執行一個星期，就演變成了一場大災難。她的規畫完全敗在這些野人差勁的工作倫理上，他們對責任和雇傭關係一點概念也沒有。她的手下有好幾次抓到他們開小差，在值勤期間睡覺，不然就是離開他們的崗位到處晃悠。要是以往，郭根本不可能容忍這種抗命行為，但是，即使她再怎麼痛恨也不得不承認，她就是需要他們。隨著聯軍不斷南下，要掌控這條貫穿整個曼哈頓島的戰線，她需要的人數是現有的兩倍。增援的人手還是遠遠不夠。

郭認為這要怪她自己太疏忽。這些野蠻人什麼也不懂。他們是代代相傳的吸血蟲，好幾個世代以來就只知道索取和依賴，要吃要住，卻不想付出勞力來換取這些福利。結果監控兵和突擊兵還得額外花心力監管這些野蠻人工作，完全失去了一開始把他們納為契約工的意義。

後來她又花了幾天做研究，才從過去的經驗想出解決方案。她找到的參考對象是海王星神聖國的經濟模型，和更久遠以前一個叫北韓的極權政體。這是個穩當的短期策略，應該很快就能見到成效。現在，她順著樓梯往樓下的臨時拘留所走去，已經準備好要實施她的新計畫。

她來到拘留所樓層的開放式中庭，他們剛捕獲的三個部落，將近兩千個倖存者像牲畜一樣被集中在那裡，由聯軍人員按照勞役者、站哨者和信差三個類別把他們分隔開來。她到的時候，艾娃正在和一群突擊兵廝混，便直直走過去，把艾娃拉到一邊。「管理這麼多新來的野人，需要多少突擊兵和渥爾塔人員的人力？」

「需要將近七成的值勤時間，長官。」艾娃說：「至少要兩天才能控制住他們，把他們組織起來。之後要讓他們守秩序、監督他們做好份內的工作，則要花將近五成的時間。」

「這種缺乏效率的做法是無法被接受的，如果再放任這種情況持續下去，會嚴重拖垮我們的攻勢。」

艾娃點點頭：「我方控制的街區範圍逐日在增加，而且我方只有兩千名戰鬥人員，實在很難維持住進攻線。我們進佔建築物的速度太快，又沒有足夠的人力覆蓋。除此之外，我們也零星收到報告回傳，北邊的街區有騷動，所以又得動用更多人力到這些已經佔領的區域巡邏。」

郭在心裡暗自生氣。現在最重要的就是要趁著當前的勢頭繼續推進，再不採取行動，這整個進攻行動很快就會被自己的重量壓垮。「越往南推進，大樓裡的人口也越密集。如果要維持目前的步調和速度，就得改變我們現行的規定。把預備部隊的人數從八成降低到五成，這些野蠻人犯不著我們大費周章，用一半的人力應付他們就好，否則我們只會在這個軍事佔領的泥淖裡越陷越深。我要部隊隨時保持移動，這樣才能繼續造成威嚇。」

「但是，這麼做還是解決不了問題。」艾娃說：「我們不只得管理這些契約工，還要保持警戒線完整，五成的人力只夠強迫他們守在崗位上，沒辦法同時處理這兩件事。」

「或許從一開始我們切入問題的角度就錯了。」郭這麼說：「我有個新的想法，剛好可以拿這批剛抓到的野蠻人做試驗。把粗重勞動和看守警戒線的工作都交給強壯的去做，老弱的則全部關在臨時拘留所。如果那些健康的人沒做好份內的工作，就由他們關愛的人受罰。」

「用人質要脅他們嗎，長官？」艾娃說。

「這是給他們動力。」郭回答：「為更好的將來著想。相對的，如果他們能恪守本份，我們就給他們的族人衣服穿，餵飽他們，給他們地方住。我們也不用再額外浪費人力監督那些老人和弱者，兩個問題一次解決。」她指著那群在房間中央瑟縮成一團的囚犯，他們神情懊喪，滿身都是戰鬥過後留下的傷口和血跡：「這就是妳的新指令，秘安官，按照他們的家庭單位把他們集合起來，父親，母親和孩子在一起，然後再把他們拆散，有工作能力的分到左邊，虛弱的分到右邊。想保障家人的健康和福祉，全看他們能不能盡責的完成任務，我們會按照他們的工作表現來評估，確保他們清清楚楚認知到這點。」

「是的，長官。」

說完郭就站到一邊，看著艾娃上前去執行她的新命令，沒有多久，孩子們被監控兵從父母身邊拉開，妻子們被迫和丈夫分離，啜泣聲、哭喊和哀嚎充斥了整個房間。其中有些人試圖抵抗，但最後都被毆打到不得不屈服。把這兩千人分到房間兩側的過程持續了將近三十分鐘，然而，分類才開始沒多久，他們就發現在這兩組以外還有第三個群體。

這群野蠻人有將近半數的人沒有明確的親屬連結，也就沒有相應的義務關係。在最近的幾次戰鬥中，許多健全的族人要不是已經喪命，就是拋下了體力不支的同伴自己逃走。艾娃不得不把這些無親無故的人另外分成一組，而且最後還成了人數最多的一組。她把人都分好後，又回到郭身邊：

「我們該拿這群人怎麼辦，長官？」

她倒是沒考慮到這情況。先前的種種惡跡已經證明了，如果缺乏適當的動力驅使，這些荒地居民有多麼散漫不可靠，既不可能給他們需要擔負責任的職位，也不可能僅僅為了慈善繼續養著他們。郭邊走邊想，來到和隔壁大樓連接的空橋前，望向黑暗的出入口。從這裡過去一百公尺，也就是空橋兩邊相接的地方，有一堵磚塊和垃圾堆起來的牆，應該是某種防禦用的路障，好像這麼做就會有用似的。每當聯軍入侵一棟新的大樓，這些野人部落本能的想要抵擋他們，就會在出入口蓋起這種東西，可能是他們和彼此作戰時使用的策略。通常她的部隊用不到五分鐘就能攻破，然而，突破路障是整個行動當中最危險的部分，他們有半數的傷亡都是在這些進攻點發生的。

這讓她想到了一個新點子。

她指著隔壁大樓，同時也是下一個他們要攻佔的目標說：「根據捕獵小隊估算，那棟大樓裡的野蠻人數量和目前這棟差不多。我們攻佔這裡的時候，他們已經有了防備，想必現在正嚴陣以待。下一棟的進攻行動會比之前更困難，再下一棟也是，越往前推進會越吃力。與其每次都要和他們硬幹，不如先稍微鬆動他們的防衛，再派我們的部隊進去。」

「我不懂您的意思。」

郭又回過頭來指著第三組人：「不能讓現成的人力和資源白白浪費掉。把這些沒有親屬的俘虜趕到那棟大樓裡去，讓他們去宣傳我們的到來。在那些還妄想要抵抗我們的人心生恐懼。說不准我們連一顆子彈都用不著，他們就會自己投降了。就算往最壞的方面設想，那些野蠻部落也得應付一大批忽然湧入的難民，要不是得殺他們，就是得設法收容他們，但兩種做法都會消耗他們的心力和資源。無論如何，最後得利的都會是我們。」

艾娃點點頭：「我去叫突擊兵趕他們過去。」

她的部下一個接一個傳令下去，很快就傳遍整個房間。郭看著那些俘虜被拉著站起來，往空橋的方向驅趕，全都是一臉迷惑的樣子，完全搞不清楚狀況，不禁翻了個白眼：「艾娃，我說把他們趕過去，我的意思是像這樣。」

說完她便啟動超動能，放出一道巨大的白色光柱，然後快步上前去，往其中一群俘虜轟過去，轟得人群裡軀體橫飛，連帶把周圍的人也撞飛出去。

一開始那些野蠻人還磨磨蹭蹭的在附近打轉，因為他們已經投降，聯軍也承諾會給他們食物和住所，不確定現在到底是該待在原地還是該跑，在服從和反擊之間擺盪，然而很快的，原始的求生本能佔了上風。

郭只管繼續推進，不斷把光柱掃進人群裡，如果有人靠她太近就出手攻擊。在她左手邊，艾娃也啟動超動能比照辦理，右手邊則有一群監控兵跟從她，但他們顯然沒有她的熱忱，而且驅趕的方式也很沒效率。不到幾秒鐘，這群野人便開始互相踩踏，拼命擠到空橋上，像躲避淹水的鼠群一樣往對面的大樓出入口逃過去。

「守住這裡。」郭站在橋基上說：「別讓他們跑回來。」

這些俘虜逃到路障前，另一棟大樓的守衛立刻朝著他們舉起武器，讓場面更是混亂。其中有些人想回頭，卻又被光彈腕帶和超動能光柱逼回去。整個空橋成了一座巨大的死亡陷阱，這批野蠻人被困在橋上，進也不是，退也不是，無可避免的造成了更多踩踏，許多人就這樣被驚慌的人群活活的踩死。

「逼他們繼續往前。」郭再度指示，看著監控兵繼續用武力迫使人群往前進。隨著他們施加的壓力不斷累積，洶湧而至的人群終於突破防禦路障，像是炸開了壓力閥那樣一股腦的湧進大樓裡，驚慌失措的四處竄逃，很快就在大樓裡掀起了一陣騷亂。

郭很滿意的看著這一幕，隨即打個手勢要監控兵停止進攻：「守在這個位置上，守到天黑為止。」接著她又示意艾娃過來：「讓這場混亂再持續兩個小時。等對面的守衛累了，以為自己已經把場面控制住的時候，就換我們進攻。這是一次戰術上的進步，從現在開始，就用這些俘虜當我們的先鋒部隊。」

就在郭要離開房間時，她的副官從後面追上來叫住她：「不好意思，長官？」

「怎麼了？」

「這可能不是我該說的……」

「妳是我的副官，而且妳已經證明過很多次，妳有擔負這個職位的價值。儘管說出來。」

艾娃指著瑟縮在角落的一群部落民：「您這是要求我們像趕牲畜那樣驅趕他們。這些野蠻人或許沒有什麼產能，但他們畢竟還是人類啊。」

「所以妳認為我們應該關心他們，就因為他們也是人？他們有給我們，或給全人類提供過什麼價值嗎？」

她的副官頓住了：「我的意思是，這座島上還有上千個像這樣的野蠻人，我們總不能把他們全都當成可消耗的動物來對待。」

郭掃視過房間裡那一大群被圍困起來的野蠻人「妳知道。」她柔聲說：「我是在哪裡出生的嗎，艾娃？」

艾娃皺起眉頭：「根據您的姓氏，您來自木衛二歐羅巴國，不是嗎？」

「我在年紀很小的時候改過姓氏。我其實是在土衛五出生的。」

她的副官很吃驚：「那個淪陷的社會主義國？」

「我的家人逃亡到歐羅巴國之後，賄賂了難民部門的行政人員，好洗刷掉那座殖民地可能在我們身上留下的任何汙名。但沒錯，我是在那裡長大的，親眼目睹了它瓦解的過程，就像是坐在最前排體驗了人類有史以來最可怕的其中一次社會災難。」她看了艾娃一眼：「妳好像很驚訝。」

「很抱歉我這麼問，長官。」她的副官鞠躬說：「您大概是我見過最不像是在社會主義的環境裡被養大的人。」

郭露出了像是吃到怪東西的表情。「我的父親，是一位居住地建築師，被政府招聘來為土衛五設計組裝式的增建艙間。這座殖民地許諾所有人都能平等而輕鬆的在這裡生活，吸引了很多高技術人才來當殖民者。曾經有段時間，這構想還真的行得通，由殖民地成立的臨時政府供應所有人的需求。但是好景不常，有越來越多不事生產的人要養，真正有能力有產值的人卻越來越少。所以可想而知，後來爆發了糧食暴動，還有幾支艙間幫派佔領了氧氣儲存運輸系統，我全都還記得。整個殖民地很快就被自己內部的沉重負擔給壓垮，就像大多數情況，只有會鬧的孩子有糖吃。」

「後來您的家人就都逃出來了？」

「他們全都逃出來了，除了我父親。那個人直到臨死前都還在拼命工作，試圖讓殖民地保持運行，後來那群暴民闖進他的艙組，截斷了那棟建築物的維生系統，轉接到別的地方去。」她指著那群瑟縮成一團的野蠻人：「我那時候還很小，但我記得清清楚楚，那些暴民，那些沒有價值、對人類毫無貢獻的渣滓，看起來就和他們一樣。」然後，她轉過來面向艾娃：「好好記住，秘安官，不需要多少重量就能讓一艘船沉沒，如果不能及時斬斷這些負擔，只會把所有人都一起拉下水。」說完她便邁步離開房間。

「您父親的事我很遺憾。」艾娃在她身後喊道。

郭甚至懶得回頭。「沒什麼好遺憾的。他不過是個滿腦子愚蠢理想的傻瓜。」

第二十三章　新家

流浪了這麼久，艾爾弗雷人終於可以好好做一件之前沒辦法做的事，就是打開行李來整理。能把屬於自己的東西從庫存裡拿出來，一樣一樣歸定位佈置好，光是這個過程本身就充滿了治癒人心的效果。好幾個月以來，他們就像候鳥一樣居無定所，如今終於可以安頓下來了。廚師們終於可以把烹飪工具和設備從箱子裡拿出來，佈置出一間真正的廚房。教師們也可以找個房間當教室，重新開始規畫課程。就連牲畜都有自己專屬的放牧樓層，可以在有野生植披的高樓層自由自在的活動。最棒的是，艾爾弗雷人終於又有了一個家。為了妥善運用熨斗族分配給他們的三個樓層，把整個部落安置好，伊莉絲、法蘭薇和其他長者還得充當城市規劃者，整個星期都忙得不可開交。

他們首先要操心的事項之一，就是種植新作物。熨斗族給了他們位處高樓層的九個樓層，白天有充足的日照，是很理想的耕種地點。要確保部落的長期生存，最重要的就是要重新補足血玉米、發光菇和麻藥大麻的儲量。幸好這幾種作物都生長得很快，有些已經發芽了，最快一個星期內就可以收成。

熨斗族人似乎也決定開始信任他們，就在伊莉絲和克羅達成協議的隔天早上，所有限制都被撤除了。她不再覺得他們像是生活在監獄裡，他們可以自由的在整棟大廈裡活動，和熨斗族人互相交流，不過，兩個部落都還是習慣和自己的族人待在一起，雙方需要一段時間才能真正熟稔起來。

伊莉絲走過這三個樓層新建立起的居住區，已經能感覺到社群的氣氛在艾爾弗雷人之間重新凝聚了起來。部落的主體坐落在五十七樓，被暱稱為中村。這層樓本來是一間巨大的辦公室，有好幾排小隔間羅列在四周圍。他們給每個家庭分配隔間的時候，發生了不少爭執，因為很多人都爭著想要最好的位置，幾乎沒辦法按照原本的規劃分配，還好經過幾番調解，最後算是皆大歡喜，每個人都分配到了屬於自己的空間。他們還給每條走道取名字，人們進來這個錯縱複雜的隔間迷宮裡才找得到方向。

五十六樓被稱為下村。廚師們把廚房設置在這個樓層的北側，新建造的冶鐵爐也在這裡，和廚房共享火源，南側是守衛們的指揮總部，而整個西半側則都被規劃為糧食儲備區。

五十八樓的上村是個開放的大空間。艾爾弗雷人把西北側的一連串小房間改造成學校，商店、攤販和提供各種服務的工匠也很快就佔滿了整個樓層其他部分。到了這星期尾聲，這裡已經發展成了熱鬧的市集，伊莉絲能聽到族人們友好而輕鬆的跟彼此聊天。他們終於又能開始過上真正的生活了。

伊莉絲在這層樓的角落也有一間自己的辦公室。說來有趣，以前她總是認為自己要老到駕駛不動機械人，做不了野外生物學家的體力活之後才會開始坐辦公室，誰想得到她會跑到這個未來世界，被一個原始部落推選為頭目，還因為這份職責給自己贏得一間辦公室，實在是很妙。

另外還有一件最重要的事，就是守衛北側和東側的路障，她已經答應過克羅，這兩側全部四個路障都由艾爾弗雷族包辦。他們要是想在全銀河大廈保有所有權，全看他們能不能履行合約。她大部分的時間都在和艾瑞亞歐討論路障的守衛輪值，確保他們有一套完備的系統，每個守衛都知道自己該做什麼，緊急突發事件發生的時候，也有可以應對的計畫。

伊莉絲還安排了和克羅的每日例行會晤，好讓雙方對當前情況的瞭解保持同步。剛開始的時候，她還擔心這麼做會煩擾到克羅，因為艾爾弗雷族和她竟然有權限直接和導師見面，已經招致了顧問團裡幾個人的怨恨和不滿。不過，導師本人似乎一點也不介意，至少她每次來和他開會時，他總是帶著滿臉微笑迎接她。

然而，這陣子以來持續不斷的突襲，尤其是從北邊來的那些，已經成了嚴重的問題。奇怪的是，大部分的突襲行動都是隨機的，而且攻擊他們的部落都是同個種族。然而，其中有些又是經過精心策劃組織的奇襲，來的都是戰力強悍的入侵者，目的是要掠取他們的物資。有時候則只是一群想要往南方行進，剛好不幸被他們擋住了去路的流浪者。很少有部落傻到會攻擊他們第二次。但是，到底為什麼會有這麼多不同的部落在攻擊他們，其中有什麼規律可循，他們還是不清楚。

對伊莉絲來說，這情況又格外煎熬，不過就在兩個星期前，艾爾弗雷族也曾經想要攻進來，當時他們的處境和這些人並沒有什麼不同。然而現在卻換成他們守在路障上作戰，試圖逼退這些人，未免太不公平。隨著守衛們擊退這一波又一波的入侵者，他們也深受這個念頭所擾。如今每座路障每天至少都會遭受一次攻擊，北邊的路障甚至多達一天三次，在這樣持續不斷的壓力下，熨斗族人不可能守得住這八座路障和這棟大廈。以前還沒有艾爾弗雷族幫他們的時候，他們是怎麼守住這個樓層的？她越想越不安，決定到克羅的住處找他討論這件事。

她到的時候，克羅正坐在小火堆前，給一群圍繞在他身邊的孩子講故事，抬眼注意到她在門口，朝她微笑起來。他在給他們唱誦一首歌謠，講的是熨斗族的歷史，她便站在那裡聽他把故事唱完。歌謠中敘述，熨斗族人的祖先來自尼加拉瀑布，在五大湖區大淹水的時候逃離了原本的家鄉，好幾個世代以來，他們都在那附近的地區流浪，漸漸變成了一支征戰部族，掠奪他們到過的每個地方。當時的世界正處於黑暗時代，也是他們部落最黑暗的一段過往。直到他們抵達曼哈頓島，佔領了全銀河大廈之後，才逐漸脫胎換骨，從野蠻的掠奪者馴化為農耕部落。

克羅唱完故事後，敦促孩子們離開房間，眉開眼笑的請伊莉絲進來：「又是另一次報告嗎，長老？我們幾個小時前才開完會。我都開始覺得妳只是喜歡和我作伴了。」

「那是當然的，導師。」伊莉絲在克羅對面一個靠近火堆的位子坐下：「這些攻擊大廈的入侵行動從來沒有停過。我的守衛們說，光是這個星期就來了十幾次。我總共得安排四組輪值才應付得過來。從前熨斗族人是怎麼辦到的？」

克羅搖了搖頭：「我們剛好碰上了特別艱困的時期，長老。這是最近幾個星期才發生的新現象，以前我們從沒遭受過這麼頻繁的襲擊。我們的大廈在這附近的街區相當知名，很少有人會來攻擊我們，通常整個時節都碰不到幾次。以前我擔心的是族人們會變得太鬆懈，如今我擔心的卻是族人越來越少，總有一天可能再也守不住路障。」

「有那麼多部族來過這裡，為什麼你會選擇信任我們？」她問。

「有兩個原因。」他笑說：「第一，因為你們開口問了。在迷霧之島，流浪部落從來都是先動手不動口。這是個險惡的世界，我當導師這麼多年，還沒看過幾個人會在發動攻擊之前先開口問人家的。第二，老實說吧，我們也沒其他選擇。艾爾弗雷族和熨斗族的人數不相上下，而當時我方已經有很多鬥者負傷。如果那天晚上你們選擇攻擊，我們很可能也守不住那道牆。那時候我看到妳手上的光彈腕帶，就知道你們會是很難對付的敵人，所以我別無選擇，只能先嘗試和你們和談，但我很高興當初選擇這麼做。熨斗族人也都很感謝你們願意幫忙分擔這份重擔。」

「合作才能讓我們都更強大。」她附和。

這實在是個奇怪的巧合，這些襲擊活動開始增加的時候，正好就是艾爾弗雷族抵達迷霧之島的時候。伊莉絲心底升起一個可怕的念頭，覺得這兩件事可能是有關連的，但又滿心希望這不是真的。是她決定帶領艾爾弗雷人來到這裡的，如果聯軍真的是被他們引來島上，造成了這些動盪和騷亂，一切都得怪到她頭上。而且，這表示他們不但把自己的災難帶給了熨斗族，還趁勢利用他們的絕望獲得好處。光想到這點就讓她難以忍受。

「長老。」芮瑪忽然跑進房間來：「有艘飛船正從南方往這邊接近。」

伊莉絲倏地站起身，一陣驚恐襲上心頭。本來她還指望能逃出聯軍的魔爪，就算沒有幾年，只有幾個月也好，至少讓族人們能過上一段平靜的日子。更要緊的是，這是聯軍的例行巡邏，還是一次攻擊行動？如果真的攻過來，艾爾弗雷族也沒有臨陣脫逃的立場。這下他們是死定了。

「召集所有守衛。」她說：「看在地球母親份上，他們怎麼會那麼快就找到我們？」

「不是的，長老。」芮瑪說：「飛衛們在對面河岸一個沒有霧的地方設了個秘密偵測點，他們一直在那裡等科學怪人號的訊號。今天一大清早，布莉亞跑回來報告說，他們終於和科學怪人號取得了聯繫。」說著她微笑起來：「葛瑞絲長老和詹姆斯前輩要回來了。他們才剛穿過一條水底隧道抵達迷霧之島，很快就會在七十三樓的天臺降落。」

接下來的幾分鐘的記憶，對伊莉絲來說全是一團模糊。她只記得自己一口氣爬了三十層樓梯，喘得上氣不接下氣，最後整個人飛撲進詹姆斯的臂彎裡。

第二十四章 家庭單位

詹姆斯掀動了幾下眼皮，睜開眼睛，映入眼簾的是伊莉絲住處那片斑駁的天花板。這裡以前一定是間辦公室。一塊塊白色方形拼板往四面八方延伸，像是某種網格，單薄的拼板有一半已經不見了，只留下漆黑的缺口，剩下的看起來也搖搖欲墜，好像一碰就會碎掉。這些黑白相間的網格組成了各式各樣的形狀和規律，如果從特定的角度盯著看，看起來就像某種生物，就像雲一樣。或是夢境。

他感受到一種奇異的孤獨，卻是讓人愉快的孤獨，然而，他並不是自己一個人在床上。他忽然意識到，昨天晚上他完全沒作夢，伊莉絲待在他身邊的時候，他從來不作夢。只要她在附近，他的幻影就會消失得無影無蹤，彷彿她能把那些幻影都阻擋在外，保護他不受侵擾。說起來，除了新出現的那個，他有好一陣子沒看過他們了。他們都到哪裡去了？難道幻影也像動物一樣，會找個隱密的地方自己安靜死掉嗎？

耳邊傳來輕柔的呼吸聲，他低垂視線看了看左側。伊莉絲正好挪動了一下身體，她整個人依偎著他，一隻手臂橫過他的胸膛，頭枕著他的肩膀，胸腔一呼一吸和他同步起伏著。詹姆斯撩開一縷披在她臉上的髮絲，輕輕摩娑她的臉頰。從他們第一次見面以來，她的頭髮長了不少，原本的紅髮逐漸被天生的黑色取代。她很愛她的紅髮，還發誓說一定要找到染髮劑染回去。當然啦，就算她的頭髮掉得一根也不剩，他還是會同樣愛她，不過，每次出去交易補給品的時候他總是記得要特別幫而返的挫敗感。

她留意。染髮劑在現時世界是很罕見的商品。有一次他買了紅色顏料回來給她，伊莉絲一看到就大笑起來，跟他說，他這麼努力幫她找，實在是太可愛了。光是聽到她講這句話，就足以彌補他無功而返的挫敗感。

詹姆斯緩緩翻成正躺，稍微撐起上半身，後腦勺靠在牆壁上。他們躺在一張老舊的床墊上，床頭堆了起碼有十來個枕頭。伊莉絲那個時代的人習慣睡在這種軟軟的東西上，艾爾弗雷人知道這件事之後，只要能找到任何蓬鬆柔軟的玩意，就通通帶來給她。詹姆斯睡硬地板睡習慣了，根本睡不慣這些枕頭，但伊莉絲非常喜歡，他也就配合著讓自己適應。

伊莉絲忽然喃喃說起夢話，收緊了攥著他的手，很快又陷入熟睡。昨天他們倆很晚才睡著，先是和莎夏團聚，享受了屬於一家人的時光，接著又在這張床墊上激切的做愛，緊緊擁抱著彼此直到深夜，四肢交纏躺在一起，看著觸鬚似的霧氣在窗戶和牆面的裂縫外繚繞盤旋。

守夜人的敲更聲從遠處傳來，讓部落裡其他人知道，有人在他們睡夢中守望著。一切都是那麼寧靜，簡直寧靜的過份了。詹姆斯經歷過太多突如其來的變故，這種寂靜反而讓他無法安心。然而，即使如此，他還是不願意離開床墊，生怕吵醒伊莉絲。昨天晚上，法蘭薇悄悄把他拉到一邊，告訴他說伊莉絲每晚只睡得上四個小時，她不但得擔負一族之長的重責，還得領導族人們從波士頓一路跋涉到紐約，這一切對她來說都是艱難的考驗。想到自己竟然在這種最要緊的時候離開她身邊，熟悉而強烈的罪惡感立刻襲上他心頭。

外頭那陣敲更聲戛然而止。這好像是今晚大約第三十次敲更，表示已經接近黎明了。肯定有什麼不太對勁，說不定他們正遭到襲擊，或是有人發現入侵者或野生動物從樓梯間闖進來，可能是任何東西。詹姆斯悄悄起身想爬下床，儘可能放輕動作，以免吵醒伊莉絲。

沒想到，伊莉絲冷不防捉住了他的手臂，把他拉回來躺下。「有守衛看著呢，詹姆斯，讓他們去處理就好。」

「那可能是哪個部落想偷我們的物資，或是……」

伊莉絲睜開眼睛看著他，握住他臂膀的手收得更緊：「你們不在的時候，我的族人也應付得過來，就算現在你回來了也一樣。我們已經不再需要你拯救我們了，不過呢，我需要你留在這裡好好抱著我。」

所以就是這樣，他聽話照做了。詹姆斯注意到她稱艾爾弗雷人為她的族人，儼然就是族長的姿態。他離開地球的時候，還不確定她是不是有足夠的心理準備要扮演這個角色，現在看起來，她終於接受了自己的領導者身分。他回想起當初伊莉絲剛來到現時世界的樣子，嘴角不禁浮起一絲微笑。那個時候的伊莉絲，和現在躺在他懷裡的這個伊莉絲，簡直就是截然不同的兩個人。雖然看到她失去了一部分從前的天真和活潑讓他難過，然而，現在的她也比從前更深沉，更耐人尋味。

接下來一個小時，他便滿懷樂意的臣服於長老的指揮下。他們擁抱著彼此，在睡鄉表面浮浮沉沉，直到最後一次夜更聲結束。這是詹姆斯幾個月以來擁有過最安詳的時刻。

一道微弱的陽光穿過晨霧，從窗外照進辦公室的時候，莎夏也從門口探頭進來找他們了。她的出現提醒了他，外頭還有其他責任在等著他。莎夏來到床前，伸手拉了拉他們的毯子：「你們怎麼還在賴床？法蘭薇長老說，比太陽晚起的人註定要永遠沐浴在黑暗中。」

「我連那是什麼意思都不知道。」詹姆斯咕噥著說，被罪惡感驅使著爬起身。他現在也算是個家長了，得在孩子面前做個好榜樣。他往伊莉絲的嘴唇輕啄一下，便從毯子底下鑽出來。

「意思是你很臭。」伊莉絲打了個呵欠，睜開眼睛，先看了看莎夏，又看了看詹姆斯：「毯子裡很溫暖，身為長老，我在此慎重決定，我要把自己裹起來繼續在黑暗中沐浴。」然後她翻了個身，又回去睡她的覺了。

詹姆斯站起來，伸展一下四肢，感覺全身上下每個關節都在喀啦作響。他的心臟右側忽然傳來一陣銳利的刺痛，他沿著胸膛摸過去，用手指壓了一下，痛得像是神經在放聲尖叫。他帶提圖斯跳躍回來之後沒多久，他的經常感覺到這種短暫而強烈的刺痛，一開始是從脖子根部開始，後來會隨機出現在全身各個部位，來得快去得也快。他深呼吸幾下，忍耐著等這陣疼痛過去。

「你要不要來？」莎夏說：「新的一天可是不等人的喲。」

詹姆斯穿上衣服，跟莎夏一起走出位處轉角的辦公室，從五十七樓下到吃飯的樓層。他一手攬住莎夏的肩膀，把她摟近自己身邊：「我不在的時候，妳沒惹麻煩吧？」他親切的問：「該做的功課都有做嗎？」

莎夏活力充沛的點點頭：「我有遵守約定。現在我數數已經數到快和芮瑪一樣多了。你呢？你有遵守約定嗎？」

他不禁遲疑了一會。他的小妹太了解他了。於是他在莎夏面前單膝跪下來，握住她的手說：「我沒辦法做到完美，但是，哥哥真的很努力。」

她不為所動的看著他，嘴巴往左嘛了起來。他就這樣跪在她面前，承受她譴責的表情，等著他十歲的小妹宣告她的判決。最後，莎夏終於點了點頭：「這次我原諒你，詹姆斯。」

「謝謝妳，莎夏。」

「但我不會每次都這麼寬待你，所以不可以得寸進尺。」

「妳在法蘭薇那裡盡學些不該學的。」他嘟囔著，繼續順著樓梯往下走。當他們到公共食堂的時候，已經有很多人在大廳裡排隊等著拿早餐，兩邊部落的人都有。熨斗族人也有自己的食堂，但他們現在越來越常來這裡吃飯。說真的，沒什麼好意外，因為艾爾弗雷人的廚師比他們的要好上太多。不過，這樣等於是讓熨斗族人佔用他們的物資，他向伊莉絲提過這點，但她似乎不怎麼介意。事實上，她根本是竭盡所能的把艾爾弗雷族的資源供應給他們。照這樣看來，她的確是成功贏得了人心，但是這種策略的成本十分高昂。有太多張嘴等著他們餵了。

詹姆斯和莎夏加入其他族人的行列，和他們一起排隊領食物。負責分配餐點的莫卡看到他們，招手要他們兩個插隊到前面來，詹姆斯只搖了搖頭。身為艾爾弗雷族的前輩，他其實有優先的權力，然而當時旅特工這些年，早已讓他學夠了教訓。特權會如何讓一個人孤立於普通人之外，他再清楚不過，而如今的他最不想要的，就是讓這種東西再次出現在他生活中。

拿到餐點後，他和莎夏找到位子坐下來，她開始滔滔不絕的講起自己今天打算做些什麼。她似乎對任何事物都感到興致高昂，這也難怪，畢竟她是在涅墨辛妮基地長大的，來到地球之後又被聯軍追殺，每天都在逃亡。和艾爾爾弗雷人一起在荒地裡生活當然也很艱困，但和當年母親死後那段地獄般的日子相比，這裡就像是一座安全而寧靜的避風港。

「現在葛瑞絲長老也回來了，妳打算怎麼辦？」他問：「法蘭薇長老是不是得和她平分？大家好像都很愛妳耶。」

莎夏燦爛一笑：「我喜歡同時跟她們兩個學習。她們教我的東西很不一樣。葛瑞絲長老教我怎麼幫伊莉絲的忙，把實驗室整理得井井有條。法蘭薇長老教我怎麼照顧部落的動物。」

「這兩種工作妳比較喜歡哪一種？」

「它們不一樣，詹姆斯。伊莉絲說，兩種工作我都要學會，將來才能幫助地球的人們，讓他們的生活越來越好。」

詹姆斯一邊吃早餐，一邊聽莎夏吱吱喳喳的繼續說下去。他除了偶爾應答一下，幾乎都沒說話，享受的聽著他的小妹從一個話題跳到另一個話題。她仍然擁有一顆稚嫩的心，而且令他驚訝的是，從前經歷過的一切不但沒能消磨掉她的樂觀，從她被帶到現時世界以來，甚至還可以說是有增無減。

過了一會，李文和寇爾也下樓來了。寇爾一踏進食堂，就直接插到隊伍最前頭。李文看到他們兄妹倆單獨坐在一起，則往他們的方向走過來。詹姆斯提醒自己，坐在他身邊的妹妹是真的存在現時中，反射性的朝著這位前稽查官露出微笑：「早啊，李文。聽說葛瑞絲已經派了任務給你，今天就要出發執行你第一次跳躍了吧？」他轉頭對妹妹說：「莎夏，提圖斯——那個新來的醫生，就是那個應該會讓妳覺得比較好過的人，他在醫務室等妳。妳要不要先過去找他？等我和我們部落的新成員講完話，馬上就過去陪妳。」

莎夏點點頭，站起來，朝李文揮了揮手：「歡迎你加入艾爾弗雷族，李文先生。」他說，然後便輕快的離開了。

至於李文呢，一如往常，直接省略了寒暄和客套話。「葛瑞絲這個星期已經給我安排一次跳躍，下個星期兩次，再之後還有三次。」

「歡迎加入我們的時空打撈，遊戲規則就是沒有規則。」

「這些荒地野蠻人甚至沒有時旅後遺症抑制錠。」

「我們連自來水都沒有，順便提醒你一下，還有，你最好不要隨便叫人家野蠻人。」

李文環顧了一下四周，在詹姆斯桌位對面坐下來。至少他還有點修養，知道要壓低音量。「照時間之母這種步調，不出一年我的時旅後遺症就會和你一樣嚴重。」

「你把所有因素都考量進去，還認為自己活得過一年？你什麼時候變得這麼樂觀了，李文？」

「少跟我貧嘴，詹姆斯。」李文惱火的說：「這種做法從理論上來說根本就站不住腳，你明明也很清楚。」

詹姆斯只聳了聳肩，漫不經心的撥弄著盤裡的食物。他早就把自己的健康奉獻給了艾爾弗雷族。自從伊莉絲和他加入之後，他們的伙食品質就飛躍般的不斷升級，但考慮到大部分荒地部落平常能吃到的東西，要不進步也很難。以前他們吃的就只有蟲子、嚙齒類，還有一些要經過特殊處理的植物，如果沒有用正確的方式煮熟，很可能會把人的腸胃刮爛。「聽著。」他一邊說，一邊用削尖的細棍插起一小片肉送進嘴裡：「我們一直試著要從黑市買到抑制錠，已經找了好幾個月。真要說起來，我在時旅總署的人會被殺，你要負起大部份的責任，容我補充一下，這個人還剛好是我們的朋友。」

對詹姆斯來說，這件事仍然是他的隱痛。他心底也知道自己只是在找個對象怪罪，把怒氣轉嫁到李文頭上，他該發怒的對象應該是郭秘安官，她才是真正的兇手，但他就是忍不住。史密特的死仍然是個未癒合的傷口。李文的臉色沉了下來，兩人緊皺著眉頭，相對無言，彷彿吞下了什麼酸苦的東西。

「對不起。」詹姆斯垂下頭。「我說得太過份了。如果你說你為了阻止這件事發生，已經盡過一切努力，我會相信你。」他指了指那條排到大廳門外的長隊伍：「你何不在出發前先去拿點吃的？」

李文往他的盤子瞥了一眼，搖搖頭：「有水和配給乾糧就可以了。我已經太久沒跳躍過，最好還是吃我熟悉的食物，不然可能會吐出來。」

「李文。」就在前稽查官起身要走的時候，詹姆斯叫住他，朝他伸出一隻手：「祝你好運。」

李文低頭看了看那隻伸向他的手，只輕輕點了個頭作為回應，便轉身離開房間。

一會兒後，詹姆斯下樓來到三十五樓，也就是醫務室所在的樓層。他聽到提圖斯在吼叫和大罵的聲音，便循著聲音來處走去，發現這位好醫生正給躺在木桌上的莎夏做檢查，法蘭薇長老也在那裡陪著她，滿臉擔心的神色。提圖斯二．三看見他走進來，立刻把怒火轉移到他身上。

「你！」他伸出食指往詹姆斯的胸口猛戳了一下，另一隻手卻掌心朝上平攤著伸過來：「把那顆氰化鉀給我！」

「給我慢著。」詹姆斯被戳得往後退：「如果你打算讓我妹妹吃那玩意，我現在就把你從這裡扔下去。」

「當然不是給她吃的，你這火燒的蠢貨。」提圖斯罵罵咧咧的說：「是我要吃！昨天晚上我竟然只有一間又髒又暗的房間可以睡，這張老屁股已經有半世紀沒睡在硬的東西上了。要是知道在未來世界要過這種山頂洞人的生活，我應該留在我的光爆梭上，讓無上榮耀之焰燒個我一乾二淨。」

「他的住處明天才會準備好。」法蘭薇說：「他列出來的需求清單太長，不可能全部達成。」

提圖斯的臉立刻沉下來：「我的要求並不過份，不過就是幾樣東西，能對我身為大陪審官和執政團官員的頭銜聊表致意。」

「執政團早在一百多年前就沒了，提圖斯。」詹姆斯說。

「請稱我為大陪審官，小夥子。至少給我弄來幾個該死的枕頭，要我再像昨天那樣睡一個晚上，我折騰不起。」

「家具佈置的問題可以晚點再討論嗎？」詹姆斯打斷他：「你已經幫莎夏做過檢查了？」

大陪審官又衝著他怒瞪一眼，才回過頭來面對他妹妹。令人意外的是，這個粗魯又暴躁的老人一開始給莎夏做診斷，態度就立刻一百八十度大轉變，他輕聲細語的問她問題，檢查她的症狀，測量她的生命徵象，從頭到尾都帶著溫暖的幽默感，好幾次逗得莎夏咯咯笑。

接下來的十五分鐘，詹姆斯像個憂心的家長那樣站在後頭，看著提圖斯給她做一連串的測試。測試全都做完後，提圖斯親切的把她送出醫務室，不忘稱讚她表現得多麼勇敢。然而，等她一離開房間，提圖斯轉過身來，立刻又變回原本那個難搞的大陪審官。他在一塊血玉米皮上匆匆寫下一些筆記，交給詹姆斯：「去找單子裡寫的這些藥，或是未來山頂洞人版本的也可以，應該可以減緩她發燒和咳嗽的症狀。」

「我盡力找找看。」詹姆斯說，把整份單子看過一遍。可惜葛瑞絲和李文已經出發了，如果他們能再多花個幾天在資料庫搜尋，應該很快就能鎖定其中一些藥品的打撈地點，安排到下次跳躍的行程裡。「你知道她生的是什麼病了嗎？」

「大概知道。」提圖斯回答：「我認為可能是泰拉維拉單核球增多症的一種變異體，但還要再做更進一步的檢驗才能斷定。這種病毒好發在小孩和年輕人身上，在我那個時代的地球已經開始造成感染危機了。她的症狀很類似，但我還無法確定就是這種病。泰拉維拉單核球增多症在其他殖民地從來不是個問題。之後我得幫她驗血，而我說要驗血的意思，可不是在她身上放幾隻水蛭，或是什麼中世紀蠻荒民族的療法。」

「你治得好她嗎？」

「不准給我壓力。」提圖斯厲聲說，在醫務室裡東翻西找：「我連好好摸清楚這鬼地方的時間都沒有。我今天就會整理出完整的存貨清單，然後再把需要的東西列給你。就是這樣，那個小姑娘只要能在身體更衰弱之前接受藥物療程，得到妥善的治療，她就會沒事的。現在你能做的，就是讓她睡覺的房間保持清潔，所有用具都要洗乾淨。」

「謝謝你，提圖斯。」詹姆斯吐出一口氣，懸在心上的一顆大石頭終於放下了。

「你要是真想謝我，去拿幾個火燒的枕頭，墊墊我這把疼痛的老骨頭。」提圖斯說：「我是認真的，快去給我弄來。我今晚想睡在軟的東西上。」

「這我可以安排。」詹姆斯咧嘴一笑。伊莉絲那裡有一大堆，想必不會介意分幾個給這位老人家。「還有什麼我能效勞的嗎？」

「有，那個叫葛瑞絲的妞兒，我今天早上碰到的那位，和我差不多歲數，稍微比我年輕一點。一頭灰髮，身材高挑，美若天仙。」提圖斯傾身問他：「她還單身嗎？」

第二十五章　騎腳踏車

李文站在一大片暗沉的金屬前面，仔細端詳起自己映在上面的臉。他上次看到自己的倒影，已經是好幾個月前的事，講確切點，是在他被關進海衛二之前。他幾乎認不得那個瞪著自己的男人是誰了，不過，也有可能是這塊金屬凹凸不平的表面拉長了他的脖子，讓他的頭變大，整個人看上去有點變形了的關係。又或許是因為附近的光線太黯淡，模糊了他的輪廓，別說是其他細節了，他幾乎連自己的鼻子都看不清楚。反正，不管這個倒影是誰，都不會是「天衛四裔」李文賈維。

「你已經瞪著自己瞪了二十分鐘有。」坐在駕駛座的葛瑞絲說：「再繼續下去，船殼可能會被你瞪出兩個洞。」說完她瞥了李文一眼，皺起眉頭，姿態有點誇張的站起身走向他，一把抓住他的手，拉著他到長凳上坐著。「你在緊張。」

他感覺到自己的臉脹紅起來：「距離我上次跳躍還不到一年，但待過海衛二之後，感覺像是上輩子的事。」他垂目看著自己手臂上的腕帶，戴著它們的感覺還是很陌生。見鬼的黑洞，所有事物都變得好陌生。如果一個人曾經待在最慘無人道的礦坑深處，除了一而再再而三的剝奪之外，什麼都沒有，那種經驗足以把他整個人都吞噬掉，不管他曾經是什麼樣的人，他的心都不再有任何空間可以容納過去的自己。如今，他雖然又得以重見光明——假如可以這麼說的話，恐怕他還得再經過幾番掙扎才適應得了過去的生活。

然後，時間之母就這麼出現了。他抬起頭看著葛瑞絲。他還在為時旅總署奉獻的那段期間，對她只有滿心的崇拜。人類之所以能存續下去，放眼整個歷史，最大的功勞非她莫屬。要是沒有時空打撈，人類這個種族很可能早就已經不存在了。

他一定是不自覺一直盯著她看，因為葛瑞絲翻了個白眼，一隻手按住他的臉頰，把他的頭轉開：「別用那種想跟我打砲的眼神看我，你對我的品味來說太醜了。時間之母還是有一定的標準要維持的，就算在這裡也一樣。」

這番話讓李文洩漏出了一絲笑意。時間之母同時也是個傳奇的好色之徒，以前他在學院學到的時候，總認為這些故事被過度渲染和誇大，不過是幾個世紀以來人們加油添醋的結果。然而，事實擺在眼前，至少這方面的故事是真的。

「你又在看我了，稽查官。」

「很抱歉，時間之母。」

「叫我葛瑞絲，我在科技獨立國的歲月早就結束了。」

「那也請您叫我李文。時旅總署之於我也一樣。」

這個時候，控制臺的小燈開始閃爍，通知他們已經抵達了預定座標。他們兩人來到克力梭船艙的前半部，透過右舷的窗口往外望，外頭就是熾亮的太陽。葛瑞絲指著從艙頂板懸掛下來的顯示器，指尖點了點靠近畫面左半邊的一片黑暗：「從這裡往西三百公尺就是你要的位置，不多不少剛好四分鐘抵達。我會負責啟動跳躍，記住，再十九分鐘，黑木號就會撞進太陽裡，你一定要在那之前跳船，聽懂了嗎？沒有半點出差池的餘地，只要晚個一秒，你就會像提圖斯的飛梭一樣變成太陽神的祭品。」

李文點點頭。像這種短時間內劫取大量貨品的任務，差不多是他四級的時候在做的，對從前的他來說簡直就是小菜一碟。然而，現在他卻覺得胃裡打結，活像個第一次打撈的菜鳥。

他準備離梭的時候，葛瑞絲拍拍他的背以示安慰：「去修理那些窩囊廢吧，讓我見識一下我機構裡最頂尖的特工人員的能耐。」

這話從她嘴裡說出來，感覺有點傻，但還真的很有效。李文挺直身板，心底升起一股小小的勇氣。這個女人真的抓準了他的要害。廢話，他在想什麼？大概沒有一個人的要害是葛瑞絲普利斯特不知道的。

李文啟動了超動能和空氣腕帶，又檢查過一遍克力梭內建的維生系統，才打開艙門，縱身飛向葛瑞絲設定在他ＡＩ腕帶裡的跳躍點。在他身後，太陽怒放著炙熱的光芒，龐大的身影幾乎遮蔽了黑暗的太空，全靠他的空氣腕帶、輻射腕帶和超動能腕帶保護，他才沒有被烤成焦炭。但即使如此，他還是能下意識感覺到陽光在燒灼他的背。

「你還好嗎？」葛瑞絲的聲音在他腦中響起。

「就像在騎腳踏車。」他回應。

「你們二十六世紀還有腳踏車？」她問。

「沒有，不過，我們在學院有幾堂基礎班課程，教我們如何駕駛各種類型的原始交通工具，其中就包含馬匹、車輛和腳踏車。」

「飛行器呢？」

「那是進階班的課程。」

「你快到跳躍點了，李文，準備倒數四，三，二——」

霎時間，眼前的一切都被黃光籠罩，一陣熟悉的震顫傳遍他全身，就像與舊情人重逢，喚醒了深埋在他心底，已為早已遺忘的懷舊之情。黃光退去之後，原本遍及他視野的星星也跟著消失了，取而代之的是一艘長筒狀的星艦，迎面往他這邊衝過來。他來不及調整超動能，被船殼撞得彈飛出去，整個人打轉個不停。他花了幾秒鐘才反應過來，讓自己停止旋轉，開始研究起那艘已經完全失控、瘋狂打轉的星艦。

「就不能多給我半秒鐘讓我適應一下環境嗎？」他低吼。

「我說過，我做事是很講求精準的。你還有十六分鐘，優先順序是武器、電池和糧食。根據黑木號最後一次呼救的內容，船上的電網已經爆了，所以不要一口氣全部都拿。」

李文往那艘快速移動中的星艦飛射過去，把自己固定在外層船殼上。他和星艦轉動的軌跡同步後，太陽和周圍黑暗的太空便以一種看似隨機的模式旋轉起來。他放出四條超動能索，兩條抓住船殼表面，開始往艙門移動。艙門設置在整艘艦體中間，很標準的二十二世紀載貨艦設計，這給了他相當的自信，等等進入船艙內部，也能同樣輕易的找到行動路線。幾秒鐘之後，他已經切開了外層艙門，穿過氣密室和內艙門來到主要艙間區。

幸運的是，艦裡的人工重力還有在運作。他來到一條長走道上，走道兩端分別都延伸出去至少有一百公尺遠。他聽到左邊那端傳來喊叫聲，ＡＩ腕帶對他發出警示，右邊那端有中度放射線蔓延過來，不過是他的輻射腕帶可以應付的程度，於是他轉身便往右邊跑去。在這裡奔跑的感覺不太對勁，好像跨出去每一步都比上一步更重或更輕一點，一定是因為人工重力不穩定的關係，可能就快要失效了。他得速戰速決，一旦人工重力失效，待在這艘失控的星艦裡簡直就是在玩命。

「你右手邊第二道門，那裡應該就是貨艙，有什麼就拿什麼。」

李文轟開那道雙板門，衝進一間堆滿了立方形貨櫃的大倉房，堆放的高度直達天花板。倉房中央有一小群人，男女都有，全部跪坐著依偎在一起，緊抓著彼此的手拼命禱告。他們看到他就這樣若無其事的晃進來，環顧四周打量著那些貨物，驚訝得倒抽一口氣。

「看來我有同伴了。」他對葛瑞絲默念。

「那些是海王星神聖國的人。不妨幫我個小忙，先跟他們說領導大人向他們問好，然後宰了他們。」

「這樣不會有點太兇殘了嗎，時間之母？他們也沒多久好活了。」

「你不知道這些混蛋害科技獨立國受了多少苦。」

「看在神聖天國份上，你到底是誰？」其中一個神聖國人站起來朝他斥喝。

幸好他看起來不像有配備武器，不需要特別分神應付，於是李文直接忽略他，打開超動能恆儲空間。「不用管我。」他說：「真的，繼續禱告就好。」

那個男人卻又上前好幾步，舉起一隻手臂對著他。這下其他幾個神聖國人也注意到他了，他眼角餘光瞥到一個女人站起來衝向門外，剩下的人則往他四周包圍過來。

「我勸你們最好別這麼做。」李文說，然後放出十幾條超動能索，那幾個神聖國人看著他把那些貨櫃上的固定裝置切斷，一口氣舉起好幾個貨櫃，全部壓縮成一個單位，又倒抽了一口氣。接著他擴大恆儲空間的開口，像放上輸送帶一樣把飄浮的貨櫃送進去，看到他們的貨物憑空消失在空氣中，他們才焦急的驚呼起來。

其中一個人不知犯了什麼蠢，衝上前來想要阻止他，頓時被他的超動能防護罩彈開來，撞得昏倒在地。其他人也跟著開始圍攻他，試圖打斷他工作。李文惱火起來，放出一條特別長的超動能索，把他們一口氣全掃到旁邊，壓制在牆壁上。

「最有效率的辦法就是直接殺了他們。」

「拜託，時間之母，讓我做我的工作。」

看著那些貨櫃一批接著一批消失在李文手上，那些神聖國人只能徒勞無功的掙扎和大叫。等到他全部完成之後，恆儲空間只剩下二十六個貨櫃的空間，能量值也掉到百分之六十四。他檢查一下當前狀態，還有十三分鐘。他轉身跑出倉房，卻和一隊武裝士兵在門口撞個正著。

「喔，看在黑洞份上！」他低吼。

「早跟你說過。」葛瑞絲說：「你應該聽我的話。你早晚會和小威一樣學到教訓，知道我永遠都是對的。」

那支小隊立刻朝他開火，他們用的是電磁拋射彈，這個時代最盛行的一種武器。光是抵擋第一波彈幕，就讓李文的超動能量值掉了百分之十。他不禁暗自咒罵，他忘了總署使用的這型超動能有個臭名昭彰的弱點，就是無法有效抵擋電磁類武器。他飛身閃到門旁邊，瞄準那支四人小隊，放出六條超動能索，倏地把他們往後甩，狠狠撞到倉房外的走道牆上。

「不要逗留，稽查官。你現在是在浪費時間和能量，剛剛那一下攻擊消耗掉的能量，等於恆儲空間三噸的容量。」

「我沒什麼機會練習，有點生疏了。」

李文隨即往前急奔，沒有用超動能強化速度，決心要在剩下的時間裡儘可能節省能量，非不得已的時候才可以用。剛被他甩出去的衛兵有兩個已經昏在地上，另外兩個還掙扎著想爬起來。李文抓住離他比較近的那個，揪著他的衣領把他的頭撞向牆壁，接著又來到另一個面前，往他的臉狠踹一腳。

接著他來到下一間倉房，往裡頭看了一眼，發現裡面存放的是幾十個彈頭，便頭也不回的跳過這間。彈頭的內容物是可以被轉化為能源，但他不認為那些荒地野蠻人有這種技術。第三間倉房存放的則是這艘船的保久配給糧，全都被他掃進恆儲空間裡。腕帶能量掉得很快，李文繼續在船艙裡穿梭，在其中一個倉房搜刮了好幾棧板的衣服，又在另一間找到了淨水過濾系統。

他的能量只剩下百分之三十的時候，葛瑞絲的聲音忽然又響起：「等一下，回去剛剛那個房間。」

李文矮下身，折回去後面的一間大房間。那是個類似停泊間的地方，停滿了各式各樣的陸用車、運輸艇和戰鬥用機。「要做什麼？這裡的東西我們又沒辦法用。」

「去拿左邊角落那台機器。」

「那台偵察機械人？為什麼？」

「照我說的去做就對了。你得先卸載一些貨櫃才裝得下。快點，你只剩下四分鐘。」

李文嘴裡嘟囔著，還是打開恆儲空間，把好幾個裝衣物和武器的貨櫃解壓縮。他目測了一下那台上半身人型、下半身八隻腳的機械人，抬起來掂掂重量，發現比他預估的還輕，但一送進恆儲空間，力場的容量立刻就逼近極限。

「你需要再卸載幾個貨櫃，你的超動能只剩下百分之十三。」

李文放下機械人，又把幾個裝糧食的貨櫃取出來。

「不要拿糧食的！」

「太遲了，時間之母。」

他再次抬起機械人放進恆儲空間，剛好把容量完全佔滿，能量值也降到只剩百分之六。就在他往出口移動的時候，人工重力正好開始失效，有好幾台交通工具掙脫了固定裝置滑動起來。忽然間，一台類似坦克的陸用車迎面朝他撞來，李文差點反應不及，千鈞一髮的啟動超動能，下個瞬間整個人就被狠狠撞到牆壁上。等到他鑽出來爬到坦克頂端時，整個房間已經是無重力狀態，幾十個物件在房間裡飄浮著橫衝直撞，有些砸到牆壁上彈開來，在房間裡到處亂飛，撞毀沿途碰到的其他所有東西。一艘運輸艇撞上了另一台坦克車，霎時間轟的一聲巨響，彈殼碎片和燃燒的殘骸頓時四散紛飛到整個房間，緊接著又引發了一連串的小型爆炸。

「稽查官，馬上離開那裡。你已經待了十八分鐘，要是你沒在四十七秒內出去，就會跟這艘船一起飛進太陽裡。」

「可以現在就讓我跳躍回去嗎？」

「不行。以這艘船目前的飛行軌道和旋轉狀況來說太危險了。你先出去，在開放空間穩定下來之後才可以跳躍。」

「說得比做的容易。」

「我想說你應該很厲害才對。如果你第一趟跳躍就掛點，我可是會感到很幻滅的哦，稽查官。別讓我失望。」

太棒了，額外增加的壓力和批評，正是李文最需要的。先是被時旅總署踢出來，接著又上演了一齣越獄大戲，如果他就這麼在第一趟跳躍死掉，未免也太羞辱人了。他矮下身閃開一根迎面朝他飛來的鋼筋。鋼筋浸滿了油，燒得炙熱，直直插進了他身後的牆面。他把自己就定位，啟動超動能，正打算從外部船殼打穿一個洞逃出去的時候，才發現能量值不夠用。他唯一的出路，就是從他進來的路出去。

他壓低身子，飛射過整條主要走道，一路上推開崩落的殘骸，還得閃過迎面飛來的屍體和碎塊。一個女人從他身旁飛掠過去，伸手試圖攫住他，滿臉絕望的神情。他立刻把她的臉逐出腦海，像那樣的表情，從前的他已經看過不知道幾千次。一個優秀的時旅特工應該擁有最短暫的記憶，那些沒有淪落到「刺穿巨人之眼」的人都是如此。

他查看時間，只剩下三十秒。他不可能趕得及的，但無論如何還是姑且一拚。李文繼續沿著主要走道飛馳，左閃右躲避開不斷迎面朝他飛來的物體。這艘星艦已經徹底失去重力牽制，失控的運行軌道導致船艙內產生了各種壓力和作用力，李文感覺自己像是一顆彈珠，被這些力量彈過來又彈過去。

只剩十五秒。

他絕對趕不及的。還真是壯烈的死法，死在太陽裡大概是他可以想像到最痛苦的一種，一旦包圍著他的星艦整艘熔化，超動能和空氣腕帶失效，在身體被烤成焦炭之前，他的體液會瞬間蒸發，讓他經受好幾秒生不如死的折磨。

他抵達艙門口的那瞬間，計時器也剛好指向二十分鐘。他的能量值只剩下百分之三。就算他來得及逃出星艦，憑他剩下的這點能量，要活著飛回克力梭上根本是機會渺茫。但還是一樣，他得盡力試試看。

李文從艙口衝出來的時候，外頭熾亮的太陽光照得他一時失去視力，只能用ＡＩ腕帶指示出方向，朝著預定的跳躍座標飛射過去。即便都到了這個節骨眼上，他知道自己還是不可能來得及逃出生天。他又查看了能量值最後一次，已經剩不到百分之一。一切都結束了，這趟跳躍會耗盡他最後的能量，他終究逃不過被太陽燒焦的命運。

「沒人能說『天衛四裔』李文賈維沒有奮戰到最後一刻。」說完他閉上了眼睛。

四周黑暗的太空開始被黃色光暈籠罩，緊接著閃過一瞬亮光，他的胃裡也感到一陣翻攪，等他再次睜開眼睛，那艘醜陋的克力梭已經出現在他眼前。他壓下那股反胃的感覺，疾速飛向克力梭的艙門。幾秒鐘之後，恆儲空間已經和克力梭連上線，他自己則整個人癱倒在金屬床板上，滿身是汗喘著大氣。

葛瑞絲上下顛倒的頭出現在他眼前。「我早說過，不要錯過十九分鐘的碼點。」

「妳給的時間根本低於標準值。」他從床板上撐起身體，氣呼呼的說。

她居高臨下的朝他勾起嘴角：「我從來不少給的。我有給你緩衝時間，這是你頭一回重返跳躍任務，有料到你可能會表現得不太稱職。」

「我有點生疏了。」

「換個說法而已，稽查官。」她量了一下他的額溫，檢查克力梭艙板上顯示的生命跡象讀數。「你的空氣腕帶在我們接到你的時候失效了。輻射腕帶擋掉了大部分的射線，但還是沒能完全保護你不受損傷。幸好我有一台輻射槽，等我們回去全銀河大廈之後你可以泡在那裡面。在抵達地球之前，我建議你好好躺著休息。」

「我沒事，時間之母。」

「我可不是在跟你寒暄，稽查官。你們這些時旅特工為什麼就是聽不懂人話？」他還來不及回答半個字，葛瑞絲就啟動了他的冬眠腕帶。緊接著，李文就只感受到黑暗席捲而來。

第二十六章　胡蘿蔔與棒子

伊莉絲繞了一圈，看過每間房間，想到這裡即將成為拯救整個星球的關鍵，不禁無奈的嘆了一口氣。新的實驗室位處七十九樓，比她當初在農耕塔的實驗室大上十倍，卻還沒有以前那間好。這裡簡直髒得可以，不過，至少這塊區域是整棟大樓損傷最少的部分。她嗅了嗅周圍的空氣，要把這裡清理到可以用的程度，可能得花上她一個星期。

不過，她最近也沒投入多少時間進行她的研究。履行尋找地球瘟疫療法這份責任，她已經拖欠了太久，但她的拖欠是有豁免權的，儘管也只能擋得了一時。如果你成了個逃亡中的流動人口，難免會造成影響，之前幾個月的動盪不安不僅打斷了研究進度，很可能也讓她的能力退步了一點。希望只有一點。她在心裡提醒自己，既然事情都差不多安頓好了，從現在開始，她的研究就要擺在最優先的位置。這是她能為族人們所做最重要的事。

她來到幾個架子前面，架子上存放著測試溫床，分別培養著好幾個不同品種的地球瘟疫病毒。總共有六個溫床還保持完好，這些溫床是六個舊水族箱，部落的孩子們在一家寵物店的廢墟裡找到的，根據她的需求重新改造過。從波士頓一路長途跋涉過來，有幾個水族箱多少碰出了些裂縫，但沒有什麼問題是膠帶無法解決的。沒錯，四百年後的未來，膠帶仍然稱霸世界。其餘的溫床則是各式各樣的舊鍋子和塑膠容器，用起來相當合襯，因為她絕大部分的實驗室設備也都是廚房用具，正好配成一套。

雖然推進的速度很慢，但她的確有在往對的方向邁進。現在，LL樣本和R3樣本都顯現出潛力了。這兩個樣本的病菌含量已經安定下來，有機質分解的過程也恢復正常，回到感染真菌斑之前應有的狀態。不過，當前這個配方只針對特定的一種菌株，對其他幾十種不同已知的菌株起不了作用。無論如何，她必須找出綜合性的配方，療效要能夠涵蓋整個菌科，還要能適應幾百種不同的變體。

要能辦到這件事，就得仰賴詹姆斯從諾卓思偷走的那台細菌序列儀。不幸的是，從她抵達現時世界以來，他們始終沒辦法鎖定那台機器的所在座標。說實在，他們會陷入這般窘境，完全是詹姆斯砸的鍋，但她也不能責怪他。他們兩個從那時候起就一直在逃亡，應付各種突發狀況，根本沒機會也沒時間做那些真正重要的工作。比如說像找那台序列儀，或是好好著手研究療法。

這也就表示，他們計畫的成敗全都維繫在回收那台機器上，伊莉絲對此感到很是憂慮。她一開始是指望葛瑞絲或提圖斯能重新發明，或是照原樣翻製新的機台。然而，天才也是有極限的，他們的專長離這個領域太遠了，有技術和知識上難以跨越的鴻溝。諾卓思平臺所做的研究太先進，即使是像他們這麼聰明的人，也得花上好幾年才追得上，而他們兩個很可能都活不到那個歲數。有一次詹姆斯曾經試圖打撈一個科學家回來，那個人可能有辦法重新製造出那台機器，可惜他沒能成功達成任務。

值得慶幸的是，提圖斯二．三很快就融入了新生活，而且已經證明了他的用處比原本預期的大得多。他才來這裡沒幾天，就把艾爾弗雷族收存著的太陽能板挖出來，和大樓既有的一部分電網連接，也就是說，實驗室裡那些插座是真的能通電，她可以把實驗室裡的設備插上電了。電力能供應的樓層有限，所以她必須謹慎安排用電的優先順序，然而和之前相比已經是飛躍式的進步了。有好幾個月被迫停用的電子器材，如今終於可以重新連上線。

就在兩天前，提圖斯還修好了廚房的淨水器，現在他和葛瑞絲正在設計一台工作用電梯，和這棟大樓專用的類比電話網。艾爾弗雷族和熨斗族聽說了這個消息後，簡直把兩個老天才奉為神明，而他們兩個也很陶醉在這種崇拜中。

這個時候，芮瑪出現在門口：「伊莉絲長老，葛瑞絲長老和新來的特工要回來了。喬爾說他們應該很快就會抵達降落臺。」

「葛瑞絲有說確定時間嗎？」

「有的，長老，她說七〇九。」

伊莉絲指了指電子鐘，就她所知也是整棟大樓唯一的一座。「他們還有多久才會抵達？」

芮瑪心算的時候，整張臉都皺了起來，差點就要伸出手來扳指頭了，但一看到伊莉絲不贊同的眼神，又把手縮回背後。

「十七分鐘。不對，七分鐘。」最後她終於說。

伊莉絲點點頭，擺了擺手放她走。那女孩得學會不再被時間和測量單位混淆，才能發揮出真正的潛力。她站起身往面南的窗戶走去。外頭的天色很黑，今天的霧又特別濃，幾乎什麼也看不見。然而，幾分鐘過後，她看見一道光束出現在水平面上方，緩緩自黑暗中泅泳而來。科學怪人號穿梭在建築物之間，從一座又一座的橋底下鑽過，越來越接近全銀河大廈。有抗偵測的電磁脈衝霧掩護，應該能躲過聯軍和他們覆蓋整個地區的監控網，不過即使如此，再怎麼謹慎都還是不為過。

伊莉絲離開實驗室，一跨兩三階的跳步下樓梯，來到位處七十三樓的降落臺。這棟大樓總共有三個開放場域，這個露臺的所在位置最高，也是艾爾弗雷族持用的倉儲樓層區最大的一個。假如艾爾弗雷族和熨斗族沒能守住低樓層，七十二樓會是他們最後一道防線。這是他們幾個月來的第一次打撈。萬一出了差錯呢？如果跳躍沒成功怎麼辦？李文會不會出了什麼事？他們需要穩定的物資來源，絕大部分都得靠這位前任稽查官供應。直到她親眼看見葛瑞絲和李文，看著他們把恆儲空間裡的貨品卸載，分裝成好幾個包裹，交給孩子們送到儲藏室，她才發覺自己一直屏著呼吸。

她從李文身邊經過的時候，正好和他視線交會，不由自主打了個顫。自從他來到這裡之後，她一直都刻意的避開他。農耕塔大戰時發生在頂樓的那起事件，至今仍在她的噩夢裡流連不去。伊莉絲努力把這些念頭壓回去。那些都過去了，如今的事態已經完全不同。她把注意力轉到那堆憑空出現的貨櫃和設備上，紓緩舊創傷引起的神經緊張。直到詹姆斯不再進行這些打撈任務後，她才意識到艾爾弗雷族長期以來有多仰賴他。

「一切都還好嗎？」她問。

葛瑞絲點點頭：「稽查官差點被太陽炸得外酥裡嫩，不過他隨時都能再投入下一次跳躍。」

「我缺乏練習，技巧生疏了。」李文說。

「很高興你沒事。」伊莉絲嘴裡這麼說，卻還是沒辦法直視他的眼睛太久：「你為整個部落帶來了莫大的幫助。」

前任稽查官取出裝著乾糧的板條箱，交給其中一個孩子抱去廚房，一臉沒被說服的表情：「我們需要取得一些時旅後遺症抑制錠。」他語調平板的說：「否則用不了幾個月，我就會像詹姆斯一樣整個人垮掉。」

「我們有在努力了。」伊莉絲說：「抑制錠很不容易找。」

「你們得再更努力一點。」

這時候，葛瑞絲走過來，牽住她的手帶開她：「過來一下，姑娘。我們有禮物要給妳。」時間之母領著她走向天臺另一頭，也就是克力梭停放的位置，旁邊則是一座堆滿補給品的棧板。伊莉絲繞過棧板後面的轉角，一看到眼前的景象，不禁尖叫出聲。就在大堆金屬桶和一排太陽能板旁邊，赫然正是心愛的夏綠蒂，她遺失在二〇九七年的機械人，至少和她的夏綠蒂是同類型的機種。她太興奮了，只能竭力克制自己不要當場蹦跳起來。

「她好美。」她這麼說，然後張開雙臂給了葛瑞絲一個大擁抱。這突然的熱情和親暱舉動讓葛瑞絲措手不及，發出了尖銳的叫苦聲，但還是笨拙的接受了這個擁抱。

接著，伊莉絲便靠向那台機械人，摸了摸它其中一條腿。質地很光滑，表面呈深鈷藍色，色澤似乎會隨著光線照射的角度流轉。它的外肢比夏綠蒂更細長，考量到它的體型，簡直長得不可思議。她把自己的重量壓在其中一條腿上測試了一下，然後爬到它的人型軀幹面前，伸出手指在它的頭罩側邊摸索，找到了一處小小的下凹，按下去，軀幹上端前半部的機甲便像滑門一樣，從中間分離往兩側滑開。

她燦然一笑，回頭對葛瑞絲說：「這絕對是比夏綠蒂更進化的版本，不過大致上是相同的結構。我要給她取名叫艾瑞娜。」

瑞絲點點頭：「先別急著帶她出去逛大街。提圖斯和我得先清除她的安全協定，重新編程，還要檢測她的各項功能，我們可一點都不想看到新玩具失控，害得地球的救星從大樓頂樓掉下來把自己摔死。這台比妳們那時代用的機種進步超過一個世紀，而且是軍用機，所以很可能有裝備武器。」

伊莉絲舉起雙手：「知道了，奶奶。我保證在妳說可以之前不會擅自拿來玩。我只是太興奮了。謝謝，謝謝妳！」

她又上前給了時間之母一個擁抱。夏綠蒂是她那個時代最讓她懷念的東西了。當然，她也很懷念乾淨的空氣、優質食物和室溫調節器，但最令她喜悅的事物之一，莫過於駕馭她的機械人。最近以來發生了太多壞事，一點令人振奮的好消息正是她最需要的。

「要謝就去謝稽查官。」葛瑞絲說：「他才是冒著生命危險為妳回收它的人。」

伊莉絲回到天臺另一頭，李文正好把打撈回來的物資全部分完。她咬了咬下唇，強迫自己直視對方的臉，往他的方向走去。

她走過去的時候，李文也正好看到她。「做什麼？」

「我想向你道謝，謝謝你這麼費心，幫我回收了那台機械人。」

「那是時間之母要求我去做的。」

「無論如何，還是謝謝你。謝謝你做的這一切。」她朝他伸出手：「歡迎加入艾爾弗雷族。」

李文只是瞪著她的手，好一會才伸手握住，接受這份友善的表現：「話先說在前頭，這並不表示我認同妳應該存在於這個時代。妳仍然是個異時者，而且是個糟糕的先例。」

「你應該知道我也還是個人吧？」她乾巴巴的說。

「伊莉絲長老！」山姆伊亞從樓梯間衝上來，上氣不接下氣的說：「有入侵者襲擊！東側和西側的空橋兩面夾擊，西側的已經失守了。熨斗族急需要支援。」

連熨斗族看守的路障都這麼快就失守，發動這次攻擊的部落肯定來勢洶洶。希望還沒有太遲。假如敵方在路障樓層佔下了立足點，控制住其中一座樓梯間，整棟大廈都會被迫妥協讓步。

「艾瑞亞歐和詹姆斯在哪裡？」她一邊大喊一邊衝下樓梯，山姆伊亞和李文緊跟在後。樓梯間出入口的各個防禦點已經聚集了大批守衛。

「艾瑞亞歐前輩在下村集結了五支小隊，領著他們往路障去了。」

「詹姆斯呢？」

「他已經加入戰鬥了。」

「他當然已經去了。」她低聲咕噥。那傢伙總是哪裡有危險往哪跑。樓梯間裡一團混亂，老人和小孩們正湧向安全的高樓層避難，她努力逆著人潮往下走，提醒自己之後要記得為這個情況規劃出配套措施，把普通居民的動線錯開，守衛們才能不受阻礙的在樓梯間快速移動。

她抵達路障樓層的時候，正好看到艾瑞亞歐在給守衛小隊下指令，分派他們到樓層各側去，同時又忙著跟熨斗族導師和莽克斯激烈討論。導師的兒子看到她過來，略微朝她點頭。至少那算是一點善意的表現了。

克羅快步上前：「長老，我為妳的族人這麼快就前來支援向妳致謝。」

「這是應該的。」她說，伸手搭住他的肩膀以示安慰：「盟友就是要在這種時候派上用場。」接著便向身邊的守衛們示意：「我們過去吧。」

「不行，伊莉絲。」李文開口說：「妳跟克羅一起待在這裡。」

她翻了個白眼：「詹姆斯和法蘭薇已經跟我討論過好幾次了，不需要再跟你來一次。看在大地母親份上，你要是對我身為女人這件事有意見——」

「不是的。」他說：「我並不是在質疑妳的身分或妳的能力。或是妳的性別，如果妳想問的是這個。我質疑的是其中的風險，部落很可能會失去妳。」

「我是他們的領袖。我必須在戰場上領導他們。」

他搖搖頭：「妳留在這裡一樣做得到。這個荒地部落的老長老錯了，他不該讓自己置身戰火中。

部落需要的是他的決斷，不是需要他本人在場。妳的職責是當他們的領袖，並找到治療地球的解藥。我們賭上自己的性命，是為了保護妳。如果妳把這一切都拋開不管，只因為某種偏誤的愚昧和不安全感，想要在所有人面前證明妳是個偉大的領袖，妳認為的那種偉大領袖，等於是不尊重我們的犧牲。」

伊莉絲張口想反駁，然後又半途打住。「唔，既然你都說到這份上了。」最後她只能這麼嘟囔。奇怪了，她說服詹姆斯的時候從來沒這麼難啊。他每次跟她爭，論點永遠緊抓著她本人的安好不放。李文雖然是站在完全超然的立場上，聽起來卻有道理得多。「好吧，我猜我待在這層樓中央也是可以的。」

李文轉頭對艾瑞亞歐說：「留兩支小隊守在長老身邊，隨時保護在側。」

艾爾弗雷族的戰鬥指揮官同意了。其餘的守衛分成好幾組，分別往不同的方向離開。伊莉絲也得上工了。作戰期間該怎麼調度族人，她已經駕輕就熟。接下來一個小時，她和艾瑞亞歐便接手掌控了整個場面，設置起回報最新戰況用的通訊頻道，組織好戰鬥隊伍派往需要的地方，並撤回那些已經在前線戰鬥太久的人員。

這次襲擊不只是單純的前哨戰。敵方部落——不管他們是一個還是多個聯合，他們的攻勢相當猛烈，一波又一波從四面八方湧來。其他的路障不斷有新爆發的戰況回報，南側其中一座路障遭到偷襲，差點就被侵入成功。敵方還一度佔據了西北角的樓梯間，全靠詹姆斯率領的人馬拚命反擊才逼退他們。戰況有幾度陷入危急，其中一次敵人的攻勢實在太過深入，守衛們不得不把伊莉絲的指揮中心移往更安全的地方。

到了當天傍晚，全銀河大廈的防軍終於把戰況壓制了下來。詹姆斯過了一陣子才現身，看起來精疲力竭，襯衫沾滿了血跡，還有一道怵目的裂口從他手臂橫切而過。他的一隻眼圈被打得烏青，左邊臉頰也有一大片剛形成的瘀傷。

「發生了什麼事？」她緊張的衝過去迎向他。

「我們僅有的一套腕帶在李文身上，所以我只有這個——」說著他舉起手裡的線膛槍：「和這個可以用。」接著又舉起另一隻手裡血跡斑斑的金屬管，那根管子看起來像是從廚房水槽底下拔出來的。

過沒一會兒，李文也回來了，看起來也是一副剛被拖進地獄走了一遭的模樣。兩個男人開始打量起彼此，好像在評估誰的戰鬥比較慘烈。李文的左臂慘不忍睹，佈滿了醜惡的瘀青和割傷，從他抬著手臂的樣子看來似乎是脫臼了。伊莉絲不禁搖了搖頭。假如她稍早前真的有把他的話聽進去，她就會禁止他投入前線作戰。萬一他在戰鬥中喪命，艾爾弗雷族唯一的打撈者也沒了。

「我有看到你一個人擋住了東側路障的攻勢好一陣子。」詹姆斯說：「打得漂亮。」

「牢獄生活不會讓人反應變鈍，這點倒是千真萬確。」李文說：「你帶著你的人馬過來的時候，我的腕帶正好耗光，差點應付不過來。」

「你們兩個，要較勁晚點再說。」伊莉絲氣沖沖的指著李文說：「你，今天到此為止。上樓去找法蘭薇幫你檢查肩膀。」她沒等他出口抗議，便往他肩膀的傷處猛戳了一下：「你是我們唯一合格的時空旅行者。假如這一下打中的不是你的肩膀，而是你的頭，花那麼多工夫把你從監獄救出來豈不是白費力氣？現在快去。」

李文本來開口想說些什麼，卻似乎打消了念頭，露出一絲微笑。這還是她第一次在他死板板的臉上看到這種表情，她連這個人到底會不會笑都不確定。然而他真的笑了，而且看起來實在亂詭異的。「說得好，伊莉絲長老。」他傾身向她微微一鞠躬，然後又轉過來對詹姆斯說：「你會向她報告我們剛看到的事情吧？」詹姆斯點了點頭。

「跟我報告什麼？」她問。

「我會接手的。」說著詹姆斯望向艾瑞亞歐：「把每個還有行動能力的人都帶上，有件事要讓你們親眼看看。」

他領著六十個守衛組成的隊伍往東側牆面走去，在那裡和五十來個熨斗族鬥者碰頭。令她驚訝的是，他直接帶著他們穿過路障來到空橋上。橋上到處都是死者和傷患，他們往另一端行進時，伊莉絲看著眼前的景象，感到胃裡一陣翻攪。這場戰鬥的傷亡太慘烈了。

詹姆斯領著她來到隔壁大樓，當他們繞過轉角，走進一間位處中央的大房間時，伊莉絲倒抽了一口氣。有許多人正在那裡照料傷患，正是剛才發動襲擊的部族。準確點說，是他們的老人和小孩在照料那些戰鬥中受傷的男女，而這些男男女女要不是已經死去，就是性命垂危。

「他們把整個部落都帶來這裡？」她問：「為什麼？這麼做實在太瘋狂了。」

「事實上不只一個，而是五個部落。」詹姆斯說：「他們會發動攻擊，也不是為了掠取熨斗族的物資或樓層。他們會攻擊我們，是因為他們正在逃命，而我們擋住了他們的去路。根據他們的說法，這些部落是從北方一路逃過來的，因為那裡發生了非常糟糕的事，糟到所有男女老少都收拾起自己的家當，拋下這座島上唯一有價值的東西，也就是他們的樓層，逃往安全的地方，所以他們才會拚了命都想要穿過我們的大廈。」

「那會是什麼？」她問，心底卻早已經知道答案。艾爾弗雷族可能是迷霧之島近期以來規模最龐大、也最具破壞力的群體，然而即使是他們，也差點被這座島和沿途遭遇的危險所吞噬。所以，假如有什麼跟著他們來到了島上，而且跟著他們來的這東西是如此恐怖，恐怖到所有部落都只能驚慌的拚命逃跑，絕對不會是巧合。她是這一切的罪魁禍首。

伊莉絲回頭對她身後的守衛隊說：「放下你們的武器。這些人需要的是食物、飲水和醫療物資，不是另一場戰鬥。上樓去找法蘭薇，請她把所有治療者都帶過來。現在。」

守衛們遲疑的望著她。

「妳確定要這麼做？」詹姆斯問：「我們的物資不夠——」

「現在！」她斬釘截鐵的說：「我還要你幫我找到他們的領袖。」

第二十七章　事物的秩序

連著兩天，詹姆斯都無事可做，肩上沒有沉重的責任要負擔，也沒人要仰賴他做些什麼。簡直是美妙至極。他從第一趟太空之旅回來後，從來沒機會像現在這樣好好休息。這些日子以來襲擊來得太密集，幾乎是二十四小時無休，他總是得去幫忙保衛路障。他很願意在這些守衛之間佔有一席之地，不過，自從伊莉絲決定給以溫飽取代作戰，暴力衝突便幾乎完全平息了。如今，光是忙著安置這些襲擊者，讓他們有得吃有得睡，就佔去了艾爾弗雷族守衛和熨斗族鬥者大部分時間。

打從一開始他就不贊同這個愚蠢的計畫。從他的角度看來，這種做法只會讓他們逐步陷入困頓，根本維持不了多久。他們的物資庫存量並沒有大到足以支撐這整個計畫。雖然艾爾弗雷人種植的血玉米和其它作物都長得很快，通常幾天內就會熟成，但還是不可能趕得上消耗的速度。而且，艾爾弗雷族供應免費糧食的消息一傳開，沒多久全銀河大廈就擠滿了蜂擁而至的難民。他能理解伊莉絲為什麼要這麼做，但是，無論他再怎麼厭惡說出實情，藉由戰鬥削減其他部落的數量，和為了照顧他們而拖累自己比起來，絕對是更穩當的策略。

他試著去找伊莉絲討論過幾次，她卻總是頑固的堅持原本的計畫。她每次都引用那句二十一世紀的諺語，說什麼比起棍子，她更願意給人家胡蘿蔔，還試圖說服他這些部落是有價值的盟友。當他告訴她說，他們的物資比善意要有價值得多，伊莉絲立刻衝著他斥罵，說他有多麼輕視這些荒地原住民。說老實話，她說得沒錯，他不否認自己對他們有偏見。

不過，無論如何，至少暴力衝突大幅減少，給了他好幾天寶貴的休息時間，而他可是充份運用了每一分鐘。剛入傍晚的時候，他和喬爾及飛衛們在全銀河大廈的頂樓套房區閒逛，碰巧找到了一些剩下的三公升桶裝私釀烈酒，用麻藥大麻和這地區常見的一種菌類釀成的。這玩意的品質糟透了，但眼下他們也沒有其他選擇。

多克斯，喬爾的幫伙裡最年輕的成員，連鬍鬚都還沒長出來的小夥子，捧起其中一個金屬桶，湊到唇邊啜了一口，險些鬆手把桶子掉到地上，做了個鬼臉嘶嘶怪叫。有那麼一瞬間，他好像就要撐不住了，彎下腰拱著背，發出一陣奇怪的呼嚕響。幫伙其他人全都聚精會神的看著他。過了一會兒，他重新抬起頭，抹掉眼淚，惺忪著臉咧嘴笑開來。艾莉亞特遞了塊破布給他擦下巴，讚許的拍拍他的背。幫伙其他人又是歡呼又是鼓掌，恭喜他順利通過考驗。

那男孩——現在已經是男人了——把酒桶遞給詹姆斯。他接過來拿在手上掂掂重量。酒桶裡嘩啦作響比他期待的還大聲，裡頭剩下的內容物可能還不滿一夸脫。他把桶子湊到嘴邊，長灌了一大口。舉起桶子的時候，他的肩膀傳來一陣刺痛，然而烈酒甜美的燒灼感一湧進嘴裡，他立刻就視那陣刺痛如無物。自從最後那次跳躍後，這種疼痛就在他體內徘徊不去，不過，喝酒有助於麻痺它，至少麻痺到可堪忍受的程度。

有一部分的他開始擔心起這桶喝完之後，下一次要到哪裡去找酒喝。畢竟現在他只能待在地面，葛瑞絲和李文則代替他上了太空，用著他的腕帶，開著他的克力梭，執行著他的跳躍任務。他也不可能為了想弄到更多酒這種理由出航。不過，他決定暫且把這些擔憂拋到腦後，晚點再來煩惱也不遲。至少現在的他心滿意足。

酒桶又在大夥手裡傳了幾圈，這是他們最後僅剩的藏貨，他們七個人都非常珍惜的喝，一滴都沒浪費。酒桶整個喝空之後，飛衛們開始衝著彼此咯咯笑，一個個傻態畢露。詹姆斯向來都是自己一個人買醉，對他來說，酒精總是和孤獨寂寞密不可分，像這種歡快的氣氛讓他感到既陌生又奇異。

他的目光又再次飄向喝空的酒桶。他還能上哪去搞到更多酒？如今他無事一身輕，最不缺的就是時間，清醒的時候滿腦子都被這個念頭佔據著。

「喬爾。」他切入飛衛們歡騰的笑語聲：「你們之前那台釀酒設備，還放在運輸艦那裡嗎？」

年輕的飛衛領袖咧嘴一笑：「還在，前輩。法蘭薇長老要我丟掉，可是……」說著他拍了拍胸膛：「我怎麼能這樣對待我美麗的傑作？」

「也許我們該去檢查一下那些運輸艦了。」羅瑞笑著拍了一下喬爾的肩膀。

「也許。」詹姆斯搓著下巴說。他們部落僅有的幾台交通工具，都停在布魯克林大橋附近一棟大樓的車庫裡，和其他非必要用途的大型機械一起存放在緊閉的大門後。當初他們決定要過橋到島上沒多久，伊莉絲就下令要他們把這些交通工具藏起來。保養科學怪人號所需的那些體積龐大的器材也都存放在那裡。等克力梭下次回來的時候，它們會派得上用場，而且他手邊還有一個備用的恆儲空間腕帶。到那裡去取回器材，是再審慎精明不過的行動。更何況，那間車庫已經被艾爾弗雷族封閉了一個多月，也該是時候去檢查那些寶貴的交通工具的狀況了吧。明天早上他就去找伊莉絲討論看看。

就是這樣，假如她沒有忙到或重要到沒空理他的話。打從他回來地球之後，除了睡覺時間外，他們幾乎沒有什麼相處的機會。身為長老的職責佔滿了她的腦海，除了要管理艾爾弗雷族，還得和附近地區其他部落打交道，幾乎佔去了她所有醒著的時間，加上她現在等於是莎夏的監護人，全部分配下來，已經沒有半點空檔能夠留給他了。在短短的時間內，他從一個她愛的人，她依靠和仰賴的對象，成了一個備註事項。這正是他一直以來最害怕會發生的事。

「這是在做什麼？」一道銳利的嗓音傳來，每個字都停留在空氣中迴盪不去。法蘭薇氣勢洶洶的跺著重步進來，至少以一個駝背老太太的標準來說夠重了，把房間裡的人都嚇了一跳。她揮起拐杖，幅度之大差點把霍利的頭給打掉，那小伙子驚險的閃過，整個人往後仰倒，摔下凳子一屁股跌坐到地上。

「長老。」多克斯站了起來，起身的勢頭太急，還得往後靠到牆上撐住自己。

「你，小伙子。」法蘭薇厲聲說：「今天去給我幫忙照顧寇魯。去醒一醒酒，確定你的味道聞起來和牠們一樣之後再回去你媽媽那裡，否則你就麻煩大了。」她轉過頭來掃視其他飛衛，拐杖在空中揮舞：「你們幾個也一樣，看來你們是嫌時間太多。你們可以不用幫忙防衛路障，是因為你們要負責照料交通工具和科學怪人號，既然你們現在閒著沒事做，就去找艾瑞亞歐，跟他說你們想要加入守衛輪值。」

飛衛們從她身邊魚貫走過，在她責難的目光下垂頭喪氣的離開房間。詹姆斯本來也作勢要起身，被法蘭薇瞪了一眼，只能乖乖定在原位不動。部落裡的人大多很感謝他提供的高價值服務，也為此對他善待有加。然而，法蘭薇長老是那極少數人之一，無論他怎麼努力表現，都無法贏取她的歡心。

他和伊莉絲剛加入艾爾弗雷族的時候，法蘭薇就視他為危險的外來者，幾個月之後，他運用自己的打撈技術為族人們供應穩定的糧食和能源，她看到的只是個危險的時旅特工。甚至他跟他們並肩作戰，險些連命都賠上了，她看到的卻只是個殺手。而現在，他在她眼中只是個酒鬼。

「還有你！」等飛衛們都離開房間後，她衝著他厲聲責罵：「你是艾爾弗雷族的前輩，是他們的領導者，應該拿出榜樣來。結果呢，你竟然在這裡尋歡作樂，表現得像個傻瓜一樣。我還期待你可以做得更好的，特工。」

期待我做得更好？詹姆斯的手開始發起抖來，但他無法分辨是因為憤怒還是別的什麼。這個老巫婆自以為是誰，他不過就是想喝一杯，憑什麼這樣對他說話？他已經為他們賣命多少次了，不，喝一杯是他應得的。

他站起身，居高臨下的看著她：「我在深淵裡待了兩個月，好不容易才回來，我要怎麼打發我的休息時間，想跟我的部屬們在一起，他們都是我親自訓練來幫助部落的，妳有什麼意見？」

法蘭薇完全沒被他的體型唬住，雙手叉腰，仰起頭來直瞪著他：「責任是做需要做的事，領導則是找出人們的需要。這就是為什麼你不值得信任，特工。」

詹姆斯不禁失笑：「我不值得信任？開什麼玩笑？我為你們做了那麼多都不算數嗎？」

「在你們到來之前，我們已經過了六個世代和平而快樂的生活。如今我們失去了家園，失去了無數我們愛的人。告訴我，你們至今為止給了我們什麼。」

她說的每個字都像是一記悶棍，重擊在詹姆斯肚子上。原本的怒氣消散了，緊接著，有那麼一瞬間，他透過她的眼眼看到了自己。他轉頭往右看，發現自己的右手竟然舉在半空中，無意識的緊握成拳。他垂下手臂，沮喪的搖了搖頭。「我很抱歉，長老。」最後他終於羞愧的擠出話來：「伊莉絲和我虧欠艾爾弗雷族太多了。」

法蘭薇指著門口：「廚房工作人員需要有人把存糧搬下去給那些難民。去幫他們，讓自己有點用處。」

「是的，長老。」

當他踏出門外時，他死去好友的幻影忽然出現，和他並肩而行：「不過就在一年前，你還是個威風凜凜的一級特工，從事著太陽系最重要的打撈任務。現在的你竟然只能在廚房打雜。你是怎麼把自己搞到這番田地的，詹姆斯？」

「我寧可在廚房裡打雜，也不想回去做以前那種狗屎爛差。」

史密特咧嘴一笑：「不，我的朋友。你只是這樣認為。」

詹姆斯一路沿著樓梯往下走到儲藏區，努力想要無視他的存在。然而，史密特的話在他心裡盤繞不去。在內心最深處，他知道他的朋友說的沒錯。痛恨自己所做的事是一回事，至少你知道自己有所作為，然而，感覺自己不被需要又無用武之地，那可是另外一回事了。詹姆斯只覺得胃裡扭絞成一團，不知怎地，他覺得自己像是墜進了一個更深更黑的洞裡，比以前他每次結束任務回到總署時還要更深，連他自己都不知道怎麼會落到這種境地。

見鬼的黑洞，他需要喝一杯。

第二十八章　漣漪

「我還是不確定自己能不能接受。」這句話李文已經說了第六遍。他也知道自己的抱怨只會被當耳邊風，但某種天生的需求使然，他還是會一說再說，直到他得償所願或一切都太遲了才肯罷休，雖然自從他和葛瑞絲談到這個她精心構建的計畫之後，他就知道自己不管怎麼努力抗議都只是徒勞。現在，科學怪人號已經來到主小行星帶靠太陽那側的跳躍點了。

李文還在當稽查官的時候，絕不會允許像這樣的任務，然而現在已經不是他能作主的了。如今葛瑞絲是他的導航員，他並不是每次都贊同她安排任務的方式，然而，任務的成果總是讓他無話可說。這個星期以來，他已經出過三趟小型任務，每趟任務的規畫都讓他心存質疑，但最後每個環節都還是完美的貫徹執行。雖然她的飛航技術還有些地方待加強，但總體而論，葛瑞絲普利斯特是沒有破綻的，而且他已經學會不要質疑她的決定。唔，至少絕大多數啦。

「哪個部份讓你覺得不能接受？」葛瑞絲嘲弄的說：「是把你丟到內行星和外行星殖民地的全面開戰時期，空降到戰火最激烈的時候，還是跳躍位置附近就有時旅總署的前哨基地，走幾步路就能到？」

「我們要在一條還沒完全終結的時間線打撈，這才是我比較擔心的事。我們的目標活過了這個時空事件。前哨基地的守衛人員最後擊退了內行星陣營的攻艦隊。」

葛瑞絲翻了個白眼：「見鬼了，詹姆斯真沒說錯，你還真的是和時間法永結同心。」

「就算不是明目張膽的破壞，我們也已經鑽了好幾條時間法的漏洞，雖然我也只能說說而已。這個時空點有很多可疑的變數，我根本就是直接一頭跳進熱時區。萬一我飄在太空中的時候被人看到怎麼辦？萬一太空站裡有人看到我存活下來，還看到我在使用腕帶呢？萬一——」

葛瑞絲抬起手。「安靜。」接著便一根一根彎起手指開始倒數：「四、三、二、一——」

船艙裡被黃光籠罩，緊接著李文便短暫失去了方向感。等他重新適應之後，迎面而來的是一場明亮無比，死寂而詭異的大型燈光秀。四面八方都是爆炸的火雲，以及被爆炸摧殘過後破敗扭曲的金屬屍骸。此時剛好是戰火正烈的時候，一道道黃色炮火和白色熱光柱橫七八豎的劃過黑暗的太空，兩方陣營的幾百艘星艦陷入大亂鬥，在一片混亂中隆隆怒吼。戰場上什麼規模的星艦都有，有編隊轟炸的小型戰鬥機，有體型龐大的老式冥王級旗艦在兩兩纏鬥，交織著火箭和雷射砲的大合唱。周圍的訊息量實在太龐大，幾乎要淹沒他的感官，李文好一會才發現自己呆愣著，茫然的直盯著這片令人迷醉的壯麗景象。

「專心點，稽查官。去找堡壘號。」

「我看不到它。我們是不是算錯了跳躍點？」

「我只能把你投在它的座標最外緣，你得自己想辦法過去，小心行事。這趟任務需要更精準的技巧，你可別像平常那樣笨手笨腳的。」

這年是二三〇一年，地球、火星和金星組成的內行星陣營，和新崛起的外環行星殖民地之間剛爆發一連串大規模戰役，這就是其中之一。許多歷史學家認為，這場戰役就是導致人類大衰退的轉捩點。他們這個種族已經放棄了探索外太空，也不再嘗試突破現有的疆界，而是回過頭來自相殘殺。李文也視這場戰役為最後一根釘子，棺木從此徹底封死。二三七七年的燃氣大戰不過只是太陽系的勝利者在爭奪戰利品。

李文從迷茫中清醒過來，開始瀏覽整個區域。戰場一直擴及到好幾千平方公里外，但看起來最激烈的戰況就只集中在他底下這片空域。黑色的內行星戰艦和灰色的外環行星戰艦活像兩群憤怒的蜂群，圍繞著一座巨大的環狀體交戰不休。那個環狀體說是星艦顯得太笨重，說是太空站又顯得有點太小。

「一定就是那裡。」李文說完，縱身往它的方向飛射過去，四肢保持放鬆，讓自己看起來像是幾千具飄散在太空中的屍體之一。在這團混亂中被人盯上的機率是微乎其微，但還是要預防萬一。他可不想在這個時空引起不必要的傳言，說有個沒有星艦的太空人或外星生物在戰場上到處亂飛。

和以往一樣，葛瑞絲的計算幾近完美，他和那座太空站之間只有不到三十分鐘的距離。ＯＲ堡壘號是凱煦集團的前哨基地，也是外環行星艦隊的主要保護目標。他們的任務是要護送它到主小行星帶內側，雙方陣營共同協議的邊界上，移動到和火星同步的軌道點，成為外環行星入侵行動的基地。

隨著李文不斷逼近堡壘號，周圍的戰況也越來越稠密，越來越狂暴。雖然太陽系大戰期間的科技比現時世界要原始得多，武器的等級倒是沒有差太遠。只要有一發來自星艦的砲火直接擊中他，超動能遮罩就完了，他滑行過去的時候必須非常小心。堡壘號的反星艦砲臺不斷開火，砲火充斥在他周圍的虛空中，內行星陣營的戰艦則拚命想要拉近距離，試圖讓攻艦隊登上堡壘號，其中一艘會在大約十四分鐘後成功達成這任務，他得加緊腳步。

李文在基地表面降落，在他左手邊不到幾公尺就有一座砲臺，光柱砲的砲筒來回擺動，朝著上空嗡嗡作響的星艦瘋狂掃射。他得設法避開那裡，發射口的砲手很可能會看到他，更危險的是，砲口本身就是星艦的首要攻擊目標。沒多久後，一陣轟然巨響，砲口附近頓時陷入一片爆炸、雙方交火和紛飛四散的碎塊構成的混亂，幸好這個時候，那團混亂已經離他有兩百公尺遠。那下轟炸沒有直接擊中砲口，砲筒仍在繼續開火，假如他還逗留在那附近，現在肯定已經身受重傷。

他查看一下能量值，剩下百分之四十六。他跳躍過來的位置比他們原本估算的還要遠。太空中的距離感有時候很令人迷惑。他打開ＡＩ腕帶裡的地圖，繼續沿著基地的本體往下行，直到抵達基地體上的一個彈著點。再過幾分鐘，進攻的艦隊就會利用這裡登入基地內部。這裡大概是整座基地最安全的突破口。他在附近找到一個有窗戶的區塊，啟動超動能，擊破其中一扇窗準備鑽進去。和同時代的其它大部分太空基地一樣，窗戶設計得又窄又長。在透明金屬上打洞不難，但要把洞拓寬到身體擠得進去的程度得消耗額外的能量，而且他拓寬到一半的時候，防爆閘門剛好降下來壓在他身上，遮罩又耗掉了百分之六的能量值，他才沒被活活夾扁。好不容易，他終於擠進窗口，翻身滾進艙體內部，在一間儲藏室旁邊跪姿落地，超動能大開，雙手成備戰狀態。他置身在一間廚房裡。太完美了。絕對沒人會挑在這種時候跑來找東西吃。

李文站起身，拍掉身上的灰塵：「我進來了，葛瑞絲。」

過了這麼多個世紀，廚房的佈局都沒什麼變化，倒是蠻讓人意外的。在他左手邊有好幾個大水槽，後面是好幾排烤爐，右邊則是一個中島式大流理臺。這時候，幾公尺外忽然有人從地上爬起來，冷不防嚇了他一跳。那個年輕人本來躺在地板上，應該是在船艙減壓時不小心跌倒，把自己給撞暈了。

他們倆面面相覷了一會兒。「聽著，小夥子。」李文先開口：「你得待在這個房間裡。」

那個年輕人穿著一身像是廚師服的制服，看上去頂多只有十八九歲。他看到李文的時候，驚訝得瞪大了眼睛，緊接著便往出口直衝過去，然而他才跑出去三步，就被李文的超動能索絆倒在地上。他手忙腳亂的爬起來，又往房間另一頭衝過去。

「你是在浪費時間。」葛瑞絲的聲音從他腦中傳來。

「我不確定這孩子最後有沒有活下來。」李文默想回答。

這個時候，那年輕廚師抓起一把雷射切肉刀，舉起來對著他。

「把那個放下。」李文警告他。

但那年輕人還是往他這邊攻過來了。

李文逼不得已，只得甩出超動能索把他掃到廚房另一頭。那年輕人狠狠撞上一組靠牆擺放的置物架，整個人癱倒在地上，沒有再爬起來。李文希望他沒事，但轉念一想，天曉得接下來應該發生什麼事？萬一這個年輕人本來應該要死，卻因為他的介入活下來了呢？那是最糟糕的一種漣漪。李文不禁咬了咬牙。這整趟任務都讓他感覺很不對勁，他早就該拒絕的。

他打開易容腕帶，用外環行星士兵的模組覆蓋自己，跑出廚房來到走道上。幸好軍械庫就在隔壁的艙區，離他並不遠。堡壘號正在承受砲擊，走道上擠滿了士兵和維修人員，幾次爆炸來襲時，許多人都被震得踉蹌倒地。李文剛好趁勢利用這團混亂，混到出入軍械庫的軍隊人流裡，暢行無阻的往隔壁艙區前進。十分鐘後他就找到了軍械庫所在，就在這同時，堡壘號的照明忽然轉暗又迅速亮起。一道聲音傳遍整個基地，警告他們敵方的攻艦隊入侵，指示保安部隊立刻前往截擊。

李文和一群本來守在軍械庫門口的守衛擦身而過，他們看來都還是學員，一副驚慌失措的樣子。他順利來到大廳盡頭，最前面幾道門都敞開著，裡頭空空如也，但後面還有六道門仍然閉鎖著。他迅速瀏覽過一遍，立刻又往大廳另一角移動。

「我人在彈藥庫了。」他對葛瑞絲默念。

「很好。彈匣和彈藥最優先，武器其次。記住了，只能回收Y區最後面的東西。任何放在那個區域以外的都會引起漣漪。」

根據葛瑞絲經由離星網源從時間數據庫提取出來的報告，接下來的十分鐘，內行星陣營的導彈隨時都可能會衝破對面的牆壁，直接命中這個艙區，剛剛那些房間裡的物資要不是被摧毀，就是會被炸到外太空。這應該能讓他安全的把需要的東西打撈走。

李文立刻開始動工，打開恆儲空間，把伸手可及的東西全部丟進去。不到幾分鐘，他就清空了六個貨架的彈藥，移動到下個房間。這間房間的牆面掛滿了線膛槍和各式手持武器，他叫出超動能索，把武器全都從嵌架上拔下來。這個時候，基地又是一陣劇烈晃動，他聽到走道上傳來喊叫聲。

「我得找個地方躲起來。」

「沒時間了。」葛瑞絲說：「直接打昏他們，然後趕快收工。你得在兩分鐘之內離開那裡。」

「就防禦位置，你們這些慢烏龜！」外頭有個聲音在咆哮：「把這些板條箱搬定位，敵人要攻進來了。我們要死守住這個艙區，不計一切代價，絕不能讓那些內行星混蛋得逞。要是有哪個吸屎味長大的共匪猩猩踏進我漂亮的軍械庫一步，你們這些可悲的飯桶通通都得給我趴到地上，用自己的舌頭舔乾淨。聽到沒有，蛆蟲！」

緊接著便是一群人齊聲回答：「是，長官！」

李文真希望這些小兵不要跑到軍械庫後面來。他已經清空了三個房間，就在第四間也快完成的時候，整個人就被轟倒在地，超動能遮罩吸收了大部份衝擊，但他的背還是受到一陣灼燒。他打個滾翻到右側，又避開了兩記雷射光彈，朝攻擊他的士兵甩出超動能索，打得他線膛槍脫手飛出，緊接著又用超動能索勒住他的脖子猛拉，把他整個人吊在半空中，連喊出聲警告的機會都沒有。李文收緊索圈，那士兵的臉越脹越紅，很快便昏死過去。

「火燒屁股了，稽查官。」葛瑞絲說：「你還剩多少容量？」

走道上的腳步聲越來越響亮，直往軍械庫逼近。

李文查看一下讀數：「裝了百分之八十三。」

「那樣很夠了。現在就把你拉回來。」

眼前景象再度被一片黃光籠罩，就在這時候，十幾張士兵的面孔也正好出現在走道口，他看到其中一個人舉起線膛槍朝他開火，緊接著周圍的世界便陷入黑暗。下個瞬間，李文已經安然飄浮在寧靜的太空中。在疏落而閃爍的星點之間，克力梭的光芒從遠處向他駛來。

「這不算是執行得最流暢的一次。」他說：「不過我得說，這是我們目前為止合作得最好的任務。我還是認為我們時間抓得太——」

「我們有麻煩了。」葛瑞絲在他腦袋裡低吼：「我過去接你的時候會保持高速行駛，做好準備。」

幾分鐘之後，艙門敞開著的科學怪人號直直從他面前疾駛而過，他還得用超動能飛射過去才跟得上它的速度。他勉力追了幾秒鐘，葛瑞絲才稍微減速到剛好夠他拋出超動能索，抓住艙門邊緣把自己拉進去。

「發生什麼事了？」他關上艙門問。

葛瑞絲一臉嚴峻：「時旅總署的前哨基地剛剛進入了高度警戒。我攔截了他們的緊急通訊頻道，有個巨大的漣漪正貫穿整個時間流。」

李文內心最大的恐懼成真了，憂慮的浪潮兜頭席捲而來，讓他全身發僵。他早該聽從自己直覺的。「怎麼回事？我以為我們把這次跳躍的時間事件掩蓋得很好，不會形成任何漣漪。」

葛瑞絲抬手制止他，仔細聽著通訊頻道，接著忽然咒罵起自己：「妳這蠢婆娘，普利斯特。看來攻艦隊佔領了軍械庫。在原本的時間事件，Y區被導彈擊中後，應該會引爆軍械庫裡的彈藥，炸死絕大多數登入基地的內行星士兵。可是既然你把全部的彈藥都打撈走了——」

「——爆炸當然就不會發生。」李文沉痛的說：「情況有多糟？」

葛瑞絲搖了搖頭：「存活下來的內行星士兵多到足以讓他們成功佔領堡壘號。後來堡壘號被編列入內行星艦隊，當作他們襲擊外環行星的發射據點。」

李文驚呆了，雙手抱頭頹坐下來。在實際發生的歷史中，太陽系大戰初期那三十年，每場針對火星的大型攻勢都是以OR堡壘號為發射據點，在火星人心目中，這個基地本身就等同於外環行星侵略的代名詞，是他們最仇恨的象徵。三十年來有上千個火星人嘗試過自殺式炸彈攻擊，全都失敗告終，直到二三三一年，埃斯佩蘭薩吉拉德終於成功摧毀了這座基地。雖然到了那個時候，摧毀基地已經沒有任何實質意義，火星人們還是每年都慶祝「埃斯佩蘭薩節」，把這天訂為他們的全星紀念日。

「我幹了什麼好事？」

「漣漪的效應還沒有影響到現時。」葛瑞絲說：「幸運的是，太陽系大戰會覆蓋掉時間流裡絕大部分的變化。時旅總署已經發動緊急跳躍要把時間線扭轉回來，儘可能減低傷害。」

「我幹了什麼好事？」他又呻吟一次：「我早就知道這趟任務會有問題。」

「這件事我會負起全責——」

「我在乎的不是誰要負責。這是我們的錯！我們改變了時間線的進程！」

「我犯了錯，後果也已經發生。」葛瑞絲打斷他，堅守原本的立場：「之前我只能攔截到時間流數據庫和外環殖民地之間上行線路的閱讀權限，我可以分析時間事件資料，但沒辦法進行模擬，要預測到所有可能觸發的偶然事件是不可能的，就算是像我這種天才頭腦也辦不到。該死，我果然也只是個凡夫俗子。」

李文把腕帶從手腕上扯下來，一個接一個用力拍到桌面上。打從他成為時旅特工以來，從來沒有對自己感到如此厭惡過。「時旅總署之所以會存在，就是為了避免這種半吊子外行人搞出來的爛事發生，比如說我們剛剛搞出來的這種！只是片面的從時間流數據庫的資料做出推算，卻不對推算結果進行模擬，就是會搞出這種可怕的爛攤子，而且絕對還會再發生，我可以跟妳保證。」

「下次我會更保守一點看待推算結果。」葛瑞絲冷靜的說：「以後我們得把任務維持在規模更小、更簡單的範圍內。」

「下一次？」李文張大嘴巴，忽然意識到自己剛剛說的那些根本就是耳邊風。葛瑞絲決意要達成使命，詹姆斯、伊莉絲、提圖斯，還有其他所有艾爾弗雷人也都一樣。就算沒有他在，他們也還是繼續執行這些跳躍，無論如何都會。他抓起離他最近的東西，碰巧是葛瑞絲的茶杯，狠狠擲向克力梭的艙壁，把茶杯摔成了粉碎。

忽然間，楊部長在時旅總署對他說的那番話在他腦海中幽幽響起。假如那些財團大企業鐵了心要跳躍和打撈，他們無論如何都會找到門路。時旅總署能做的，也就只是把持住時間流的所有權，設法減輕這個過程造成的損害。以當前情況來說，葛瑞絲和詹姆斯也一樣，他們無論如何都會執行這些跳躍，沒有什麼阻擋得了他們。所以，他唯一能做的，也就是想辦法減少傷害。

「從現在開始。」他壓低了嗓子怒聲說：「除非我確認過真的沒問題，一趟任務都別想叫我出，聽懂了嗎？」

他沒等葛瑞絲回答，就怒氣沖沖旋身衝進後船艙。他一屁股坐到床板上，雙手緊揪著頭顱，感覺自己深陷困境，內心飽受道德良心的煎熬。這麼多年以來，他是他第一次有了刺穿巨人之眼的念頭。

第二十九章 訓斥

這個星期以來，詹姆斯每天都非常忙碌，白天幫著廚房人員幹粗活，晚上則到路障值班守夜。工作本身倒是沒什麼，他很慣於做這些嚴謹繁重的例行任務，也能長時間保持警醒，看到他這麼認真工作，似乎也讓法蘭薇和伊莉絲很欣慰。

然而，真正讓他困擾的是，她們竟然認為這樣就是有在充分運用他的時間。再怎麼說，他可是受過高度專業訓練、熟知不同領域技巧的特工。大概除了李文，全銀河大廈裡沒有一個偵察兵或士兵能和他比肩的，而且除了葛瑞絲、提圖斯和伊莉絲之外，他也是部落裡教育程度最高的人。見鬼，憑他這種以特工的標準來看還嫌太薄弱的技術基礎，竟然還是這棟大樓裡最熟練的工程師之一。結果呢，現在他卻在這裡搬重物，拆箱子，裝卸物資，和一群只受過半套訓練的守衛看守路障。

身為一個前時旅特工和部落前輩，這些雜務令他覺得自己被貶低。他也覺得很奇怪，自己竟然真的會在乎這些頭銜。更讓他介意的是，伊莉絲和法蘭薇從來不認為有更重要的任務需要他去做，白天她們偶爾會從他身邊經過，似乎都對他盡責工作的樣子十分稱許。伊莉絲曾經在他臉頰上啄了一口，跟他說她有多開心他回來了，但也就是這樣而已，他繼續留在儲藏庫和其他老百姓一起幹粗活，她則頭也不回的離去，為艾爾弗雷族的未來做打算。

不過，往好處想，至少這些粗重的勞動能保持他的心思遠離酒精，或說讓他暫時忘記自己沒酒可喝。然而，隨著他結束每天的工作，他的手抖得越來越厲害，皮膚也越來越刺癢，就像他身體裡有個搔不到的癢處，讓他一天比一天更抓狂。到了第四天的尾聲，他終於下定決心，等飛衛們一有空，就派他們去給那些運輸工具做維修檢查。如今還在他的責任範圍內，能讓他全權掌控的，就只有飛衛小組和他們維護機具的工作了。因此，他只能束手無策的站在一旁，眼睜睜看著伊莉絲不斷把部落的庫存送出去，發放給一大批又一大批湧入的難民。他們一路南下到這麼遠的地方來，是為了逃離那些被稱為「恐怖先進異星入侵者」的外地人。他們並不知道對方究竟是什麼來頭，但詹姆斯已經設想到了最壞的可能性，他曾試著跟伊莉絲提出他的想法，要她派自己到北方進行偵察，伊莉絲卻以平板冷淡的態度否決了他的請求。

他搬了好幾箱配給糧食到三十四樓，堆放在地上，又回到儲藏庫準備再搬更多出來。「見鬼的黑洞。」他瞪著日益減少的貨櫃堆，不禁低聲咕噥。他剛從外太空回來的時候，房間裡的貨櫃多到都快要滿出來，現在已經空了一大半。太陽都還沒出來，來自迷霧之島各處的部落民已經聚集到大廳，排著長長的晨間隊伍，溫馴的等著領取他們份量稀少的糧食和藥品配給。有時候他們會拿自己的東西來交換，但大部分時候，這些配給只是純粹的慈善之舉。伊莉絲發放糧食和醫療用品給他們的方式，好像他們的物資取之不盡用之不竭一樣。眼看著部落的庫存，他當初拚老命一次次去外面打撈積攢而來的物資越來越少，只剩下幾個星期前存量的一部分，讓詹姆斯非常憂心。而且不是只有他一個人不高興，當初艾瑞亞歐發現她在做什麼，氣得當場就要動拳頭，引發了好一陣騷動，詹姆斯還得把他拉到一邊讓他冷靜下來。後來艾瑞亞歐終究是妥協了，但往後他每次看到那些難民，從來沒有擺過好臉色。

這位戰鬥指揮官是個好人，就是有點不太沉得住氣。他們的前一任領袖在農耕塔襲擊事件中身亡，身為少數從戰事中存活下來的資深守衛之一，艾瑞亞歐成了繼任人選。其實詹姆斯心裡有一小部分認為該由他來當戰鬥指揮官，但他能理解伊莉絲為什麼會覺得需要從部落裡提拔人選。

今天艾瑞亞歐還特地來找他，拜託他去跟她談談。「每天都有越來越多拖油瓶跑來投靠我們。等到明年冬天，我們吃什麼過活？」

「伊莉絲和法蘭薇長老才是主事者。」詹姆斯說著，抬起一個裝著乾果的貨櫃，這些乾果是艾爾弗雷族儲存著準備過冬用的，然而冬天都還沒到，貨櫃就已經只剩下最後這些。「她們一定已經計畫好了。」

「如果她們的計畫是打算餓死我們，那還真是幹得漂亮。」艾瑞亞歐咕噥著：「我就知道，從卡沃長老過世之後，我就知道這一切是個錯誤——」

「注意你的言詞，艾瑞亞歐。」詹姆斯怒目瞪他一眼。他已經好幾次為了維護伊莉絲用眼神制止他。

「我能接受已經發生的事情，前輩。」戰鬥指揮官說：「但你一定也有看到我看到的問題。拜託了，請你試著和她講點道理。」

詹姆斯環顧一下大廳四周。戰鬥指揮官說得沒錯，他們得設法做點什麼。伊莉絲有副好心腸，但她現在所做的這些已經成了純粹的愚行。「我會去說的，我會告訴她我們給出去的物資必須要有個限度。」最後他終於說。

「謝謝你。」艾瑞亞歐傾身靠近他：「長老是個聰明又仁慈的女人。可是你和我都很清楚這個世界並非如此，詹姆斯前輩。我們得保護她，把她和這個世界隔絕開來，萬不得已的時候，甚至要把她和仁慈隔絕開。」說完他拍了一下詹姆斯的肩膀，走出房間。

詹姆斯又抬起一堆箱子，離開儲藏庫，下樓來到路障樓層，通過北側路障往外走，穿過難民專用的臨時過道，來到艾爾弗雷族設置來供應每日救濟品的食物銀行區。伊莉絲已經連著兩天沒離開過這裡，不眠不休的拚命工作，確保每個人都能得到他們需要的溫飽和照料。

他過去找她的時候，她正在和一個又高又瘦的男人說話，那男人有張蒼白的臉，一頭金髮紮成辮子，這一帶部落民的典型長相。他穿著厚重的硬皮革，兩隻前臂纏著粗繩做的護腕，背著一把兩端都有斧刃的醜陋長武器，一看即知是個戰士，而且看他和伊莉絲說話的樣子，顯然也是個掌過事的人。

忽然間，某個回憶閃過他的腦海，這個人和他在戰場上正面交手過，那天晚上這個部落試圖攻進大樓，熨斗族差點抵擋不住。他使用雙頭斧的技巧很高明，詹姆斯還一度險些被他砍斷手臂。所以，看到他站得離伊莉絲那麼近，他可是一點都自在不起來。伊莉絲只到他胸膛那麼高，對方只要伸個手就能輕易扭斷她的脖子。她可是艾爾弗雷族的族長，更重要的是，她也是肩負著治療地球瘟疫大任的科學家。

伊莉絲看到他走過來，臉立刻亮了起來：「詹姆斯，這位是莫拉德，埃爾門部落的民選族長。」

他們互相以男人對男人的方式打量了一下，點點頭。「我們見過了。」詹姆斯說：「很高興能在你手上沒刀子的時候相見。」

「我也是，艾爾弗雷人。你很能打。」莫拉德說：「你的族長說你是個時旅特工？」

「曾經是。我被他們炒魷魚了。」

「為什麼？」

「為了她。」他指了指伊莉絲，她的臉立刻羞得緋紅。

「我很尊敬這點。」莫拉德向他鞠了一躬。他似乎已經開始贏得埃爾門族長的好感。

「我們揮舞著拳頭而來，你的族長和族人們卻向我們伸出援手。」莫拉德說：「我們試圖佔領你們的樓層，你們卻敞開大門接納我們。為此我們有無盡的感激。」說完他又鞠了一次躬。

「要謝就謝伊莉絲。」詹姆斯說：「如果是我，就會把你們留在外面受凍等死。」

莫拉德點點頭：「我尊敬你的誠實，特工。如果是我也會這麼做。不過，幸好不是你和我在領導艾爾弗雷族，這對我的族人來說是好事。因此，我希望能以一份禮物回報你們的慷慨。」他向身後其中一個族人打個手勢，緊接著就有八個人扛著一個巨大的長方體板條箱走出來，放到地上。詹姆斯立刻就認出箱子外殼上的諸般標誌。

「噢，這真的沒有必要——」伊莉絲先開口。

「你們已經不需要它了，對不對？」詹姆斯說。

莫拉德臉上浮起淡淡的笑意：「特工什麼都知道。沒錯，當初為了逃離入侵我大樓的敵人，我們走得很急，只帶了必需品和貴重物品。逃亡了幾天之後，必需品變得比貴重物品更寶貴。將來我們再也不需要用到了，即使這些東西比我們擁有的一切都還要有價值。」

「這是什麼？」伊莉絲問。

「泰坦能源轉換器。」詹姆斯說：「人類有史以來創造過最先進的一種能源轉換形式。它幾乎可以把所有形態的能量單位轉換成其他任何一種。非常好用，也非常昂貴。」

「莫拉德，我們不能接受這個。」伊莉絲說。

「那是妳說的。」詹姆斯截走她的話：「我們當然可以收下。」

莫拉德的族人把箱子放到他們腳邊。「這是你們的了。」他說：「埃爾門族已經不再有需要用到轉換能源的機器。而且這樣東西實在太沉重，我的族人們已經承受這份負擔太久了，我們還有其他更重要的負擔有待解決。」

「這是一份慷慨的禮物。」伊莉絲說：「我們會繼續供應你們部落需要的物資。如果我們所有人通力合作，能成就的事情肯定多得多。」

埃爾門族長點點頭：「我們也希望如此。」

這個時候，伊莉絲遠遠看到樓層另一端的法蘭薇和克羅，便先行向他們告退。當她轉過身背對埃爾門族長，和詹姆斯照面時，嘴角閃過一抹會心的微笑，然後才在他們目送下快步跑遠。

「你們的長老生得嬌小，卻有著雄偉的靈魂。」埃爾門族長說：「她不是真的荒地人，對不對？」

「沒錯，她不是。」

「她是從太空上面來的？」

「比那裡還要遠一點。」詹姆斯說：「莫拉德族長，你說你們埃爾門族是從北邊的大樓來的？那些入侵者發動攻擊的時候，你們就在現場嗎？」

莫拉德點點頭：「他們忽然從霧中現身。才一天時間，我們隔壁的巴里奧斯街區就被佔領下來，從那個時候起，我的族人就不斷在逃亡。」

「你能描述你當時看到什麼嗎?那些入侵者穿成什麼樣子？」

「有幾個男人和女人浮在半空中，全身被白色力場包圍，後來出現的士兵則穿著白色裝甲。」

「有人是穿黑色裝甲，戴著尖錐形頭盔的嗎？」

莫拉德搖搖頭：「我不記得有看過。如果你想要的話，我可以帶你去找他們，距離沒有很遠，但這麼做會很危險。我們沿途遇到的部落都對陌生人非常忌憚。」

「沒有必要。」詹姆斯拉出地圖：「你能指出他們發動攻擊的位置嗎？」

接下來的一個小時，他儘可能從這些逃亡者口中收集資訊，有多少是多少。他本來還希望這場攻擊只是部落之間的征戰衝突，那些入侵者或許是某個更先進的部落，從北極區一路往南逃亡，這種狀況並不算罕見。然而，埃爾門族長的話證實了他內心最大的恐懼。

他們已經被找到了。

來的不是別人，正是聯軍，他們正一路南下，有系統的把大樓一棟棟佔領下來。好消息是他們的作戰是有計畫的循序漸進，按照他們的步調，還要將近一個月才會推進到全銀河大廈的所在位置。壞消息是，他們承擔得起這麼長的作戰時間。雖然艾爾弗雷人躲在一座大迷宮裡，還有電磁脈衝霧掩護，但他們也等於是被困在島上動彈不得。迷霧之島肯定已經被聯軍全面封鎖住，他們無路可逃。如果單只有一艘飛船，或是只有一個人，或許還可以偷溜出去，但要像之前那樣讓艾爾弗雷人舉族逃亡而不被發現是不可能了。不過，這裡有許多可以藏身的地方，或許他們可以躲到地底深處等敵人離開。如果要這麼做，他們就得重新開始囤積物資。

事不宜遲，現在就做。詹姆斯沿著領食物的隊伍往下走，發現隊伍已經長到延伸出空橋，他來到空橋盡頭，隊伍還繼續蜿蜒到他視線所能及的範圍。他回到隊伍最前端，把負責這條隊伍的年輕人拉到一邊。

「停止供應這條隊伍。」他低聲說：「把這個消息傳下去。」

「可是長老——」

「照做就對了，這是命令。把剛剛的話傳下去。」

那個年輕人——詹姆斯想不起他的名字——有點遲疑的向旁邊和他一起負責隊伍的女孩踏近一

步，又回頭看了看詹姆斯，然而，他不但沒有照詹姆斯的話去做，反而一個轉身跑走了。

黑洞的搞什麼？那小子是要去哪裡？詹姆斯惱火起來，拉住另外那個女孩，把他剛剛和那年輕人說的話又說一遍。這次女孩聽話照辦了，訊息傳下去的時候，人群裡有許多人朝他皺眉頭，大廳裡的氣氛也開始沉了下來。

「看在大地母親份上，你是在幹嘛？」就在這個時候，伊莉絲一個箭步來到他面前大吼，還有法蘭薇和克羅隨侍兩側。那個男孩跟在他們身後，睜大了眼睛驚恐的看著詹姆斯。

「我們得談談。」說著他一手搭在她背上，輕輕推著她離開人群，擺脫周圍好奇的目光。

「不要碰我。」伊莉絲輕聲斥責他：「我可是長老。你不但任意撤回我的命令，還像對待小女孩一樣對待我。接下來我會這麼做，詹姆斯，我會先在大家面前教訓你，命令你恢復糧食供應，等這件事做完，我們就去個隱密的地方，你是真的欠我好好訓你一頓。」

詹姆斯太了解她，知道現在絕不是時候，不管他再有道理也一樣。於是他在大庭廣眾之下挨了一頓斥責，重新下令恢復發放糧食的隊伍。看著這些已經排隊排了幾小時的人群聚集回來，讓他感覺有點難堪，而且他注意到，這些人看他的眼神和看伊莉絲的眼神因此變得不一樣了。

伊莉絲領著他和法蘭薇離開大廳，來到一間後室才開始衝著他發作：「你敢再做這種事試試看，詹姆斯。我們不是早就說好了，除非我們真的身陷險境，你才會採取必要手段，除此之外，你打算做什麼一定得先找我談。你這是在僭越我的職權。」

他伸出雙手搭住她的肩膀：「再過一個月，聯軍就會找上門來了。我們在這裡度過了一段不錯的假期，但現在我們需要躲起來。這裡的人口和建築結構都很稠密，又有人在替我們打撈，潛伏起來等聯軍離開會是個可行的辦法，我們得認真考慮這件事。」

「你沒在聽我說話——」

「我們得開始囤積物資，而不是白白奉送出去。」

伊莉絲雙手交叉在胸前：「我知道他們要來了，詹姆斯。我一直都在靜待那一天到來。」

他當場頓住：「什麼意思？妳說妳知道？」

「你真的以為，我在忙著餵飽這些人的時候不會跟他們收集情報嗎？」

詹姆斯不禁倒退一步：「想要他們的情報不是只能拿糧食來換，還有其它更好的辦法。」

「你還是沒把她的話聽進去，小夥子。」法蘭薇插話：「伊莉絲長老知道自己在做什麼。」

「我就等著他們來。」伊莉絲說：「這次我們不逃跑了。」

「他們會殺掉我們所有人。」

「不管我們逃去哪，早晚都會被他們殺掉。我們不能為了自己逃跑，棄這些人於不顧。我們要不是躲起來，要不就是只能跟他們正面迎戰。在這座城市，我們可以做這兩件事。」

「伊莉絲。」詹姆斯幾乎是在懇求了：「我們不可能和聯軍交戰的。他們有更好的武器，受過更精良的訓練，科技也比我們先進太多。我們就只有這些——」

她抬眼和他對上視線：「說啊。看你敢不敢。」

「我們就只有艾爾弗雷人。」

「不，這你就想錯了。你以為我為什麼要餵飽這裡所有人，詹姆斯？我的確是和你想的一樣甜美又溫柔，但我可不是個傻瓜。我已經受夠了跑給聯軍追的日子，這座島上每個失去家園和摯愛的人也都受夠了。我們單打獨鬥無法對抗他們，但如果我們所有人一起奮戰，或許還有一線機會。你支持我嗎？」

「妳知道我下地獄都會陪妳一起。」

「很好。」她踮起腳尖，親了親他的臉頰，緊接著又往他同邊臉頰搧了一下，下手實在算不得輕：「不准你再背著我搞破壞。順便提醒你，這兩天內會舉行全體大會。我打算把所有騎士都召來開圓桌會議。」

「什麼是圓桌？」

「不重要。反正到時候你得出現就對了。」

第三十章 聯合民族

伊莉絲大概想一百萬年也想像不到，自己竟然會創建起一個政府。她僅有的領導經驗，就只有那次最後以失敗告終的羽球隊隊長，還有在柏克萊擔任水肺潛水社的副社長而已。事實上，她根本就打從心底厭惡政治和任何形式的政府組織。然而現在她卻在這裡，站在一座講臺上，面對著四十三個部落的領導人，他們的族人們則全都聚集在全銀河大廈，擠得水洩不通。她感到胃裡一陣翻騰。好啦，是她自己給的甜頭，把這些好人們誘捕到她的陷阱裡來，現在是時候要付出代價了。

出席與會的領導人帶領的部落橫跨各種規模，像亞伯領導的麥迪遜綠地族，是個人口上達一千的強大部落，幾乎和艾爾弗雷族不相上下。至於其他部落，像是傑尤領導的自旋族，目前住在全銀河大廈淹水的一樓大廳，總共只有二十四人。另外還有很多部落仍是未知狀態。令人開心的是，幾個小時前有位女性族長趕到現場，她的部落叫卡內基族，為數三百人，目前還在以十到二十人為單位分批進入大樓。

在這場聯軍進犯造成的混亂中，伊莉絲最後決定遵循她母親在「和平公司」期間最喜歡引用的一條守則。「人若飢餓，不戰而降」，與其把人力和資源浪費在發動戰爭上，她選擇先餵飽老人和小孩。等那些負責打仗的人搞清楚狀況，就會放下武器，跟著他們一起乖乖排隊領麵包和熱湯。用不了多久，消息就散播出去了，大夥開始傳言說高樓層的部落不但實力強悍，資源還十分豐裕，不然他們為什麼要免費發放食物給大家？

不到幾天內，就有二十個小部落向艾爾弗雷族提出了合併的請求，還有幾十個部落派出代表希望和他們會面商討。從那時候起，伊莉絲和法蘭薇就開始設想這個計畫，打算把全銀河大廈附近的所有部落召集起來，組成一個鬆散的聯盟。這場大會就是她們想到的最終解決方案，而且遠遠比原本預期的還要成功。老實說有點太成功了。伊莉絲沒有設下資格門檻，不需要是領導人或部落代表，只要有意願的人都可以參加，但她也沒打算把整個場子搞得像美國眾議院一樣，還是說她其實就是這麼想的？她沒料到會有這麼多人來，也沒有應對這種盛況的事前準備。也許她一開始就該想到這是可能會發生的情況，但現在才後悔已經太遲了。

會議開始前，她先花了幾分鐘和克羅談話，確認雙方得到的資訊是一致的。這個地區每個部落都知道導師的名號，而且十分尊敬他，原因無他，因為熨斗族掌控着這一帶規模最大的大樓，她的計畫必須要先得到他們的支持才有可能成功。

她踏上講臺，掃視過每一張男男女女的面孔，會場裡的話語聲也跟著安靜下來。她注意到有很多族長配備著武器前來，忽然意識到自己怎麼沒想到要規定他們不能帶武器。大夥剛聚集到會場的時候，幾個仍在交戰狀態的部落之間險些爆發衝突，像這樣的疏漏很可能會讓事態一發不可收拾。她的手發著抖，努力昂起頭，卻只能剛好探出講桌，真希望有先拿個什麼東西墊腳，讓自己看起來高大點。她轉頭看了下左邊，法蘭薇只是朝她揮揮手，繼續悠哉遊哉的大嚼她手裡那袋種子。詹姆斯站在她旁邊，斜斜靠在一根柱子旁，一臉警戒的表情，看上去比平常還要焦躁不安，目光不停來回掃視著人群，顯然是在擔心有誰會突如其來的發動攻擊。彷彿有心電感應似的，他轉過頭來，剛好和她視線交會，嘴角浮起一絲微笑，走上前輕輕握住她的手臂捏了一下：「妳辦得到的。讓他們知道妳的厲害。」

「你的意思是讓他們當場歸天吧？」

詹姆斯皺起眉頭：「妳為什麼想要殺他們？」

伊莉絲不禁失笑。「沒事，別介意。」不過詹姆斯的鼓勵的確讓她安心了一點，他對她就是有這種魔力。

她揮揮手作勢把他趕下臺之後，朝著群眾舉起手來，說：「感謝各位的到場。」然後暫停了一下，等著台下的人回應。沒人回應。他們當然不會回應她。看在大地母親份上，她是在想什麼以為他們會回應？直覺告訴她，這些迷霧之島的男男女女絕不是會給人家掌聲鼓勵的類型。現場陷入一陣尷尬的沉默，簡直有幾個鐘頭那麼長。她輕咳一聲，才又繼續說：「你們都是一族之長——」

這個時候，有個男人忽然站起身。「不是所有人都應該出現在這裡。」他是個身形魁梧的光頭大漢，全身佈滿了傷疤，聲音響亮而清晰，伸手指向旁邊另一個同樣魁梧的男人：「我，杜蘭德，領導著三百個族人，而波蘭領導的只有十五個人。還有好幾個部落的族長也附屬在我之下。」

那個叫波蘭的人也跟著站起來，手裡還握著把彎刀：「那是因為你們齊格飛族，你們這些黑暗之子，趁夜偷襲我們部落，殺了我一大半的族人。」

緊接著只聽見金屬刀鋒刷的出鞘，周圍的人群紛紛散開，不到兩分鐘，一場決鬥就在她努力想讓各個部落和平的凝聚起來、為了共同目標而召開的會議爆發開來。

有那麼一瞬間，伊莉絲還真想放著這兩個混蛋不管，等他們在彼此身上戳幾個洞之後再拉開他們就好。詹姆斯已經來到講臺前，等待她的下一步指示，但她搖了搖頭。假如她想扮演好領導人的角色，像這樣的爛攤子就得由她親手解決。

她打開光彈腕帶，調低能量值，舉起手腕瞄準那個惹起事端的大嘴巴，祈禱自己別射偏。從她第一次用光彈以來，準度已經進步很多，雖然在狀態最好的時候也只是算是普普。她射出光彈擊中杜蘭德的左肩，打得他旋身倒地，然後在波蘭反應過來之前，往他胸口又是一發。突如其來的光彈爆擊把他們兩人都嚇傻了，只能躺在地上唧唧哼哼的呻吟。

伊莉絲極力表現出若無其事的樣子，雙手卻無法自制的發著抖。她壓抑住想要舉起拳頭，假裝把槍管冒出來的煙吹散的衝動，說：「還有誰有意見嗎？」

房間裡一片靜默。看著那兩人撐起身體爬起來，坐回原本的位子上，有好幾個族長瞪大了眼睛。有她先前發放食物的慷慨之舉，加上剛剛在他們面前展示的武力，她確定自己已經獲得了所有人的全部注意。她緊張得全身每條神經都在尖叫，但還是極力擺出冷靜的表情。等房間裡的騷動安頓下來後，她花了點時間整理思緒，想著他們今天聚集在這裡想要建立的是什麼，她得說些什麼才能達成目標。她和臺下的人們目光交會，從他們的眼睛裡讀到了他們渴求的一切，希望，前進的方向，還有給族人的保障。最重要的是，他們都已經累壞了，光是他們對杜蘭德和波蘭鄙視的態度就說明了一切，長久持續不斷的爭戰已經折磨得他們疲殆不堪。

這會是個不錯的開場。

「如果有人還抱著舊怨，想繼續跟其他人打仗的，現在就可以馬上離開。」她開口：「這個房間不歡迎你們。假如你們決定留下來，就得立下誓言，不管你們彼此之間曾有過多少敵對和衝突，在這裡都將成為過去式。」她停頓一會，讓這番話充分發揮一下效果，等著看有沒有哪個族長真的膽敢站起來離開房間。沒人有動靜，於是她繼續說：「我是伊莉絲金，艾爾弗雷族的長老。我們是一支歷史悠久的部落，在荒地裡生活了足足兩百年，從費城和波士頓一路遷移過來，如今則把迷霧之島視為我們的家園。」她注意到有幾個族長點了點頭。一支部族能存活兩百年，在荒地裡是非同小可的成就。從她當上族長以來，還是第一次想感謝法蘭薇堅持要她學習艾爾弗雷族的歷史，這些部落特別看重這類事跡。

「如今，敵人來到了這座島上，摧毀我們的生活方式，殺害我們的族人，奴役各個部落，把他們的大樓據為己有。你們當中許多人親眼看過他們，拼命逃出他們的魔掌，才撿回一條命。我們都知道這些敵人是誰。他們很強大，全副武裝，有精良的科技和可怕的武器。我們的敵人冷血無情，他們的名字，是時旅總署和渥爾塔企業。當初他們來到波士頓，我們逃跑了。如今，他們來到了迷霧之島，我們知道已經無處可逃。艾爾弗雷族會留下來，挺身和他們奮戰到底。」

「就如你們所知，我們也擁有自己的科技，有自己的物資。我們有紀律，有組織，但是，我們無法只靠自己單打獨鬥。我要請大家加入我們的行列，支援我們。每個部落集結起來，成為一支聯合民族，我們會比各自分散的時候更強大。如果我們協力合作，就能捍衛我們的樓層和大樓，彼此關照，分享糧食和資源。我們要團結起來，為這座島奮戰，把敵人趕出我們的家園。」

「那我們是不是都得向妳鞠躬，伊莉絲長老？」其中一個族長站起身發問：「我們全都會成為艾爾弗雷人？」

霎時間，一陣反對聲浪在房間裡迴盪開來，意外的比她原先預期得要小，不過再怎麼說，這仍然是個重大的爭議點。這些部族非常獨立，而且會堅決捍衛他們的身分認同，要求他們加入另一個部落，就像是在告訴他們說，他們不再是自己那一族的族人。會場裡的抱怨和爭執越來越大聲，詹姆斯再度帶著保護意味的移動到講臺前面。好不容易，嘈雜聲終於漸漸平息下來，而且竟然不需要她介入，讓她感到有點意外。她耐心的等著，等到所有目光再次聚焦到她身上之後才開口。

「能夠彼此討論是好事。」她說：「討論能促進合作，激發靈感，只要這些討論不會發展到引發暴力的方向上，我們都應該多說一點自己的想法。唔，大概只有我的老朋友，熨斗族的克羅導師除外。」她朝著坐在最前排的導師打個手勢：「他說的話已經太多了。」人群裡響起一陣笑聲，導師也只是寬容的咧嘴一笑。

「你們不會成為艾爾弗雷人。」她繼續說：「你們仍然會是自己部落的族人，而且，只要是為了你們的族人好，你們可以自由的決定要走或是要留。不過，我們還是會共同擁有一個能把我們連繫在一起的身分。迷霧之島在過去曾被稱為曼哈頓，我們何不再次榮耀這個名字？」

這番話又引發了一陣騷動，不過這次的氣氛和剛才不一樣了。這些族長們不再是為了找理由說不或和彼此爭執，而是在追問種種細節。工作和樓層將如何分配？各族的勢力範圍要怎麼劃分？之後會成立議會嗎？是不是每個部落都有投票權？將由誰來領頭主事？這些問題簡直無止無休，不過，她可是費了九牛二虎之力才把這些人弄進同個房間裡，絕不會放任眼前的大好機會白白浪費掉。

她立刻著手把這些朝她轟炸過來的問題速記下來，一個接一個見招拆招的回答。每個族長都對曼哈頓民族應該是什麼樣子有自己的理念，而且全都很有共識的在每件相同或相反的事彼此反對。每個人都想要所有東西，同時也全都不肯放棄任何東西。後續討論的這幾個鐘頭，簡直是伊莉絲這輩子度過最令人氣餒的幾個鐘頭。

不過，到了最後，就在夜幕降臨迷霧之島的時候。「曼哈頓眾部落聯合民族」誕生了——雖然這個名字實在是又呆板又無聊，就是典型的那種委員會取出來的名字，每個人都對這個結果不滿意，但大家已經浪費了一個小時在爭辯，這就是最後能得出的最佳方案了。該死的官僚主義。令她驚訝的是，只有不到十個族長中途離開會場，而且他們最後還是全都回來了。現在他們只剩下一些細項要弄清楚，也就是她媽媽說的，魔鬼藏身的地方，但這些都可以留待明天再說。

伊莉絲覺得精疲力竭，情緒卻十分興奮和激昂。她走向正等著她的詹姆斯，整個人靠在他懷裡，雙手環抱住他的腰：「直接送我回床上，先生。我打算一覺睡到下個月。」

「妳明天早上起來第一件事，就是要從頭再來一遍。」他說。

「我是在開玩笑。你只管抱著我，跟我說我做得很棒就好了。」

他使勁抱住她。「太了不起了，伊莉絲。妳完成了可能好幾個世代都沒人辦得到的創舉，而且妳一發彈火都沒發射就辦到了。或說至少妳沒開到第三發。」

「唔，那個讓大家都害怕的共同敵人也有幫上不少忙啦。」她說。

詹姆斯搖搖頭：「那不是重點。那些人會來參加會議，是因為他們從妳的決斷中看到了什麼，讓他們在今晚團結起來，成為一個完整的群體。我真為妳感到驕傲。」

他傾身給了她一個吻，原先重重壓著她的緊繃和壓力頓時消散於無形。她環抱住他的脖子，把他拉過來又是一個長吻。等他們終於分開雙唇的時候，她燦爛一笑。「還記得我們在諾卓思的第一次約會嗎？誰說老狗學不了新把戲。你終於搞懂應該對一個女孩子說些什麼了。來吧，我們上床去，你可以好好跟我說我今天有多厲害。」

第三十一章 無所適從

在伊莉絲的實驗室裡，詹姆斯找了個不會擋到路的角落，待在那裡看著莎夏忙碌工作。提圖斯已經證實了最初的診斷，她感染的確實是泰拉維拉單核球增多症，這種病症通常是免疫系統無法識別出地球瘟疫病原體所致。法蘭薇靠著以物易物換來了需要的藥草，李文從過去打撈回一些醫療物資，葛瑞絲則在航途中做了一台做藥片用的單沖壓片機。對他們同心協力的付出，詹姆斯很感激。在他們幫助下，莎夏一天比一天好轉，雖然她還是時不時會咳嗽，也很快就會疲倦，但她的臉頰開始有了血色，也比他近期印象裡來得有活力。

現在，他的妹妹正用伊莉絲配製的化合物給一排植物澆灌。剛來到現時那時候，莎夏還不會讀寫，如今卻已經是個熟練的實驗室助理了。詹姆斯為她感到滿懷的驕傲，當她一邊工作，小心翼翼的查看那些樣本，檢查有沒有地球瘟疫感染的痕跡，在一塊碎布上記筆記，一邊哼歌給自己聽的時候，拜情緒激動所賜，他的手甚至還發起抖來。

見鬼的黑洞，他暗罵自己。他的腦迴路開始變得像個家長了。「妳可不可以休息一下，陪妳哥哥去散個步？」

莎夏搖了搖頭，專注的神情毫不受動搖：「伊莉絲需要花更多時間和其他部落的族長談話，這段期間就得靠我確保這些樣本都有被照顧好。這是很重大的工作。」

「確實是。」他說：「妳的工作什麼時候結束？」

「等山姆伊亞和芮瑪回來。他們會教我怎麼佈置陷阱，山姆伊亞說我應該要學學怎麼把血玉米桿削成長矛。」

詹姆斯實在不知道自己對此該有什麼感想。那在迷霧之島的確是很實用的技能就是了，更何況，這附近有幾棟大樓的樓層全是茂密的野生林，和他去過的叢林不相上下。雖然現在這樣的生活方式，和他當初為她設想的不一樣，但隨著他們和艾爾弗雷人相處得越久，他也越來越篤定，即使有許多難關和挑戰要克服，他是真的給了她一段很好的新生活。

「那麼，我猜妳再也沒空陪陪妳的大哥了。」

「別傻了，詹姆斯。」她回答：「我們以後還有的是時間，只是要等晚一點。」

他只得提醒自己，他們看事情的觀點是不一樣的。對他來說，她在他的生命中消失了將近二十年，整整二十個黑暗、痛不欲生、深陷罪咎感的年頭。莎夏能活生生的站在他面前，本身就是個奇蹟，而且是只存在他夢中的奇蹟。然而，對他的妹妹來說，他還是同樣那個詹姆斯，那個會照顧她，確保她的安全，告訴她該做什麼的大哥。當然，他現在長得不一樣了，變得比較高大，比較多皺紋，也比以前更不好玩了，可詹姆斯就是詹姆斯。莎夏還小的時候，沒有多少愉快的回憶，也沒交過朋友，所以她想交新朋友，詹姆斯一點也不怪她。她還只是個小孩，而無聊的詹姆斯就還是老樣子，很無聊。他提醒自己，莎夏只是在做一個典型的十歲女孩會做的事，這再尋常不過了。

伊莉絲也有其他更重要的優先事項。她的辦公室外總是排著長長的隊伍——對，她還真的有間辦公室！有時候還會從走道一路延伸到大廳來。人們想見她還得事前預約，她甚至還有位貼身助理在幫她忙。如今她已經脫胎換骨，從當初那個掉進錯誤的時空、飽受驚嚇的女人，變成艾爾弗雷族的族長，現在又化身為一個新成立的聯合民族的精神領袖，而且全都在短短的一年內發生。何其讓人驚嘆的一個奇女子。

他最在乎的兩個人都往前邁進了，他再也不是她們生活的重心。該死，如今他對誰來說都不重要。已經有好幾個星期都沒人來找他幫忙，向他提出請求，甚至連問個問題都沒有。剛開始那陣子他感覺還好得不得了，終於能擺脫掉壓在肩上的責任重擔，到了現在，他只覺得自己沒人要又沒用。

一陣刺耳的哨聲把他拉回現實。他嘴裡忽然冒出一股酸味。自憐自艾是一種軟弱的特徵，學院老早就把這種特質從所有的實習生身上斬斷了。那些太自溺的人通常待不到一年就會被刷掉。他得比這副德性更好，莎夏和伊莉絲值得更好的他。然而，他胸腔裡的疼痛還是揮之不去。

「詹姆斯。」莎夏說：「可以幫我把水壺打開，放一支溫度計進去嗎？水溫剛好到攝氏二十七度的時候跟我說。

「是，莎夏博士。」他從原本坐的桌面跳下來，往房間另一頭的電子爐走去。

「別傻了。」她說：「我還不是個博士，不過，伊莉絲和葛瑞絲說，如果我認真工作，把她們給我的書都讀完，有一天我就可以成為真正的博士。葛瑞絲都叫我博士實習生。」

詹姆斯覺得自己的心彷彿都要跳出胸膛，淚水直湧入眼眶。「妳當然可以。」他哽咽著說：「跟我解釋一下妳在做什麼，博士實習生莎夏？」

莎夏開心的聊起了她學到的東西，詹姆斯簡直不敢相信，她在這麼短的時間內就在實驗室裡學到這麼多。聽著她說話，他能感受到她有多愛他和信任他，而這表示他們的小世界依然如故。

「詹姆斯前輩。」這個時候，一個叫瓦里的守衛來喊他：「有一台轟轟從南方接近。」

「是科學怪人號嗎？」

「飛衛喬爾說不是。他說科學怪人號在這七天內都還不會回來。」

詹姆斯立刻從檯子上抓起他的電磁發射器。這是一台舊型機，是李文從科技戰爭時期弄回來的，準度很糟，但它耐摔耐打，就算被潑濕或沾到塵土還是可以運作。在這樣的環境裡，可靠性是最重要的特性。同時它也是部落裡僅有的手持加農砲，也是唯一具備坦克級戰力的武器。他立刻前往大樓南側的崗位，站在窗口旁邊，身體緊貼著牆面做好準備。

很少有飛船會飛得離全銀河大廈這麼近，在建築密度這麼高的地區裡，要操縱好飛船很困難。但儘管如此，近期以來聯軍的巡邏還是不斷在增加。光是這個星期，他們就已經三次目擊到偵察艦在濃霧中緩緩穿梭而過。所有部落也都已經很了解狀況，知道避開他們的偵測雷達有多重要。每次有敵方的飛船靠近，一群年輕孩子組成的傳訊網就會立刻啟動，跑過每個樓層向族人們發出警報的喊聲，緊接著全銀河大廈就會全面熄燈，從一棟燈火通明的大樓變成暗沉沉的廢墟，和周圍那一大片建築叢林融為一體，整個街區會進入全然的黑暗，並在幾分鐘內安靜下來。這是最關鍵的部分，要是聯軍發現他們，立刻就會直直搗向他們所在的座標。

一開始，他聽到的就只有鳥叫聲。迷霧之島有著自成一格的生態圈，有好幾種不同的掠食性鳥類盤旋在城市上空，還有幾千種物種的生物居住其中。然後他聽到了，微弱而刺耳的引擎吼聲，依稀能從白噪音裡識別出來，離他們還有約莫半公里遠。而那個聲音他再熟悉不過。

「是科學怪人號。」他對瓦里說：「先退下，去通知其他人。」

接著他便小跑步來到七十三樓的降落臺，他到的時候，已經有十幾個艾爾弗雷人聚集到露臺上了。飛衛們也在那裡，等著要迎接克力梭進行維修保養，為下次的飛航做準備。詹姆斯來到露臺邊緣往下眺望，科學怪人號正沿著大樓側邊往上爬升。遲早有一天，聯軍會發現他們是從砲台公園隧道潛出和潛入曼哈頓的。大部分的水下通道都被堵住了，只有這條隧道餘留的空間夠寬敞，足夠讓克力梭在碎塊堆之間緩速行駛。不過，有克力梭的匿蹤裝置，加上島上的電磁脈衝霧，全星監控網絕不可能偵測得到它的動向，只要敵方還沒有注意到這些水下通道，他們的打撈就可以持續下去。

克力梭爬升到了位居大樓三分之二高處的三號天臺，機身還濕淋淋的滴著水，詹姆斯退到旁邊，看著它懸浮到平臺上，伴隨著輕柔的嘶嘶聲降落著地。幾分鐘過後，葛瑞絲和李文踏出船艙，飛衛們立刻上前各就其位，在這同時，十來個年輕的艾爾弗雷人則跑進船艙裡開始卸貨。詹姆斯又回到平臺邊緣往外張望。除了一片灰色的濃霧之外，什麼都沒有。

葛瑞絲靠近他身邊時，他回過頭來看著她：「你們提早回來了。」

她用拇指往身後比了比：「我們出了點小意外，引起了個大型漣漪。咱們的乖乖牌稽查官取消了最後一趟跳躍任務。」

詹姆斯揚起一邊眉毛：「早跟妳說過他對那些有的沒的龜毛到不行，扯到時間法的尤其嚴重。還真是多虧妳寫下那些法條，害我們其它人搞了好幾個世紀都搞不定。」

葛瑞絲瞪了他一眼，踱著重步又走開了。

在這同時，李文從克力梭裡探出來：「我們得好好談談。」

「不能等我們把貨都卸完，克力梭藏好了再說嗎？」

「不行，詹姆斯，這件事不能等。」

詹姆斯和這傢伙認識得夠久，立刻就知道他是認真的。那語氣讓他想起以前老是被稽查官叫去辦公室裡訓話的情景。他注意到艾爾弗雷族的搬運工往他們的方向瞥了幾眼。只要是社群就會有人嚼舌根，即使是這些住在廢墟裡的荒地部落也不例外，恐怕還特別盛行。現在他們最不需要的就是在已經滿天亂飛的傳聞裡多添一筆。於是他示意李文跟著他到露臺另一頭，確定附近沒人聽得到他們的聲音才轉過來。「首先第一件事，你如果有異議，不要在艾爾弗雷人面前講出來。他們會追隨我們，靠的是忠誠和信念，所以疑慮是他們最不需要的東西。」

「艾爾弗雷人會聽令行事。」李文說。

「他們又不是時旅特工，可以任由你呼來喚去的。」詹姆斯駁斥他：「他們需要一個更謹慎小心的人引導他們。」

「比如說你嗎，詹姆斯？」

「少在那裡挑釁我，李文。好了，到底又是什麼事挑到你的神經？」

李文甚至無心要壓低音量：「我們所做的一切全都大錯特錯。」

「這個說法太籠統了。」詹姆斯乾巴巴的應他：「我們到底有哪個部分做對過，你先說來聽聽，我倒是很確定已經有一大堆事被我們搞砸了。」

李文指了指那群忙著卸貨的族人：「就為了那批該死的物資，我差點引發一個大型的時空漣漪！」

「是那批該死的物資填飽你的肚子，保持燈光不斷電。」

「資源不是這樣運用的，時間流更不是。」

對詹姆斯來說，這早就不是什麼新聞了。當初還是他在負責跳躍的時候，腦中浮現過一模一樣的念頭。他在天臺邊緣坐下來，看著空中滾滾翻騰的濃霧。這裡距離地面有幾百公尺高，但霧氣濃得彷彿可以直接伸腳踏上去。如果他瞇起眼睛，傾著頭仔細端詳，依稀能看到有個身影在霧氣中舞動。然後，那個身影停下動作，直直往他這邊走過來，輕快的一躍跳上天臺邊緣。是史密特，詹姆斯不禁瑟縮了一下。

「你哪天也應該來試試看。」他的前任導航員說，站在臺緣上搖搖欲墜的保持著平衡：「如果我掉下去，你會接住我嗎，老友？噢，對，我忘了，你現在沒有腕帶，你的腕帶全都給李文了。你怎麼會幹這種蠢事？難道你忘了他是怎麼對待蘭登的嗎？」

「我怎麼可能忘掉。」他喃喃的說。

「你剛說什麼？」李文皺眉問：「你的樣子不太對勁。」

「艾爾弗雷人哪裡不對了嗎？」詹姆斯強迫自己把視線從死掉的老友身上移開。李文的措詞激起了他一股怒氣上湧：「艾爾弗雷人接納了我和伊莉絲。就在我們被你們這些混蛋追殺的時候，他們給我們東西吃，給我們容身之處。不僅如此，是他們在這片被我們摧毀的土地上努力求生，如今在幫助我們拯救這片土地的也是他們。既不是地球政府，不是時旅總署，更天殺的黑洞不是那些該死的大企業。」

要不是因為一個外人——他到現在還是把李文視為外人——說了艾爾弗雷族的壞話，他恐怕不會意識到自己變得多麼袒護他們，不到一年前，他自己可也還是一樣鄙視他們呢。然而，他們為他做了這麼多，如今要他付出生命捍衛他們也心甘情願。要不是他忽然注意到自己雙手緊握成拳，可能也不會發現自己有多生氣。

然而，令他意外的是，而且還是他有印象以來頭一次，李文竟然讓步了。「你說的沒錯，我那句話說得太刻薄了。艾爾弗雷人一直以來都很支持我們，我沒有資格像那樣說話。不過，我的立場仍然不會有所改變。我們的做法從一開始就錯了。」

「你是什麼意思？」

「我們要拯救的是全球性的疫情，卻只有就地取材的資源可以利用。就算我們真的找到了療法，我們、艾爾弗雷人和伊莉絲都沒有能力實行。這些原始人連維持燈光不熄滅都有問題了，更何況是這麼龐大的治療計畫。我們在這條路上孤立無援，而且這條路無法帶我們到任何地方去。」

「這話出自一個才跟我們在一起，多久，幾個星期的人？而且一開始艾爾弗雷族會受到襲擊，這個人的責任還真不小。」

「我只是在做我當時該做的事。」李文的聲音也冒出了火藥味：「你會把自己搞到這種境地，是因為你自己情緒用事。那才是你招惹麻煩上身的原因。」

「看來做該做的事也讓你招惹一堆麻煩上身，而且還順路去蹲了趟大牢。」

「我會進監獄還不是因為聽了你們的話。」

他們兩人面對著面，惡狠狠的瞪著對方。在戰鬥條件相當的情況下，詹姆斯不確定自己摺不摺得倒李文，但他現在非常樂意撒手一試。如今他們是在戰線同一邊沒錯，但累積了好幾年的宿仇舊怨是不會一個相同的目標就能輕易化解的。

幸好這個時候，葛瑞絲介入了他們兩人中間，以手作扇朝著自己的臉搧風。「你們兩個只讓我覺得又熱又煩躁，不但一點用處也沒有，也鼓舞不了群眾的士氣。」

他們兩個往旁邊瞥了一眼，發現那二十來個艾爾弗雷人全都僵在原地，直勾勾的盯著他們看。詹姆斯破壞了自己訂定的原則。這些族人要不是敬佩他們，就是對他們心懷恐懼，不管是哪一種，這場小爭執看起來都會很糟。這下謠言可有得傳的了，而且早晚會傳進伊莉絲耳裡。

「我們從一開始就做錯了。」李文又說一遍，只是這次比較小聲。

「那好，等你想出更好的計畫，你想怎麼讓打撈任務升級都可以。」

李文又怒目瞪了他們一眼，忿忿的跺步離開。

葛瑞絲的目光緊跟著他，直到他走遠後才轉回來看著詹姆斯。「他想的也沒錯，你知道。以前我們也針對這個問題討論過。」

詹姆斯聳聳肩：「他當然沒錯，但我不想因為他是對的就順他的意。除非他有可行的辦法解決問題，光有洞見是不夠的。更何況，我千辛萬苦劫獄救他出來，他到現在還沒謝過我。」

她打量了一下詹姆斯，搖了搖頭：「你知道嗎？小威，你這個小渾球有時候還真是挺愛計較的。」

他又聳了一次肩，注意力再度投向正在卸貨的克力梭。「我只是在為他們發聲罷了，這些被李文瞧不起的小人物。這場戰爭波及到了他們所有人。對了，你們有拿到要給莎夏用的醫療用解析儀和藥品嗎？提圖斯要求的那些東西？」

第三十二章　箭在弦上

韋克還是個小鬼的時候，闖過不少禍，成天跟著一群隧道鼠混混到處亂跑。到後來他老爸終於忍無可忍，把他抓到跟前狠狠教訓一頓，叫他最好振作起來，讓自己在殖民地有所作為。「別當個社會渣滓。」老爸這麼說：「買不起空氣的人沒資格免費呼吸，這種人全都會被趕到船上，整艘載到太空中那個爛泥坑去。」訓話的時候，還會一邊指著灰暗的天空，叫他彎下腰，用金屬棍抽打他的背，給自己的演講詞加重力道。

這些教訓確實每一下都打進韋克心底，讓他乖乖遵從了老爸的建議。他不再和隧道鼠胡混，做滿月球公民義務時數，在規模最大、最有影響力的其中一間大企業爭取了到受人敬重的職位。從方方面面來看，老爸要求的一切他都做到了，他不是個社會渣滓。然而，不知怎地，韋克還是被載到這個爛泥坑來了。

「我痛恨地球。」他說，嘴裡嚼著麻藥大麻，把汁液吐到地上。他和他的五人小隊成員暫時據守在一棟大樓的七十三樓過夜。他們沒有多少關於這棟大樓的資訊，地圖上只標了個名字『皮埃爾』。「當初我拼死拼活的工作，為的就是不要淪落到這個鬼地方。」

韋克的捕獵小隊很不幸被上頭指派了這項任務，要負責調查中央公園叢林東側，南至第十六街、東至麥迪遜大道的整個街區。據他們頭子說，聯軍的部隊下個星期就會抵達，而他們得在那之前把這街區每個樓層都清查完畢。以往他們通常會有充裕的時間完成工作，但誰都沒料到，這些坐落在中央公園旁邊的大樓調查起來有多麻煩。這座位處迷霧之島中心的叢林簡直茂密得失控，肆無忌憚的往四面八方蔓生，所有鄰近的建築結構全都難逃它的魔爪。數以千計的巨大藤蔓和枝幹從窗戶、裂縫和門口鑽進建築物裡，有些有一個人的身高那麼粗，還有些大型植物連門路都免了，直接自己破牆而入。

最棘手的是，棲息在這個地區的野生動物也是格外稠密，韋克甚至沒把野蠻人也算進去。光是他們調查的第一棟大樓，一棟八十二層樓的中型住宅大樓，就已經撞見過四群不同品種的大型貓科，還有幾隻類人形的爬蟲生物。他的部屬燒毀了其中一群大貓的巢穴，但決定把其他幾群留給主要部隊去解決。

這裡的部落倒是意外的少，幾乎可以說是杳無人煙。本來韋克和他的人馬都以為叢林周圍會有大量的野蠻人聚居，像其他野生動物一樣，然而卻只偶爾碰過幾個疏疏落落的小群體。他們有在一些地點找到跡證，顯示出有人長期居住過，有些規模還蠻大的，但看來都已經被原本的居民捨棄。他猜是秘安官散播恐怖和驚懼的新策略奏效了。

不過，他們還是有發現一個小部落逗留在附近。韋克和他的五人小隊撞見他們的時候，那二十幾個野蠻人正好生著火在烤晚餐，似乎是鹿之類的大型動物。比起配給棒，他手下的小夥子們更想吃熱騰騰的肉排，而且那些原始人也沒什麼威脅性，於是他們就進攻了。那些野蠻人被殺得措手不及，戰鬥才持續不到幾分鐘，他們就殺了部落一半的人，剩下的那一半則全都落荒而逃。

小隊成員在清查樓層的時候，他看到一雙眼睛藏在一條毯子底下，掀開來發現是個瘦骨伶仃的小男孩，很可能還不滿八歲，臭得像泡尿。韋克把這個小東西扯到自己腳邊，整個人拎起來按在牆上。

「不是頂聰明的，吭？」他咧嘴一笑，一手扣住這個小鬼的脖子，舉起槍口瞄準他的額頭，然而還來不及扣扳機，小鬼就在他手上咬了一口掙脫了。又在耍小聰明。他朝男孩開了兩槍，但兩次都沒打中，小野人鑽到了一張斷腿的桌子底下，然後又一溜煙的拔腿逃出房間。

馬爾本來想追過去，說與其被讓那小鬼被外頭的野貓野狗或人型蛇吃掉，當場殺掉他還比較人道一點。但烤鹿肉的香味實在太誘人，而且天色也暗了，本來還有一點微薄的光線能穿透這團受詛咒的濃霧，現在已經完全暗淡下來，沒人有興致摸黑出去給一個小野人安樂死。

於是韋克只隨便擺了擺手，把裝備卸下來扔到一邊。「你想的話就自己去吧，我會在你回來之前把你那份也吃掉。」

其他人聞言大笑，也跟著聚攏到火堆旁。從各種跡象看起來，這個小部落應該在這裡住了好幾年，他們佔據了這棟大樓至少一半的樓層，甚至還在陽臺上種植作物。韋克和小隊成員們用他們的食物填飽肚子後，便在火堆旁伸展四肢伸起懶腰來。

「我簡直等不及這項專案結束了。」林度打了個呵欠，伸著懶腰說：「當初獲任這個職位，我還以為自己會和雷帝嘉地作戰，誰知道是泡在這座汙水池裡走來走去。說真的，每次我吸一口氣，都覺得快要窒息了。」

韋克掏出自己裝著麻藥大麻的小袋子扔給他：「你知道，當年我還是個小鬼的時候，曾經問過我老爸，我們為什麼會住在月球上，為什麼空氣要花錢買，如果我們搬到地球去，不就有免費的空氣可以吸了嗎？他抬手往我後腦勺就是一下，告訴我說，任何值得擁有的東西都值得你花力氣掙取。我一直第一次到地球來的時候，才真的搞懂那句話的意思。我爸是個老混蛋，但他還真是有道理。」

「那些白吃白喝的寄生蟲也只配吸免費空氣，像我們這些願意努力工作掙取的人，有資格得到乾淨的空氣。」林度補充說：「資本主義和大企業拯救全人類。」其他人也跟著異口同生的附和。

「聽好了，小子們。」韋克說：「今晚早點就寢。還有一整個街區等著我們搜查，而且我們只剩不到一星期。要是再錯過一條任務死線，捕獵頭子可不是只把我生吞活剝就能了事的。林度，你第一個守夜，然後是齊姆、馬爾、吉吉，我負責早上。」

「憑什麼你每次都輪最後？」吉吉問。

「等你當了隊長就可以輪最後了。」

韋克的小隊安頓好的時候，夜幕也正好降臨。霧氣裡透出來的那點微光早已消逝，只剩下他們腳邊將熄而未熄的火堆在黑暗中閃爍。很快的，沒負責輪守的人便全都進入了夢鄉。

感覺好像才闔眼沒多久，韋克就聽到一聲悶叫，緊接著是一陣窸窸窣窣的腳步聲。就像每個優秀的軍人那樣，他眨眼間便清醒過來，抄起爆能槍做好準備。他肯定已經睡著了幾個小時，火堆已經燒到只剩下餘燼。其他三個人還在他周圍熟睡著，然後他又聽到了，一陣細微的拖步聲從外面的走道傳來。

「林度？」他低聲問，打開頭燈，隨著他左右張望，頭燈的光束在牆面上掃過來又掃過去。

「捕獵准士林度，回報。」沒收到回應。韋克踹了一下旁邊的隊員：「齊姆，起來。準備掃蕩樓層——」

忽然間，一記猛擊命中韋克的胸口，把他整個人擊倒在地。他經歷過夠多場戰役，馬上就能反應過來自己中彈了。他呻吟著低頭察看傷勢，不禁皺起眉，插在他胸口上的竟然是一把斧頭。他試著呼叫警告其他人，卻只發得出微弱的嘶嘶聲。他用左手抓住斧頭試著鬆動它，痛得他差點昏過去，只能有氣無力的倒回地上，眼睜睜看著夜晚從沉寂中甦醒過來。齊姆坐起身，看到從他胸口伸出來的木柄，嚇得目瞪口呆，就在他試圖站起來的時候，一道影子倏地欺近他背後，緊接著鮮血就從齊姆剖開的喉嚨噴湧而出。

越來越多影子閃進房間裡，有好幾團模糊的黑影從韋克的頭燈光束前疾掠而過。剩下的那兩人還來得及站起身朝敵人開火，只見黑暗中幾下閃光，馬爾的線膛槍來回掃射過房間，他肯定打中了幾個敵人，因為槍響後緊接著此起彼落的慘叫聲。然而沒多久，線膛槍停火了，馬爾整個人頓時被黑暗吞沒，下個瞬間他便倒在韋克腳邊，兩隻眼睛瞪得老大，一動也不動了。

這場攻擊在眨眼間開始，又在眨眼間結束，整個房間再度陷入一片黑暗和死寂，除了韋克的頭燈和敵人粗重的呼吸聲之外，什麼也不剩。忽然，房間裡亮起了好幾道白光，幾乎就像白天一樣亮，其中一道光源毫不客氣的照到韋克臉上，他勉強抬起手遮住眼睛，等他終於適應了之後，發現自己被一群野蠻人團團包圍著。

一個瘦小的身影踏上前來，等他看清楚後，不由得驚訝得睜大眼睛。是那個從他手裡逃走的男孩。男孩先是面無表情的看著他，抬頭看了看站在旁邊的男人，點了一下頭。那披著一身黑布的男人抽出掛在皮帶上的刀子，倒轉刀柄遞給那男孩。男孩接過刀子，再次低頭看著韋克，嘰嘰咕咕的說了幾句話。

「我不會說野人語。」韋克咳了幾下，滿嘴是血：「早知道當初就該宰了你。」

「他說，你們是殺害他父母的兇手，他帶著我們來找你們，是為了替父母報仇。他宣告你們每個人的死都屬於他，我們也已經把你們的死歸給他。」

那個野人說的是太陽系英語，腔調很難懂，但聲音聽起來很自然，不是用通訊腕帶翻譯的。「你是從哪學會——」韋克還來不及說完，男孩的刀子便狠狠戳進了他還插著斧頭的胸膛另一側。他倒抽一口氣，吐了更多血，整個人頹然側倒。他簡直恨透了地球。這就是韋克腦中浮現的最後一個念頭。

在守衛們高度戒護下，伊莉絲和艾瑞亞歐徒步來到全銀河大廈三公里外，曼哈頓族和聯軍首次發生戰鬥的地點。艾瑞亞歐和莫拉德本來極力勸阻她，但終究拗不過她的堅持。這是他們決意把敵人從島上驅逐出去，開啟戰爭序幕的第一波彈火，她想要到現場親眼見證。

最開始是一名駐守在這地區前哨站的斥候聽到了槍聲，他前往槍聲來處調查，發現一個小男孩正沒命的在大樓裡狂奔，男孩告訴他發生了什麼事，那名斥候立刻發送警報傳回全銀河大廈。當天剛入傍晚沒多久，便有人來叫醒了伊莉絲，通知她說他們偵察到一支聯軍小隊的行蹤，艾瑞亞歐，如今是曼哈頓族的戰鬥指揮官，已經派人發動了伏擊，漂亮的搶得先機取得勝利。雖然嚴格說起來，這次伏擊在幾秒鐘之間就結束了，幾乎稱不上是一場戰鬥，他們兩人還是決定冒點風險，到現場親眼看看他們歷史性的第一場戰役。

他們抵達戰鬥發生的房間後，艾瑞亞歐立刻就退到旁邊，去和負責帶領戰鬥的莫拉德討論。伊莉絲第一眼注意到的，是整齊安置在房間盡頭的一排屍體，有足足將近二十具。莫拉德說他們叫塔吉族，是一支友善的小部落，從來沒找過麻煩，只希望能與世無爭的過自己的日子，如今卻慘死在那些聯軍士兵手中。

伊莉絲移開視線往左看，那裡又有另外五具屍體，穿著灰色變體版的渥爾塔制服，裝甲等級意外的普通。當初在波士頓的時候，都是時旅總署的監控兵在執行這些繁重的基層任務，為什麼現在的部屬方式不一樣了？不過這不重要，以前只有敵人獵殺他們的份，現在終於換成艾爾弗雷人——不對，是曼哈頓族——獵殺他們了。

接著她注意到其中一個倒在角落的渥爾塔士兵，胸口上赫然插著斧頭和匕首。「他是怎麼回事？看起來像是被處決一樣。」

一名站在小男孩身邊的埃爾門前鋒兵回答：「這是他們唯一倖存的男孩，佛斯。他說這個男人是他們的領袖。我們為他伸張了正義。」

伊莉絲聽到這些話，渾身一陣緊繃，但還是擺出冷靜的表情，在男孩面前單膝跪下來：「你度過了漫長難熬的一晚。你願不願意讓我們帶你回去，給你一張溫暖的床睡？」

男孩點了點頭，同意讓守衛帶著他離開。她立刻回過身對莫拉德說：「不准再有處決行為。如果以後再找到倖存的敵人，直接把他們帶回去審問。我們不是野蠻人。」話才說出口，她不禁畏縮了一下。她竟然就這樣不經意的脫口而出。

「這些入侵者並沒有給我們同等的寬待。」莫拉德說：「這麼做等於是要我們和敵人分享食物和床鋪。」

「敵人不懂得尊重，不代表我們也要跟他們一樣。假如他們還有活口。」伊莉絲刻意加重語氣：「把他們帶回來。聽清楚了嗎？」

莫拉德滿臉不贊同的表情，但還是點了點頭：「我們會照妳的話去做，長老。」

「莫拉德。」艾瑞亞歐走上前來：「把這些渥爾塔突擊兵的裝甲和武器剝下來。」

「遵命，首領。」

伊莉絲望向窗外的中央公園：「聯軍的人是不是會避開這裡？」

莫拉德點點頭說：「是的，長老，沒人敢進去。走進中央公園就是走向死亡。」

「大樓裡還有其他像這樣的聯軍小隊嗎？」

「到目前為止至少目擊過兩支。」艾瑞亞歐說：「根據偵察隊回報，最近幾天也發生過幾次類似這樣的屠殺行動。」

「這個地區還住著很多小型部落，他們全都會置身險境。」伊莉絲拉出一張地圖，手指沿著大樓所在的街道一路滑到東河，然後抬起頭看著艾瑞亞歐：「我們有辦法守住這條線以南的整個區域嗎？」

艾瑞亞歐端詳了一下地圖：「我認為再往北移一點比較好，這片西邊外緣的叢林就是最好的防禦據點。拉到這麼遠的南邊來，萬一聯軍突破防線，他們很容易就能往西邊擴散開來。」他的手指往北滑過幾個街區，來到第六十三街：「作戰基地應該設在這裡。」

伊莉絲拿起粉筆，在公園最外側的六十三街和東河岸之間畫出一條長長的直線，然後抬頭對莫拉德說：「檢查這條線以南每一棟大樓，確保沒有聯軍的蹤跡。這就是我們的新國界。我要曼哈頓族所有兵力都移動到這裡，準備好擊退所有想要越過防線的敵軍。現在該是我們保衛族民的時候了。」

莫拉德臉上浮現出淡淡的微笑。「是的，長老。」他握起拳頭往心口敲了兩下：「誓死保衛曼哈頓族。」

第三十三章　獵物的反擊

郭站在桌前，一動也不動的瞪著桌面投影上來的3D全島地圖。她剛剛又失去了一支身經百戰的捕獵小隊，他們最後一次回報是在第七十四街和第三街路口。她在地圖上標出這個座標，核對監視線。

不管是在聯軍控制的地區內外，她的捕獵小隊、突擊兵小隊和監控兵小組都接連不斷的從島上失蹤，彷彿這座飽受瘟疫摧殘的島嶼忽然起死回生了一樣。過去這七十三小時之間，十六個單位裡已經有九個單位失聯，而在這之前一整個月，她總共只失去過一個單位。更糟的是這團該死的濃霧讓他們無法及時傳遞消息，當她發現一支小隊失蹤的時候，往往已經超過一天。這些住在島嶼南半邊的部落真的有那麼危險？

不，那是不可能的。從各方面看來，這些部落的戰力都相當均質，不可能有哪個部落特別壓倒性的強大，就算真的有那樣的部落，應該早在好幾年前就已經佔領支配了整座島。島上肯定發生了什麼變化。他們要不是組織了起來，就是有外來者在協助他們。

後面這個論點可能性更大。不管這幾天以來在襲擊她手下的人是誰，他們有在用腦袋，知道要把屍體藏起來，然而這些戰鬥發生過的證明，牆上和地板上的痕跡、空彈殼、碎塊和彈片，在在都洩漏著玄機。她的人員到各個戰鬥地點調查，所有跡象都顯示出這些本來只會丟長矛的野蠻人配備升級了，他們在現場發現的痕跡包含爆能槍、光彈武器和電磁拋射彈。有某些人，可能是某個企業，在給這些野蠻人供應武器。問題是那究竟是誰？

一開始她懷疑可能是雷帝嘉地，他們是渥爾塔的頭號競爭對手和敵人。但是他們沒道理要涉入這項專案，甚至很可能連這項專案的存在都不知道。雷帝嘉地此時正忙著打一場四面仗，同時和渥爾塔、芬利及其他自治殖民地交戰。

想到自己竟然被發配到這場戰爭的最邊疆，她不禁恨恨的咬緊牙關。這項專案對她們公司技術面的長期戰略至關重要，同時也讓她獲得晉升，但是再怎麼說，他們畢竟身處在太陽系的落後地帶，離核心戰區十萬八千里遠。那些真正的野心家，亟欲在企業的權位之梯往上爬升的人，現在全都在最前線作戰。

最近幾天的事態發展只是讓她的處境更雪上加霜。明天她又得傳送近況報告給索恩了，而他最不想聽到的消息，莫過於她又因為那群住在爛泥坑裡、只會丟石頭的寄生蟲損失了六十個人手。好像還嫌不夠糟似的，楊老回絕了她最近一次增派監控兵的要求。真該炸爛那個沒效能的蠢貨，那個老傢伙是越來越棘手了。

拜這一連串壞消息所賜，追蹤異時者的任務遲遲沒有進展。說到底，索恩和董事會最在乎的就只是那個異時者。她在過程中消耗掉幾百條人命、幾千個單位的能源和價值品都無所謂，只要她最後能逮到那個科學家，這趟任務就會被視為大功告成。不過，她還是不確定為什麼聯絡官這麼執著要抓到那個科學家，顯然不只是要強制履行合約而已。她肯定具有某種關鍵的重要性，不然他們現在所做的一切都顯得太不合常理了。到目前為止，索恩的口風一直都很緊，只概略提過這名異時者身上有渥爾塔需要的東西。

「長官。」忽然間，艾娃快步衝進會議室：「我們收到第六十三街和約克街基地回報，他們正受到好幾群野蠻人襲擊。」

好幾群？郭查看一下地圖，離他們只有六個街區。這些人真是吃了熊心豹子膽。

「支援部隊已經派出去了嗎？」

「是的，我們派了鎮暴小組過去。根據倖存者的說法，他們被殲滅到只剩下一個人。基地的突擊兵隊長發送的最後一次回報說，有一整群野蠻人排山倒海的朝他們攻過來，而且是經過策畫的襲擊行動，他們已經快要抵擋不住了。」

郭驚愕得愣住了。鎮暴部隊是最重裝備也最高價值的軍事單位，她只被允許分配到幾個小組，光是失去一個都是難以想像的慘重損失。她檢查一下能量值，飛也似的跑出房間。「十個街區以內所有備戰人員，立刻到交叉口集合。我要全面掃蕩那個街區。現在有幾艘女武神級戰艦是可以調度的？」

「兩艘正在巡邏，四艘待命中。」

「我要六艘全部升空。」

二十分鐘後，郭率領著將近兩百人的突擊兵和監控兵部隊，往那棟位於約克街和河岸之間的大樓挺進。這是她臨時調度能召集到的最大兵力。不到幾秒鐘，監控兵便已經分布到每座空橋就防禦位置，六艘女武神艦也懸浮在街區各個路口就定位，突擊兵部隊則在這棟八十五樓高的大樓開始逐層掃蕩。

郭從三十二樓一扇敞開的窗口飛了進去，來到渥爾塔作戰基地的所在位置。他們在好幾個連接各個建築物的大型空橋交叉口都設了作戰基地，這座基地就是其中最早設置、也是格外重要的一座，她的部隊要南推進的時候，可以利用這裡作為昆斯博羅橋的制高點。

根據地圖上顯示，以前這棟大樓的低樓層是一間老學校，後來的幾年又不斷往上加蓋新的建築體，包含醫療機構、長期照護中心和軍事訓練機構，到了太陽系大戰期間，整棟大樓曾經轉型成軍用補給基地，後來又有一小段時間被當成難民營，直到文明世界遺棄了這座島為止。

她開始在腦中播放整場戰鬥。敵人肯定是從低樓層最北邊攻上來的，她在好幾個地點找到噴濺的血跡和爆能槍的彈痕。這次襲擊來得完全出乎意料，而且現場沒有任何跡象顯示出進一步的持續交戰。她的屬下們沒有反攻或回擊，甚至來不及布好防禦陣形。敵人肯定是從四面八方包圍過來，把他們全都圍困在中間一網打盡。一場單方面的屠殺。

襲擊發生的時候，總共有十七個監控兵，六個突擊兵和兩個工程師駐守在這個前哨站。無庸置疑，從她開始執行這趟追捕異時者的任務以來，這是她敗得最慘重的一次。

「一場精心策畫、人數眾多的大規模攻擊。」她喃喃自語，接著又說：「叫一支現場分析小隊過來。」她指著一個看起來像是光彈打出來的洞：「查驗每個爆痕的特徵，把這整個地方徹底搜索一遍。我要現場所有東西都掃描過，每個線索都要追蹤。他們用過的每一種武器，殘留在現場的所有能量，還有天殺的每一片ＤＮＡ碎片，能弄到手的我全都要知道。」

說完她便站到旁邊，焦慮的等著她的工程師團隊收集樣本檢測讀數，心裡又是憤怒又是憂慮。這起大白天發動的攻擊極具侵略性，而且來得明目張膽，讓她原本勝券在握的信心受到了動搖。然而另一方面，現場留下的證據很可能可以幫她弄清楚狀況。假如那個逃亡的時旅特工還活著，而且還待在這座島上，很有可能那個異時者也就在附近。

調查人員還得花上好半天才能向她報告，趁著這段時間，她指揮其他人繼續往南掃蕩。途中她的突擊兵部隊又遇上了四個小部落和一小批流浪野人，全都被他們抓了起來，等著之後帶回拘留所。不過這次她不打算拆散這些人去做苦工，她另有計畫對付他們。關於最近發生的這一連串事件，這些野人肯定知道些什麼，她可要好好伺候他們，打到他們招出來為止。

她的首席調查員終於來向她報告他們的發現了。「怎麼樣？」她問。

「有時旅總署的痕跡特徵，長官。」他說：「還有光彈腕帶、二十二世紀的電磁線膛槍、二十三世紀的雷射槍，另外還有看起來像……」他頓了一下，抬頭看著她：「子彈的東西。非常老式的那種，有些是來自十九世紀的。」

「那些野蠻人是找到了個裝滿老骨董武器的寶箱嗎？」

「我很懷疑這點。」調查員說：「其中某些痕跡特徵的來源是好幾百年前的武器，更有可能是時空跳躍打撈回來的。」

所以那個特工又在從事非法跳躍了。有意思。可為什麼是現在？李文率兵攻打波士頓之後沒多久，他們似乎就停止了所有打撈活動。為什麼要挑在這個時候重操舊業？這的確能解釋他們的作戰能力為什麼會忽然大幅升級，而且表示這些野蠻人比以前有組織，甚至更糟，在那個特工的領導下團結了起來，這會給她的部隊帶來更大的威脅。

楊部長必須立刻得知這件事，這隸屬於他的管轄範圍和職責。稽查官李文被關押之後，這些非法跳躍活動也跟著停止，他就撤回了追蹤逃犯的監控網。然而，現在是時旅總署履行義務的時候了，而且容不得半點推拖。至少她可以利用這個把柄要脅楊老好一陣子，最近他的態度越來越不配合，老是和時旅總署應該對渥爾塔履行的合約要求過不去。更重要的是，這個新發現會是她回傳給索恩的報告裡的關鍵資訊，前幾天來的盡是些壞消息，她得讓他看到他們有所進展。現在她已經掌握了那個女人還待在這個地區的證據，這樣就夠了，至少以當前來說是。還有同樣重要的，她可以把近期大幅升高的傷亡率和敵人活躍程度歸罪到這些非法跳躍頭上。

有句關於做生意的老話說得好——通往成功的途徑只有一條，導致失敗的岔子卻有成千上百種。真正最重要的，是出了岔子要懂得隨時掩飾。

她轉身對旁邊的一名突擊兵說：「召一艘女武神艦回來，要他們準備好接我上去。」

「是的，長官。目的地是？」

「芝加哥。我要去會會那位好部長，如果他不肯答應我的要求，我就親手把他撕成兩半。」

第三十四章　游手好閒

詹姆斯站在一根斷掉的柱子旁邊，掃描著東河上方的天空，飛衛們則埋在巨大的垃圾山裡一路鑽探，有系統的把崩落的石塊和廢棄貨櫃一個個擊碎，終於找到了那座車庫的鐵捲門。聯軍的巡邏小隊應該不會到這麼南端來，但是敵方的封鎖線就在河的對面，他們離河岸這麼近，只要稍微不留神或是碰巧運氣不好，很有可能會被哪艘路過的女武神艦發現。

他在舷梯上看著喬爾和夥伴們和那扇生鏽的鐵捲門搏鬥，試圖用一把手動曲柄把它拉起來。鐵捲門發出了抗議，尖銳的金屬吱嘎聲劃破了空氣，讓詹姆斯渾身一陣哆嗦。他狠狠朝喬爾噓了一下，要他小聲點，接著又把注意力移回天空上。他們在下城區最外緣的一片開放空地上，沒什麼遮蔽物，霧氣相當淡，天色也變得比今天稍早的時候還清澈，他不喜歡這樣，接下來他們還有大半天漫長的工作得做。

他是唯一一個配備著現代化武器的，其他飛衛們只有長矛和古老的射擊武器，而且他們甚至還不是真正的守衛。喬爾有一把電子獵槍，火力只夠刮花女武神艦的烤漆。這幾個年輕人對付得了野生動物，應該也對付得了幾個襲擊者，但如果沒有他的腕帶，他們可以說是不堪一擊。

「可以進去了。」喬爾說，鐵捲門已經被他們拉開了半公尺，飛衛們一個接一個趴下來，貼著地面從空隙鑽進去。詹姆斯又多等了一會，閉著眼睛，仔細聆聽附近是不是有女武神艦的高頻引擎聲，或是克力梭低沉的轟隆聲，直到確定安全了才跑下舷梯，先把線膛槍滑進門裡，然後跟著其他人一起鑽進去。

他站起身，環顧一圈這間曾經是維修場的車庫，只聽見喬爾大聲喝令幾句，其他人立刻開始著手工作，確認受潮狀況，檢查能量值，啟動點火器。很快的，伴隨著隆隆引擎聲，所有陸用車一台接一台復甦了。

「這台的起動馬達掛了。」愛莉特蓋上一台卡車的引擎蓋說。

「把電池拔出來帶走。」喬爾說。

看著這個年輕人對自己的團隊指揮若定的樣子，詹姆斯臉上不禁浮起笑意。不過幾個月前，喬爾還是艾爾弗雷族的麻煩人物，如今卻已經成了個領導者，在部落裡有份量，也是其他年輕孩子欽佩的對象。

「是的，前輩?怎麼了嗎?」他的笑容可能有點太明顯，因為喬爾一臉困惑的望著他。

「沒什麼，喬爾。只管做你們的事。」

說完他隨意掃視四周，注意到一個被他們拖到角落的大型金屬圓桶，上前敲了敲空蕩蕩的桶子：「你們覺得你們能弄出一批烈的嗎?」

喬爾遲疑了一下：「可是法蘭薇和葛瑞絲長老說——」

「葛瑞絲現在人在外太空，至於法蘭薇，她根本不會發現的。更何況有誰知道我們時候會回去?搞不好就此一去不回了。」

「唔，我們是可以釀出點東西來，我們還有剩下一些血玉米酵母、葛藤生成物和大豆催化劑，不用也是浪費……」

「那還等什麼。」詹姆斯說著拍了一下他的背：「這些運輸艦交給我和愛莉特就好。」

喬爾點點頭：「布莉亞、羅瑞、多克斯，來幫我釀點東西。」

布莉亞有點遲疑的說：「可是伊莉絲長老和……」

「詹姆斯前輩說沒關係。」

說服喬爾其他同伴也沒花多少工夫。沒有多久他們便生起了火堆，開始準備釀製烈酒。詹姆斯繼續忙著保養運輸艦，感覺到皮膚陣陣發顫，下意識往旁邊瞥了一眼，看到史密特倚著牆站在那裡搖頭。

「你看什麼看？」

史密特嘆了一口氣。『只要扯到喝酒，你從來就聽不進我半句勸，老友。幹嘛挑在這時候跟我吵？』

「我很高興我們已經有共識了。」

『至少讓我說幾句？』

用不著他開口，詹姆斯就知道他想說什麼了，不禁大為惱火，加重手勁把氣出在扭到一半的排氣閥上：「不准。我不過就是想喝一杯，這是我應得的，休想挑起我的罪惡感。」

『隨你高興。』

「你剛說了什麼嗎，前輩？」愛莉特問，從她工作的地方探出頭望著他。

「沒，我只是在想事情。」詹姆斯回答，視線刻意避開史密特所在的方向。

那天傍晚，詹姆斯和飛衛們團團圍坐在火堆旁，用玻璃罐當酒杯喝起了他們釀出來的第一批粗製烈酒。味道糟透了，喝下去簡直能把喉嚨和胃都燙傷，然而，酒精舒緩了他緊繃受損的神經，能換來這種釋放感，這點刺痛和灼燒都值得了。周圍的氣氛也變得格外輕鬆，大夥圍著火堆有說有笑，嘻嘻哈哈的鬧著彼此，像孩子一樣開心。詹姆斯往後靠著牆面，心滿意足的微笑起來。打從他離開學院之後，已經好久沒體驗過這種同袍情誼了。布莉亞和喬爾講起他們有一回釀酒不小心放太多酵母，把他們的舊桶子給炸了，霍利和吉歐捨不得浪費，竟然直接趴到地上喝起那些灑掉的酒，但不幸的是，他們忘了剛釀成的酒還是滾燙的，害得他們倆之後好幾個星期嘴唇腫到沒法好好說話。

大夥不帶惡意的起著鬨取笑霍利的時候，他也跟著放聲狂笑，和其他人碰杯向吉歐致敬，紀念這位在農耕塔戰役第一波攻擊下壯烈犧牲的好朋友。坐在火堆旁，環顧周圍這些年輕孩子，詹姆斯感到一種奇異的平靜。他在這些飛衛們身上找到了同類的連繫感。或許伊莉絲屬於艾爾弗雷人，但對他來說，這七個人才是他的歸屬。

到了夜色將至，五杯劣質酒已經全部下肚，出口附近的火堆也快要熄滅的時候，他們決定就在原地安頓下來過夜。沒過多久，就只剩下半杯沒喝完的烈酒和詹姆斯作伴了，於是他決定讓車庫裡的煙氣散一散，起身把鐵捲門在往上拉開一公尺，抓著罐子來到車庫外，看著靜悄悄的街道，深吸一口冰涼的夜間空氣。這天晚上，島上一片死寂，天色和外太空一樣幽深而黝黑，半透明的灰色霧氣在空氣中飄蕩，在這鬼域般的寂靜中，他甚至能聽見自己的心跳在胸腔裡搏動的聲音。他舉杯湊到唇邊，萬分珍惜的啜一口，濃烈的酒氣燒灼著他的鼻腔，伴隨著暖意流過喉嚨擴散到全身，把寒氣抵擋在外。

忽然間，就在此時此刻，他覺得自己無比孤獨。這感受很不尋常，以前他從來不會為此困擾的。孤獨是他的老朋友，從前二十年都是這麼過來的，大部分時候只有史密特在他耳邊說話，為什麼現在變得這麼難以忍受？接著他忽然想通了，這是伊莉絲的錯。都怪她說了一堆好聽話哄得他卸除保護殼，踏出原本的舒適圈，又拿著希望和人生目標在前面引誘他，然而等她一找到更好更有意義的事情做，就把他孤伶伶的晾在一旁。如今詹姆斯再也不知道自己是誰，也不知道自己到底屬於哪裡了。

有好一段時間，他是個時旅特工，是艾爾弗雷族生存下去的關鍵。然而，那個遠在外太空的李文接替了他的位置，取代他成為部落的打撈人。失去了這個身分後，他以為自己該做的是陪在伊莉絲身邊，但是她的心神都投注在曼哈頓族計畫上，為了統合各部落每天忙得不可開交。於是最後他落得只能和一群比他年輕十五歲的小夥子混在一起，好像不管他做什麼都沒人在乎，廣大的宇宙裡沒有他可以容身之處。

他傾身靠向水泥露臺，史密特再度在他旁邊現身。「噢，我都不知道你這麼想我。可你的判斷標準真是一團亂啊，老友。你明明就痛恨當時旅特工，現在卻在氣李文搶走你的工作？」

「閉嘴。」詹姆斯說完又啜了一口酒。酒罐已經快要見底了，有那麼一瞬間，他有動念想要回去酒桶那裡再裝一罐。他們得在日出前回到全銀河大廈，然而他不但沒在擔心回程的半天路途都得在宿醉中度過，還滿腦子只想著破曉前這五個小時還可以再喝多少。

「你不該再喝了。」史密特說。

「你該閉嘴了。」詹姆斯回嘴：「你已經沒法再勸我什麼該做什麼不該做。誰叫你要離開我身邊。」一說完他踩著重步從車庫走開。

「別這樣嘛！」史密特在他身後喚他：「你以為我喜歡翹辮子嗎？告訴你，死掉真是爛透了。」

「嗯，是喔。不過活著也沒好到哪裡去。」詹姆斯咕噥著，沿著港口最外緣踉踉蹌蹌的走著，對周圍環境渾然不覺。如果他現在就倒下來死掉，會有人想念他嗎？大概不會吧，畢竟他對他們來說就是可以這麼輕易被取代的，還不如現在就跳進這片黝黑的泥水裡算了。

他仰頭把酒喝乾，然後使盡力氣狠狠把罐子拋出去，能拋多遠是多遠。他聽到黑暗中遠遠傳來玻璃碎裂的聲音，才回過身來，左右張望一下，卻發現自己迷路了。周圍是全然的漆黑，根本伸手不見五指，他是要怎麼在廢墟和碎塊堆之間找到路回去車庫？

海風從港口的方向迎面襲來，吹得他不住打冷顫。他試著從來的方向往回走，伸著雙手摸索著往前進，沿途轉錯了好幾個彎，差點被高低不平的地面絆倒，還在一座崩毀的樓梯上踩空，險些把自己跌死，最後終於一屁股坐下來，決定不管怎麼樣都等天亮了再說。

這條通道就像個自然形成的風洞，尖銳的風聲呼嘯而過，在冷寂的夜色中格外刺耳。詹姆斯冷得發顫，拉緊了外套領口，縮起膝蓋把自己蜷成一團。莎夏的幻影出現了，以同樣的姿勢縮著身體坐在他旁邊。她湊過身來在他嘴邊嗅了一下，做了個鬼臉又移開視線，瘦小的身體不住發抖，隱約還能聽到她微弱的咳嗽聲在寒風中飄蕩。

「我很抱歉。」他喃喃的說，伸手想要碰她：「我應該要照顧好妳的。」

莎夏站起身，沿著樓梯跑到更高的地方，背對著他把自己縮在角落裡。

「聽著，詹姆斯，這恐怕不是個好主意。」史密特出現在她旁邊，起身抓著詹姆斯想拉他站起來：「你會凍死的，就像在土衛三那時候一樣。來吧，該走了。」詹姆斯甩開他，手腳並用沿著損壞的階梯往上爬，想要爬到莎夏身邊，然而當他爬到那裡的時候，她已經不見了。他回過頭來往下看，史密特正衝著他搖頭。「來吧，跟著我。」

詹姆斯不知道他們到底是要往哪去，只管跟著好友的聲音走，隨著他黑暗的身影一步步深入這座大樓和廢墟構成的迷宮，在曲折的窄道裡彎過來繞過去，終於徹底的迷失了方向。到最後他累得雙腿再也支撐不住，整個人癱倒在粗礪的碎石堆上，精疲力竭的閉起了眼睛。

他再度睜開眼睛的時候，感覺才過沒幾秒，眼前卻已經是一片光亮。只見一張神色憂慮的臉俯視著他，正是喬爾。他感覺到自己被他抓著用力搖晃，搖得他的頭不斷往後撞到石塊上。

天空亮得他眼睛發痛，他抬起手遮住光線，坐起身。「發生了什麼事？現在是幾點？」

「已經上午了。」喬爾的聲音變得很急促：「拜託，前輩，我們得馬上離開。」

已經上午了？他們應該在破曉的時候就啟程回去的。大白天走這麼遠的路穿過下城區會讓他們暴露在危險之中。他怎麼能犯下這種疏忽？

偏偏就在這個時候，詹姆斯聽到了，女武神攻擊艦的高頻運轉聲迴盪在水泥廢墟裡。他環顧四周，發現自己倒下來的地方離車庫出口居然不到五十公尺。「我在這裡幹什麼？」

「我們醒來的時候聽到了敵人的聲音，打算要動身，卻發現你不見了。」喬爾說：「我們幾個人分頭出來找，結果找到你倒在這片空地上，本來以為是陷阱，但我不能沒確認過就丟下你跑掉，不然沒法跟伊莉絲長老交代。」

「好孩子。」詹姆斯踉踉蹌蹌的站起身。昨晚到底是怎麼回事？他是不是真的在廢墟裡走了大半夜？他真的有離開過車庫附近嗎，還是那全都是他腦內的幻想？

喬爾和他匍匐著爬回車庫裡。鐵捲門還是半開著的，他記得自己昨天有把門拉起來。其他飛衛們正忙著用碎石塊擋住出口。他們不能冒險拉下捲門，敵人很可能會聽到聲音。

「放著別管了。」詹姆斯說。

「可是門是開著的，可能會有人來偷——」

「那我們也沒輒。只能等之後再回來處理。」他快速數一下人頭：「愛莉特呢？」

「她往北邊去找你了。我負責往南。我們說好了如果要走之前她還沒回來，就在隔壁棟的森林或是三個街區外的瀑布碰頭，那裡是我們的備用據點。」

其餘的飛衛們集合起來，所有人成一個單位往低樓層走，穿過牆上的破口到隔壁大樓的地下室，涉過淹及腰部的積水，爬上樓梯，來到這棟大型建築物的大廳。這裡已經徹底歸屬於大自然的統治下，他們小心翼翼的邁動腳步，以免驚動了附近的巨大水蛇。這些具有高等智慧的大蛇在水裡滑過來游過去，瞇起眼睛直盯著他們，打量了好一會才放他們通過。無數棵黝黑的樹幹從窗口伸進大樓裡，茂密的枝枒鋪天蓋地的擋住了整面天花板。牆上到處蜿蜒著粗大的藤蔓，長及胸口的野草被走廊灌進來的風吹得沙沙搖曳。飛衛小組刻意壓低身體，在灌木叢的掩護下前進，抵達一處長滿了有刺花的角落，躲在那裡等愛莉特來會合。

頭頂上女武神艦的高頻運轉聲越來越響亮，沒多久後，走廊裡便響起一連串腳步聲和說話聲，忽然他們聽到一聲爆能槍射擊，緊接著則是一陣哄笑聲。這些聯軍士兵的聲音時遠時近，有時候走進大廳裡，有時候似乎又往別處遠去。詹姆斯要飛衛小組保持低伏，在原處等了一個小時，卻沒能等到愛莉特。於是他們又動身穿過兩個街區，來到河流轉向之後積蓄在大樓裡、從數十個窗口傾瀉而下的瀑布。然而，愛莉特還是沒有現身。

夜幕低垂之後，他們決定再度返回車庫，發現運輸艦已經成了一具具焦黑的殘骸，其中有些金屬部件還在悶燒著。愛莉特的屍體就被扔在出口前，殘破得不成形，背上赫然是一大片爆能槍造成的灼傷。

詹姆斯和其它飛衛圍著她的屍體站成一圈，全都喪氣得垂下了頭。這全是他的錯，他知道。沒人往他這邊看，但即使他們刻意避開視線，他還是能感受到他們目光中的責難。要是他沒喝那些天殺的酒，要是他能更堅強就好了。他回頭看了看放在角落的釀酒桶，發現它也已經被燒毀了。這倒是給了他些許慰藉。

「我們在這裡埋葬她。」他說：「然後把所有還能用的東西都清出來。」

接下來那整個晚上，在一片愁雲慘霧籠罩下，飛衛們埋葬了他們的朋友，收拾起車庫裡殘留下來的部件，也收拾起他們昨晚的歡樂和得意忘形。這次他們不敢再冒險點起火堆了，只能聚攏在一塊，在黑暗中緊靠著彼此休息。

隔天一早，天都還沒亮，他們已經準備好動身啟程。詹姆斯又巡視了車庫一遍，確定沒漏掉任何還有利用價值的東西，卻發現還有一罐昨晚釀的酒藏在壞掉的金屬筒後面，不禁一陣怒火攻心，只想把這該死的害人精狠狠踢出去摔個粉碎。

然而，他才剛踏上前，便又硬生生停住了動作。心底有股力量在牽制著他，不准他做出這麼浪費的事。他回頭覷了一下正在做準備的飛衛們，確定沒人在看他之後，才趕緊蹲下身，把酒罐撿起來塞進袋子裡，然後便加入其他人的行列，踏上返回全銀河大廈的漫長歸途。

第三十五章　高風險生意

在西班牙馬德里的西方公園附近，李文坐在一間座落在大街旁的咖啡廳前面，啜飲著某種被稱為「茴香糖咖啡廳」的咖啡飲品。那杯子小到像是給幼兒用的，纖巧又脆弱，他拿得很小心，生怕手指一用力就捏碎了它。雖說再過幾個小時，杯子破不破根本也沒差了。

這種飲料裡含有酒精，他點的時候沒注意到。酒精對他來說不是個困擾，早在當特工的那段日子，他一發現自己和其他大部分特工一樣，有越來越往下沉淪的跡象，就憑著意志力克服了酗酒的欲望。這麼多年來，他只允許自己在特殊場合偶爾小酌一下，倒不是因為害怕自己抵擋不住誘惑，純粹因為酒精已經不再是他生活中不可或缺的一部分。一小杯咖啡裡的幾滴酒是可以接受的，而且老實說，滋味還真不錯。

順著這條街望過去，正好能看到「蒙克洛亞門」破敗的遺跡。這是馬德里的凱旋門，在第三次世界大戰期間受到利比亞人的大規模轟炸摧殘，被炸出了無數的傷痕和裂隙。大戰終於結束之後，新即位的西班牙哈里發決定讓凱旋門保持原樣，繼續矗立在原地，紀念這個國家在黑暗時代度過的掙扎和艱困。李文很喜歡它的樣子，喜歡它坑坑疤疤的表面和蜘蛛網一樣沿著邊角擴散延展的裂痕。在它腳邊有一座後來建成的小紀念碑，以大寫字母標示著：

『歷經戰火、邪惡和罪孽，勝利之門屹立不搖——西元二一三一年』

「是的，確實如此。」他喃喃的說，端起裝著咖啡調酒的迷你杯朝凱旋門致意，仰頭查看一下晴朗無雲的天空。太陽已經在下山的半途中。「可惜只能再屹立不搖一個小時。」

這年是二一七〇年，到黃昏的時候，整座城市就會被「山行者」機甲巨兵部隊夷為平地，緊接著人工智慧聯合體便會出動令人聞風喪膽的先鋒鑽地機，挖空地基，讓馬德里從此深陷地底。他所在的這個城區、約莫六個街區的範圍會下陷兩百五十公尺，被幾百萬噸的瓦礫和碎石塊掩埋在底下，但整個區塊仍然會保持完整。他們的打撈目標就存放在這裡，預定要運往西非的急難援助用醫療物資，總共有四十噸，他這次的任務就是要在地層陷落的時候跟著往下掉，在墜落過程中回收這些物資。

他兩天前就到現場來偵察環境，如果情況允許，葛瑞絲要他把附近一間糧食庫當成第二目標。任務本身已經夠冒險了，畢竟這次的打撈時空點是在人工智慧大戰的第一波攻勢下，他得在全面入侵行動期間進行打撈，然後在機甲巨兵大軍忙著把西班牙開膛剖肚的時候，設法逃到東南方的海岸，在那裡躲到可以回程跳躍為止，那五天他得非常謹慎，不能引起一點漣漪，時間到了之後才能移動到海上跳躍回現時。過程會很艱難，但是這麼做有必要的。馬德里是個重度時空打撈區，特別是這個地區和這段時期，時間流到處都是打撈後殘留下來的裂痕，攻擊發生期間，是不可能在這幾千公里的範圍內的任何地點進行跳躍的。

幸運的是，拜葛瑞絲神通廣大的智慧所賜，他們終究找到了一條筆直乾淨的跳躍通道。通常像這樣的任務，造成大型漣漪的風險都很高，不過，人工智慧大戰爆發的最初幾天帶來的全面毀滅，足以抹消所有可能的變數。

「李文，你到了嗎？」葛瑞絲的聲音從他腦中傳來。

「是的，時間之母。」

葛瑞絲和科學怪人號此時正在現時的阿爾沃蘭海，在水深一百公尺處待機，等到回程跳躍的條件備齊之後，他們會直接在海裡會合。這些安排感覺實在有點倉促，而且雜亂無章。葛瑞絲一開始甚至還叫他現在就直接進去偷物資，反正整座城市沒多久就要全毀了，她說。但李文拒絕了，這是一條再過幾天就要終結的時間線，糧食庫的所在地區人口這麼密集，要是他就這樣不管三七二十一的闖進去，天曉得會給時間流造成什麼樣的混亂？有可能軍方派出不應該出現的調查人員和保安部隊，導致他們在襲擊中喪命呢？有可能他提早行動，驚動整座城市進入高度警戒狀態，讓他們對即將到來的襲擊有所準備。萬一政府調來更多軍隊前來防守，甚至因此擊退了機甲巨兵的攻勢怎麼辦？可能的時序事件分歧太多了，他絕不允許自己去動搖到這麼重大的歷史軌跡，即使是葛瑞絲普利斯特本人都不能要求他這麼做。像這麼可怕的錯誤，一生犯過一次就已經夠了，他寧死也不會再犯第二次。時間之母自己創造了時間法，卻是最搞不定其中運作規則的人，像她這樣可是當不成一個好時旅特工的。李文想著不禁暗暗得意一笑。

「李文，我偵測到你附近有跳躍活動。小心點。」

他趕緊稍微挺直身體，把頭低垂下來。執行這麼長時間的任務最怕的就是這個，時旅總署很可能已經偵測到他的初始跳躍，他在過去待得越久，總署那邊就越有可能派稽查官來調查，那會讓他陷入武力懸殊的麻煩。雖然腕帶強度並不是絕對關鍵，但稽查官的腕帶還是比他戴的特工腕帶力量強太多了。

不過，也有可能只是單純的巧合，可能只是個在執行任務的特工。畢竟這裡是重度打撈區，少說也有幾百個特工在這裡活動過。但他最近的運氣實在不怎麼樣，開始考慮要不要解除易容效果，省下能量來為可能發生的戰鬥做準備。如果遇到的是稽查官，易容腕帶也起不了什麼作用，只要是來調查的人，一定會配備腕帶偵測器。不過，最後他還是決定賭一把。假如真的只是巧合，要是那個特工剛好認識他，而且還是從他被公審和定罪後的那段時期來的話，他會很難找到合理的解釋脫身。

過沒幾秒鐘，答案就來到李文面前。一名女子來到他隔壁的小桌坐下，她穿著一身米白色休閒套裝，正是這個時期的流行款式，落座之後便朝他傾身過來，一副打算和他調情的姿態。女服務生經過時，問她要喝些什麼，女子以道地的當時期西班牙語應答。她的腔調太完美了，就和他的通訊腕帶一樣。

等女服務生離開後，那女子便傾身湊近他：「不要輕舉妄動，朋友。你打不贏我，也逃不掉的。我是時旅總署稽查官『火衛一裔』茱莉亞甘勒，來自二五一二年。你因為涉嫌違反時間法第六定律，替未經授權的管理機構執行未經批准的跳躍受到偵辦。我要你立刻投降，卸下腕帶交給我，並供出支持你進行非法打撈的組織或實體。聽清楚了嗎？」

李文暗自咒罵一聲。

「怎麼了？」葛瑞絲問。

「有個稽查官坐在我旁邊。第十二順位的。」

「你打得過她嗎？」

「如果有稽查官腕帶的話，應該可以。特工腕帶我就不確定了。更重要的是我實在不太想和她打，當初是我拉拔她升官的。她是個好人。」

「你是和她睡過嗎？」

「沒有，葛瑞絲。為什麼非得和那檔事扯上關係不可？」

「因為這個女人打算把你抓起來關回大牢裡，或是更糟，而你竟然還在想著她是多麼傑出的一個獨立個體。別在那裡自作多情了，看在太空份上，專心把你的任務搞定。」

這時候，服務生端著稽查官的迷你杯咖啡回來了，茱莉亞向她道謝後，啜飲了一口繼續說：「怎麼樣？是想乖乖用兩條腿跟我走，還是要躺著回去？」

李文聽著不禁失笑。他還記得當初撞見她練習這句台詞的情景，就在任務前一天晚上，他們要到月球去追捕一個頑劣的四級特工。「妳漏了一句。」

她揚起一邊眉毛：「什麼？」

李文放下杯子，往後靠向椅背：「妳講完第一句之後，通常還會再補充一句別的。是什麼來著？我忘了，好像是妳可以趁機活動筋骨之類的。」

茱莉亞倏地站起身，柔和的橘色超動能力場浮現在她身周：「你是誰？」

「好久不見，茱莉亞。妳是怎麼找到我的？」

茱莉亞只花了一秒鐘就從震驚中復原過來，放出四條橘色的超動能索，隨時發動攻擊：「部長告訴我說，東北方的荒地部落民又開始在打撈了，所以我們比之前更加強追蹤這些非法跳躍和打撈活動的跡象。但我萬萬沒想到在幫他們的會是你。我是有聽說你逃獄的事，但我怎麼想也想不到，你竟然會這麼明目張膽的背叛時間法。」

「事情沒有表面那麼簡單。」李文這麼說。真的是這樣嗎？連他自己都不信了。「茱莉亞，妳認識我這麼些年，曾經看過我背叛總署或自己的榮譽嗎？能不能至少考慮一下，實際情況可能比妳所知道的還要複雜？」

稽查官沒有被他動搖，但也沒有立刻出手攻擊他，讓他從中察覺到了一線生機。茱莉亞雙手抱胸，往後靠向椅背：「好啊，李文，既然這樣，現在就是你為自己辯護的機會，雖然你根本站不住腳，看在黑洞份上。當初我還對那些加諸在你身上的指控嗤之以鼻呢，然而人證事證俱在，又缺乏有力的說辭，你能期待別人怎麼想？現在你最好給出個解釋來。」

李文極力保持面無表情，但知道茱莉亞竟然是這樣看待他，深深刺痛了他。她的說法合情合理，如果他是在相同的立場上也會這麼想。可是，道出真相只會危及他到目前為止努力達成的一切。「我不能。至少不能是現在。我只希望我們以往的交情還有些份量。」這是個糟糕的藉口，既說明不了什麼，也沒有什麼意義。

茱莉亞噘起嘴唇，搖了搖頭：「你曾經那麼高尚，沒想到現在竟然墮落到這種地步。我寧可假裝眼前這個可憐人只是和我的老朋友長得很像，還比較能榮耀我對他的回憶。我認識的李文絕不會低聲下氣的向我求情。真正的李文永遠只做正確的事，我會給你最後一次這麼做的機會。卸下腕帶投降。」

李文盯著桌上的小杯子，裡頭的奶棕色咖啡只喝了一半。他停頓一會，指尖敲了桌面兩下，端起杯子一飲而盡。「我們是不是該去隱密點的地方？」

茱莉亞聽懂了他的暗示，考慮了一會之後搖搖頭：「我的導航員說附近哪裡都一樣。等大戰一開打，這整個城區就會被掃除殆盡，不管什麼樣的漣漪都會在一天之內癒合。」

這時候，淒厲的警報聲在遠處響起。李文看著快要西下的太陽，她說的沒錯，第一批機甲巨兵隨時都會從地底竄上來，雷達偵測到之後，全城很快就會被恐慌席捲。「那好。如果妳也同意，我們就等攻擊發動之後再來了結這件事。」他招來女服務生，又點了杯茴香糖咖啡廳，這次他要求多加三倍的酒。他看著她去幫他點餐，心想這大概是她此生做的最後一件事。一部分的他很想叫她趕緊回家去，和她愛的人們待在一塊，好好擁抱彼此最後一次。至少讓她安心的走，有機會道別。想著他不禁暗自咒罵自己，茱莉亞說得對，他是真的變心軟了。

他把注意力移回稽查官身上。她還是開著一身超動能站在他面前。

「先把超動能索收回去吧。」他說：「坐下來，免得有人注意到。」

「你自己都不覺得諷刺嗎？這話竟然出自一個公然藐視——」

他打斷她的話：「我和妳相識了八年，茱莉亞，這份交情還是算點什麼的，坐下來，給我幾分鐘就好。再說天色開始變暗了，如果有誰靠得太近，可能會看到妳的超動能索。妳也不想製造不必要的漣漪吧？」

茱莉亞不情願的坐下來，和他面對面乾瞪著眼，展開無聲的意志對抗，僵持了好一會終於再度開口：「老實說，聽到你逃獄的消息我很高興。幾乎每個順位的稽查官都不相信那些加諸在你身上的指控。我還想過如果你夠聰明，應該早就躲到某個鳥不生蛋的鬼地方去，從此不再露面了。」

這時，女服務生帶著李文的飲料回來了。他端起杯子向茱莉亞致意。「如果我打算躲在某個鳥不生蛋的鬼地方度過餘生，大可以繼續留在海衛二就好。」

「結果你卻跑回來地球搞非法跳躍的勾當？黑洞在上，你是怎麼了？連最後的一點正直都不剩了嗎？還是這是某種刺穿巨人之眼的變態方式？」她瞇起眼睛：「不，你從來都不受財富或地位的驅使。你到底在這裡做什麼，李文？」

他微笑起來。茱莉亞並不是真的相信他成了惡棍，只是為了讓接下來的戰鬥容易些而這麼說服自己。他啜了一口咖啡，把杯子放回桌上：「妳阿姨還好嗎？去年妳不是因為她生病回去探望過她？」

「這招不錯，李文。可惜你動搖不了我的感情的。她三個月前過世了。」

「我很遺憾。她是妳僅剩的最後一位親屬？」

茱莉亞點點頭：「近幾年我老勸她搬到月球去，但她就是不聽。生是地球人，死是地球鬼，她說的。頑固的老太婆。」

「我和她有過一面之緣。妳被升為特工的時候，她來學院拜訪過。」

附近越來越多警報器高聲響起，卻絲毫沒打斷他們對話的節奏。幾分鐘之後，恐慌的氣氛開始在街上擴散開來，想必消息已經傳開了。再過不了多久，這座城市的居民，足足一千三百萬人口，全都會在同一時間試圖往北逃，到明天這個時候，只有一半的人還會活著。等到六天後人工智慧大軍抵達德國，西班牙的死傷率將高達百分之九十七。

他們兩人只管繼續留在座位上聊天，看著人群奔竄而過，發出驚恐的尖叫，或是趁著混亂打劫行搶。群眾裡有人開始互相拉扯和扭打，爭先恐後要擠上最後幾台運輸艦。爆炸聲越來越近，地面也開始隆隆作響，巨大羽毛般的濃煙從地底噴湧而出，把天空染成了一片黑。

幾分鐘之後，第一批機甲巨兵出現了。這些龐然大物的體型有一棟大樓那麼大，有著長長的黑色軀幹和六條腿，它們無情的踐踏過整座城市，用線圈裝載的重兵器掃射所有會動的東西。好幾個單位的防衛部隊蜂擁而至，拚命朝這些走動的要塞發射光束。第一批出動的飛機在他們頭頂呼嘯，也加入了這場砲火盛宴，炸得周圍火焰四起，碎石雨滿天亂飛。

直到幾朵星火落到防護罩表面，超動能霹啪啪的迸出火花，兩人才抬起頭來。茱莉亞往李文身後指了指，李文回過身，看到一隻巨大的黑色金屬腳已經踏了過來，離他們只有幾百公尺。

「是時候了？」他問。

她一口喝完飲料，點點頭：「來吧。」

接著她的超動能便閃動起來，射出六條緊密交織的超動能索，想要一口氣攻破他的防護罩速戰速決。同時她也預測到他會往上躲開，往他頭頂放出第七條超動能索，顯然想要拖慢他的動作以順利擊中他。李文對此已有準備，他知道她的路數，茱莉亞的超動能戰鬥技巧是他一手訓練出來的。他往旁邊退開，往左閃身做個假動作。除了能量轉化效率之外，稽查官腕帶的性能在各方面都比特工腕帶優越，和她正面硬碰硬或是打消耗戰對他都沒有好處。他唯一能做的就是靠計謀制勝，或是徹底出其不意的智取她。

他縱身飛射到空中，直接往第一個出現的山行者飛去。茱莉亞很快就趕過他，飛到更高處阻擋他的去路，放出一條又一條超動能索想要鎖住他。如果她成功了，就能利用她的能量值優勢壓制他。於是李文決定保持低空，用超動能索當支點在地面和建築物借力移動，在崩毀的大樓和不斷堆積的碎塊之間靈活的繞來繞去，有時候潛入火海，或是躲到巨大的煙柱裡隱藏行蹤。

周圍的戰火越來越激烈，這場貓捉老鼠的遊戲還是不受影響的持續著。她的超動能索好幾次驚險擦過他的力場表面，只差一點點就要扣住他了，每次他都是勉強蛇行避過，往某個意想不到的方向彈開，或是從某個窗口跳出去。在這同時，他們還得躲過山行者射來的幾百發砲火，李文至少被擊中過三次，雖然以現時的標準來說，他們的武器技術水平相當原始，但份量和火力還是很驚人。這幾下爆擊耗掉了超過百分之四十的能量，承受不了更多直接攻擊了。

好不容易，他終於在其中一尊山行者底下找到一片開放空間，兩人一前一後飛身閃了進去，試圖避開彼此，也避開上方的槍林彈雨。她在濃濃的黑煙裡失去了他的蹤跡，而他趁著她看不到自己，算準角度，從側邊飛射而出，像鬥牛一樣直接往她撞過來。他的超動能強度不夠，穿不透她的防護罩，但已經足夠造成衝擊，撞得她整個人打轉飛出去，偏離了原本的移動軌跡，恰好能讓山行者的其中一座巨型加農砲探測到她。其他六座砲筒霎時砲火齊發，全往她的防護罩炸來，轟得她在半空中橫飛亂撞，超動能徹底耗盡。她像隻受傷的鳥兒一樣失速墜落，落地的力道之大，狠狠撞塌了一棟小型建築物。李文在屋外看著她爬起身，蹣跚的站起來。雖然防護罩擋住了大部分火力，她還是傷得不輕，即使是稽查官等級的超動能，防護罩失效之前能抵禦的攻擊還是有限的。

他們兩人目光交會了一會，緊接著一片巨大的陰影籠罩過來，茱莉亞仰起頭，看到山行者抬起的巨足就要往她頭頂踏來，尖叫著拼命想要跑開。李文毫不遲疑的啟動超動能，轉瞬間便衝到她身邊，一把抓住她撲向安全的地方，就在這時候，她的防護罩也徹底崩解，山行者的巨足也轟地踏下來，在地面留下八公尺平方的凹陷。李文的超動能衝力則帶得他們倆直飛出去，衝破水泥牆撞進了一座停車場的地下層。

「李文。」葛瑞絲的聲音在他腦海響起：「快點離開那裡，你的能量值只剩百分之二十了。別忘了你還得想辦法活過五天。」

稽查官在他底下扭動掙扎。「不要動。」他說，按著她示意她別動，往上指了指，她立刻整個人靜止下來。他們左上方一陣轟然巨響，震得塵土和碎石往他們身上直落。沒多久又是一陣爆炸，這次在他們右邊，又是更多碎石雨落下來。

過了像是永恆那麼久，李文才小心翼翼從他們撞穿的洞探頭往外看。外頭是一片漆黑，除了掃過四周牆面的紅色光束之外，什麼也看不見。幾秒鐘之後，一顆飄浮的小球出現在他的視線裡，用雷射光掃瞄著殘破的房間，一邊發出規律的金屬滴答聲。

他用自己的身體掩護茱莉亞，示意她別動。就在這時，紅色光束掃過了破洞，那隻蠕蟲很可能是在偵測活動跡象和體溫。幸好他們的空氣腕帶可以阻斷所有這類跡象。又過了幾分鐘，滴答聲終於逐漸遠去。

確定他們已經安全之後，李文才放開她，扶著她坐起來。「妳的能量值剩沒多少了。」他說：「待會跳躍得回去嗎？」

她點了點頭，目光往外緊盯著遠處：「我有一條充電腕帶，應付得來的。我的跳躍點是在八天後的諾曼第，你呢？」

「五天後，在阿爾沃蘭海。不介意的話我得先走一步，還有打撈工作得做。」

「為什麼要救我?我可是要來逮捕你的。」

「妳是個傑出的稽查官。妳只是在做妳該做的事，就和以前的我一樣。」說完他便站起身爬出洞口。

「等一下，回來。」她喊：「李文，你本來不是這樣的。你到底在做些什麼？」

他停頓了一會，低垂下頭。「老實說，我自己也不知道。希望我們的道路不會再有交會了，『火衛一裔』茱莉亞甘勒。」說完他便往水泥牆上的一道裂縫走去，頭也不回的跑向存放著醫療物資的倉房。

第三十六章　瘋狂的天才

提圖斯二．三絕不會向全銀河大廈的任何人承認，他在這個衰敗的二十六世紀初世界其實過得挺開心的，至少比他剛來那時候以為的要好。早在他那個時代，他就隱約覺得整個情勢的走向不太對，但也沒人能預料到會糟成現在這副德性。然而，說老實話，正因為世界變成這副德性，才給了他無窮的樂趣，他已經有三十多年沒這麼帶勁過了。

當初他在金星上的晚年生活，要不是忙著參加執政團那些悶死人的派對，要不就是只能研究理論科學，絕大部分時間都無聊得要失心瘋。現在呢，在這個黯淡而令人喪氣、活脫脫蠻荒西部的未來世界，每天都像是活在刀口上那麼刺激。想著他不禁為其中的諷刺笑出聲，紐約市竟然可以被形容為蠻荒西部。在這個瘋狂的時代，一堆事情都出了差錯，讓萬事萬物全都變了樣，然而他愛的就是這點。在他來到這裡的短短幾周內，經手過的有趣玩意兒就比過往二十年不知道要多上多少。

當然，凡事都有它壞的一面。他的生活條件只有第三世界殖民地的水準，電力供應不穩定，沒有一樣東西是乾淨的，而且食物的品質糟透了，不過也正因為身處在這種情況，他的天才頭腦才有得發揮，刺激他挑戰自我。有太多事等著他專心投入，白天能用的不熄燈時間卻太短——就是字面上的意思，畢竟他們沒有那個電力可以浪費在整天開著燈這種瑣事上。

除此之外，克羅和伊莉絲給了他全面的自由，只要他覺得有必要，可以提出任何建議改善全銀河大廈的建築體。結果他列出的待辦清單很快就超過了三百項，從新電梯設計計畫、有線通訊系統到新的灌溉系統等等，應有盡有。要把這棟老舊又笨重的大樓改造到符合嚴格的提圖斯標準，起碼得花上他兩輩子的時間，很可能還做不到第二十項他就已經掛了，但無論如何，他還是要火燒的試試看。

現在他手頭上有好幾個項目在同時進行。前陣子聯合民族襲擊聯軍的前哨站，帶了不少好東西回來，像是一具實用的大型單向護盾，才被他拆解檢驗到一半，還有幾座本來是裝在戰艦上的大砲，只要按照他們的需求改造過，就可以在對抗聯軍的戰鬥中派上用場，護盾的延展範圍足以保護北面的所有路障，大砲則可以和推車結合，變成重火力武器的生力軍。他一邊吹著口哨，一邊繞著這些了不起的科技產物東摸摸西看看，忙得不亦樂乎。他在這裡碰過的好些玩意，特別是軍事科技方面的，比他那個時代先進好幾百年。他感覺自己就像一隻興奮的狗狗，忽然碰到成千上百顆球從天而降，不知道該先追哪顆才好，恨不得可以一口氣全包攬下來。

「嗨，提圖斯先生。」一道雀躍的嗓音響起，只見莎夏蹦蹦跳跳的跑進他的工作坊來，還有『火星裔』詹姆斯葛里芬陪在旁邊。他的工作坊座落在四十一樓，艾爾弗雷族特別給了他專用空間，讓他可以隨意進行各種瘋狂實驗。他喜歡這裡是因為離公共食堂比較近。

「哈囉，我的小朋友。」他眉開眼笑：「今天我們的首席病患感覺怎麼樣啊？」

提圖斯很喜歡莎夏，不只是因為她開啟了他的人生新頁，也因為她令他想起自己最疼愛的曾孫女，他非常想念那孩子。之前他曾經想過要不要來查查家族族譜，看他的後代子孫後來都發生了什麼事。不過，比較明智的那一部分他告訴自己，還是不要知道比較好。現在他把感情都轉移到了這個早慧的小姑娘身上，已經很心滿意足了。

「比較好了。」她說：「不像之前那樣一直都很累，可是喉嚨還是癢癢的。」

「她睡得怎麼樣？」提圖斯問。

「晚上還是會醒過來幾次，頻率比之前少了。」詹姆斯說。

提圖斯端詳著站在旁邊的前特工，隨即又別開視線。他看起來很疲倦，雙眼發紅，皮膚冒著不健康的紅斑，臉也有點浮腫。提圖斯嗅了一下。顯然詹姆斯身邊那些部落民最近在謠傳的事情是真的，他的鼻子可是靈得很，味道再淡都聞得出來。不過這也不關他的事就是了。老實說，他到現在還是覺得自己是個局外人，而且這些荒地居民老是一副對他崇拜得不得了的樣子，搞得他渾身不自在。

他一把放下工具，擱在工作檯旁邊：「來，先在這裡坐下來，小姑娘，我們來好好看看妳的狀況怎麼樣。」

接下來的二十分鐘，他給莎夏做了全身診斷，檢查重要器官的狀況，然後又抽了新的血樣。泰拉維拉單核球增多症並不是能一口氣簡單治好的，加上現有的生活條件更不可能。目前他能做的就是開抗生素給她，顧好她的免疫系統，好讓她可以和環境裡無所不在的病源體對抗。值得慶幸的是，檢查出來所有跡象都顯示出她正在慢慢康復。診斷結束後，提圖斯拍了拍她的頭，給她一塊實驗合成出來的硬糖。看著她遲疑的嘗了一小口，整張臉都亮起來的時候，不禁露出微笑。

「她需要更乾淨的住處。」他給詹姆斯指示：「還有，從現在開始要減少她和動物共處一室的時間。我知道她很愛牠們，但接觸的時數不能太長。」

「她在伊莉絲實驗室的工作呢？」詹姆斯問：「也需要暫停嗎？」

「那倒是沒關係。實驗室裡的地球瘟疫搞不好比這棟大樓其他地方都要少。不過還是要注意做好防護措施，結束後也要好好把手刷乾淨。」

「謝謝你，醫生。」詹姆斯說，伸臂一把摟住莎夏的肩膀。

「嘿。」提圖斯傾身湊向他：「我說你，呃，幫我問過葛瑞絲了嗎？」

詹姆斯點點頭。「提過了。她說你對她來說太老了。」

「我們差不多是同個年齡層的好不好。到我們這把年紀，這點差距有很重要嗎？」

詹姆斯只是聳聳肩：「她喜歡幼齒一點的男人。」

「真他媽火燒的。」提圖斯的臉沉了下來，然後立刻又想起莎夏在場，低頭對她說：「抱歉。」

「嗨，大夥，抱歉我遲到了。」這個時候，伊莉絲也剛好快步跑進工作坊：「跟你們說，我快被那些酋長和他們那堆天花亂墜的要求逼瘋了。也不知道是哪來的靈感，他們竟然覺得營地和全銀河大廈之間的距離和每個部落的地位有關係。外頭有一整支聯軍部隊正在往南推進，要從島嶼西側攻打過來了，他們卻在忙著跟我吵房地產問題。」

「我們剛看完診。」詹姆斯說。

伊莉絲給了莎夏一個抱，看向提圖斯：「她狀況怎麼樣？」

提圖斯點點頭：「好多了。」

伊莉絲笑得之燦爛，嘴角都要咧到耳朵上：「太棒了，我真以妳為傲，小姑娘。要去吃午餐了嗎？」

這一小家子準備要離開的時候，提圖斯指尖點了點伊莉絲的手臂：「能抽空說句話嗎？有些和工作坊有關的請求需要妳過目。」

「可不可以先轉達給芮瑪？她會幫忙處理。」接著伊莉絲注意到了他的表情，便轉過身對詹姆斯說：「你們兩個先下去大廳，我待會就去跟你們會合。」然後，等詹姆斯和莎夏繞過另一頭的轉角，離開他們視線範圍後，她才開口問：「怎麼了？」

提圖斯也不知道該怎麼委婉的切入，乾脆單刀直入的說了：「我認為我們的特工有物質濫用的問題。他需要幫助。」

伊莉絲的神情頓時軟了下來，嘆了一口氣：「我知道。」她頹然坐下，把臉埋進雙掌中：「不是只有你，好幾個人都來跟我講過這件事。我不知道該怎麼辦，眼前有太多問題在等著我，我已經忙不過來了。」

「他的情況正在惡化。」提圖斯說：「我才來這裡沒多久都能看出來。為了他著想，遲早有一天妳都得採取行動，逼他去做康復治療計畫之類的，就算違背他的意願也得做。」

「你是要怎麼強迫詹姆斯去做違背他意願的事？」她質問。

「讓他弄清楚什麼事情更重要。」他溫柔的勸說：「以他的情況，他遲早會想要而且也必須好起來，但在現在這個節骨眼，必須由妳硬起心腸插手介入，替他做出艱難的決定。到那個時候，妳得做好心理準備，保持堅強。」

「你以前有處理這種……問題的經驗嗎？」

他搖搖頭：「從來沒有，不過我相信我和葛瑞絲可以想出辦法來的。」

伊莉絲點了點頭：「謝謝你，提圖斯。艾爾弗雷人很感激你為我們做的一切。不知道我們能怎麼回報你。」

他只是咧嘴一笑：「就從多給我幾個枕頭開始怎麼樣？」

「沒問題。」

「還有說服葛瑞絲跟我約個會？」

伊莉絲只扮了個鬼臉作為回答，便轉身離開房間。

第三十七章　曼哈頓大戰

在五十七街和十一街交叉口，三個孩子匆忙跑進一棟廢棄醫院大樓的九樓。那裡是「曼哈頓大戰議會」的前沿作戰中心所在，他們來回報前線主力部隊的最新消息。他們看起來頂多只比十歲大一點，伊莉絲不是很確定。就在最近這兩天，一支頗有規模的聯軍巡邏隊正沿著哥倫布大道往南推進，沿途橫行掃蕩，引起了不小的騷動。根據那些僥倖逃走的倖存者報告，他們已經消滅了五個小型部落，還俘虜了一支中型部落為奴。伊莉絲和六位部族首長打算派出為數三百人的「曼哈頓防衛軍」迎擊。這名字是各部落的戰士們一起取的，而且他們還挺引以為傲。至少聽起來比原本提議的「曼哈頓勢力」好多了，她想。

雖然同是防衛軍，這些戰士們還是從屬於各自的部落，仍然是他們的艾爾弗雷守衛、熨斗族鬥者、雷諾克斯軍團和約克維爾雪納瑞——她覺得約克維爾部落很可能不曉得雪納瑞是什麼，但也不是很想跟他們解釋就是了。不過也很難說，既然他們的首領稱謂就叫雪納瑞大人，說不定是有意這麼取的。在荒地世界就是這樣，這裡少說有上千個部落，每個部落都有他們自己的方言、價值標準和取名的方式。她能夠有現在的份量，在眾多族長之間發揮影響力，一部分得歸功於通訊腕帶，讓她能聽懂也能流利的使用每個部族的方言。也許這才是她能領導曼哈頓聯合民族的主要原因。如今有好幾位酋長稱呼她為迷霧女王，其他人則想要給她個頭銜叫「曼哈頓主君」，但她只覺得這兩個名字聽起來都荒謬至極。

那三個孩子出現在戰情室門口的時候，伊莉絲和其他幾位戰鬥指揮官正站在桌旁，圍著一張涵蓋附近幾個街區的地圖討論戰況。她看到那幾個孩子臉頰上橘綠相間的彩繪，於是就敲了敲大雪納瑞卡米克的肩膀：「他們是不是你族人？」

卡米克轉頭看了一眼，點點頭：「傳訊兵卡蘿、克里斯和克尼克，別傻站在那裡，進來。」

這又是約克維爾部落另一個有趣的傳統，不知道為什麼，他們取名字全都用K開頭。她認識卡米克的第一天就問過他緣由，他的反應活像是這輩子從來沒想過這個問題。雖然還是摸不著頭腦，但約克維爾人絕對是行事作風最特異的幾個部落之一，這點她很確定。

年紀稍長、名叫卡蘿的女孩傾過身，湊到那個年紀比較小的男孩克尼克耳邊低語幾句，然後催促他上前去。克尼克一臉緊張的來到他們面前，羞怯的鞠了個躬：「所有的雪納瑞、鬥者和戰士大人們都就緒了。尤歐拉說，聯軍已經在上城考夫曼中心的三十樓紮營。」

「謝謝你，勇敢的克尼克。」伊莉絲說：「也謝謝你們兩位，卡蘿和克里斯。」那孩子整張臉都紅了，開心的咧著嘴直傻笑，站在原地一動也不動，克里斯只得過來攬著他的肩膀把他帶出去。

伊莉絲用不贊同的眼神看向卡米克：「他們多大了？」

「卡蘿和克里斯九歲，克尼克七歲，卡蘿負責訓練他。他們是在為部落盡自己的義務。」

「為什麼要讓孩子們在這麼靠近前線的地方當信差和斥候？」

「我們的信差和斥候全都是小孩。年紀大的人要不是去作戰，要不就是耕種，年紀小的也能找到讓自己有用的去處。」卡米克說：「在迷霧之島，要讓部落強壯，每個人都有自己該付出心力扮演的角色。對卡蘿和克里斯這樣的孩子來說，能被選中成為信差是莫大的驕傲，而且他們也認為這是個好玩的工作。」

「可是這安全嗎？」

卡米克聳聳肩：「如果聯軍擊敗我們，奴役我們，不是更危險嗎？再說，我曾經看過小卡蘿殺死一隻和您一樣大的類異蛇，迷霧女王，只用一顆和您的拳頭差不多大的石頭。」

伊莉絲下意識的低頭看看自己的拳頭。真的很小。她也在這棟大樓其他地方看過類異蛇，牠們像是吃了類固醇的大蟒蛇，身體兩端都長了頭。或許卡米克說的沒錯，更何況就是因為有這些孩子在，各個部隊之間傳遞和回應訊息的速度夠快，曼哈頓聯族才得以在最初幾場戰役搶得先機，但即使如此，她還是很難接受自己讓他們置身險境。

「聯軍紮營的位置比原本預估的要遠。」她說：「信差們跑這麼遠的路沒問題嗎？」

「寧可謹慎一點，也不要事情發生了才來後悔。」莫拉德說：「如果妳受傷了，對整個聯族來說會是一大打擊。」

曼哈頓中心有很多部族，其中絕大多數要不是和艾爾弗雷人結盟，要不就是被聯軍俘虜了。不過外頭還是有一些荒地居民獨力生存著，想要靠自己的力量堅持下去。這些人大都知道聯盟的存在，不會為難他們的信差，可是她還是很難放下心。雖然信差們走的都是經常使用的道路，但附近好幾棟大樓仍然是荒野的領地，而且又離中央公園那片生長過度的叢林那麼近，不管怎樣都還是有風險。

接下來的十五分鐘，又有五六個信差跑進來回報消息，全部都是小孩。戰情議會也派出十來個信差向各單位發出指令和敵人的所在位置，開始為攻擊行動做準備。伊莉絲端詳著散佈在地圖上舊西洋棋棋盤的棋子，幾個白棋子正朝著敵人所在位置的黑色國王步步逼近。

「剛剛那是最後的回報了。」莫拉德說：「請下達命令，迷霧女王。」在這同時，有兩個女孩就在門口待命，等著把發動攻擊的命令傳下去。

「不要那樣叫我。」伊莉絲一邊研究地圖，一邊不經心的隨口說，先望向窗外查看了一下天色，然後才點點頭。她不太確定其他人為什麼總是等著她下達最終指示，明明每次的攻擊行動都是他們在策畫，不過她還是不動聲色的應對過去。

「莽克斯會先率領鬥者們從北邊出擊。」莫拉德說：「引開敵人的注意力爭取時間，其他人會在一百下心跳後從不同方向發動突襲。」又是一個例子，每個部落用的計算單位都不一樣，這有時候實在是很惱人。

「很好。」伊莉絲儘可能擺出最權威的姿態：「就這麼辦。在那之前，先把所有信差都撤回來，確保他們都回到安全範圍內。」

命令已經發布，信差也派出去了，接下來要做的就只有等待。這是最令人焦心的部分，在雙方交戰期間，她無法即時的傳遞和接收訊息。之後她可能得跟提圖斯商量一下，在那份落落長的待辦事項清單上多添一筆。

他們現在這種打仗方式，和幾千年前還沒發明即時通訊工具的戰爭是一樣的，沒有通訊腕帶，沒有無線電和駭客，甚至連摩斯密碼都沒有。這團詭異的電磁脈衝霧不只讓敵方陷入混亂，對他們也有影響，但聯軍畢竟是從外地來的，受到的干擾還是比他們這些當地原住民要嚴重得多。

時間一分一秒的流逝，伊莉絲只能和戰情議會的其他成員坐在房間裡，聽他們彼此說笑。她不懂為什麼他們能這麼放鬆。一個半小時過去了，她感覺到自己的心跳越來越快。是不是出了什麼差錯？萬一那是個陷阱呢？整整三百人，那可是曼哈頓聯族部隊的一大主力。從這場長期抗戰開始以來，她就充分利用了人數優勢，每次都派出比聯軍方多五倍的兵力，想要用以多壓少的方式取勝。

最後伊莉絲再也坐不住，起身在房間裡來來回回的踱步，這會讓她看起來焦躁不安，但她不在乎了。像這樣的時刻，就是她背負的責任最沉重的時候，每當意識到自己可能是把族人派出去送死，就只能用這種方式忍住眼淚。

也是像這樣的時刻，她最希望詹姆斯能夠在場，他比她更懂得怎麼應對這些戰鬥方面的事。但他現在也在和自己內心的魔鬼交戰，不管他怎麼努力，都無法再掩蓋他酒越喝越多的事實。流言也在艾爾弗雷人之間越傳越開，很多人都在悄悄議論他的惡習，很可能已經開始損害他們對詹姆斯的評價，他們的態度偶爾也會顯露出這點。愛莉亞特的死更是雪上加霜，雖然飛衛們都一致挺身為詹姆斯辯護，部落裡還是有很多人暗地裡在指責他。族人們之所以還沒有公開談論過這件事，純粹是出於對他們兩個的尊重。

但伊莉絲實在不知道該怎麼幫他，眼前已經有太多問題要操心了，她目前能做的就是確保他的安全，讓他不會傷到自己或傷到其他人。她一方面心裡很氣他，怎麼就在這個節骨眼上整個人垮掉，同時也擔心他擔心得不得了。她真希望此時此刻能在他身邊陪著他，但是族人們的生死存亡就落在她肩上，她不可能就這麼走開。

又過了將近一個鐘頭，三名信差終於跑回來報告戰況了。他們跑得上氣不接下氣，半晌說不出話來，其中一個孩子的額頭受了傷，傷口還流著血。

伊莉絲心裡警鐘大響，立刻衝到她身邊：「發生了什麼事？妳還好嗎？」

那女孩仍然喘個不停，好不容易才擠出聲音：「鬥者們從北方靠近的時候被敵人發現了，他們試圖越過空橋，但敵軍已經做好準備，沒辦法再更靠近。所以莽克斯老師改變戰術，故意弄出聲音引開敵軍的注意，趁他們離開防禦點追上去的時候，其他的防衛軍就從後方突襲他們。所有敵人都已經被殺死和活捉了，但這次我們的戰損也比之前高。雪納瑞族的崔莎大人回報說有五十六個人受傷，不過，戰死的總共只有十九個。」

伊莉絲的表情頓時放鬆下來，還險些歡呼出聲。其他幾位族長也圍上前來，像先前每場戰役結束後那樣恭賀她奪得勝利。這也是另一個讓她覺得很奇怪的習慣，她又沒有在戰場上流血拚命，唯一能做的就是遠遠的躲在安全的地方，焦慮的滿屋子踱步而已。

這時候，門外忽然傳來一陣喧鬧聲，又有個人影急匆匆的閃了進來。她花了好一會才認出那是克尼克，他的襯衣被鮮血染得濕透了，整個人嚇得驚慌失措，喘著大氣衝到卡米克跟前。

「哥哥和姐姐被他們抓走了！」他哭著說。

卡米克立刻單膝跪下來，扶住男孩的肩膀問：「誰幹的？發生了什麼事？他們有沒有受傷？」

克尼克幾乎都沒法好好說話，但他們終究還是從他破碎的字詞拼湊出了完整的經過，那三個孩子似乎本來是在回程的路上，途中卻撞見了捕獵小隊，另外兩個孩子被他們逮住了。

「他們開槍射克里斯。」克尼克哭喊，眼淚撲簌簌的滾下來。

卡米克不禁咒罵一聲，看到伊莉絲正惡狠狠的瞪著他，喪氣的低下頭：「我很慚愧，迷霧女王。也許您對孩子們的看法是對的——」

她火冒三丈的說：「晚點再來擔心這個。克尼克，來。你知道他們有多少人嗎？他們是在哪裡抓走你哥哥姐姐的，能不能在地圖上指出來？」

克尼克點點頭，讓伊莉絲領著他到桌子旁邊。但他個頭實在太小了，還得請莫拉德把他抱起來才看得到地圖。伊莉絲指著白色的皇后棋說：「我們現在在這裡。那些聯軍士兵是在哪裡找到你們的？」

男孩指著地圖某個位置：「十六樓，在二號空橋附近。我看到四個人。」

伊莉絲心頭一震，抬頭看著其他人。「就在兩個街區外而已，如果我們加緊腳步可能還追得上。」

六位族長神色憂慮的交換了一下眼色。雷諾克斯族的大族長漢斯，同時也是房間裡最年長的人搖了搖頭：「把守衛也算進去，我們總共只有八個人。我自己年紀太大，而且在場所有人都太重要，不能輕易為兩個小孩子冒險。我並不質疑議會的能力，但要對付四個聯軍士兵還是太危險了。」

伊莉絲咬牙切齒的說：「我絕不會拋棄任何一個族人，更不要說是孩子了。還有，你們好像都忘了把我算進去。」

「請妳三思，伊莉絲。」莫拉德說：「對聯族來說，妳的存在意義重大，妳代表著許多事物，但唯獨不是個能在戰場上捍衛家園的戰士。」

「或許吧。」伊莉絲說著，目光望向停放在角落的艾瑞娜，平常她只要一有空，就會駕駛這台偵察機械人出去練習，在曼哈頓四處遊走。有點像是重新習慣騎腳踏車，而且騎的是一輛各方面性能都比之前更好的腳踏車。艾瑞娜的頭部和肩部設計比夏洛特還要先進，操縱起來更輕鬆，而且能做到很多她壓根沒想過能駕駛機械人做到的事。她看著艾瑞娜肩上裝備的雷射加農砲，雖然還沒有開火過，不過提圖斯幫她確認過，是可以正常運作的。

「我要去帶我們的孩子回來。」她說：「歡迎你們加入我的行列。」

說完她按下機械人身體側邊的隱藏鈕，機械人的軀幹隨即降下來，面板向兩邊滑開，她鑽進駕駛艙，沒兩下工夫便駕著它往門口走去，機械人的八隻腳輕巧的踏過堅硬的水泥地，發出清脆的叩叩聲。本來她還擔心沒人會跟上來，只能硬著頭皮自己一個人出馬，但很快的，莫拉德和卡米克便一左一右的出現在她身邊，其他幾位族長和兩名守衛也跟隨在後。

「希望妳知道自己在做什麼，知道妳冒著多大的風險，長老。」莫拉德說：「如果妳不在了，聯族將會分崩離析。」

「如果連自己的孩子都保護不了，我不知道聯族究竟是為什麼而存在。」她這麼回答。

他們一行人快馬加鞭的一路往東，接連穿過六棟建築後，從第十大道轉角一棟大樓十二樓的空橋橫越到對面。根據艾瑞娜顯示，她的移動時速是十五公里，其他人竟然能跟得上她，而且臉不紅氣不喘。這些荒地居民真的是一群頑強的傢伙。

不到幾分鐘，他們就抵達了那棟大樓的十六樓，就是聯軍的偵查小隊抓走孩子們的地方。他們幾個人分散開來搜查整個區域，在一條走道上找到未乾的血跡，掙扎搏鬥過的跡象，牆上還有爆能槍留下的燒痕，但還是看不出來偵查小隊究竟往哪個方向走。

「他們肯定會往東走。」卡米克說：「他們可能會想繞過中央公園叢林，避開我們在北方的駐軍。」

「可是會在哪一樓？」莫拉德說：「他們現在可能在任何地方，這就像是要在整片沙子裡找出米粒來。」

伊莉絲快要急瘋了，眼看著孩子們就在附近，卻不知道他們是在哪裡，在哪個樓層。往東可能會是正確的大方向，但終究還是得像無頭蒼蠅一樣胡亂摸索。就在這時，她忽然瞥見其中一間邊廂裡有道影子閃過去，向其他人打個手勢，便駕著艾瑞娜飛也似的衝進去。原來那是個荒地居民，他嚇得軟倒在地上，掩著臉蜷縮成一團。

「拜託。」那人哭喊：「我什麼都沒有！」

伊莉絲認出了他手臂上的標記，安索尼亞大亨族，是鄰近地區規模比較大的部族之一。過去幾個星期以來，她一直努力想招攬對方加入聯族，親自提出好幾次邀請，但都被他們回絕了。他們的族長陶珍告訴她，聯軍到目前為止還沒有侵擾過他們，所以他們天真的相信以後也不會。不知道這幾天發生的事有沒有改變她的看法。

「我們是曼哈頓聯族的人。」她一邊說，一邊往後退了幾步：「我們在找幾個聯軍士兵，他們抓走了我們的孩子。你有沒有看到他們？拜託，我們需要你的幫忙。」

那個人不肯跟她說話，但她也不怪他就是了，艾瑞娜的模樣在這些人眼裡應該是挺嚇人的。幸好卡米克的部落和安索尼亞大亨族有交好，於是她退到旁邊，讓卡米克去跟對方談。

幾分鐘過後，卡米克回來了。「他的族人怎麼了？」她問。

卡米克哀戚的搖著頭：「他們無處不在，也不在任何地方，他是這麼說的。他們被聯軍襲擊，所有族人都化成了風，一個都不在了。」

「他有看到孩子們嗎？」

他點點頭：「他說他們往東走了，沿著十四樓的主通道，和五十八街平行的那條。那是最常使用的道路之一。」

「走吧。」她說。

接著他們一行人便開始全力衝刺，先往北邊跑一個街區，又往上爬了好幾層樓，沿著一條貫通好幾棟大樓、比其他路寬上兩倍的通道往東前進。他們狂奔了三十多分鐘，終於在快到大樓另一端的地方追上了那些聯軍士兵。因為有艾瑞娜的望遠視鏡，伊莉絲是第一個發現他們的。他們用繩子拖著一個小小的身影，另一個則被他們扛在身上。她示意其他人慢下來，抬頭端詳著天花板。

「你們從地面靠近他們，儘可能越安靜越好。」她說：「我走上面。」

說完她駕著艾瑞娜攀上最近的一面牆，像走在平地上那樣往天花板走去。這個新功能可以說是改良自夏洛特型號最大的進步，當初她花了好幾個星期才鼓足勇氣走上牆面，又花了好幾個星期才敢倒懸在天花板上走。不過在那之後，飛簷走壁就成了她最喜歡的消遣活動。

幸好通道的天花板是挑高的圓拱形，她可以爬到最頂端，沿著圓拱頂一路追過去而不被對方發現，很快就趕到了那群偵察兵正上方附近。在這同時，他們也已經來到大樓盡頭的空橋前，如果他們進入空橋，能讓她操縱艾瑞娜的空間就會大幅受限。

剩沒多少時間了。她回頭看看其他人，他們還在大概兩百公尺外，絕對趕不及。而且最後這段通道沒有什麼遮蔽物，這些偵察兵只要回過頭就能看見他們，可能還來不及靠近就會被一網打盡。

就在這時候，好像感應到她的念頭似的，其中一個偵察兵還真的回頭看了。他向同伴們打個手勢，另一個士兵便取出單象視鏡，另外兩個舉起線膛槍，最後那個則把克里斯放下來，用力一扯卡蘿身上的繩子，把她扯倒在地上。伊莉絲不禁咒罵自己想的這是什麼爛計畫，她根本沒有全盤考慮周詳，現在好了，她的族人很可能會被她的愚昧給害死。在這電光火石的瞬間，她決定採取當下她能想到的唯一一個行動。率先出擊。

她飛快啟動艾瑞娜肩上的加農砲，瞄準其中一個聯軍士兵身上浮現的十字準星，暗暗希望自己沒做錯，低聲命令：「開火。」

艾瑞娜立刻遵從指令，一道綠色光砲激射而出，可惜沒打中，偏離了目標三公尺，炸得大理石小碎塊滿天亂飛。

「光砲已發射。」一個帶著性感英國腔的低沉男聲響起。這是設定裡的選項之一，她最後捨棄另一個法國腔女聲選了這個。「但目標未鎖定。」

「我不知道你還要先鎖定目標。」她咕噥著說，再次試著把準星對準其中一個渥爾塔捕獵，然而他們已經發現她在天花板上，朝著她開槍回擊。她發現要一邊閃避爆擊槍的彈幕，一邊還要瞄準目標實在很困難。就在這時，一發彈火打中了艾瑞娜的腳，所有系統頓時陷入混亂，雖然只有短短一瞬間，她還是嚇得不輕，急忙往旁邊躲開。就算到現在，她還是無法習慣有人對她開槍的感覺。

她駕著艾瑞娜沿著天花板外緣往天花板另一頭逃去，爆能彈也緊追著她，碰碰碰的在她周圍不斷炸開。忽然間，一陣小型爆炸接連響起，橘色的爆能彈也跟著停了。她掃描一下地面，發現她的伙伴們終於趕上來攔截住了敵人。她再次啟動十字準星，但底下的戰況太混亂，沒辦法準確鎖定，於是她乾脆放棄，縱身從天花板跳下來，直接衝進那團混戰中。

然而，等她到那裡的時候，戰鬥已經結束了。那是一場短暫卻極其慘烈的交火，聯族守衛們都傷得不輕，卡米克則斷了好幾根肋骨，一邊肩膀也被嚴重燒傷。不過，那四名渥爾塔士兵全都被他們解決了，兩個孩子也順利獲救。伊莉絲立刻跳出駕駛艙，趕過去察看男孩的狀況。他還在呼吸，但臉色很蒼白，那幾個突擊兵有替他做應急治療，很可能是打算回去基地之後要盤問他。

她回過身來對其他人說：「我和艾瑞娜可以帶兩名傷患。晚點在全銀河大廈會合。」

莫拉德點點頭：「趕緊帶他們回去。做得好，伊莉絲。剛才說妳不是個能保衛家園的戰士，是我錯了，請容我致歉。」

「我什麼也沒做。」她說：「除了把事情搞得一團糟。」

「妳成功引開了敵人的注意，讓我們有足夠的時間追上他們，從後方發動突襲。」說著他微微傾身鞠躬：「今天妳挽救了無數的生命。迷霧女王萬歲。」

其他人也跟著同聲應和。

「閉嘴，你們這些傢伙。」伊莉絲喝止他們，整張臉羞得通紅，鑽進艾瑞娜的機艙裡，一把抱起那男孩和傷勢最重的一名守衛。「準備返回基地。大伙，幹得好。」

她又回望了族人們最後一眼才動身，啟動自動導航系統，在錯綜複雜的曼哈頓立體迷宮裡穿行，時速將近四十公里，按這個速度，應該幾分鐘內就能到家。快要抵達全銀河大廈時，她察看一下男孩和守衛，兩人還是昏迷不醒，不過看起來狀況都還穩定。她小心的收緊艾瑞娜的手臂，確保他們緊貼著機體，一路飛奔過最後幾棟大樓。不到幾分鐘，兩名傷患已經安然送到醫務室，她自己則在跟提圖斯解說情況，要他準備好迎接更多傷患。

「我們在主戰役死了多少人？」提圖斯問她，一邊指揮著其他人把更多臥舖搬進來。

伊莉絲微笑起來：「十九個。」

他滿臉驚訝的回過頭來：「只有這樣？幹得好啊，迷霧女王。」

「就說不要那樣叫我。」她嘴上這麼說，心裡卻也不禁有點得意。從她成為艾爾弗雷人的長老以來，她終於第一次真的感覺自己像個領袖了。今天他們打了一場漂亮的勝仗，救援行動也圓滿達成，族人們的處境總算開始有了起色。現在她可以好好想想該拿詹姆斯怎麼辦——

「長老。」就在這時，芮瑪忽然衝到她面前：「請妳快跟我來！」

「怎麼了？」

「跟我來就對了！快點！」她還來不及回話，芮瑪又急匆匆的衝出醫務室。伊莉絲跟著她下樓來到路障樓層，一路跑到樓層最北端的主要路障附近。有一大群人團團圍聚在那裡，發現是她過來了，紛紛讓出路來給她通過。

等她好不容易看清楚了騷動來源，不禁倒抽一口氣。「看在大地母親份上，這是在幹什麼！」

第三十八章　一塌塗地

從車庫帶回來的烈酒只剩最後這些了。不過也無所謂。詹姆斯做了個鬼臉，仰頭全倒進嘴裡，喝得一滴也不剩。他知道喬爾和其他飛衛很快就會去領他們那份配給，想必不會介意分一點給他們的導師。怎麼會介意？再怎麼說，他們還是對他心存敬意的。

他站起身，嘴裡哼著歌，感覺到房間和地面在他腳下搖搖晃晃。他閉上眼睛，盡情享受這種快要摔倒的失控感。這次的酒力比平常還要強一些。他帶著空空如也的胃，倚著牆壁踉蹌的走下樓梯間，打算到艾爾弗雷人的公共食堂去。ＡＩ腕帶告訴他，最後一次用餐時間兩小時前就結束了，不過，他可是堂堂的前輩呢，他們總能弄出點東西來給他吃吧。

幾個族人經過他身邊，全都用那種又尷尬又侷促的目光瞅著他，然後又想裝沒看到似的別開視線。他們的神情讓他想起以前當特工的日子，在傾斜星軌和不遲酒吧遭受的那種對待，不禁皺起眉頭。他早就已經不是特工了，為什麼他們還是要這樣對他，好像他是個被放逐的人？不管他去哪裡，人們總是對他這麼不友善。他覺得自己的血液彷彿沸騰起來，怒氣不斷往上湧。

原本他還以為，離開了從前那個所謂更文明的生活，就能把人們評斷的目光也拋諸腦後。沒想到即使是這些野蠻人——不對，他不可以這樣叫他們，這些人對待他的方式還是充滿了不信任。他繼續沿著樓梯往下走，回想自己從以前到現在遭受過的一切不公平待遇，越想越是怒火中燒。這世界到底有哪個地方容得下他？

他經過五十六樓的時候，忽然臨時起意，決定先繞個路去找他的飛衛們。他實在應該先吃點東西，但現在他需要的不是食物了，而是再喝一杯，酒已經成了當前的第一要務。

於是他前往鍛造車間，飛衛們和其他幾個專業小組就住在那裡。他來到布莉亞和多克斯共用的寢室，那兩人正在討論葛瑞絲和提圖斯為大樓設計的電梯，還有這項新工程的時程表。他踱進房裡來的時候，他們雙雙抬起頭，用憂慮的眼神盯著他。憂慮而不信任的眼神。這只讓詹姆斯更抓狂。這些飛衛們應該要和他站在同一邊，是他的伙伴，然而他們卻背叛他，像其他艾爾弗雷人那樣對待他，用那種眼神看他，他可是他們的導師！

他本來脫口就要斥責他們，但在最後一刻忍住了，直接切入重點：「剩下的酒在哪裡，我們在車庫釀的那些？」

兩人都不肯和他目光交會，也不回他話。布莉亞低頭看著自己的手和大腿，多克斯則死死盯著地板。

「怎樣？」他帶上了命令的口吻。

布莉亞開口：「前輩……」

「法蘭薇長老說，我們不可以再給你更多酒了。」多克斯接著她的話頭說。

聽到這句話，打從他走出寢室就一直醞釀著的怒火燒得更熾，但他忍住沒當場發火，硬生生擠出笑容來：「幹嘛這麼見外，你們兩個，是我啊。你們學到的所有東西都是我手把手教給你們的，也該換你們給前輩一個方便吧。」

「可是法蘭薇長老說——」

「誰管法蘭薇說什麼！」詹姆斯不禁斥喝，但立刻又強迫自己冷靜下來：「我的背感覺很不對勁，拿點烈的給我就是了，我要的只有這樣而已。」他的背是真的痛了一整個早上，那種絞痛看似輕微，痛起來簡直讓人精神耗弱，要從床上爬起來的時候尤其折磨人，只有酒精可以舒緩，至少能幫他撐過那些特別難忍的時刻。他又往前逼近一步，布莉亞和多克斯看著他，一個二十歲一個十六歲的大孩子，都被他嚇得滿臉驚恐。

最後布莉亞終於指著書桌說：「在最底層的抽屜裡，前輩。」

詹姆斯拉開最下面的兩個抽屜，旋風掃落葉似的又翻又找，終於從一堆雜物底下翻出了凹凸不平的鐵酒壺。他用手掂了掂重量，猛力搖了幾下。頂多只裝了半滿，但有總比沒有好。

「謝啦，我的好飛衛。」他咧嘴一笑：「明天再跟你們碰頭。」

一直到走出房間後，他才旋開瓶子啜飲一口，感覺到暖意流遍全身，緊繃的神經也頓時鬆弛下來。他又啜了一口，把瓶子放進口袋，現在他得去路障那裡輪值，哪時候的班他忘了，只記得今天晚上要去北邊的路障報到，然後站在窗口前守望，和外頭一片漆黑乾瞪眼。路障輪值和其他派給他的差事一樣，實在太大才小用了，只是往他不斷積累的憤慨又多添上一筆。

忽然間，史密特出現在通往路障樓層的樓梯口，舉起雙手擋住他的去路：『聽我說，老友，我知道聽一個死人的建議感覺很瘋癲，但你還是別去比較好。』

「我很好。」詹姆斯說：「路障那裡需要我。至少這棟大樓裡還有人仰賴我。」

『他們需要的可不是這副德性的你。』

守在最後一個樓梯轉角的熨斗族鬥者覷了他一眼，又立刻別開視線。

「你黑洞的看什麼看？」詹姆斯衝著他斥喝，在胸腔裡翻騰的怒氣頓時被點燃。最近這幾天，每個人對他都是這種態度。一群忘恩負義的混蛋。當然了，他還能去外面打撈，犧牲自己的健康替他們帶物資回來的時候，他們尊他為前輩，把他當成崇仰的對象。現在他做不到了，他們就背棄他，好像他是個賤民似的。

「聽著，詹姆斯。」史密特說：「那不是他們避開你的原因。」

「還有你！」詹姆斯回過身來對他大吼，聲音在長而窄的樓梯間嗡嗡迴蕩：「全都是你的錯！」

接著他擦過那名門者身邊，衝到那扇生鏽的金屬門前，抬腳狠狠一踹，穿過史密特的身體碰的一聲把門踹開，沿著走道氣勢洶洶的直往北邊路障去。一路上有好幾雙眼睛盯著他看，剛開始他還試著忽略他們，但隨著他踏出每一步，他的怒氣也越升越高，後來乾脆一個個正面瞪回去，瞪到他們移開視線，假裝他不存在為止。很好，他就是喜歡這樣。

他到的時候，北邊路障也是一片靜默。他沿著梯子爬上牆垛，裝作若無其事的和其他五個看守人打招呼。然而他們都不認得他，連那兩個艾爾弗雷族守衛都沒認出他。一次又一次的侮辱不斷啃噬著詹姆斯，但他還是選擇忽略他們的輕視，好好履行職責。他站上崗位，從空橋的一側眺望出去。這座連接著全銀河大廈和隔壁大樓的空橋十分寬闊，底下就是百老匯大道和二十二街交會的三叉道。

空橋另一側則有七個部落駐紮著，他們的營地散布在橋面上，一路延伸到另一頭的「淺河灘」大樓，佔據了一半的樓層。大部分的同盟部落都已經遷移到了比較低的樓層，或是在全銀河大廈附近的大樓裡安頓下來。但幾乎每天都有新來的部落想要加入聯族，直到找到他們可以長住的地方之前，他們只能先把這些部落暫時安置在這裡。總的來說，今晚應該也會是個平靜而漫長的夜晚。

「你，艾爾弗雷人。」

一道腳步聲從梯子傳上來，來到他身後。詹姆斯回過身，發現是莽克斯，那個惹人厭的臭小子。

詹姆斯和他打過幾次照面，這傢伙打從一開始就沒有掩飾過他對艾爾弗雷人的蔑視，後來伊莉絲成了聯盟的核心人物，他的態度只有更變本加厲。這個自以為了不起、看上去頂多二十初頭歲的毛頭小子踏上牆垛來，向自己的三個族人點點頭，目光冷淡的看著另外三個艾爾弗雷人。

他轉過來面對詹姆斯。「你遲到了。這在你們部落也許是可以被接受的，但我們熨斗族無法容忍這種行為。我尤其無法容忍有人在路障輪值的時候遲到。」

史密特再度出現在他面前，傾過身來對他說：「先道歉打發過去就是了。不過是個血氣方剛的小夥子想要堅持自己的立場，跟他爭執一點好處也沒有。更何況，你也是真的遲到了啊。」

他算是聽進了死去老友的話，試著用和緩的語氣說：「我剛好有點事。下次不會再犯了。」

「也許我們該派幾個指揮官來教訓一下你們的守衛，讓他們學學一個優秀的作戰團隊是怎麼運作的。」

這小子是故意在踩他地雷嗎？「就像我剛才說的。」但詹姆斯還是控制住聲調，一字接一字的慢慢說：「下次不會再犯了。」

「難怪你們部落連自己的塔都守不住。」

這下連史密特都不禁搖頭，往旁邊退開一步，朝他擺了擺手說：「想幹嘛就幹嘛去。」

詹姆斯一時僵在原地，感覺到血液直往頭上衝。他把莽克斯從頭到腳打量一番，發現他雖然生得高大魁梧，臉龐和雙手卻相當平滑，當然一部份是因為年紀輕，但更有可能是缺乏實戰經驗。詹姆斯認識好幾個只有十八歲卻已經身經百戰的守衛，他們很小的時候就加入了作戰的行列，身上有很多傷疤、斷過的骨頭，還有一種老將特有的氣質。但這男孩三種特徵都沒有。「誰要來教訓我的族人？你嗎？」

「你就是被他們稱為特工的那個人，也許我現在就該直接教訓你。」這個傲慢又壞脾氣的年輕人踏上前來，居高臨下的瞪著他，那種自以為了不起的惡霸都這樣威嚇人。不過就是個大塊頭的小伙子，詹姆斯才沒那麼容易就被唬住，雖然莽克斯的臉已經逼到他面前來，都快跟他鼻尖相觸了，他還是站在原地動也沒動。

「離開路障。你沒資格和這些鬥者站在一起。」

「哼，沒資格是嗎？」詹姆斯冷笑：「這句話從導師的兒子口中說出來，還真是夠有份量的。他是不是把部隊的指揮權當作生日禮物送給你啊？」

那小子的臉立刻脹紅了，一把揪住詹姆斯的前襟。左撇子，防禦位置偏低，喜歡用右腳施力。說時遲那時快，詹姆斯一手反制住男孩揪著他襯衫的手，另一隻手的前臂往他手腕狠狠劈落，緊接著一個旋身，把他整個人倒頭栽甩到牆垛的木地板上，從頭到尾一氣呵成。

沒想到，這個年輕的指揮官倒還有兩下子，很快就恢復過來，跳起身，一個箭步又往他攻過來。不知道是酒精讓他的感官變遲鈍了，還是這小子真的比他預料的還要敏捷，他差一點就被擊中。很接近了，但還是差一點。

詹姆斯往旁邊閃開，感覺到他的對手冷不防踉蹌了一下，順勢給他一記肩擊，莽克斯頓時被撞得飛出去，掉出四公尺高的路障外，碰的一聲重重摔到地上。他呻吟了幾聲，但立刻又站了起來。挺有韌性的，沒錯，不過也很蠢。

詹姆斯也跟著跳下牆垛，兩腳落地穩當的站在他面前。莽克斯抽出刀子，斜斜砍向他的軀幹，他矮身躲開，往他臉上回敬一拳。但那小子不死心的又攻過來，這次是把刀子當成矛，笨拙的直直刺向他。詹姆斯故意要弄他，趁他衝過來的時候踢他的腳踝，把他絆倒在地上。這小子倒不是沒天分，只是還很生嫩。他的動作也有種熟悉感，看得出來有受過訓練，雖然只是初階的。

「鬥者的本事就只有這樣而已嗎，指揮官？」

莽克斯怒吼一聲，再次撲上前來，接連著朝他猛揮兩刀。詹姆斯閃過第一刀，第二刀過來時用胳膊夾住他的手臂，順勢一扭，扯得莽克斯翻身仰面摔倒在地上，緊接著屈起一隻膝蓋壓住他的臉頰。莽克斯還在奮力掙扎，他一把捉住那隻握著刀亂揮亂舞的手臂，往內反拗他的手腕搶下刀子，然後調整重心，把身體重量移到膝蓋，直把他的頭往地上壓，壓得年輕指揮官從喉嚨裡發出哀嚎。

「看在大地母親份上，這是在幹什麼！」忽然間，伊莉絲的喊聲傳來，在洞穴狀的大房間裡響亮的迴盪著。詹姆斯抬起頭，看到她和芮瑪往自己這邊飛奔過來，從莽克斯身上跳開，朝他伸出手。令他意外的是，莽克斯居然接受了。詹姆斯便拉著他站起來，湊過身去悄聲說：「你的底盤工夫糟透了。下次我會教你刀子的正確握法。」然後把刀子遞還給他。

就在這時，伊莉絲已經衝到了兩人中間，使勁把詹姆斯往後推。「你是怎麼搞的？」

他試著四兩撥千金打發過去：「我只是在示範一些戰鬥技巧給莽克斯看。」

她轉過去問莽克斯：「指揮官，你還好嗎？」

莽克斯還握著自己的手腕，點點頭，垂目看著手裡的刀子：「特工和我只是在演練幾個動作。」

說完他和詹姆斯剛好目光交會，互相交換了一個理解的眼神。詹姆斯輕輕點了個頭表示謝意，注意力隨即又回到伊莉絲身上，她的手指都快戳到他臉上了。「我們不是故意要引起騷動的。」他說。

「別想唬弄我。」她瞪大了眼睛說：「喔，這樣下去不行，情況越來越失控了。」

「有什麼問題嗎？」他說：「又沒有人受傷。」

她沒回答，轉過去對圍繞在她身後的守衛們下令：「護送詹姆斯前輩回去他房間，門口安排一個人看守他，等我進一步指示。」

「等一下，給我慢著。」他低吼：「妳不能這樣對我！」

她回過身來看著他：「這裡沒有你說話的份。」

「我為了妳，為了部落，為這些野蠻人犧牲了多少。」他大吼起來：「妳竟然這樣回報我？」

伊莉絲甩了他一記耳光，勁道之強讓詹姆斯的頭都偏向一邊，眼前直冒金星。他咆哮一聲，把臉堵到她面前，正想告訴她有多忘恩負義，竟然這樣虧待和忽視他。然而，他看到她的眼眶裡盈滿了淚水。就在那瞬間，他內心深處有什麼東西破碎了，彷彿肚子被人狠揍了一拳，肺裡的空氣全都被抽空。他雙膝一軟，整個人頹然跪伏在地上。

伊莉絲也跟著跪下來，雙手捧住他的臉摩娑著：「去吧，拜託你。」她柔聲說：「我們可以渡過這一切的。我保證。」

詹姆斯茫然的點點頭，任由她扶著自己站起來。她輕輕掐了一下他的臂膀，往後退一步，是意那幾個站在旁邊待命的守衛上前。他感覺到四雙手過來抓住他的手臂，但動作很溫柔，看過去是一張張不確定而驚惶的臉。他們都是受過他親自訓練，在他的帶領下並肩作戰過的人，每一個都是。於是他不掙扎也不抵抗，允許他們帶著他離開，只有在聽到伊莉絲的啜泣聲時轉頭望了她一眼。

從路障樓層回到他住處的整趟路程，簡直就是對他的公開羞辱。消息傳得很快，許多人聽說他被逮捕，不分熨斗族人和艾爾弗雷人，全都跑來圍觀他被守衛們押送的場面。但他滿腦子想的只有自己傷了伊莉絲的心，想到她臉上的失望，讓他難受得像是從內部被撕裂一樣。當他從那些艾爾弗雷人面前經過時，他們也是用那樣的表情看著他。令他意外的是，自己竟然會在乎他們對他的看法。

他真的在乎，而這徹底粉碎了他最後一點驕傲的偽裝，低垂著頭直盯著地板。

好不容易，他們一行人終於抵達了他的住處，其中一個守衛打開門，替他扶著門板。其他人則圍站在旁邊，不知道接下來該怎麼辦。艾爾弗雷人從來不需要監獄的。

「我很抱歉，前輩。」一個叫波爾的守衛結結巴巴的說：「伊莉絲長老……」

詹姆斯彎下身，把藏在靴子裡的一柄小刀抽出來交給他：「下次要記得，大伙們，先給囚犯搜身，沒收他們的武器。把這間臨時拘留所淨空，派兩個人守著門口。」

「唔，謝了，前輩。」波爾說。

「還有，別他媽的對囚犯這麼禮貌。」詹姆斯走進房間，來到書桌旁的椅子坐下來。房門被關上了，他能聽到守衛們激烈討論的聲音從門板後傳來。他轉頭看看旁邊，史密特就坐在桌子另一頭。有好幾分鐘，他們就這樣沉默的對坐著，久久相對無語。

最後是詹姆斯率先開口，打破僵持的氣氛：「我這次搞砸了是不是，史密特？」

史密特緩緩的點了點頭：「你讓導師的兒子在眾人面前出醜，只不過因為他是個小討厭鬼，想在你面前耀武揚威。但他叫你離開是對的，喝醉的人本來就不該跑去路障值勤。」

詹姆斯瞪著老朋友，淚水逐漸泛上眼眶：「你付出那麼多心力照應我，我卻從來沒有好好跟你說過一聲謝。你本來不應該死的，如果你只管待在導航中心，乖乖做你那些愚蠢的書面工作就不會出事。你為什麼要幫我？」

史密特嘆了一口氣：「相信我，我比誰都同意自己根本不該死。我應該在木衛二過我的舒服日子，還有個俏姑娘在夜裡溫暖我的床。」

「該死的，那你幹嘛要幫我！」

「因為你是我的朋友，我只是在做我們一直以來為彼此做的事。」

「我可是把你敲昏了丟在地上，你應該要氣我氣得半死，從此再也不想跟我說話才對。」史密特咧嘴一笑：「然後呢？繼續跟那些五級任務和小菜鳥攪和，死拖活賴的度過最後那五年？別吧，我還不如死了乾淨。」

詹姆斯把臉埋進雙掌中：「你覺得接下來會發生什麼事？艾爾弗雷人會不會把我趕走？」

史密特搖搖頭：「那些艾爾弗雷人比你想的還要重視你。他們都知道你有你的問題，他們會挺你的。」

「我該做些什麼？」詹姆斯問：「告訴我接下來該做什麼。」

「這個嘛，首先第一件事。」摯友的鬼魂這麼告訴他：「就是承認你有酗酒的毛病，然後向每個人道歉。我這裡說的『每個人』呢，就是字面上的意思。你這份該死的名單可是會長到列都列不完。」

第三十九章　別開生路

明亮的黃色閃光過後，李文發現自己飄浮在太空深處。不過就在幾分鐘前，這裡還是月球的一座舊燃料站，沿著暗面上空的軌道繞行，如今只剩下一片散落的殘骸碎塊。燃料站毀滅的時候他就在現場目睹，最開始只是一起補充燃料的意外事故，引發了一連串火勢延燒出去，沒有多久整座太空站就陷入了火海。他逃出來的時候，總共帶走了八百公升的燃料和兩噸鋁。通常來說，這種等級的任務根本不值得動用到特工出馬，但葛瑞絲和艾爾弗雷人的標準比時旅總署要低多了。

一股噁心感又開始在他胃裡作怪。最近這六天他就已經跳躍了四次，從他和茱莉亞那次令人不安的重逢之後算起，總共已經七次了。從馬德里回來之後，李文一直很難入睡。那天的情景仍然在他心底糾結著，他也不確定為什麼，但就算整件事從頭再來一遍，他也不會改變自己的任何作為。對他來說，經過一番後見之明的檢視後，仍然得出完全相同的結論，就表示他做出了正確的決斷。

然而，不知怎地，每次回想起馬德里事件都會讓他一肚子火，隨著他一次又一次執行這些無濟於事的任務，為了糧食、能源和衣物到處奔波，他內心的不滿也越來越強烈。這麼做根本就是治標不治本，到底意義何在？他們究竟有達成過什麼？他們只是一而再的打破時間法，讓他們暴露的風險更高，他們可能會在跳躍期間被時旅總署逮到，或是從水下通道潛行通過封鎖線時被聯軍發現。聯軍遲早會弄清楚他們是怎麼出去的，可能就快了。至於那所謂拯救地球的解藥，他也不確定伊莉絲是不是真的有進展，看起來不像是有。如果沒有，那他到底在這裡幹什麼？

在這同時，他也抵達了克力梭的所在位置，先向葛瑞絲打個信號，確定機艙裡的空氣屏障已經啟動之後才進艙。他把恆儲空間的鏈結交給葛瑞絲，然後一聲不吭的扭頭就走，直接到後面的艙房躺下。

幾分鐘之後，葛瑞絲也跟著進來了，她敲了幾下金屬牆，在他身旁坐下。「這次任務幹得乾淨俐落，一個漣漪也沒有。」

他還是閉著眼睛，翻過身去背對她。說實在，連他自己也不知道是什麼淹沒了他，是過去這幾個星期、機甲巨兵、茱莉亞的臉，還是他執行過的所有跳躍。他忘了這一切有多難熬，要親身去經歷這些瀕臨毀滅前的最後時刻，這麼多的悲劇要處理和歸檔，這麼多死者的面孔在腦海中閃動。有太多東西需要消化，但是他的任務行程排得太緊湊，沒有多少餘裕做這件事。現在他只希望能一個人待著生悶氣。

然而葛瑞絲還是不放過他：「怎麼，轉過去不理我，跟我鬧彆扭？你什麼時候也開始變得跟特工先生同個德性了？我們的朋友向來就是那麼陰沉，我是從來不期待他態度能好到哪去，但是你，稽查官？」

李文深吸一口氣，坐起身：「請容我致歉，時間之母。最近幾次跳躍的後遺症越來越嚴重，讓我有點不堪負荷，我們得盡快弄到抑制錠。」

「詹姆斯說他在努力了。」

「他每次都說他在努力，我看他倒是比較熱衷於把自己灌醉。」

「我們一直都在想辦法打探哪裡可以弄到抑制錠，已經找了快一年還是找不到，你們時旅總署看管得可嚴了，簡直就是滴水不漏。在我們回地球之前，我還有安排另一趟跳躍，等這趟做完就可以稍微喘口氣了，我保證。」

李文嘆了一口氣：「說來聽聽吧。」

短短六天的航程就跳躍了四次，感覺實在瘋狂至極，然而很不幸，這就是他得硬著頭皮面對的現實。他們手上有的資源本來就少得可憐，每次上太空都是大量的消耗，所以得設法把每趟航程利用到最極致。這種做法可就苦了負責打撈的人，不過，他也知道葛瑞絲已經儘可能把任務時程表的每個環節規劃到最精準了。

「這次的任務應該會比較輕鬆。」葛瑞絲說：「時間是二二〇八年，目標朱利安諾畢夏普。他是我在科技孤立主義黨的好朋友，優秀的邏輯學家，更是個傑出的將軍，總是比我們的敵手領先二十步。他其實是死在二二一〇年，不過我計算過，以當初我的派系覆滅的情況，漣漪應該會非常小，特別是那又發生在——」

李文搖了搖頭：「不，我不做。」

「——最後那幾年對他來說實在是很悲慘……」葛瑞絲還隔了一會才打住：「抱歉，你說什麼？」

他站起身：「我們已經討論過了。我不會帶活人回來。我已經為這個所謂更崇高的善違背了好幾條時間法，但無論如何，我絕不帶過去的人回來。」

「我也不是隨隨便便做這個決定的，李文。我們需要他。艾爾弗雷人需要他。」

「我不在乎，在打撈的人是我，最後的底線要劃在哪由我決定，這條底線就是不能再帶一個人類回來。」

「如果是他死前兩年這個時間點不行，我可以另外想辦法。冥衛一戰役爆發的三個月前還有一個事件——」

「我說不幹就是不幹！」他厲聲大吼，狠狠一拳捶在牆壁上：「事實上，我根本連一次都不想再跳躍了！我們到底在幹嘛，葛瑞絲？講真的，我們到底黑洞的在這裡幹什麼？」

葛瑞絲瞇起眼睛：「大多數特工只要尋求酒精的協助就夠了。不過，既然你非得知道不可，我們的奮鬥是為了治癒地球瘟疫，為這顆星球爭取一線生機。」

「是嗎？我們真的有在做這件事？」李文氣沖沖的直奔後面的貨艙，一腳踹開門，指著他前兩次跳躍帶回來的「貨物」，說是貨物，不過就是在地上零零落落堆成三個小堆的破玩意，時旅總署絕不會浪費資源大費周章的打撈這種東西。「這就是我們的做法？妳以為這解決得了什麼問題？」他在其中一座貨物堆頂端翻找，拉出好幾疊塑膠置物盒，拿起來就往地上摔，這些沒用的空盒本來是從大到小一個裝著一個收納著，被他摔得散落滿地。「你把我送回二十二世紀那艘快要完蛋的補給運輸艦，就為了幾個該死的塑膠盒！看在黑洞份上，這到底有什麼意義？」

他們就這樣站在貨艙裡，沉默的僵持了好幾分鐘。最後是葛瑞絲小跑步上前，把摔在地上的其中一個塑膠盒撿起來，按下側邊的按鈕，盒口的蓋子收攏起來，伴隨著氣體被抽空的細微聲響，盒體周圍結起一層白霜。

她把盒子丟回去給李文：「這是『三月大饑荒』早期那段時間發明出來的。那時第三次世界大戰才剛結束，每個國家都還心有餘悸，戰後的糧食生產率只剩下百分之十五，幾乎所有城市都被那場饑荒給摧毀殆盡。你知道是什麼幫助人類活下去的嗎？就是這玩意！」接著她又撿起另一個盒子擲向他：「這些沒用的塑膠塊不只是氣密的，還可以冷凍保存內容物好幾個月，防腐防菌，需要的能量少到用我的體溫就可以發電。你以為艾爾弗雷人住在紐約那片又昏暗又潮濕、永遠不會散的大霧裡，現在最需要的是什麼？」

他不知道，他是真的不知道這些盒子的用途。他彎下腰把散落滿地的盒子撿起來，按照大小順序一個個裝回去，恢復成原本整齊俐落的樣子。

裝好之後，他捧著外層最大的盒子，愣愣的直瞪著它，兩隻手還在發著抖，忽然感到一陣深深的羞愧，覺得自己實在愚昧至極。從他剛進學院那段日子之後，他已經很久沒有像這樣失控發飆過了。他是在天衛四那些嚴酷無情的隧道裡長大的，那時的他是個不知紀律為何物的小伙子，整天為了一些愚蠢的理由和自尊跟人打架。最後，他的父親終於受夠了，一方面是因為控制不了他，一方面也是不想再繼續替他付保釋金，大老遠把他送到時旅總署學院去，看他要不是走上正途，要不就是死在那裡。

都到了這個地步，最開始那兩年他還是幾次差點被學院踢出去，後來又經歷了好幾年的磨難，整個人才穩定下來，成為社會有貢獻的一份子。要把他的行為矯正過來，可是花了學院所有人——包括他的老師、導師和同儕莫大的力氣，他不知道忍受過多少次的毆打、懲處和禁閉，終於磨出一身嚴明的紀律和堅忍的外殼，才得以晉升到特工級別，後來又當上高階順位的稽察官。在那之後，他越來越懂得感佩總署和這個體制，能夠把他從原本的他鍛造成現在這個樣子，是連他身邊最親近的人都認為不可能辦到的，這是何其值得紀念的一項壯舉。

「我很抱歉。」最後他終於開口：「我只是覺得很氣餒。我不懂現在我們做的這些事到底能夠成就些什麼。」

葛瑞絲伸手搭住他的手臂：「我們只能有多少做多少，稽察官。我們是由三個智囊、兩個大老粗和一群住在茅草屋裡的原住民組成的雜牌軍，卻想要治好整個地球。現有的條件對我們非常不利，我也知道成功的可能性有多低。」

「這到底有什麼意義？」他又問一次，終究還是讓步了，就像以往那十幾次讓步一樣：「不惜被各方勢力追殺，破壞時間流，讓無辜的人受到牽連，危害他們的生命，都是為了什麼？」

對他的問題，葛瑞絲普利斯特只是咯咯輕笑：「不為什麼，因為那是死人做的事。提圖斯、我、伊莉絲，甚至詹姆斯也算在內，我們都是活在借來的時間裡，所以無論看起來有多不可能，我們都決心要在這世上創造出最後的一點改變，好證明我們被延長的存在是有正當性的。至於你呢，可就不一樣了，你仍然有你自己的人生。你曾經是那個機構的一份子，他們給了你生存目標，提供工具給你，讓你可以你有所作為。但現在你失去了那一切，他媽的不嘔氣才怪。」

該死，這女人簡直能看透他的靈魂。

一整個機構。不知怎地，機構這個詞抓住了李文的注意力，許多字句和影像從腦海中盤旋而過，卻又無法抓到眼前來看清楚。忽然間，這些思緒的碎片全都落到了正確的位置，完美的組合成形，構成了一幅清晰的全景，整個過程全不費工夫。他之前怎麼會沒想到？

「現在我懂了。」李文把塑膠盒收回貨艙，關起艙門，帶著嶄新的目標走向駕駛座。「我們一直以來都搞錯了方向。什麼時候回地球？我得和詹姆斯談談。」

葛瑞絲緊跟在他身後：「我們還得去帶朱利安諾回來，記得嗎？」

「我說過我不會執行那個任務。」

「所以我們剛剛的信心喊話是喊假的了。」

他回頭看看她，臉上浮現出罕見的微笑：「正好相反。來吧，我們該走了。」

第四十章　領袖風範

「任何言語都無法表達我的羞愧之情，導師，我向您保證，這種事情不會再發生了。」伊莉絲坐在克羅的辦公室裡，努力維持住果敢又不失謙讓的姿態。路障上的那起事件已經傳遍了全銀河大廈，其中參雜著好些荒誕的流言，加油添醋到不能偏離事實更遠了。根據芮瑪聽到的一個版本，那天詹姆斯出現的時候，整個人醉到站也站不穩，居然還有辦法把路障上所有人，不分艾爾弗雷族和熨斗族全都打得慘兮兮，而高尚的莽克斯挺身而出，想要阻止他，卻被詹姆斯揍得只剩一口氣，險些丟了小命。

像這種故事的變奏版，少說也傳了一百多個，每個版本都比上一個更糟。其中最離譜的幾個來自熨斗族人，他們宣稱詹姆斯其實是聯軍的臥底，在進行間諜活動的時候被莽克斯當場逮到，甚至還有人說，詹姆斯當時是要去暗殺導師，想要篡奪全銀河大廈的控制權。管他是哪個版本的故事，至少都有說對兩件事，就是詹姆斯喝了酒，還有他海扁了熨斗族導師的兒子。但這還不是最讓她頭痛的大問題。過去兩個月以來，他們兩族人用心經營著彼此的同盟關係，好不容易培養出來的信任感，因為這起事件蒙上了莫大的陰影。熨斗族人之間開始在傳一些流言，他們說，艾爾弗雷族的前輩這麼暴力，這麼失常，那推舉他為翹楚的部落又能好到哪裡去？老實說，伊莉絲不怪他們，他們會這麼想也是當然的。但同時她也心知肚明，曼哈頓族聯、艾爾弗雷族和她共同建立的這一切實在太重要，已經走了這麼遠，付出這麼多，加上聯軍的威脅迫在眉睫，所有部族都已經全副投入這場戰爭，全銀河大廈是新政府的中心，也是各部落共有的防禦根據地，在這個節骨眼上，驅逐艾爾弗雷族可不是明智之舉。如果尉斗族堅持這麼做，那他們就只剩下一條路可選。

「已經有很多聲音在說了，說應該趕走那位特工，甚至你們整個部族都應該要被驅逐。」克羅坐在書桌另一頭，看似很冷靜沉著，但是伊莉絲也和他相處了幾個星期，她看得出來對方現在正滿肚子火。他在某些方面和卡沃很像，和年邁的艾爾弗雷前長老一樣，他溫暖、睿智，同時也絕不是好惹的。

「那只是一次不幸的意外，導師。我們已經在採取必要的措施，就是為了確保這種事情不會再發生。」她極力隱藏聲調裡的憂慮：「我們在這麼短的時間內成就了這麼多，不能就這麼讓我們的心血付諸流水。」

「我當然不希望如此。」克羅點點頭：「但是，我也絕不會允許今天的事件重演。妳要怎麼保證同樣的問題不會再發生？」

伊莉絲閉起眼睛。她能怎麼辦？詹姆斯的問題不是他們能立刻解決的，在真正好轉之前，他接下來的狀況只會比現在更糟。在她那個時代，人們的飲酒量比以往要多，酗酒的問題卻反而減少，關鍵在於教育和節制適量，並沒有什麼神奇的特效藥可以在一夕之間治好詹姆斯。

「我……我沒辦法保證。」她說。

「那麼，我也沒辦法允許他留在這裡了。」克羅說：「我很抱歉，孩子。」

詹姆斯被驅逐的景象才閃過腦海，伊莉絲感覺世界彷彿瞬間崩塌了。她是絕不可能忍心這麼做的。雖然從他們初識以來還不滿一年，詹姆斯已經成為她的一切。他是她的磐石，讓她在這個瘋狂的未來世界、周圍事物都化為地獄的時候有所依靠。無論何時，當她需要他的時候他都在，有時候連她不想的時候也在。詹姆斯為她奉獻了多少次，她也都惦記在心裡。要她轉過身去背棄他，任由他被趕走，光是這念頭本身就令她反胃。這種事她做不出來。

「再給我一次幫他的機會，拜託。」她懇求：「他是個好人。這是我虧欠他的，也是艾爾弗雷人虧欠他的。」

雙方陷入一陣漫長的沉默，只剩下導師的手指咚咚敲擊著桌面的聲音。他別開視線好一會，終於又轉回來看著伊莉絲：「這樣的話，到他病好之前，妳得把他單獨隔離在一個樓層，不能讓他和熨斗族人接觸，也不能靠近路障。如果他發作的時候再波及到我的族人，只要一次，當天他就得走人，夠清楚了嗎？」

伊莉絲連點了好幾下頭：「謝謝你，導師。詹姆斯是個好人，他這輩子受過太多苦了，他需要的只是我的愛和支持。我必須待在他身邊，所以，有什麼責任都算在我身上。」

「他是個時旅特工，那些磨難伴隨著他們的工作而來。」

「他經歷過的那些事，那些惡夢和折磨，有一大半是我沒辦法瞭解的。他只跟我說過其中一小部分，我承受得住的部分，喝酒才是他緩解這些痛苦的方法。」

克羅從他的靠背椅起身，走向辦公室角落的櫃子，打開櫃門拉出一個小盒子。他盯著那盒子好一會之後，才走回伊莉絲身邊，把盒子交到她手上。

「我能懂，而且我懂的遠超出妳能想像的程度。」

伊莉絲看到盒子裡的東西，不禁屏住呼吸。那是一組壞掉的腕帶。其中有個斷成兩截的超動能腕帶，她遲疑的拿起一塊斷塊，舉到眼前仔細看。這些腕帶已經老舊不堪，既破碎又色澤黯淡，但還是一眼就能看出它們過去的模樣，不可能錯認。「您以前是個特工？」

「四級的。」克羅的語調變得很柔和：「我的精神狀況很早就出了問題，但還是勉強支撐到快要晉升到三級的時候。光是想到這種日子還要持續下去，就讓我無法承受，但又沒有足夠的勇氣刺穿巨人之眼。我的打撈任務大多是在木星的大氣層外層進行，那顆星球的力量有多驚人，我已經目睹過不知道幾百次。所以我沒有選擇那條出路，而是逃到這裡來，過著離群索居的生活，直到後來熨斗族人接納我成為他們的一份子，就像艾爾弗雷人接納了妳和妳的特工一樣。」

「詹姆斯知道嗎？」伊莉絲問。

克羅搖了搖頭：「雖然這不是什麼祕密，但他也沒有必要知道。我的名字肯定有列在時旅總署的哪個名單裡，事隔這麼久，他們大概也不太在乎我的下落了，不過，這件事妳還是自己心裡知道就好，不用特意說出來，我比較喜歡保持這樣。」

「我答應你，導師。」

導師陪著她走到門口：「妳得把他隔離起來，安排一個守衛全天候看守他。他會需要妳和他愛的人們支持他，陪伴他度過難關。」

「您有過處理酗酒問題的經驗？」伊莉絲問。

克羅微笑起來：「我自己就是這麼撐過來的。剛剛告訴妳的，基本上就是執行這項任務的方法。」

伊莉絲又謝了導師好幾次，才加緊腳步爬上樓梯，趕往詹姆斯的住處。像這種時候，她就會很慶幸這棟大樓還沒有能運作的電梯，雖然消息早就傳得沸沸揚揚，說葛瑞絲和提圖斯已經快要把原型完成了。她需要這三十二層樓的空檔轉換狀態，隨著她一層一層爬上樓，滿肚子的歉意逐漸被怒氣取代，等她終於抵達六十六樓的時候，她已經火大到了極點，準備好和詹姆斯對質了。

她蹉著重步來到詹姆斯房門前，輪流看看兩名守衛：「有什麼要報告的嗎？」

「他很安靜。」站在右邊的波爾說。

「長老，萬一他想硬闖出來，您是真的要我們阻止他嗎？」另一個守衛問：「再怎麼樣，他都還是個特工啊。」

伊莉絲端詳了一下他們配備的武器，就只有兩支裝在皮套裡的短棍，分別掛在腰間兩側。詹姆斯要是真的抓狂起來，對付他們簡直是輕而易舉。該死，就算他們有槍，他可能還是有辦法靠近身戰撂倒他們。不過，能增加多少勝算是多少。

「去跟艾瑞亞歐說一聲，請他配給你們更好的武器，不會把人殺死的那種，像是麻醉槍之類的。」她不確定這時代還有沒有麻醉槍，不過她有個直覺，接下來幾天他們會很需要用到。「把門鎖打開。」

他們聽話照做，接著伊莉絲便用盡最大的力氣往門板踹過去。只可惜那扇門太重了，完全沒達到她想製造的震撼效果，但她還是緊握著拳頭，氣勢洶洶的大踏步闖進房間。「你麻煩大了，先生。」

詹姆斯正坐在椅子上眺望著窗外，一看到是她，喪氣的垂下頭。「熨斗族那邊還好嗎？」

「現在是還好，但你痛打了導師的兒子一頓，對我們兩族之間的公共關係可是一點幫助也沒有。」

「我敢說那小子現在肯定在大肆宣傳。」

「其實呢，詹姆斯，莽克斯是他們當中最不計較的。他還努力替你辯護，希望能讓你全身而退。」

「但我沒有，是不是？」

「沒辦法。熨斗族人和為數不少的艾爾弗雷人還是很怕你。」

「所以我要被趕出全銀河大廈了嗎？」

「當然不會，傻瓜。」伊莉絲拉了另一把椅子過來，在他身邊坐下，一手摟住他的肩膀：「我是絕不會讓那種事發生的，不過，我們得想辦法處理眼前的情況。」

詹姆斯的頭垂得更低了，滿臉哀傷的神色，那副可憐的樣子讓伊莉絲心都碎了。「對不起，我沒能控制住自己。」

她雙手捧住他的臉，拉著他靠進自己懷裡：「你只是生病了。我們可以度過這個難關的，我們一起。你願意讓我幫你嗎？」

「對不起。」詹姆斯又說了一次。

「好了，別再跟我道歉。」她說：「聽著，之後我會開始改變一些做法，但是這些改變會讓你感覺糟到不行，我需要你相信我，和我一起努力堅持下去，知道嗎？」

「會的，不計一切代價。」

伊莉絲站起身：「很好。接下來幾個星期，我會是你的老媽，是你的老大，而不是你的情人或朋友。懂我意思嗎？」詹姆斯點了點頭。她開始在房裡繞圈子踱步：「首先要做的，就是讓你度過戒斷期。從現在開始，你已經被正式關押了，接下來一個月都不能離開這個樓層。」

「一個月！」詹姆斯看上去嚇得不輕：「可是這樣飛衛們怎麼辦？大樓的防禦工作呢？還有偵察和搜尋物資的任務？」

「當前你唯一的任務就是讓自己好起來。」她說：「我只限制你在這個樓層活動，不是只准你待在房間裡，已經算你走運了。晚點我會派些人過來，把房間翻個徹底，確定你沒有偷藏武器或酒之類的，然後我會安排一個——」她頓了一頓：「一隊守衛全天候輪班，他們會得到我的授權，可以在你超線的時候修理你。還有，如果你開始鬧事惹麻煩，我也會把你拘束起來，聽懂了嗎？」

詹姆斯皺起眉頭：「我本來以為妳只會給我打一針解毒劑，或是派我去做重勞役，那些我都應付得來。但我沒想到妳會把我當成囚犯關起來。」

「這不是在坐牢，詹姆斯，你只是在接受康復治療。」

「有什麼差別嗎？」

「說老實話，可能比坐牢更糟，但我會陪你走過每個階段。莎夏也會，葛瑞絲、提圖斯，還有其他每個族人都會。不管他們喜不喜歡，你都是艾爾弗雷族的一份子，甚至連法蘭薇都會在。」

「她的話可以不必。」詹姆斯咕噥。

「我會確保她每天至少來兩趟。」

詹姆斯從椅子站起身，走到她跟前，執起她的雙手握住：「我說我會不計一切代價，我說到做到。我們什麼時候開始？在你們軟禁我之前，還有些事我想先去處理妥當。」

伊莉絲同情的嘖了一聲：「噢，親愛的。從你被帶進房間的那一刻就已經開始了。現在請你坐下來，安安份份的待著，明天早上我會派人送早餐來給你的。」

第四十一章　別無選擇

伴隨著一束藍光，女武神艦降落到了地面上，激起一圈飛揚的塵土。高級秘安官郭從容的踏出戰艦，慢悠悠的走進曼哈頓的斷垣和廢墟。根據她的AI模組顯示，她現在正在百老匯大道和第一一〇街的交叉口上。

曼哈頓島有少數幾個還沒被海水淹沒的區域，這裡就是其中之一。巨大的廢棄摩天樓林立在街道兩側，樓面的窗洞像無數的黑色眼睛在盯著她看，但她視若無睹，那些窗洞和地上那些碎塊堆成的小山、建築物表面一層又一層的油汙一樣，壓根沒被她放在眼裡。

在她左手邊有條褐色的泥河，黏稠的河水慢悠悠的流著，一路延伸到街區盡頭的轉角，才一個急轉彎拐出去。原本橫跨過河面、連接兩棟大樓的空橋已經被摧毀，取而代之的是突擊兵匆促搭建起來的金屬臨時過道。這座新的橋才啟用不過幾個星期，外表已經磨損得很厲害，到處佈滿了鏽蝕。這顆星球的自然環境可不是普通的嚴苛。

還有另一個問題，這支當地部落統合成的大軍變得越來越棘手了。她不在的時候，聯軍的推進行動已經徹底停擺，那些野蠻人發動的首波攻擊讓他們損失了不少突擊兵和監控兵。更可惡的是，部長回絕了她額外增調監控兵的要求，還偏偏就在他們的專案進入關鍵階段的時候，無異於傷口上灑鹽。不過，暫且不論人力，至少她還是弄到了必需的資源，得以讓專案持續下去。

就在這個時候，一道龐大的陰影籠罩過來，還有好幾道比較小的影子跟隨在後，挾帶著引擎運轉的轟隆聲來到她頭頂上方。是補給艦隊到了。一艘火神級運輸艦懸浮在不遠處的降落區，艦上載滿了新補充的渥爾塔武器。三艘女武神艦正要起飛，準備開始執行以平方公尺為單位的巡邏。

這項專案的範圍蔓延已經完全超出了應有的效能比，她每次回傳的報告都讓索恩氣得火冒三丈，她知道是因為高層也在對他施壓，位處最下游的她當然就成了負責揹鍋的冤大頭。這項專案拖得越久，公司裡對她的績效評價就越糟，她被迫待在這顆爛泥巴星球的時間也只會越來越長。想到這裡，她的臉不禁抽搐起來，彷彿能看見自己的職涯就這麼沖進下水道，一去不復返。

她只管繼續往前走，經過重度軍事區，來到一片四周林立著摩天大樓的開放空間，為了鞏固專案進行，他們把這個區域設置成了前沿作戰中心。有個野蠻人在角落站哨，看到她過來，立刻縮著身體退進陰影裡。到目前為止，他們俘虜了好幾千個契約工在為這個專案賣命，而他們每個人都知道她是何許人物。他們懼怕她，也理所當然要懼怕她，畢竟這些原始人唯一能夠理解的推動力，除了恐懼還能有什麼？

不過，最近聯軍不得不比以前更嚴格管束這些野人，因為南邊的戰事越來越頻仍，有可觀數量的契約工僕役棄守崗位，很可能是投奔到了敵營，看來贖回被扣押的家人已經不足以構成他們的動力。要不是因為突擊兵的人數不夠，聯軍的牽制力會受到動搖，她其實很想乾脆一了百了，把他們一口氣清除掉算了。這麼沒有效能的狀況竟然在她的專案發生，實在讓她很惱火。

郭走進其中一棟大樓的一樓，也就是地球作戰中心的中央基地所在。會選在這棟大樓，是因為它的位置最靠近前線，而且是這個區域結構保持得相對最完整的建物。根據她的ＡＩ模組顯示，這裡最開始是個高等教育機構，叫哥倫比亞。時間一年年過去，曼哈頓的大樓建得越來越高，這棟大樓改由一家軍火商接手，成了他們的總部。隨著戰爭不斷擴大，軍火商的生意規模也跟著增長，為了抵擋戰爭期間的轟炸，他們強化過大樓的結構，所以損壞狀況才會比其他大樓都要少。

和大樓其他部份一樣，入口大廳打理得非常潔淨，有組織有秩序。就算沒辦法掌控所有事，至少也要把每天接觸的環境維持在可忍受範圍內。她從小在光鮮亮麗的歐羅巴殖民地成長受教育，對於這顆星球的汙穢和難以預測的自然條件，她心裡充滿了鄙夷。大部分更現代也更富裕的殖民地都已經全面人工化，不但很容易清理，所有可能的環境變數也都掌握在殖民地管理部門手裡，可以直接進行控制。這些殖民地全都是模組化的結構，便於清潔和修理，如果有哪個居住區出現問題，企業需要做的就只是撤離所有居民，把整個艙間模組清乾淨，然後再重新引進居民入住。

郭走進工程師團隊安裝的電梯，搭到六十七樓，沿著新建好的走道來到辦公室。辦公室外的桌子沒人在，她的私人助理蓋福不見人影。郭不滿的咂了一下舌，他明知道自己今天要回來，怎麼沒有留在崗位上待命。等到審核的時候，她要撤銷他的工作合約。

她走進辦公室，卻發現蓋福就站在她的辦公桌前，正在和一個佔據著她座位的人說話。

「這是怎麼回事？」她才要發作，一看到坐在她的椅子上的人是誰，立刻打住：「聯絡官。沒想到是您大駕光臨，真是榮幸。」說著她怒視了急忙向她哈腰賠罪的蓋福一眼。全太陽系最有權勢的人之一在等她回來，他應該要想辦法提早通知她才對。

索恩沒有起身，旋著她的椅子轉過來看著她，流露出毫不掩飾的輕蔑：「去倒杯酒來，秘安官，我們得好好談談。」然後轉而對蓋福說：「沒有其他事了，退下吧。」

蓋福畢恭畢敬的鞠了一大躬，步伐倉促的退出辦公室，經過她身邊時輕聲說了一句：「我很抱歉，長官。」

「這裡結束之後，你可有得和我討論的了。」她回答。

「別為難妳的助理。」蓋福離開之後，索恩說：「是我臨時決定要順道來看看，他當然沒有多少選擇，只能先來接待我。」說著他環顧一下四周：「更何況還有這些電磁脈衝霧籠罩在島上。真是迷人的舊世界科技。」

「您比較喜歡喝什麼，聯絡官？」她一邊問，一邊把自己的幾瓶藏酒展示給他看。

「氣泡酒，如果妳有的話。」他回答：「沒有的話，啤酒也很好。我在地球的這段時間，越來越懂得享受這類庶民飲料了。如果兩種都沒有，伏特加不加冰也行。」

她倒了兩杯伏特加，一杯遞過去給他，並確保在他沾唇之前先喝自己那杯，始終保持著肅立姿態。索恩先是嫌惡的嗅了嗅，啜飲一口，往後傾靠著椅背，端詳了她好一會之後，才把酒杯擱到桌上，開口說：「聽說楊老沒把妳要求的東西給妳。」

「我們徵用到了必需的物資，已經足夠再維持兩輪作戰程序。」

「但沒有更多監控兵。」

「恐怕沒有，聯絡官。」

索恩的指頭叩叩敲著她的辦公桌：「妳猜得到我為什麼來這裡嗎？」

「大致有個概念。」

索恩往前傾身：「是因為妳最新的那份報告。突擊兵數量增加到三〇四三人，還請求再增援四百人，遞補辭退的兩百二十人。光是這七天以來，就已經消耗了一百九十三單位的能源和四十六噸的消耗品，死亡人數高達八十三。這些數字都沒錯吧，秘安官？」

「如果那就是我提交的數字，我相信是正確的。」

索恩倏地站起身，提高了嗓音說：「為了什麼！妳往西邊的六十六街推進了三個街區，卻在東邊失掉一個街區，被敵方推回去到——」他統整AI模組裡的資料時停頓了一會：「——七十五街，等於說妳獲取的淨增益只有兩個街區。渥爾塔的資源是給妳這樣用的嗎？這裡到底黑洞的發生了什麼事，馬上給我解釋清楚。」

郭咬緊了牙關說：「關於我底下人的表現，我沒有任何藉口，聯絡官。但是，這裡的情況是真的比原先預估得要複雜。」

「請解釋。」

於是，郭花了三十分鐘向他報告曼哈頓最近的發展。她指出敵方不僅如他們所料，在人數上壓倒性的超過他們，現在更集結成了統一陣線和聯軍對抗。除此之外，她還詳細解釋了這些野蠻人在科技和戰術方面的大幅增長，就在短短一個月內，他們的武器變得更精良，作戰也比之前更訓練有素。

她說完之後，讓地球作戰中心的副總裁評估一下情勢，雙方陷入一陣緊張的停頓。她幾乎能看到他的心跳正在快速飆升。「他們是怎麼弄到武器的？」最後他終於問：「我能懂他們為什麼決定合作，這種最簡單的道理連野蠻人都想得到，讓我疑惑的是，他們的戰術和科技水準怎麼會忽然突飛猛進。是誰在幫他們？他們是不是在和黑市交易？」

郭搖了搖頭：「這整座島都已經被女武神艦封鎖了。從目前發現的幾種武器種類判斷，我們認為可能有人在幫他們打撈。『火星奮』詹姆斯葛里芬就這麼做過，很有可能是他在為這些荒地部落跳躍，也可能是他們又另外找了個打撈師供應他們。根據最新的報告，總署的稽查部在馬德里偵測到一起非法跳躍，很可能和他們有關。還有，我們找到的那些武器上的標記，和兩個月前出現在主小行星帶附近的大型漣漪也有關連。」

「沒有渥爾塔的額外增援，妳的部隊控制得住局面嗎？」索恩問。

「假如敵方的戰力繼續增長，時旅總署又不肯派更多監控兵來，不可能。戰況是越來越危急了，我的部隊連要控制住已經佔領下來的街區都有困難。」

「目前這個狀態讓我很不高興，郭。」

「請您見諒，聯絡官，但我必須說，情況惡化到這種程度，我們可能需要考慮中止這個專案。就算捉到這名異時者，很可能不足以抵消到目前為止消耗掉的成本，還有合約本身的道德疑慮。」

索恩嘆了口氣：「通常狀態下，我會同意妳的看法。可惜專案已經不可能中止了。」

「為什麼？長官？」

「正如妳所知，渥爾塔回收了諾卓思平臺的設備，發現那台細菌序列儀是以DNA鎖定，只能由特定的平臺人員啟動。以前這類序列儀曾經引發過大規模的疫情，在那之後，那些科學家就鎖定了使用權，只授權給幾個限定的人選。諾卓思平臺沉沒的時候，所有有權限使用的科學家都跟著喪命了，只有一個活下來。」

「那個異時者有權限？」

「我們已經確認她的身份，伊莉絲金，是平臺的領頭生物學家之一。她是唯一有權限使用那台機器的活人。」

「為什麼不能就派個特工回去那裡，弄到她的DNA合成一份樣本就好？」

「已經試過了。」索恩回答：「那台序列儀要的是全身DNA掃描。我們需要那個異時者，而且要活捉，所以中止專案這個選項已經不在考量範圍內。」

郭只覺得整個胃都沉了下去。這條資訊等於是把她和專案綁定在一起，讓她陷入了全有全無的窘境，要是沒能成功達成任務，就等於是徹底的失敗。「我瞭解了，長官。我還需要再增調另外一千名渥爾塔突擊兵。」

「我們能使用的資源就只限定在目前這些，郭。我們和雷帝嘉地的戰況很不利，給妳多少就用多少，這些應該綽綽有餘了。」

「那您至少可以叫時旅總署跟進？現在的戰況非常吃緊。」

「我到時候再看看能做什麼。」索恩嘆口氣：「我對妳很失望，郭秘安官。績效審核的時候可不會太好看。」

「容我致歉，長官。」她回答：「我不會辜負您的期望。」

「妳已經讓我夠失望了，郭。這個專案應該很容易才對，但到現在為止，成本超支的程度簡直令人髮指，妳是怎麼把事情搞到這般地步的，秘安官？」

「事實證明這些野蠻人的韌性很強，聯絡官。」

「又是藉口！」索恩怒斥。

郭的胸口一陣緊縮：「我會親自督導到專案做出成果，長官。」

「為了妳自己好，妳最好皮繃緊一點。記住了，妳的成敗影響的是全人類的命運，別再給我搞砸了。」索恩喝乾伏特加，碰一聲把玻璃杯放到桌上，啟動環境隔離衣。他對地球的環境條件憎惡到了極點。「讓我的星艦準備上路，我要離開這顆髒兮兮的星球，越快越好。至於妳，專案沒辦成之前，妳是連想都不用想了。」

郭目送著他踏出辦公室，直到他反手把門甩上才移開視線。這項專案已經徹底成了一場大災難，索恩也說得不能更明白了，她在渥爾塔的職涯正陷入岌岌可危的窘境。挫敗感從體內深處不斷翻騰上來。不，她絕不會讓這些野蠻人毀滅她的人生。她會完成專案的，即使是殺光島上每一個住民也在所不惜。

第四十二章　撤退

伊莉絲強迫執行的戒酒療程和閉關已經進入第五天，詹姆斯感覺自己彷彿置身地獄。不對，地獄甚至還不足以形容，他以前就經歷過地獄了，他熬過學院的魔鬼訓練，熬過幾百次跳躍，熬過無數個糟糕透頂的時空，還得眼睜睜看著他僅有的幾個朋友一個接一個離開人世。他的靈魂就是這麼毀掉的，一點又一點的被所有這些悲慘境遇撕成了碎片。然而，從前遭遇的所有痛苦和他現在的慘況相比，簡直就是小巫見大巫。

將近二十年來，他第一次開始和體內的酒蟲作對。更準確點說，是伊莉絲和艾爾弗雷族在和它作對，而他為此恨透了他們所有人。距離他的最後一杯酒才兩天，顫抖就襲來了，剛開始還是熟悉的老毛病，只是輕微的發抖和焦慮感，沒什麼大不了，他已經應付這些症狀好幾年了。

到第五天的清晨，真正的災難才降臨。他醒來的時候渾身都是冷汗，全身上下沒有一個地方不痛，但他不確定是因為戒酒的關係，還是最後那次跳躍之後就一直糾纏他的後遺症。他翻身把兩條腿甩到床沿，想要站起來，卻差點跌了個狗吃屎。他很少一杯酒也不沾的撐這麼久過，以往他這麼做的時候，要不是專注在其他事情上，要不就是忙著打撈或執行任務。讓雙手和腦袋都保持忙碌，可以暫時把癮頭抵擋在外。如果喝酒的欲望越來越迫切，他也有個小把戲可以騙過它，是他很早之前就發現的，只要在工作期間趁空偷喝個幾口，就可以把顫抖抑制下去。

但是，當時的情況和現在不一樣了，他現在被困在小房間裡，除了躺在床上當人乾之外，什麼也不能做，有大把用之不竭的時間泡在冷汗裡，每分每秒都不會錯過。他感覺身體每一吋都像是在嘶聲尖叫，和受到嚴刑拷打折磨沒兩樣。他舔舔嘴唇，嘗到血的味道，肯定是他睡著時咬傷的。他翻身滾下床，踉踉蹌蹌的走到牆上掛的鏡子前，鏡子是伊莉絲昨天才剛派人送進來的。

「照鏡子是自我反省的好方法。」她說。

詹姆斯看著自己憔悴的鏡像和發紅的眼睛，抬起雙手觸碰臉頰，才發現他的手抖得有多麼厲害。眼看著自己竟然落得這副德性，想到這些症狀只會越來越嚴重，他又是羞愧又是驚恐，忍不住移開視線，再也看不下去。他的兩隻手往下滑到胸膛，使勁按住胸口，想要讓劇烈的起伏穩定下來。他的每根手指都在發癢，但不管他怎麼搓揉怎麼擠壓，就是觸不到在深處作祟的癢源。這些感覺不斷洶湧而來，體內積累的壓力越升越高，他承受不了了，像野生動物一樣發出嚎叫，哀求著想要從中解脫。他想要刨抓些什麼，用指甲刮牆壁，轉移掉體內扭絞成一團、折磨著他神經的疼痛。他扯開喉嚨嘶聲狂吼，感覺到能量從體內釋放出來，那讓他舒緩了一點，雖然只有短暫的一下子，沒多久同樣的症狀又全部回來了，和之前一樣糟。他不再死命硬撐了，放任自己悲慘的哭喊，直到身體裡一點空氣也不剩，頭顱裡空蕩蕩的，喊到喉嚨連呼吸都會痛，最後終於整個人癱下來，虛弱的倒在地上，任由顫抖侵襲而來。他仍然汗流不止，身體先是一陣熱，一陣冷，然後又變熱，勉強起身爬回床上，把自己裹進被單裡瑟瑟發抖，抖到後來，他唯一能聽到的就是自己牙齒打顫的格格響。

某些時候，在一波又一波的症狀起伏之間，會有人進來房間裡，但他實在被折騰得太厲害，無法確切記得他們是哪時候來的。他們全都只是模糊的人影，站在他床邊觀察他的狀況，但從來沒有伸出過援手。他甚至無法確定他們是不是真的在這裡，他們會不會只是更多幻影，是他病態心靈製造出來的產物？

忽然間，出乎他意料的，其中一個人影靠了過來，接著他感覺到一塊溫暖濕潤的碎布敷上他的額頭。「前輩。」那是個年輕女人：「好好靜養。」

「布莉亞？」詹姆斯用微弱的氣音問。他認了好幾次，直到看清楚那頭纏繞過額頭的狂野亂髮才認出是她。那是熨斗族人的髮型，後來很多艾爾弗雷族女性也開始效法了。霍利和羅瑞也在她身邊，全都是一臉擔憂又不自在的表情，看著他的眼神好像他已經快要死了一樣。

「你們三個在這裡幹什麼？」他問。

「我們負責看守樓梯間的出入口，前輩。」羅瑞說。

又是一個對他的懲罰。這些年輕人是他的人馬，他的飛衛，現在卻被他們強迫來當他的獄卒。他作了幾次深呼吸，撐著坐起身，發現被單還是濕答答的，望向窗外，外面天色竟然還是一片黑暗。天怎麼可能還沒亮？時間怎麼會過得他媽這麼慢？他剛剛經歷的那些，那些漫長得彷彿沒有盡頭的顫抖、疼痛和冷汗，難道是時間為了凌遲他，故意拖慢流逝的速度，逼著他充分體驗每分每秒的痛苦和折磨？

他勉強擠出一句玩笑：「難道整個飛衛小組都被叫來輪班看守我？抱歉，害你們也被拖下水了。」

他們三個先是面面相覷了一下。「前輩。」然後霍利開口：「是我們所有人，所有的飛衛，堅持要來守著你的。伊莉絲長老本來禁止我們來，說你對我們太有影響力，而且我們平常跟你太親近了，她說我們會在你的要求下屈服。」

「但我們告訴她，就是因為我們和你很親近，那種事絕對不會發生。」布莉亞一邊說，一邊又抹了他的額頭一次，把毛巾放進溫水盆浸濕：「他們回絕了我們的請求，但喬爾絕不可能接受這個答覆。所以我們直接把門口的崗位佔下來，禁止其他任何人進出。」

羅瑞點點頭：「對我們來說，這是我們飛衛自己的份內事。」

詹姆斯來回端詳這三個年輕人的臉，有那麼一瞬間，身體裡的搔癢和顫抖竟平息了下來。他從來不曉得他們這麼在乎他。他原本以為他們只是想從他這裡學習星艦工程方面的事，而他需要他們的勞動力，雙方不過是在這個基礎上達成了互惠交易，在時旅總署，人與人之間的關係都是這麼運作的。

「謝謝。」最後他只能簡短的這麼說。

「先別急著說謝。」霍利咧嘴一笑：「我們該回去崗位上了，需要我們替你弄來什麼東西嗎？」

「水。」詹姆斯心裡想的其實是威士忌。「還有一些吃的。」

「等廚房一開張，我就帶早餐過來給你。」羅瑞說：「我們都在外面，有需要就叫一聲。」

接著三個飛衛們便離開了房間，在他們身後把門帶上，只聽見門鎖一聲喀啦響，房間裡又只剩下他一個人了。詹姆斯強迫自己爬下床，拖著身體往陽臺走去。滿身冷汗接觸到夜晚的寒氣，感覺更是冷到骨頭裡。此時一陣強風吹來，挾帶著濃濃的霧氣席捲他四周。很奇怪，不管風再怎麼強，這團籠罩整座島的濃霧就是吹不散。他吸一口氣，把冷冽的空氣吸進肺裡，冷得他全身刺痛又打顫，但也讓體內那股不斷啃噬他的癮頭暫時平息了下來。他又做了幾次深呼吸，上半身彎過陽臺欄杆，然後又直起身。忽然間，他感覺自己像是急性心臟病發作，身體內部陡然一陣劇烈的緊縮和抽筋。

「救命。」詹姆斯呻吟著，轉過去面對房門的方向。門看起來離他好遠。他整個人匍匐到地上，手腳並用的爬向門口，傾靠著門板把自己撐起來，巍巍顫顫的站起身，揮拳猛捶門板。

「我需要幫忙。」他說，這次喊得比較大聲。

門立刻打開了，布莉亞和羅瑞就在門外，一臉憂心的看著他。

「你還好嗎？」布莉亞問。

「你們聽我說。」他說：「這麼做是行不通的。我知道你們全都是為我好，但我已經喝酒喝了二十年，像這樣一下子忽然戒掉根本就不健康，我很可能會就這麼死掉。拜託了，你們是我的飛衛，給我一點點就好。應該要循序漸進的慢慢戒才對，只要一點點，一小滴就夠了。」

羅瑞搖了搖頭：「我很抱歉，前輩，伊莉絲和法蘭薇長老說——」

「我知道她們說什麼！」詹姆斯忍不住咆哮，焦躁的情緒翻湧上來，幾乎要佔上風，幸好及時被他壓制住了。表現得像個混蛋可拿不到他想要的東西。「我的意思是，我了解自己的身體，我只是需要一點酒精來平衡一下失調的狀況。我感覺好像心臟病發作了。」

但羅瑞開始把門關上：「我很抱歉，前輩。」

詹姆斯急忙用腳擋住門板，一把抓住羅瑞的手腕：「我是認真的，我在這裡簡直生不如死。」羅瑞頓時僵住，想要把手臂抽回來，但詹姆斯還是抓著他不放，極其迫切的緊盯著他：「我可不是在跟你們瞎鬧，只要一點點，一點點我就會好了。」

布莉亞伸手搭住他的肩膀，其他人則握住他的手腕。「只能一點點。」她用安撫的語調說，輕柔的把他的手從羅瑞手腕上拉開。「羅瑞，去把酒拿來，架子後面那罐，小心不要被喬爾和其他人看到。」

「謝謝妳。」詹姆斯這輩子從來沒這麼感激過，整個人放鬆的倚靠著門框。知道很快就可以有幾滴酒沾唇，光是這個念頭就足以讓他的身體冷靜下來。他的視線仍然緊跟著羅瑞，一直看到他轉身離開才移開，然後才把注意力放回布莉亞身上，極力表現出泰然自若又沉著的樣子。「我需要你們飛衛們幫忙，讓我可以隨時跟進艾爾弗雷人和戰場上的狀況。我知道你們現在是在照顧我，但是我得盡快回到戰場上作戰，而且越快越好，妳心裡也知道，對吧？」

「那是當然的，前輩。」布莉亞說，接著便把他與世隔絕這幾天發生的事情都說給他聽。曼哈頓防衛軍真是讓聯軍吃了大虧，不但給他們迎頭痛擊，還俘獲了好幾個偵察隊和前哨站的戰俘。聯軍從入侵以來，壓根沒料到會遇上這樣一支有調度有組織的部隊，在缺乏準備的情況下，竟然第一次開始撤退了。曼哈頓族聯損失了三分之一的兵力，這是沒辦法避免的，總署監控兵的武裝配備和訓練比他們精良得多，渥爾塔突擊兵那是更不用說了。不過，無論他們打得多麼慘烈，勝利仍然是勝利，千真萬確。

「我很驕傲……」就在這個時候，喬爾和其他飛衛走進房間，詹姆斯還沒說完的話頓時消失在口中。

「我很抱歉。」布莉亞悄悄的說，便往旁邊退開。

「前輩。」喬爾抬起雙手說：「我們已經向提圖斯醫生通報了，回去房間裡。」

「我那麼信任你們……」詹姆斯的怒火開始翻騰起來。

他們是在為你著想。一個微弱的聲音忽然浮現，在他腦中反覆說著這句話。史密特也出現在喬爾旁邊，衝著他直搖頭。「別動手，老友，聽那個聲音的話。」

「你們這些混蛋想要害死我。」他大吼：「給我滾開，別擋路，忘恩負義的傢伙，我知道你們把酒藏在哪裡。」

喬爾搖了搖頭：「已經一滴也不剩了，前輩。伊莉絲長老來找過我們，跟我們談過，我們把剩下的酒通通倒掉了。」

沒有半滴酒在他可以拿得到的範圍內，一想到這點，詹姆斯頓時陷入巨大的恐慌，直往門外猛衝出去。六名飛衛立刻團團包圍過來，抓住他的手臂想制住他。然而他們不過還是些孩子，要不是青少年，就是只有二十初頭歲。他像是甩掉累贅一樣，三兩下就把他們甩開，運用他的打鬥經驗和技巧讓他們失去平衡，東倒西歪的摔到地上。那個微弱的聲音開始在懇求了，求他不要傷害他們，他很努力想聽話，但他的理智正在一點一滴逐漸流失。

但飛衛們沒有放棄，不斷爬起身和他搏鬥，一次比一次更密集的撲向他，拼命阻止他繼續往前走。慢慢的，詹姆斯開始累了，他已經兩天沒吃東西，而且先前的顫抖消耗了他很多體力。他只能驚恐的看著他們一步步把他從門口往後逼退，沒有多久，他已經完全退回房間裡，最後終於整個人被壓回床上，飛衛們疊羅漢到他身上壓制他，他發狂的奮力掙扎，但只是徒勞無功。

「我要……」詹姆斯話還沒說完，就看到喬爾腫起來的右眼。一定是剛剛搏鬥的時候打到的，等到明天就會變成個漂亮的黑眼圈。他立刻停止掙扎。「……對不起。」

他們就這樣壓著他過了好幾分鐘，提圖斯才氣喘吁吁的趕到他的房間來，冷目橫視著飛衛們疊坐在他身上的場面，一臉要大發雷霆的樣子。

「知不知道現在火燒的是什麼時間，臭酒鬼？」他說：「就不能挑在正常點的時間給我演這齣？你這不懂得替人家著想的渾球。」

史密特出現在老人身後，越過他的肩膀說：「聽到沒，詹姆斯，不懂得替人家著想的渾球。」

提圖斯上前來給他做檢查，感覺一下他的胸腔：「太讓我意外了，你的心臟竟然還沒從肋骨裡蹦出來，在房間裡滿地亂跳。」他咯咯笑起來，對旁邊的飛衛說：「你，小夥子，現在馬上跑過去醫務室，跟他們說我要一劑乙型阻斷劑和苯二氮平鎮靜劑。」他看到多克斯一臉茫然的表情，又改口：「噢，算了，沒關係，找個醫務員跟你一起過來就好。」然後他轉回來看看詹姆斯：「順便拿一些約束帶，以防萬一。」

「你敢試試看——」詹姆斯正要放聲抗議，卻立刻被提圖斯抽出的一塊碎布堵住嘴：「你話太多了。聽好，之後你的狀況只會越來越糟，先跟你約法三章，從現在開始你就是我的病患，如果你搗亂，我就把你綁起來。我的臨床態度可是壞透了，特工，所以你最好別惹毛我。怎樣，要不要乖乖聽話？」

詹姆斯點點頭，知道自己已經全盤皆輸，含含糊糊的透過碎布想說些什麼。

提圖斯把布抽出來：「你說什麼？」

「我冷靜下來了，我很抱歉。」這句話他最近不知道說過多少遍。

「我相信你很冷靜，詹姆斯。」提圖斯笑著說：「事實上，我還打算搬上來這裡待幾天。妳，小姑娘，去我房間打包一些衣服和床單，我的枕頭也幫我帶幾個過來。你們兩個小夥子去附近的房間搬張床進來，要一張溫暖又乾淨的，該死。今天晚上我要守在這個酒鬼旁邊，不過，我也絕對不會讓你有辦法吵我睡覺。我是個老頭，禁不起折騰。」

詹姆斯嘆了一口氣。他還以為事情不會現在更糟了，簡直天真得可以。「你至少可以叫他們從我身上起來？」

提圖斯搖搖頭：「等他們把約束帶拿來再說。」

「可是你說只有我搗亂的時候才會用上。」

「我改變主意了。如果你當到大陪審官，就可以幹這種說話不算話的事。」

「聽著，你這難搞的老混蛋，我天殺的才不要接下來幾個星期都被你綁在這裡！」

提圖斯只管把碎布塞回他嘴裡。

第四十三章　家人

詹姆斯竟然沒有在降落臺和他會面，讓李文很是驚訝。以往一接到消息，他都會提前到降落點等他們，要不是跟他們探詢跳躍的狀況，就是在現場指揮飛衛們維修保養科學怪人號。這個人好像就是沒辦法放掉從前的生活，不管他有多想都辦不到。當然，除了這個原因，也有可能是他時間太多，沒別的事好做。

當他問起詹姆斯在哪裡的時候，布莉亞和喬爾都是一副戰戰兢兢的樣子，喬爾是假裝沒聽到他在問什麼，直接無視他，布莉亞是在嘴裡嘟囔著什麼詹姆斯前輩身體不舒服。更奇怪的是，他們就是不肯直接跟他說他在哪裡。只要他再繼續追問起詹姆斯的確切位置，他們就會跟他道歉，然後慌慌張張的從他身邊跑走，差點沒把自己絆倒。

部落裡大部份的人都是對他都是這種態度，不過李文倒是一點也不意外。從他們的角度看來，他完全就是個外來者，是個每隔幾星期才出現一天，卸下幾箱物資之後又會再消失的陌生人，他們為什麼要回答他的問題？艾爾弗雷人，特別是這些飛衛，是詹姆斯的人馬。他如果站在和他們相同的立場上也會這麼做的。

不過，這只是更加激起他的好奇心，打定主意要解開這個小小的謎團。畢竟他們還有重要的事情要討論，不光只是他自己在其中扮演的角色，還有這整個瘋狂的行動計劃。李文先去了艾爾弗雷人的三個主要樓層，沒找到他，又下樓到醫務室，然後是路障樓層。不管他跟誰問起詹姆斯，都沒人肯給他個直接的答案。『火星裔』詹姆斯葛里芬肯定是出了什麼事。後來還是撞見了詹姆斯妹妹的朋友，叫山米還是山姆伊亞什麼的，才從他口中哄出他要的資訊，或者該說是用嚇的。

「詹姆斯前輩病得很重。」那男孩說：「任何人都不准去見他。」

李文不滿的暗自咕噥。「生病」這個字眼只可能暗示一件事。由於他們的工作性質需要，每個時旅特工都接種過各式各樣的疫苗，所有能想像得到的病原體他們都免疫。所以詹姆斯就算跳進一整池的病毒裡游泳，連要得個小感冒都不可能。不，他唯一可能生的病，只可能是他自己造成的。

他繼續往上爬到六十六樓，那整層樓都已經為了前特工的康復治療封鎖隔離起來。兩個飛衛，羅瑞和霍利在看守出入口。一開始他們試圖說服他詹姆斯不在這裡，後來又改口說他沒辦法在「這個時間點」跟任何人見面。

「不要擋我路。」李文說。

他們也就真的讓出路來了。

李文穿過樓層大廳，來到詹姆斯主要起居的房間，看到他站在窗戶前望著窗外的夜霧出神，身上裹著厚重的毯子，毯子有一大半都被汗水浸得濕透，整個人看上去彷彿只是從前的他留下的空殼，臉色慘白，臉頰深深往內凹陷，不知道他還吞得進食物不吐出來是多久之前的事。

「你看起來糟透了。」李文說。

「喔，那我看起來比我感覺到的要好。」

「至少你還有力氣開玩笑。」

詹姆斯回過頭來，用一雙死魚眼看著他：「你覺得我像是在開玩笑嗎？」

李文差點脫口就想告訴他，以前早就警告過他幾百次該戒掉這個惡習，但他硬生生憋住了，直接切入正題：「幾天了？」

詹姆斯的目光投向旁邊的牆面，上面畫著四條垂直線加一條橫槓穿過的符號，總共有四個。李文不由得做了個鬼臉，現在正好是最糟糕的時候，別說是要託付工作給他了，這種生理和心理狀態不管是誰都很難頂得住。當然，能看到詹姆斯開始重整生活，他是很為他高興，但他們有比詹姆斯自己的心魔更重大的事情得做。

「聽我說。」李文開口：「雖然很不是時候，但我需要你振作起來。我實在很痛恨這麼說，但是如果你得喝點酒才有辦法保持穩定，就喝吧。我們要做的這件事更重要。」

在那個瞬間，詹姆斯看著他的眼神簡直不能更複雜，混雜了不可置信、渴望和強烈的殺意。「你他媽的知不知道你跟我講的那是什麼話？」

李文拉來兩把椅子，一把滑過去詹姆斯面前，自己坐下來之後示意他也坐。「聽著，記不記得我們上次的談話？我跟你說我們一直以來都搞錯了方向，然後你叫我想出個更好的計劃再來找你？」

詹姆斯點點頭。

「那好，我想出更好的計劃了。就像我之前說的，你們想治好地球瘟疫，但你們能運用的資源少到根本有和沒有是一樣的。以當前的狀況，別說是要治好這顆星球，你們連撐過冬天的可能性都非常微薄。你們需要盟友。」

詹姆斯咕噥著說：「看在黑洞份上，除了熨斗族和迷霧之島其他部落，誰要跟我們結盟？誰能？我們能做這件事，還不是因為我們是這個地區資源最豐富的部落。所以你是想找誰？吭？其他那些大企業？還是哪顆衛星？」

李文還先停頓了好一陣子，才說出答案：「時旅總署。」

詹姆斯一聽立刻笑出來，接著便引發了一陣劇烈咳嗽，但等他咳完，發現李文是認真的，布滿血絲的眼睛立刻瞪得老大：「你是時旅後遺症發作了嗎？總署根本就是那些大企業的囊中物，地球總部都已經變成渥爾塔的附屬單位了。」

「那些領導高層是。」李文說：「但底下的人不是。署裡還是有好人的，而其中最好的那些都在地球，你只是一向都視而不見。如果能讓這些人的信念轉向我們，整個機構都會跟進。」

「你跟葛瑞絲說過這個瘋子計劃了嗎？」

「當然。沒有時間之母的支持，你覺得我有可能會提出來嗎？我們需要支援，時旅總署對我們來說是最好的選擇。」

「我不知道你要怎麼說服那些人。」詹姆斯說：「監控兵和導航員只會慶幸搞砸任務之後不必捲鋪蓋走路，至於那些特工，滿心只想趕緊掙到贖身金過退休生活，什麼治好地球瘟疫，署裡的腐敗貪污問題，根本沒人會在乎。」

「你會很意外的。」李文往前傾身靠近他：「來吧，把自己打理乾淨，我們要動身到芝加哥去。這趟旅途會很危險，我需要有人幫忙掩護。」

說完他便站起身，準備離開房間。他站在門口等了好一會，但詹姆斯動也不動，雙臂環抱著自己的肩膀，繼續瞪著窗外出神。李文從來沒看過他這麼受傷又支離破碎的樣子。他們倆當了足足二十年的朋友和敵人，還是第一次看到前特工顯露出如此脆弱的一面。但李文還是靜靜站在那裡，耐心等著他回答。

過了彷彿一小時那麼長，詹姆斯才再度開口：「你說的很有道理。反正治好地球瘟疫打從一開始就不是什麼認真的計劃，至少本來不應該是的。那本來只是伊莉絲的一個虛幻大夢，我只是順著她的意思做而已，因為這能讓她快樂，激勵她繼續撐下去。我從來沒想到這個夢想竟然會自己生出腳來，還拉著所有人一起走上這條不歸路。現在要回頭也已經太遲，假如我們真的想要讓這個瘋狂的夢想有真正的進展，你的提議可能是最好的辦法。」

李文點點頭：「很好，你總算能從我的角度看待這件事了。沒有半點贏面的賭局何必下場玩，對不對？這個計劃可以讓我們爭取到贏的機會。」

「但我沒辦法幫你。」詹姆斯說：「我現在病得很重，完全不值得信任。人們因為我受到傷害，我對誰都沒有用處，對那些愛我的人來說尤其是。」

「這些高論你可以事後再發表也不遲。」李文說：「時間寶貴，聯軍每天都在一步步逼近，越早說服總署加入我們陣營，就可以越早開始並肩作戰。」

詹姆斯只是悲慘的搖搖頭：「我答應過伊莉絲，這個療程我一定會堅持到底。更何況，就像你說的，聯軍的勢力越來越近，我絕不可能在這個節骨眼離開她和莎夏身邊。我得留在這裡守著她們。」

「你留在這裡不會帶來任何改變。」李文脫口說，折回來走到他面前：「但你可以，如果你跟我一起去芝加哥就可以。我自己一個人做不來的。」

但詹姆斯還是堅持原本的立場：「我懂你想要做什麼，但我屬於這裡，我要在這裡保護伊莉絲、莎夏和我的族人。等這裡的威脅過去之後，我可以陪你一起去，但在那之前，門都沒有。」

「我相信艾爾弗雷族的存亡與否，和能不能說服時旅總署加入我們是密不可分的。我們需要他們，詹姆斯。」

「但我需要留在這裡。很抱歉，我已經下定決心了。為什麼不叫寇爾幫你？他是你的骨肉血親，正好讓他派上用場。」

李文頓時感到怒氣從裡面沸騰出來，張嘴正想反駁，最後卻又默默閉上。他們倆都心知肚明寇爾根本不可靠，就算他真有變可靠的一天，也不是現在，找他一起去的風險太大。打從到這裡來以後，他的外甥就一直避著他不見。不過，他們也真的該是時候好好握手言和了，離開海衛二也已經有好一段時日，也許他們可以試著重新開始。寇爾是他和家族之間唯一僅剩的連繫，也許這是個契機，讓他們關係的僵局有一些進展。

「好吧。」最後李文終於說：「我明天就動身，如果你改變主意……」

詹姆斯走到他面前：「我不會，但還是祝你好運。」說完便朝他伸出手。

李文瞪著伸來他的手好一會，轉頭背過身去：「這個世界需要一個更好的『火星裔』詹姆斯葛里芬。留給他們就好。」

李文離開那層樓的時候，就已經知道自己不該生詹姆斯的氣，其實他也沒有，不是真的生氣。前特工只是有更優先的考量，做出了對他自己和他愛的人來說最正確的決定，他知道是這樣，只是還是不由得感到失望，不過，還是同樣的道理，如果今天是他在詹姆斯的立場上，他可能也會做出相同的選擇。

不對，那是個謊言。他永遠不可能這麼選擇。如果他的家人真的比是非對錯重要，寇爾逃亡到明朝去的時候，他就會派別人去追他。李文非常清楚自己的選擇會帶來什麼後果，他知道自己如果親手把寇爾帶回來，他的姐姐伊蓮娜、他在天衛四的家族會從此與他決裂。他也知道萬一沒能成功讓寇爾伏法，署裡一定會開始說閒話，說他是故意放走自己的外甥。在那個時候，真正聰明的做法應該是指派其他人去完成任務，然後讓事情順其自然發展，該是怎麼樣就是怎麼樣，可是他卻沒有這麼做，而是莽撞的一馬當先往那個可能贏不了的情況衝進去。為什麼？當時的他會說這是應當做之事，然而，背後真正的原因其實是他的自尊，這份自尊驅使著他親自去緝拿寇爾歸案，為的是向總署證明他有多麼致力於所謂的「應當做之事」。

李文來到走道的交叉口，兩條走道一條通往他的住處，一條通往樓下寇爾的住處，他站在那裡，遲疑的一動也不動。光是想到要和外甥陷入另一場爭執，就讓他感到精神耗竭。也許他應該先暫緩，花一個晚上好好考慮。有一部份的他很想直接上床睡覺，把這一切都拋到腦後。這個計劃實在太明目張膽又太不像話，存活的機率簡直低得可以。可是不管怎麼樣，都比艾爾弗雷人目前註定要走向末路的計劃要好。李文可沒有當烈士的打算，比起完全沒有勝算的計劃，他當然寧願選擇機率低的。於是，他依依不捨的望著自己的房門好一會之後，收回視線，轉身往樓下走去。

他們抵達全銀河大廈沒多久，寇爾就加入了守衛隊的行列，而且從各種跡象看來，還幹得有聲有色。作為一個前特工，他的地位爬升得很快，在守衛之間也相當受歡迎。這對他來說從來不是什麼難事就是了，憑他的魅力和手腕，很容易就能拉攏到一群支配者型的混蛋繞著他打轉，海衛二的尖端幫就是個例子。

李文花了將近一個鐘頭才找著他的外甥。艾爾弗雷族和幾個新加入的盟族進駐比較低的幾層樓之後，把每層樓都打造成了不同用途的空間。整棟大廈就像一座巨大的蜂巢，一個自成一體的城市，過去幾個月以來變化非常大，他幾乎沒有一個地方認得的。不過，他也從來沒在這裡待過多長時間就是，葛瑞絲和他每次回來，通常都只待到克力梭準備就緒，休息個幾天很快又飛走了。

他在樓層裡繞了半天，終於找到了寇爾的地盤。那是一間整間打通的公寓，位處在最少使用的其中一層樓的偏遠角落。寇爾和他的守衛小隊正閒待在那裡，抽著麻藥大麻，那是一種氣味強烈的藥草，通常是用嚼食的，麻痺知覺阻隔掉地球的毒素，但也因為有放鬆的功效而常被拿來當菸抽。由於有成癮性，而且和時旅後遺症抑制錠混用之後會有副作用，這種藥草是被時旅總署禁用的。

「舅舅。」寇爾看到他來，顯然不是很高興，但也沒有直接表現出敵意，可能是麻藥大麻的影響。「什麼風把您吹來了？」他的語調帶著點諷刺，把一張塑膠椅推過去給李文。他的出現讓寇爾身邊的那四男三女變得很不自在，天曉得寇爾都灌輸了些什麼故事給他們。其中一個女人還坐在他大腿上呢。

「我想和寇爾獨處一會兒。」李文說，始終緊盯著外甥，沒有移開過視線。

「我的隊友很靠得住，舅舅。」寇爾說：「更何況，現在我們都是艾爾弗雷人了，不是嗎？」

李文的目光緩緩掃視過其他人：「走。」

這場意志的拉鋸戰隨即展開，又在眨眼間分出了勝負。最先動搖的是寇爾腿上那個女人，她瑟縮了一下，站起身，後來其他人也接連跟著站起來，但沒有人離開房間，這點顯示出了他們對寇爾的忠誠，不得不說他對付這些人還真是有兩把刷子。

寇爾一開始似乎想和他的命令較勁，但最後只是點點頭。「沒關係，花不了多少時間的。」聽到他這麼說，他的隊員們才魚貫出去到走道上。

寇爾拾回剛剛抽到一半的菸捲，吞吐了一口煙：「說吧，你到底想怎樣？」

李文在他對面的位置坐下，環顧了一下他的新住處。這套公寓比其他間都來得寬敞，條件也更好，他可以被安排住到這裡，想必是充份動用了他的魅力和位階得來的結果。從前他還想追隨李文的步伐成為時旅特工，實在是太浪費了。寇爾向來能言善道，本來是有大好前程等在他眼前的，他能達到的成就遠遠不只於此。「看來你在艾爾弗雷族這裡適應得還不錯，是嗎？」

「你說這個鳥不生蛋的屎坑？」寇爾發出不屑的鼻音：「我還真搞不懂，當初費那麼大力氣從海衛二逃出來，結果只是為了來這種鬼地方？也罷，至少這裡有女人。你呢？重返特工生涯的滋味又如何啊，舅舅？是不是都還是你記得的老樣子？」

他們之間的嫌隙還是沒有化解，不過說實在的，李文也沒付出什麼心力彌補它就是了。會是現在這樣也沒什麼好意外的，之前他好幾次傳訊息給伊蓮娜，但他的親姊姊到現在還是不肯回應他。親手把自己的骨肉血親送進監獄，就會換來家族這樣的對待。

「聽我說，寇爾。」李文說：「錯誤已經釀成，我們只能承擔著這些後果活下去。過去的事情就讓它過去吧，我們畢竟還是一家人。」

「是嗎？」寇爾說：「老實承認吧，你根本不認為自己有犯錯。如果整件事再重來一遍，你還是會回到那個時代把我逮回去。所以你真正的意思，是我們要承擔著我犯錯的後果活下去。」

「我就說那些是不相干的事。」李文反駁，感覺自己的耐性快要磨光了：「我們得原諒過去發生的一切，學著重新信任彼此。」

寇爾抽完了大麻菸，菸屁股扔出窗外，站起身，眺望著外面黑暗的濃霧。「你是我的舅舅，李文，然而你卻親手把我送進監獄。你居然還在期待我重新信任你？」

李文在他的話裡找到了切入點：「我正準備前往芝加哥執行一個重大任務，需要有人當我的後援，而我希望那個人是你。」

寇爾顯得很驚訝：「經過從前發生的那些事，你竟然還想把性命託付到我手上？你已經走投無路到這種地步了嗎？」

「我們當中總要有人先踏出信任的一步。」

寇爾轉回去凝視窗外的霧，陷入長久的沉默，不知過了多久，才終於再度開口：「我……我已經抱著這份憤怒不放太久太久了，而且說老實話，我到現在還是一樣憤怒。但是，過去這幾個星期，就在你忙著出去打撈，詹姆斯忙著和那些飛衛共事，伊莉絲忙著領導族人這段期間，我重新評估過我的生活。我太沉溺在過去裡，也許該是時候展望未來了。我們什麼時候出發？」

「明天清晨。」李文說著，朝他伸出手。

寇爾不僅握住他的手，還把他整個人拉過來，給他一個粗魯的擁抱。「你不會後悔的，舅舅。我先去跟艾瑞亞歐和我的隊員說一聲，我不想讓他們覺得我怠忽職守。」

未免也太容易了。李文看著他到外面的走道去和他那些隊員談話，不禁懷疑起自己做的決定到底對不對。他的直覺告訴他錯了。這小子很可能只是想回去重溫一下文明世界的生活，搞不好等他們一抵達芝加哥，他就會跑得不見人影。

不過，李文願意冒這個險。就像他剛剛自己說的，總要有人先踏出信任的一步。他可以填補兩人之間的感情裂痕，重新修復他們的關係，他打從心底這麼相信。他也必須做到。他會這麼想，也是有可能又是他的自尊心在作祟，但不管怎麼樣，他都願意抓住機會賭一把。

第四十四章　復原之路

提圖斯和葛瑞絲的康復計畫簡直是蠢斃了。這兩個老傢伙用一種很迂迴曲折的手法滲透到詹姆斯的療程裡，當他的心靈導師和生活教練，一天到晚跟他聊他的感受和想法，天曉得那是能幹嘛。李文到芝加哥去之後，葛瑞絲手頭上有大把空閒時間，索性把詹姆斯當成了她的新專案。她試圖教他畫畫，還教他練習做一系列叫做瑜珈的運動，提圖斯是要他學吹石頭笛，那是金星特有的一種民俗樂器，認為他可以從中獲得樂趣。這些課程他都學得慘不忍睹。

他現在他正坐在陽臺上，試著憑記憶把克莉畫出來，他的那艘老克力梭。悲哀的是，他開著她飛了二十年，卻幾乎想不起關於她的細節。她是一艘好飛船，他很驚訝自己竟然對她有著這麼強烈的懷念之情。最近他老是在經歷類似這樣的情感起伏，這也是葛瑞絲要他做的練習之一，要他回想從前有過的一些美好片刻，他遇過的人、去過的地點和擁有過的東西，所有曾經帶給他快樂的事物。這份功課並不好做，美好的回憶寥寥無幾不說，他還發現自己實在很欠缺需要的繪畫技巧。人臉太難畫，地點畫起來又太痛苦，所以才決定畫他那艘被李文炸掉的心愛老飛梭。李文那個混蛋，他們之間還沒算清的帳可多了，特別是現在科學怪人號也被他徵收去，他還欠著一艘新飛梭該還。詹姆斯和飛衛們費了不知道多少心血和功夫，才讓科學怪人號可以在太空航行，要是李文又把它搞壞了，詹姆斯絕對要好好找他「深談」一番。

就在他伏在桌上奮戰的時候，史密特忽然出現，飄浮在他頭頂上說：「你在幹嘛，老朋友？」

「你覺得看起來像在幹嘛？」他不太確定自己該不該和朋友的鬼魂說話。提圖斯說過戒斷症狀會讓幻覺變得更強，可是他早在戒酒之前就能看到這些幽靈了。和酒精有關的念頭一浮現，特別是威士忌，立刻讓他的身體竄起冷顫。想到從此再也不能喝酒，永遠不能，往後的餘生都不能，就讓他感到驚駭。

「往後的餘生」這個說法，對從前的他來說沒有什麼意義。那時候他想的都是接下來的幾個月或是幾個星期還能撐多久。事實上，身為時旅特工的他竟然可以活這麼久，他自己到現在還是很驚訝。

「我是這麼認為啦，你可以撐那麼久，我的功勞可不算小。」史密特說。

詹姆斯不理他，只管繼續畫他的圖。他選擇希瑪利亞基地的機棚當背景，在克莉周圍的空間填上他想像中應該會有的人和物件，像是技工團隊，能源發電機和替換用的零件模組堆。接著他專注刻畫起船身的細部，他的老飛梭其實是兩艘不同的克力梭焊接成的，其中半邊船殼基本上就只是一堆鐵片，像補丁一樣東補西湊的蓋在破洞上。可惜他想不起確切的細節，當特工那段時日的回憶有太多都已經消逝淡去了。

史密特傾過身來看：「那個應該是我吧？」

詹姆斯整個人僵住。他無意間在克莉旁邊畫了兩個人，一個看起來就像他自己，短頭髮，身材精瘦結實，另一個則比較矮，身形也比較墩實，只可能是史密特。他怎麼會把他的朋友畫進去卻渾然不覺？他立刻把那片血玉米皮揉成一團，扔到陽臺外面去。

「嘿！你這是在幹嘛？」史密特走過去陽臺邊，探頭往下張望。

詹姆斯站起身，在陽臺上來回踱步，覺得快要被強烈的無聊感給逼瘋。多克斯和喬爾此時正在外頭站崗。其他飛衛也都學聰明了，對任何要他們放他出去或替他偷拿酒的意圖都很警覺，不管他怎麼軟硬兼施，又是賄賂又是威脅，他們就是不為所動。之前他們挺身而出捍衛他是讓他感到很驕傲沒錯，但現在大部分時候他只想痛扁他們一頓。他的喉嚨總是乾得像砂紙一樣，滿心只想要平息體內的焦渴，其他什麼都不在乎。

就在這時，他的房門響起叩叩聲，只見喬爾探頭進來。「前輩，有人想見你。」

「是伊莉絲還是莎夏？」

喬爾同情的搖了搖頭。他已經習慣了，只要有人來探訪，詹姆斯總是這麼問，然而幾乎每次來的都是提圖斯、葛瑞絲或法蘭薇，到後來詹姆斯已經痛苦到不想再問，但還是每次都會反射性的脫口而出。如今他也該習慣一而再的失望了，可是沒有，他還是覺得整顆心都沉到了胃裡。他們到底還要懲罰他多久？他已經鎖在這裡兩個星期，想要見到她們的渴望越來越強，比喝酒的渴望更迫切，這件事已經開始在摧殘他了，然而到目前為止，幾乎所有人都來探望過他，就是等不到她們兩個，這個血淋淋的事實更是讓他陷入了惡劣的情緒裡。

「去跟那幫老人說，我今天不想和他們說話。」

「來的不是長老們。」喬爾遲疑了一會：「是莽克斯。」

「操我的黑洞。」

那個混蛋小毛頭連等他出來都等不及，吭？就是要挑在他戒治途中，整個人不成人形的時候來耀武揚威。如果他又痛扁那小子一頓，療程是不要得從頭再來過？如果只是要再多蹲個幾星期的苦牢，感覺還蠻划得來的。等等，不對，他在這裡待得越久，就越晚才能見到伊莉絲和莎夏了。

史密特再度現身，這次是坐在沙發上，目光專注的看著他往門口走去。不知道為什麼，他越是努力想要忽略史密特，他該死的鬼魂就出現得越頻繁，不是盡給些他不想要的建議，就是丟下一句他特有的俏皮話。

「你真的打算繼續假裝我不在這裡嗎，老友？」史密特問：「我難道是個房間裡的一噸重突變體？」

「你才不是，而且你一直都很多話好嗎。」詹姆斯把話含在嘴裡，朝喬爾點點頭，要他帶熨斗族的指揮官進來，準備好要迎接對方的辱罵轟炸。葛瑞絲說過，等他出去之後應該跟這個年輕人道歉，剛好也可以趁現在先解決，與其要在整個他媽的部落面前公開道歉，至少在這裡還有隱私。

幾秒鐘之後，喬爾就護送著莽克斯進來房間裡，詹姆斯注意到他的站位很有戰略性，巧妙的介在他們兩人中間。

「指揮官。」詹姆斯先開口：「謝謝你親自過來探望我，讓我不必花功夫去找你，幫我省下了不少力氣。我想為之前發生的不幸事件向你道歉……」

「你是個時旅特工。」莽克斯說。

「呃，那是個問句嗎？」詹姆斯回應。

「訓練我戰鬥的人是我父親，他戰鬥的方式就和你一樣。」

「唔，也許沒有那麼像。」他不知道莽克斯到底是要把話題帶到哪裡去。

「導師也曾經是個時旅特工。」

是了，沒錯。他就覺得莽克斯的一些動作很眼熟，有以前學院基礎訓練的痕跡，雖然只是鬆散的模仿，隱約抓到個影子而已，好像他學到的東西已經轉過第二手。原來他是從一個武藝荒廢了三十年的前時旅特工那裡學來的。這也解釋了為什麼熨斗族擊退了所有外來部落，卻願意讓艾爾弗雷族進來。當初伊莉絲和克羅達成協議的故事總讓他覺得哪裡不對勁，好像缺少了什麼關鍵事實，現在全都兜得起來了。

「我不知道是這樣。有機會的話我很樂意和導師聊聊。」

「我出生的時候，父親已經年紀很大了，他把從前當特工受過的訓練都教給了我，但我知道他忘記的比記得的還多。」莽克斯從詹姆斯身邊走過去，來到房間中央，回過身來：「我要你把他忘記的部分教給我。」

詹姆斯驚訝得不知所措。熨斗族的指揮官竟然想要向他拜師學習，完全超出他的預料。他教得動這個魯莽又性急的小夥子嗎？他真的會乖乖聽他的話，服從他的指示嗎？他連自己想不想教這個小夥子都不確定。

「我不確定這是不是個好主意。我還在戒治康復中，而且，外頭有很多人都認為我們上次那場架是在鬥毆滋事，我最不想要的就是再讓他們看見我們打架，就算只是練習也不行。更何況戰鬥訓練需要的是一對一師徒制，你確定你真的想要拜我為師——」

「熨斗族現在正面臨一場大戰，為了我的部族，我必須變得更強大。」說著莽克斯便單膝跪下，雙手交握成拳，正是總署學院的見習生受訓時會對老師行的禮：「師傅。」

「好了，趕快起來。」導師的兒子竟然就這樣跪在他面前，讓詹姆斯很是侷促：「被人看到就糟了。還有你是從哪學來這個敬禮方式的？」

「你肯不肯教我，特工？」

喬爾也跟著舉手：「我也想學，前輩。」

「我可沒打算在這裡開一間學院。」

飛衛領袖聳了聳肩：「我只是說說，還是看你意思，但如果你要給熨斗族的指揮官教課，當然要算我一份。」

於是，就在戒治康復期途中，詹姆斯收了有生以來第一個和第二個徒弟。以前他從來沒指導過任何人，學院向來不鼓勵時旅特工和見習生接觸，詹姆斯認為那些部長和導師是在害怕，萬一見習生知道了時旅特工生活的真相，很可能會嚇得抽身退出。

從那天早上開始，詹姆斯就搬出他唯一知道的方法訓練兩個小夥子，就是學院根植在他體內的嚴格紀律和規條。這麼做有一半是想要讓他們幻想破滅，等最開始的新鮮感消磨掉之後，他們說不定就會放棄。沒想到喬爾和莽克斯非常認真聽講，學習的熱忱有增不減。後來他們三個花了一整個下午在做基礎動作演練，由詹姆斯評估和指導他們的戰鬥技巧。他很快就發現莽克斯是個天生好手，這小子不光只是有肢體上的天份，動起腦筋來也和他的腳力一樣快，他的好奇心很旺盛，常常問出對的問題，恰好就是會被喬爾忽略掉的部分。現在詹姆斯懂了，他可以當上熨斗族的指揮官，絕對不只是靠著裙帶關係而已，雖然他的個性很容易惹惱人，但他的能力是真材實料的。如果他在年紀更小的時候進入學院，應該可以成為優秀的時旅特工。

他們練習得非常投入，甚至還錯過了晚餐時間，等到結束的時候，三個人都已經滿身大汗。詹姆斯整個人累到像是被抽空一樣，直接往地上躺倒，朝兩個正在做伸展運動收操的學生點點頭。他被關在這裡的期間實在太痛苦，在房間裡保持靜止不動太久，都忘了像這樣活動身體的感覺有多好。體內少了酒精的作用，感覺很奇怪，所有熟悉的感知和反應都變得有點陌生。其他人可能以為他的能力會比戒酒前更敏銳，但在他自己看來反而是比之前更糟。他試圖說服自己，他的反射動作靈敏度會退化，是因為他還在適應血管裡不再有酒精流動的生活。

「我們明天早上可以繼續嗎？」莽克斯熱切的問。

「我明天得去幫忙耕種。」喬爾說：「可以更早開始嗎？」

詹姆斯做了個鬼臉：「看你們兩個明天爬不得起來再說。不需要這麼急著趕鴨子上架。」

兩個小夥子朝他鞠了個躬，便往隔壁房間走去，邊走還邊熱烈的聊天。詹姆斯心想，在今天之前，他們兩個很可能根本沒說過幾句話，臉上不禁浮起笑容。他拖著痠痛的身體爬上床，蠕動著鑽進被單裡。今天真是個好日子。

「今天還不算真的過完呢。」史密特又出現了，坐在床邊的一把椅子上。

「走開。」詹姆斯在床上躺平，閉著眼睛說：「我不想跟你說話。」

「你不可能永遠假裝沒看到我。」史密特說：「事實上，現在正是我們解決這個問題的好時機。」

「你才不是真的，你只不過是時旅後遺症和酗酒造成的幻影。」

「你只是這樣認為，老朋友。你已經從時空旅行退出也戒酒了，我為什麼還會在這裡？」

詹姆斯翻過身去，逐漸墜入深眠的時候，史密特的話還在他腦海中迴盪。為什麼史密特還在這裡？葛瑞絲、莎夏和納粹男孩的幻影都已經消失了，只有偶爾才會看見他們在某個角落浮現一下，而且通常都淡得像是背景裡的陰影。難道是他的心智試圖告訴他些什麼，但究竟是什麼？他還沒能想下去，睡意就席捲而來，幾秒鐘後，他就陷入一片美麗而安詳的黑暗之中。

詹姆斯睜開眼睛，發現自己坐在希瑪利亞基地的傾斜星軌酒吧裡。史密特就坐在他身旁，倒了兩杯威士忌，把其中一杯推過來給他，咧嘴笑著說：「看吧，早就警告過你了。你不可能永遠假裝看不到我。」

第四十五章　收尾

詹姆斯瞪著灑落在玻璃杯周圍的棕色液體，史密特剛把杯子推著滑過檯面的時候，杯裡的酒濺出來了一大半。他立刻感受到酒精喚起的強烈拉力，彷彿他體內有個小型黑洞，正在把他自己往內吞噬進去，不管他怎麼努力想移開視線，還是一直緊盯著那杯酒不放。

「你為什麼要這樣對我？我很努力想要保持清醒。」

史密特露出一副驚訝的表情：「哦？現在你就肯跟我說話了？」

詹姆斯努力想讓雙手平放在檯面上不動，手臂卻顫抖不已。他不能拿起那個酒杯，如果他拿了，先前所有的痛苦折磨和犧牲就全都白費了。「把它拿到我看不到的地方，拜託。」

史密特咯咯笑起來，拿開酒杯，把裡面的東西全倒乾。「太可惜了，這可是二十一世紀的雙桶豪美帝國精釀，你最喜歡的。」

「豪美威士忌怎麼會出現在這種破店裡？」詹姆斯的呼吸變得粗重，抬手用力揉起眼珠。

「對啊，為什麼，詹姆斯？」

這肯定是場夢，一瓶豪美威士忌的要價，買下這整間店都還有剩。他轉過身去仔細審視酒吧其他部份，才發現整個空間都不太對勁，但又不像是往常那種生動到折磨人的夢，讓他置身其中的時候分辨不出那是現實還是夢境。酒吧裡人聲嘈雜，但那聲音死氣沉沉，有種扁平的感覺，酒客們都只是一道道黑影，像是活起來的影子，他們要不是獨坐著，就是三兩成群，全都低垂著頭，他看不到任何人的眼睛，嘈雜中也聽不出他們個別的說話聲。那個聲音是打哪來的？

「你真正該問的問題是。」史密特一邊說，又重新倒了一杯珍貴的豪美威士忌：「如果你知道這是一場夢，也知道眼前這杯滋味絕妙的豪美威士忌不是真的，喝一口是會少塊肉嗎？還是說這也算是？」

詹姆斯低頭看著那杯散發香氣的琥珀色液體，感受到它的召喚，一顆顆豆大的汗珠從臉上滴下來。他嚥了口口水，眼睛死死盯著它。是夢還是現實都無所謂了，他的心智和他的身體病得一樣重。即使這只是個夢也沒有任何差別，他想要喝這杯威士忌的渴望還是沒有減損。他拿起杯子，翻手就把裡頭珍稀的酒液全都倒到檯面上，跳下高腳凳縱身往酒吧外面衝出去，馬不停蹄的一直走，走到距離出入口已經有五十公尺遠才停住，彎下腰來狂吐了一陣。

史密特在他旁邊現身，拍了拍他的背：「做得好。」

「這也未免太殘忍。」詹姆斯邊咳邊說，把殘留在嘴裡的東西吐乾淨。

「你必須要了解這一切的意義。」史密特指著周圍的事物說：「在這裡發生的事，和你醒著時候發生的事對你有同樣深遠的影響。」

「所以剛剛那是個測試？」詹姆斯沉著臉說：「真混蛋。」

「噢，放輕鬆點，詹姆斯。」史密特聳聳肩：「再說，我只不過是你想像的產物，所以嚴格說起來，你才是那個混蛋。」

「沒人會否認這點。」

「來吧，起來。」史密特歡快的說，抓著他的手肘拉他起身，指著前面一道牆給他看，彈了一下手指，忽然間，他們就站在地球總部門口了。詹姆斯已經有將近一年沒看到這座龐然巨獸般的機構，眼前的景象讓他非常震驚，整個外觀的變化太大了，幾乎不復他記憶中的樣子。這裡是時旅總署最重要的機構建築，楊部長總是讓它的外觀保持體面和完整，而且很是為此自豪，絕不可能放任它變成這副德性。它看起來和他夢裡其他東西一樣，黯淡無色、陰暗又骯髒，好像他們看到的是不久以後的未來，芝加哥的乾淨程度根本不足以抵禦，終於屈服在地球瘟疫的魔爪之下。

「我們為什麼會在這裡？」

「我想給你看點東西。」

他們走進總部，穿過好幾條曾經十分熟悉的走道。詹姆斯還是特工的時候，二級和四級的日子大都是在地球總部度過的。他還記得當初自己第一次搭著運輸艦來地球，踏進這棟建築物的情景，那時的他多麼天真，相信著總署，相信他們宣揚的那些高尚使命。他還記得自己是如何懷著崇敬的心情站在這裡，從前只在太空站和地下殖民地生活過的他，深深被地球的開敞和遼闊所感動。那是好久以前的事了，那時的他真是個小傻瓜。如今，他們沿著主要通道一路往前走，經過記錄總署人事變動的「守護者即時公告榜」，經過機棚，經過他的老宿舍，一時之間，埋藏許久的回憶全都湧了回來。他過去所知的一切全都是謊言，總署早在很久之前就已經腐化了，被大企業無所不在的影響和貪婪染上了洗不淨的污漬。

他們來到導航中心，無數的導航員正忙著在當自家特工的褓姆。他看到另一個史密特坐在其中一座控制臺前，忙得焦頭爛額，汗水流得滿臉都是。他的臉浮腫著，衣服也又皺又邋遢，或者該說比平常還要邋遢，整個人看起來驚惶不安，不時轉過頭來張望身後。詹姆斯看了看站在他左邊、陪他一路走過來的史密特，他們絕對是同一個人，但又不是同一個人。在控制臺工作的史密特至少胖了十五公斤，而且看起來象是六個月沒睡過覺。他回過頭來對旁邊這個史密特說：「這裡是未來嗎?那邊那個你看起來簡直像坨屎。」

史密特翻了個白眼：「我人都已經掛了，哪來的未來？」

「那另外那個你是出了什麼事？」

「這裡是過去，你從總署叛逃之後。」

詹姆斯做了個鬼臉：「真慘，史密特，我走之後你也胖得太多了吧？」

「才沒有，呆瓜，那只是你想像中你不在之後我整個人崩潰的樣子。」

「哦，你有嗎？」

史密特皺起眉頭，不介意的聳聳肩：「老實說我真的不知道，因為你也不知道。」

「我就當作是真的吧，你看起來實在糟透了。我們到底來這裡幹嘛？」

史密特指著門口，此時剛好有一支監控兵小隊走進來。「看下去就知道了。」

那些監控兵以縱列隊穿過導航中心，走向控制臺前的史密特，把他團團包圍起來。下個瞬間，那個看起來很不健康的史密特起身一動，似乎是想逃走，立刻被他們粗暴的抓住壓制到地上。其中一個監控兵用膝蓋抵住他的背給他上銬時，詹姆斯實在看不下去，忍不住別開視線。接著另外兩個監控兵拉著他站起身，有一個往他肚子狠揍了一拳，打得他不省人事，然後才像拖著破布袋那樣把他拖出房間。

「當時的情況就是這樣嗎？」詹姆斯輕聲說：「我很抱歉，都是我的錯。」

「那是你認為的當時的情況。」站在他旁邊的史密特澄清：「而且你總是往最壞的方向想。我個人是覺得他們來逮捕我的時候，場面應該挺肅穆的。」

他們倆尾隨著監控兵離開導航中心。但詹姆斯已經知道接下來要去哪，他知道史密特後來怎麼了。

「我們非得看這個不可嗎？」他語調輕柔的說。

「這是你的夢。」史密特說：「你想要的話隨時可以中斷。也許這就是現在的你需要的。」

詹姆斯拼命想要改寫這段情節，改寫整個故事，或是把自己傳送到其他地方。他集中注意力，想要召喚出伊莉絲，想要讓史密特和她見面，那樣的場景會溫暖他的心。那是現實生活中永遠不可能發生的事，如果能在他的夢裡實現，對他來說意義極其重大。可惜無論他再怎麼想要控制他的夢境，想要創造出這個場景，他還是尾隨在那兩個監控兵二十步遠的後方，看著他們一路拖著昏迷的史密特前往審訊室。一部份的他恨不得撲向那兩個混蛋救走他的朋友，然而，比較務實那部份的他知道這麼做只是徒勞。更重要的是，他想知道後來到底發生了什麼事。

他們走進一間三面都是金屬牆，第四面牆是雙面鏡的房間，陳設極其簡陋，只有一張桌子和椅子。這就是時旅總署的審訊室。一個身穿渥爾塔制服的男人站在裡面，身材魁梧又醜陋，扭曲的臉上布滿傷疤。他殘酷的打量著史密特，舔了舔嘴唇：「把他綁起來。」

「那傢伙又是誰？」史密特問。

「叫郭的，殺了你的那個混蛋。」詹姆斯說。

「你明知道郭是個女人，李文跟你講過好幾次了。」

「喔，對。」不知道為什麼，詹姆斯老是忘記這回事。這個故事他已經聽李文講過五六次，但他好像就是記不住任何細節，然而現在他卻得直接身歷其境了。那個大塊頭的醜陋男人立刻化成了個大塊頭的醜陋女人，雖然她的其他身體特徵幾乎沒什麼改變。

史密特給他一個尷尬的表情：「看來細節精確度不是頂重要的。」

詹姆斯抬手指著他想像出來的郭：「我從來沒看過她本人，所以我猜她大概就長這副德性。」史密特嗚咽著被綁到椅子上的時候，郭開始拗手指，拗得指節喀喀作響。在那個瞬間，詹姆斯忽然好希望能把她體型變小，變得更無害，但他辦不到，當她揮起手臂，往史密特的臉猛地擊落，鮮血往後噴濺到牆上的時候，他只能痛苦的瑟縮起身體。

「『火星裔』詹姆斯葛里芬在哪裡？」她用低沉的喉音問。

緊接著，白色的超動能光暈在她身體周圍浮現，她開始凌遲折磨他，燒他的頭髮和皮膚，甚至揍他的時候也還是開著。詹姆斯感覺整個胃都糾結成一團，極端的兩難掙扎撕扯著他，他既想阻止這個殘暴的場面，又必須弄清楚他為什麼要目擊這一切。他咬住嘴唇，雙手緊捏成拳，眼睜睜看著郭拿起一把手術刀，捅進史密特的身體裡，看著她用超動能的高溫灼燒他，用鑿子一根根敲斷他的手指，電擊他到他整個人癱軟不動為止，他感覺噁心得要吐了，但從頭到尾都沒有動作，也沒有移開過視線。

他不知道自己還要目睹這場暴行多久，只能定在原地一動也不動的啜泣，感覺這輩子從來沒有這麼無助過。他轉過頭想看站在他身邊的史密特，卻發現他的嚮導已經不在那裡，他記憶中的史密特正走向另一個史密特，兩人的身體融合成了一體。

郭一把抓起史密特的下巴：「這是你最後一次機會了，導航員。你為什麼要保護他？」

「詹姆斯是我的朋友，這就是原因。」史密特說這句話的時候，直視著詹姆斯：「更何況他現在有其他更重要的事得做。」

霎那間，眼前的景象變成了一片血紅，有那麼一瞬間，詹姆斯瞥向雙面鏡，赫然看見李文的臉正從鏡面後瞪著他，緊接著便縱身往郭猛撲過去，只見超動能的光芒在李文身周爆發，充斥了整間審訊室，沒有多久，視線所及只剩下刺眼的白光和橘光。

詹姆斯整個人從床上猛彈起來，啟動超動能，把能量開到最大，試圖一口氣放出十來條超動能索。什麼事都沒發生。過了一會兒，他才意識到自己的胸膛在劇烈起伏，臉上也全是過度緊繃後滲出的汗水。他花了幾秒鐘才找回平衡感，發現自己又回到了全銀河大廈的房間，瞪著眼前一片空虛的寂靜，雙膝一軟跪到地板上。在他腦海裡，在某個深深的角落，他彷彿還能聽到史密特淒慘的呼號。

這個時候，有個聲音在他身後響起：「我認為我是為了非常充足的理由丟掉這條爛命的。」

詹姆斯回過頭，看到史密特就坐在陽臺的椅子上，眺望外頭濃重的灰霧，一隻腳輕鬆的翹在欄杆頂，手裡還拿著什麼東西。詹姆斯抹了抹臉，抹掉剛剛流下來的淚水，決定過去加入他的行列。他走到陽臺，本來傾身想靠著欄杆，但生鏽的黑色金屬被他的重量壓得搖晃了一下，讓他立刻打消念頭。他低頭往右看向史密特，他的老友正好把手裡的東西舉到唇邊啜飲，看來像是一只裝著啤酒的錫罐子。

「當時的情況真的就是那樣嗎？」他問。

史密特聳聳肩：「是真是假有什麼差別嗎？」

「不，我想是沒有。」接下來好幾分鐘，他們就只是沉默的待著。外頭的濃霧被風吹得翻騰不休，看起來就像是某種活物。「無論有沒有意義，我還是想說，我很抱歉。」

「重點不在那裡，我的朋友。」

詹姆斯用力按壓眼珠：「我知道，但我就是想說。只要還剩最後一口氣在，我絕對會去找那頭禽獸算帳。」

史密特又拿起錫罐啜飲一口：「還是老話一句，搞錯重點了。我是很感謝你有這份心意，但復仇真的是我最不在乎的事。」

詹姆斯努力回想已經開始淡去的夢境，重新體會他束手無策的站在那裡看著凌遲發生時，流竄過他全身的強烈怒火。「我有其他更有意義的事情得做。」

他的摯友點了點頭：「你應該為更大的遠景，為那些你愛的人、還活著的人操心，把心思放在他們身上就好，其他的一切都無關緊要。你要放手讓我走。」

詹姆斯忍不住看著他手裡的啤酒罐：「我是這樣想的嗎？」

史密特把罐子舉起來：「『鮮魚』酒吧的摻水餿貨，我們還在當見習生的時候喝的那種。難喝得要死，但至少喝得醉。喏，想來一點嗎？」

他當然想，他一直都想來一點。然而，可能是他最近還有記憶以來第一次，他在醒著的時候感受到其他更強的動力，甚至凌駕過喝酒的欲望：「不了，謝謝。」

史密特咧嘴一笑：「這才是我的好兄弟。」

這個時候，外頭響起一陣敲門聲。詹姆斯轉過頭望向另一頭的房門，又轉回來看看史密特，卻發現他的摯友已經消失了。他抬起頭來望著天空：「保重，史密特。我沒能來得及帶你去木衛二，但我會為了你在地球打造更好的生活。」

他查看一下時間，上前去應門，打開門的時候不禁睜大了眼睛。莽克斯和喬爾就站在門口，等著進行他們的晨間訓練，但讓他驚訝的不是他們倆，而是在他們身後的其他二十名艾爾弗雷守衛和鬥者，飛衛小組的所有成員也全都到齊了。

「你說過我可以邀請其他人一起來。」莽克斯說。

詹姆斯幾乎就要微笑起來，但立刻把嘴角浮起的笑意壓了回去。他在學院的師傅們幾乎從來不笑的。他走出房門來到人群中間，他們都在等著他的反應，看著他的目光既期待又遲疑，其中有些人鞠躬敬禮，有人友善的打招呼，也有人只是避開目光不敢和他對視。沒有人知道接下來會怎麼發展，老實說，他自己也不知道。他先是環顧掃視過人群，開口用清晰的音量說：「從現在開始，你們這些小雜碎要稱我為師父，聽懂了嗎？」

這句話換來的是一片靜默。

「聽懂沒有！」他放聲大吼。

「是！師傅！」大夥齊聲回答。

詹姆斯點點頭：「那就開始吧，我要你們排成四列……」

第四十六章　從內部出擊

『火衛一』茱莉亞甘勒搭著稽查官大樓的電梯逐樓向上，和平常一樣檢查了每條腕帶的能量值。這台電梯有足足兩百歲，她總是很小心防範，免得電梯忽然故障或是鋼纜斷掉什麼的。當初她剛搬進來的時候就碰過一次，而且那時她沒有戴腕帶，要不是幸好那時電梯還沒離開一樓，離地只有幾公尺，她很有可能會就這麼垂直落體摔死。為時旅總署打拚那麼久，好不容易當上稽查官，卻莫名其妙死於見鬼的電梯意外，那可是最極致的侮辱。不，絕對不要，所以茱莉亞每次踏進這台電梯，永遠都會記得啟動超動能。

好笑又有點悲哀的是，她的克力梭甚至比這台潛在的殺人機器還老，而她還得開著它上太空呢。茱莉亞實在很無法接受這種狀況，但現實就是只能如此。為現時操心不是她的工作，努力讓過去保持純淨才是，雖然這份責任已經讓她感到疲倦不堪，近期以來更是越來越難以承受。當她從特工級別晉升為稽查官順位，離開總署的回收工作端來到樹立準則這端的時候，還以為有機會可以拓展視野，她的人生志業也會讓她感到更充實。然而並沒有，她在這裡做的一切只是讓她更加意識到，載著她在太空中到處跑的飛梭比她去過的一些殖民地還要老舊，而整個宇宙正在分崩離析。

這個時候，電梯在一陣急促震盪後停住，門往兩側打開，出口比樓層地面低了半公尺。茱莉亞不禁嘆口氣，這玩意遲早會害死哪個稽查官，還是可以想像得到最不光彩的死法。她保持超動能全開，先攀住地面邊緣，再抓起裝著罐頭食品的袋子爬上去，那是她今天的晚餐。

稽查官大樓是時旅總署園區比較矮的幾棟建築之一，只有三十八層樓高，每層有兩間隔間，總共七十六個單位。他們也不需要更多的空間單位，全太陽系只有約莫兩百個稽查官，整棟大樓還有超過一半沒住滿。平常總署是不會允許浪費空間的，在這個地方卻是少數的特例。

畢竟他們是稽查官。稽查官扮演著舉足輕重的角色，他們很重要。

這些話是當初她剛晉升到稽查官順位時，地球高級稽查官，不，前任高級稽查官告訴她的。不知道為什麼，最近這些睿智的隻字片語不時會在她腦海浮現。她甩了甩頭。在西班牙那次交會的情景，到現在還是該死的像剛發生沒多久一樣鮮明。那不只成了她三年來唯一的紀錄汙點，還讓她好幾個晚上都夜不成眠。

至於新任地球高級稽查官的推選，某種程度上已經成了一樁醜聞。茱莉亞是第十二順位的稽查官，位階算是相當高了，但仍然只是落在考量外圍的人選。她也不介意被忽略，高級稽查官這個職位要承擔很多壓力，做得再辛苦也得不到感謝，只要看看他們的前任稽查官後來遭遇了什麼就足夠證明這點。

跌破所有人眼鏡的是，最後竟然是第十六順位的米莉越級當上地球高級稽查官。不過，要推斷出背後的來龍去脈也不用花多少功夫，稽查官米莉是傑若米署長的教女，這層關係早就已經是公開的秘密，而且她跟所有高階行政人員都有密切往來。稽查官本來應該要是獨立於體制外、公正不偏袒的執法單位，但她上任以後，很可能會動用特權，強迫他們這些稽查官聽從總署在外環殖民地其他部門的指示行動。那些傢伙全都跟政治一起見黑洞去吧。老實說，傑若米竟然花了這麼長時間才把稽查官的位置納入自己囊中，才讓茱莉亞覺得很驚訝。

是因為以前有李文在的關係，他一直在極力避免這種事發生。

茱莉亞把袋子甩到肩後斜背著，聽著裡面的罐頭互相碰撞的悶響，開門走進她的住宿間。她進門做的第一件事，就是把腕帶全部卸下來放到充電器上，活動活動手指，伸展一下手臂，盡情享受皮膚重獲自由的感覺，戴著這十四個金屬環，整條手臂覆蓋得簡直是密不透風。她不像其他大多數特工和稽查官那樣，腕帶片刻不離身，只要有機會可以拿掉，她絕不會放過。

接著她拎著袋子放到廚房流理臺上，把罐頭一個一個拿出來，整整齊齊擺成一列。她其實也可以去地球總部的自助餐廳吃飯，但是，比起機器大量製造的規格化食物，她更喜歡自己做飯吃。在他們這個時代，看待食物的標準只剩下有效能與否，烹飪已經成了一門失落的藝術，資源最匱乏的幾個殖民地甚至把糧食縮減到只靠蛋白凝膠包度日，其他殖民地也好不到哪去，只有最低限度的幾個選項定期輪換。總體來說，已經沒有幾個文明殖民地會烹飪做飯了。

茱莉亞望向房裡靠牆擺著的幾座書架，看著架上塞得又滿又整齊的書，臉上浮現起微笑。她只違反過時間法一次，那時她還是個四級，到二十世紀晚期執行任務，跳躍的地點是一座公共消費設施，內部陳設了幾百間小商店，而她得趕在一個小時之內、在整個設施被電氣火災燒成灰燼前把清單裡一長串的目標物回收完。就只有那麼一次，她忍不住在那間賣書的店裡停下腳步，帶走了三十幾本和烹飪有關的書。到目前為止她只嘗試做過三道食譜，其他大部分食譜要用到的食材在現時都已經滅絕了，沒辦法實做。她已經打算好，等她在總署的服役期滿，人生最後幾年時光要盡她所能完成食譜上的每道菜。

她滿懷愛意的逐一瀏覽過陳列在架上的書，一直看到書架最末端，當她的目光繼續掃視過整間房間的時候，遲疑了那麼一會兒，接著便若無其事的走向腕帶充電的地方，全程都保持著放鬆的姿態，把手伸向超動能腕帶。

「想都不要想。」黑暗中有個聲音響起：「往後退一步。」

那個聲音。茱莉亞舉起雙手往後退一步。「開燈。」她說，房間立刻亮起來，坐在她沙發上的人影也跟著現形。她不禁咒罵。「又是你，先是破壞了我的完美紀錄，現在又想來破壞我的美好夜晚。」

「哈囉，茱莉亞。」李文說：「妳看起來挺好的。」

她注意到他手上戴著腕帶，想逃走是沒可能了。也許腕帶還真的是得隨時不離身的戴著，天曉得哪時候會有個逃犯忽然闖進你家裡來。

「你想幹嘛？如果是來要求我感謝你救我一命，就別肖想了。」說完她指著那些正在充電的腕帶：「如果你要的是稽查官腕帶，請自便。」

但李文只是朝對面的椅子擺擺手：「坐下來吧。」

她雙手抱胸，動也不動的站在原地：「我想不必了。」

「妳實在沒有跟我爭論的餘地，茱莉亞。」

她搖搖頭。「我現在就走出房間，要動手就動手。」他已經救過她一次，所以她知道李文絕不可能殺她。如果他想要的是腕帶也早就該拿了。

「我沒有其他要求，只是要妳聽聽我想說什麼，拜託。」

「好，你有五分鐘，然後我就要叫監控兵來了。」他在玩什麼把戲？她注意到他一直還沒有啟動他的超動能腕帶。「你想跟我說什麼？」

「時旅總署已經病入膏肓。」

茱莉亞本能的想反駁，但捍衛總署的話都到了唇邊，硬是沒法說出口。她內心深處知道他說的是真相，每個人都知道署裡到處都是問題，高層徇私舞弊，可疑的裙帶關係和命令，但無論如何……

「總署總是需要動用到政治手腕，在企業和政府之間周旋。」她僵硬的說：「很不幸，但這就是無可避免的現實。」

「我們幹出了比那更嚴重的事。」李文說：「為了滿足最高出價者的要求，時旅總署帶頭違背時間法。諾卓思平臺會爆炸是有預謀的，我們派了人去安裝炸彈。」

茱莉亞驚訝得合不攏嘴：「怎麼可能，那裡的漣漪……」

「都被第三次世界大戰抹去了。」李文說：「那是一起精心設計過的事件，偽造成是警報失靈。時空漣漪不就是這樣嗎？時間線會自我癒合，如果有人刻意規畫過，從一開始就避開稽查部的警報系統，根本沒人會知道。」

「這太荒謬了。」她說：「要允許這樣的事發生，那得是多大的陰謀——」

「總署最高層級人員參與的陰謀。」李文說：「傑若米親自批准了渥爾塔的任務合約。」

「所以，你跑回來就是為了揭總署的瘡疤？」她問：「說真的，李文，那比你指控長官們犯下的罪還要嚴重。我們是唯一可以合法進行時空旅行的實體單位，如果你摧毀了人們對總署的信心，所有拿得到跳躍腕帶的人都開始濫用時空旅行，我們那麼努力管理和保護時間流的心血豈不是全都白費了？」

「妳已經知道總署腐敗成這樣，還是這麼認為嗎？」

「兩害相權取其輕。」

「時旅總署應該做的那些正確之事呢？」

「我們做得很好。我們保護人類免於滅亡，就是你以前每天對我耳提面命的。」

「真的嗎？」他站起來，轉身背對著她走到窗邊：「看看外頭是什麼樣子吧，滅亡就近在眼前。我們早就已經失敗了。」她也跟著他到窗邊往外望：「總署當然不完美，但我們除了繼續努力之外，還能怎麼辦？」

李文咕噥著說：「那也是我以前會說的話。」他轉過來面對她：「本來時旅總署存在的目的，是為了讓我們可以盡己所能，激發出我們最好的一面。它仍然可以是，甚至可以比以前更好。為此我需要妳的幫忙。我要妳召開一場秘密集會，把其他稽查官、高階監控兵、每個還相信總署宗旨的人都找來，一起把時旅總署創立的原初精神奪回來。」

「他們會需要看到證據。」她說：「你有嗎？」

李文點點頭：「我被總署起訴的時候，就已經在建立一份案件檔案了，檔案經過高度加密，以免被行政階層的人發現。總署從來不會銷毀任何痕跡，那些證據應該都還留存在封存檔案庫，妳是稽查官，應該有權限進去。」

茱莉亞端詳了他好一會，最後還是搖搖頭：「不，在得到確切證據之前，我不能背叛總署。更何況，就算我有權限，還是有可能會觸動警報。我不要冒這個風險。如果你想要我幫你，就自己把證據帶來給我。」

「如果我帶來了，妳會召開集會嗎？」

「會，只要你能證明你的陳述是真的。」

「很好。我的通訊頻道是MOT11VES。」他轉身準備離開房間，經過她旁邊時停頓了一下。「很高興能再見到妳，茱莉亞。」

「李文。」就在他要走出去前，茱莉亞叫住他。

「什麼事？」

「現在我們扯平了。你還沒拿到那份證據之前，如果再讓我碰到你，我會逮捕你。」

李文點點頭：「本來就該是這樣。在我……無法繼續服役之後，我一直都認為妳是接任地球最高稽查官最合理的人選，希望這能讓妳感覺安慰點。」

「還有一件事。」她說：「要是我還戴著腕帶，你怎麼能確定我不會在看到你的當下馬上逮捕你？」

他聳了聳肩：「我是不確定。走吧，寇爾。」

話才說完，一個人影就從她的臥房裡冒出來，讓她大吃一驚。那個人手持線膛槍，警戒的看了她一眼，緊跟在李文身後往門外撤退。當然了，稽查官絕不會把自己的安全寄託在信任這種薄弱的東西上。某方面來說，這倒是重新驗證了李文的判斷力，至少這個人還沒有完全失去他的理智。

等他們離開之後，茱莉亞就走向她私存葡萄酒的地方。這些酒是要留到特殊場合才喝的，其中有一批她收藏了十多年的二十三世紀海衛一佳釀，已經剩沒幾瓶了。她拿出其中一瓶，慷慨的倒了滿滿一杯給自己，舉起杯子隔空致意。

「為你的錯誤乾杯，『天衛四裔』李文賈維。」

第四十七章　重訪的過往

李文混在傍晚時分的人潮裡，拖著腳步走過特工大樓、稽查官大樓和行政大樓所在的時旅總署園區南側，感覺皮膚在蠢蠢欲動。他上次走在這些景色沉悶的街道上，看著林立在地球總部巨大主結構兩側的低矮大樓，彷彿是上輩子的事了。

在第三次世界大戰爆發之前的時代，地球總部所在的園區本來是個高等教育場所，是這塊大陸名望最高的大學之一，後來老美利堅合眾國大分裂，反教育精英主義掀起的群眾浪潮掃蕩過整個國家，這所學校淪落為眾人唾棄的過街老鼠，後來更是慘遭荒廢。那時人們更在乎的是如何在飢荒和核汙染過後的冬季生存下去，而不是受什麼教育。最後是時旅總署把學校用地和周邊的校區都接管下來，改建成了現在的地球總部。

一大群監控兵和行政人員往他的方向走來，他拉起破舊的外套裹住自己。沒人留心多看他一眼。他恭敬的退到旁邊讓他們先通過，感受很是奇異。在這同時，火星最高稽查官馬奎茲也正好從建築物裡出來，差點就和他迎面撞個滿懷。

李文停住腳步，垂下頭：「很抱歉，稽查官。」

馬奎茲只是不屑的瞥了易容偽裝過的他一眼，什麼話也沒說就自顧自走人。他的反應讓李文相當訝異，在他印象裡，馬奎茲一直都是最高稽查官當中比較友善有魅力的那幾個之一，至少和他相處的時候是。看來他的親切僅限他視為同儕的人享有。他看著馬奎茲沿街下行，等他走得夠遠之後才離開稽查官大樓這側的人行道，來到街對面的咖啡廳，在露天座位區寇爾旁邊的位子坐下來。「怎麼樣？」

寇爾假裝在看桌上的顯像平面，沒有抬頭：「你標註的那四個人的話，還沒看到。倒是看到茱莉亞好幾次，她一直很匆忙的在附近繞圈子。」

李文打個手勢點了杯咖啡：「茱莉亞是造詣很高的戰術家，還是個無重力狀態下的魔術師，但如果叫她在別人面前作戲，她就有點破綻了。」

「聽起來不太像是能當地球最高稽查官的人。」

「正好相反，她是完美的人選。誠實又廉正的稽查官才是人們願意跟從的對象。」

「我以為是最聰明和實力最強的。」

女服務生端來了咖啡，李文拿起來聞聞香氣，發出了滿足的嘆息，距離他最後一次嘗到這般美妙滋味，彷彿有一輩子那麼久了。他緩緩的啜飲一口，從杯子後望向寇爾：「這就是為什麼你的尖端幫最後會敗給大眾幫。你那裡的人的確是最強壯最無情的，但只要有誰顯露出些許弱點，就會立刻被你們自己人拆吃入腹。看看你們受傷的成員是什麼下場就知道了。」

寇爾嗤之以鼻：「可惜我們沒機會知道最後會是誰勝出，不是嗎？」

李文沒答腔，隨他高興怎麼說。雖然他已經和外甥達成和解，那種怨恨的情緒不會那麼快就消退。不過寇爾總有一天會克服過來的。

接下來的時間，他們都是在露天咖啡座度過，表現出全神貫注在做些什麼的樣子，偶爾適時的點杯飲料好顯得自然。在那幾個小時裡，李文看著幾百個人在他周圍來來去去，覺得自己彷彿成了個鬼魂。要完全不顯露出認得他們的反應，需要相當大的自制力。除了那些剛升任為特工的新鮮人，在園區這個區塊活動的每個人幾乎都和他打過交道，或深或淺的，有個三級特工跟他還是可以直呼名字的交情。

直到這個時候，他才真正意識到先前是什麼在困擾著他。他已經不再屬於這個地方，也沒辦法和他們並肩作戰了。過去絕大部份的人生，他都是構成這個小世界的一個重要環節，如今卻是從局外人的角度看著他們。他曾經是地球最高稽查官，監控兵們愛戴他，大多數的特工都很敬重他，其他稽查官則以他馬首是瞻，然而，他打從心底重視的這一切全都在轉瞬間被人給奪走。如今，在這個地方已經沒有幾個人敢公開說出他的名字。他什麼也不是，甚至比什麼都不是更糟。李文不得不承認，他真的很想念自己從前有過的生活，想念得不得了。但還是一樣，那些都已經是過往雲煙，而過去是已死之物。

終於，就在那彷彿被一層油汙抹糊過、呈現鏽蝕色的太陽開始西沉的時候，李文看到他一直在尋找的其中一個目標從行政大樓走了出來。范尼克是個稽查官聯絡員，專門幫忙稽查部門和總署各行政部門之間的溝通協調，跟其他同職的聯絡員一樣，他一開始沒能通過學院考試，特工和監控兵的晉級測驗都沒過，後來也試過要往導航員的方向走，但也因為批判性分析和規劃任務的速度不夠快而失敗了。本來他的出路已經是板上釘釘，只能等著被運輸艦送回家鄉海衛十三，是當時還在擔任指導者的茱莉亞要李文再留意他一下。那時他只看了那男孩的紀錄一眼就打算刷掉他，但茱莉亞說他很值得留下來，出於對她的敬意，李文才決定再給他一次機會。後來范尼克的表現方方面面都證明了她是對的，這男孩雖然體力和精神意志比較弱，卻是個天生的行政人才，思路條理分明，做事精確，還有一顆忠誠的心。他一開始是以見習生的身分跟著李文，後來成了他的私人助理，直到李文被褫奪稽查官順位、送進監獄之前，一直都盡忠職守的跟在他身邊。李文很擔心他會不會因此受到牽連，令他感激的是，楊部長並沒有因為他們之間的密切合作關係為難他，讓范尼克順利的轉調到行政部門。

范尼克踏出行政大樓之後，便往遠離咖啡廳的方向走，穿過擁擠的街道前往位處地下的長期住宿區。李文用指尖敲了敲寇爾的肩膀，兩人便起身跟過去，小心保持著安全距離以免范尼克起疑。他們跟著對方進入地下通道，這些通道像一張錯縱複雜的網，遍佈在整個園區地底下。通道裡的人潮越來越稀少，李文他們只得拉長間距遠遠的跟著，一路跟著他往下深入到次級居住區，有很多營區工作人員、維修員和藍領勞工就住在這裡。

李文以前從來沒有來過這個區域，除非有什麼特殊的狀況或緣由，他們這些稽查官、特工級別或是有軍銜的監控兵幾乎不會下來這裡。李文打量著狹窄的走道和低矮的天花板，不禁開始擔心起來，這裡簡直是設陷阱的完美地點。范尼克要帶著他們往哪去？他是不是看穿了他們的易容外表，發現他們是誰了？但他們還是繼續跟著他，往下更深入到地下層的居住區。這裡的房間都又小又擠，走道也很狹窄，李文的肩膀幾乎可以碰到兩側的牆面。要跟范尼克好好說上話，這裡可不是理想的地方，他只要大叫一聲，立刻就會驚動到附近起碼幾打的人。想到這裡，李文又慢下速度，把距離拉得更遠。

終於，范尼克在一條走道中間停了下來，敲了其中一間房門。李文和寇爾躲在轉角後看著，幾秒鐘後，門打開了，有個人影飛撲到范尼克身上，是個年輕女子，范尼克也張開雙臂環抱住她，抱得她雙腳騰空離地，接著她又把他推到對面的牆上，和他熱吻起來。

這兩人看起來不像是專業上的關係，而是真的打心底喜愛對方。李文倒是完全沒預期到會看到這樣的場面，范尼克向來是個木訥不擅社交的人，而且也沒有幾個朋友，至少就李文所知，在他們共事的那段期間沒有。他看著那兩個年輕人進去那女子的住處，一股罪惡感油然而生。

「也許現在不是好時機。」李文柔聲說：「我想要趁他落單的時候。」

「你在說什麼？這就是最完美的時機！」寇爾堅持：「趕快進去把這件事解決了。」

說完他就推開李文，逕自移動到房門一側，示意李文跟過來。他只得按耐住善意的直覺反應，在房門另一側就定位，抬起手屈起指節懸在門板前，但還來不及敲下去，寇爾就抓住他的手腕把他往後扯。

「我們可是逃犯，記得嗎？」寇爾嘶聲說：「萬一范尼克決定舉報我們，我們就完蛋了。我才不要冒著被送回海衛二的風險拿你跟這個小子的交情當賭注。」

「那好，你究竟打算怎麼演這齣？」李文說。

寇爾手裡響起金屬喀啦聲，李文還來不及阻止他，他就往後退了一步，狠狠踹開門板直接闖進去，緊接著就聽到驚嚇的哭喊和尖叫，還有物品被掃落地面的碰撞聲。「你們兩個，雙手舉起來！」寇爾大吼：「敢碰你的通訊腕帶試試看，想都別想，小混球。」

李文不禁咬緊牙關。他絕不想用這種方式和他從前的助理重新接觸，匆忙趕進去控制場面，只見范尼克已經被寇爾按在牆上，那名女子則是衣衫不整的蜷縮在另一頭的牆腳。

「退下！」李文大聲斥喝，抓著外甥的背把他往後拉：「該死，寇爾！根本沒必要這樣對待他們。」

那女子眼看有機可趁，抓起一條毛毯裹住裸露的胸脯往門口跑去，寇爾幾乎連正眼看她都沒看，伸手就抓住了她的脖子，把她整個甩到床鋪上。

「不要碰她！」范尼克狂叫起來，不要命的撲向寇爾，兩隻手亂揮亂抓，抓傷了寇爾的臉，卻被寇爾一記頭槌撞得暈在地上，那女子開始大聲啜泣。寇爾摸了摸臉上的刮傷，看著沾在指尖上的血跡。「這個小廢物竟敢弄傷我。」說完便抬起腳就要往范尼克的頭踩下去。李文立刻疾衝上前，把他整個人掀翻撞倒在地，從他手裡奪下手槍丟到旁邊去。

「你們兩個，通通給我住手！」李文低聲咆哮。

寇爾踉踉蹌蹌的站起身，一張臉直逼到李文面前：「不准你再動我一根寒毛。」

李文指著門口說：「你給我去外面，到該死的走道上把風。出去！馬上！」

他們兩個惡狠狠的瞪著對方，李文已經做好心理準備，待會可能要當場和他的外甥撕破臉。僵持了不知道多久，這個小伙子才不情願的舉起雙手，背朝著門口退了出去。

「把門關上。」李文搖了搖頭，轉身要找范尼克，迎面卻赫然看到手槍的槍口對著自己。范尼克一定是趁著他沒注意的時候把槍檢起來的。

他舉起雙手：「哈囉，范尼克。請把那個放下來好嗎？」

「稽……稽查官李文？是你嗎？」范尼克：「你跟那個暴徒是一夥的？」

他緊握著槍柄的雙手不停在顫抖，但槍口始終對準著李文，看著他驚恐的表情，李文的心都碎了，他一直都把范尼克當成受他監護的晚輩，就像是個他從來沒有過的小弟弟。這個可憐的行政人員根本沒有勝算，李文一個連續動作扣住他的手，眨眼間就把手槍扭了下來，他卻像是完全沒有意識到自己已經手無寸鐵，只是一個勁的瞪著李文，眼淚撲簌簌直流下來，搖著頭說：「他們指控你的那些罪名，我一個也不相信。他們把我叫去訊問的時候，我也沒說過你半句壞話，我說他們全是撒謊的騙子，說你是被人陷害了。」

李文抽掉手槍的能量匣，把槍身和槍匣分別放到桌子兩端，看了床上的女孩一眼，她蜷縮著身體，雙臂環抱在胸前遮擋自己。「坐下來，拜託了，我會解釋給你聽。」

范尼克服從的照做了，走過去床邊摟住女孩的肩膀，查看她臉上的瘀傷，在她耳邊輕聲說了些什麼，拉著她靠到自己身邊保護她，眼裡燃燒著怒火，他以前從未在這個年輕人臉上見過這樣的神情。

李文在他們面前坐下來，深深吸了一口氣。眼下這種情況，解釋起來可要大費工夫了，都是寇爾那渾小子害的。「首先要跟你們說，讓你們遭遇了這種事，真的非常抱歉，我絕不願意這樣對待你們。這種行為是錯誤的，我會為寇爾的所作所為負起全責。」

范尼克皺起眉頭：「那是特工寇爾？我完全認不出他來。」

「這段時間發生了很多變化。」

「現在我連跟您說話，都是對總署的叛變。」范尼克說：「光是您出現在這裡，都足以讓我親愛的卡雅和我置身險境中。」

李文看看那女孩，對她微笑，但女孩沒領情。「你們是很相配的一對。」

「您來這裡到底是要做什麼，稽查官李文？」范尼克追問。

「我要你知道我是無辜的。」

「我們一直都知道，稽查官。您現在是想證明您的清白嗎？如果是的話，您只是在浪費您的時間。」

「我同意，孩子。但是有其他更重要的事物正危在旦夕。」說完李文深吸了一口氣，目前的情況實在沒有更簡單明瞭的方式可以解釋。「范尼克，我必須請你幫我一個忙。我需要你進入封存檔案庫，幫我檢索一份加密檔案。」

范尼克皺起眉頭：「這是辦得到，但既然您不是要證明自己的清白，為什麼要這麼做？」

李文又深呼吸一次。「總署向企業妥協了，證據就在我的私人儲存區裡，應該還是封存狀態。我需要一個直接存取鍵接，把我的檔案資料解密檢索出來。我打算揭發這整個機構內部的貪污和腐敗，讓時旅總署重回當初創立時的崇高目標和原則。」

「而你希望我幫你做這件事。」范尼克看看他的女朋友，又看了看被亂糟糟的房間：「在剛剛發生的這一團混亂之後？」

「這真的很重要，孩子。」

年輕的行政員搖了搖頭：「你等於是要我犯下叛變罪，甚至連個解釋都沒有。你得告訴我們到底是怎麼回事，然後放我們走。如果我決定要幫忙，會在一天內透過通訊子頻道跟你聯繫。」

「范尼克，我真的沒有時——」

「這就是我能提供的寬限，稽查官。請為我設身處地想一下，你讓我陷入了什麼樣的處境。如果你仍然是我敬愛的那個人，就會接受我的條件。您虧欠我的就是這麼多。」

一點也沒錯。李文要求他做的等於是要他成為潛在逃犯，背叛他相信的一切。寇爾那個白癡，用這麼粗暴的方式闖進來，根本不會讓事情變得比較容易解決。李文走向置物櫃，拿出一瓶合成酒和三個錫杯，放到他們面前的桌子上，給三個人都倒了酒，拿起自己那杯，啜飲一口說：「待我從頭開始說起。」

第四十八章　叛徒

高級秘安官郭站在女武神艦的舷窗前，看著艦身穿過霧氣繚繞的雲層，從芝加哥上空往下沉降。當地球總部變得越來越清晰可見，一路上煩擾著她的思緒也跟著不斷蔓生。那位部長竟然膽敢指明要她本人過來，親自監督和「討論」她最近一次的增援和資源補給，肯定是他終於聽從她不知道反覆過多少次的要求，要增派監控兵給她了，不然他幹嘛只為了說幾句話就特地把她召喚來這裡？

她的戰艦在一座建築設施周圍繞了個狹長的圈，然後才降落到樓頂的停機坪，以離地十五公尺的高度懸浮著。郭打開艙門直接跳下去，重重的著陸在堅硬的水泥地上。這些表面功夫最好能快點打發掉，他們在迷霧之島的戰局正瀕臨潰散，她得盡快趕回去。

當她穿過機棚的時候，注意到裡面的人停下了手邊的工作，幾百雙眼睛全都盯著她看。這裡正好就是將近一年前稽查官李文和她戰鬥的地方，被人擊敗的滋味至今還鮮明的烙在她心裡。她環顧一下四周，應該有很多目擊過那場戰鬥的低階工人還待在這裡，當初開槍射過她的那些人很可能也在其中。那些回憶仍然燒灼著她，只要想起李文是如何操弄司法系統，讓那些人通通逃過懲罰，她就恨得牙癢癢的。

船埠裡停泊著一艘火神運輸艦，正在裝載補給品，監控兵大隊長摩耶站在貨物裝卸區附近，監督整個輸送過程，遠遠看到她過來了，連忙快步趕上前，向她鞠了一躬：「日安，秘安官，一如既往，能夠見到您是莫大的榮幸和喜悅。」

她當然知道這些監控兵軍官都在打什麼主意，這個隊長肯定是想在渥爾塔討到一個職位。

「我的補給品。」她輕快的說：「有任何問題嗎？」

隊長把自己的工作表現展示給她看：「一切都按照您的要求進行，除了糧食配給目前只調得到預定的百分之九十，防輻遮罩百分之八十六，爆擊槍充電器百分之七十九，但您不必擔心，下個星期就可以全部補齊。」

郭得承認她還真是有點驚訝。考量到當前的情況和條件，他們做得相當不錯。「那五百名渥爾塔突擊兵呢？」

「他們昨天晚上抵達總部，隨時可以跟您一起動身。」

「好極了，隊長。那我要求的額外五百名監控兵怎麼樣了？」

摩耶遲疑了一會：「很抱歉，秘安官，但——」

「別拐彎抹角了，隊長，我到底能要到多少人？」

「一個都沒有。一樣還是部長的命令。」

「什麼？」

摩耶又鞠了一躬：「我很抱歉，秘安官，部長已經吩咐過要暫緩執行您的命令。」

「我們走著瞧。」她斥喝：「在我上路之前，我要看到所有東西全部準備就緒。」

說完她便拋下傻站在機棚停泊區的摩耶，氣勢洶洶的找那個老跛子算帳去了。當她像陣旋風似的橫掃過行政部門側翼時，沿途上的低效能生物一個個都往旁邊閃開，不敢擋到她的去路。楊那個老頭打從一開始就在阻礙她每個行動，如今這種緊要關頭，竟然還特地把她召來這裡，就只為了拖她後腿，真是吃了熊心豹子膽！

郭來到他的辦公室門口，放出一道巨大的超動能光砲，轟的一聲直接炸開那扇雙開門，接著又把光砲一分為二——太空戰規格的超動能要這麼做可不容易——舉起大塊的門板碎片懸在半空中，她自己則穿過這些飄浮的碎片長驅直入。

她進去的時候，楊老正坐在他的辦公桌後面，老神在在的讀著一本皮革裝訂的書，對她這番武力展示連看都懶得多看一眼。她倒是不得不稱許他一下，這老人不是那麼容易就能嚇倒的。

她怒氣沖沖的逼到他桌前等著，等了一會，然後又多等了一會，直到楊老舔了舔指尖，捏起書頁一角翻頁的時候，她才意識到自己犯了戰略上的錯誤。

「你大老遠把我從前線叫回來，難道只是為了否決——」

他豎起食指，噓了一聲要她安靜。令她驚訝的是，自己竟然聽話照做了。等她反應過來，氣得眼睛都要冒出火，雙手挾帶著超動能往桌面拍落，辦公桌頓時劈哩啪啦的從中間斷成兩半。

到這個時候，楊老才終於放下書本，盯著她搞出來的傑作，啪的把書闔上，嘆了一口氣：「這可是木頭做的，貨真價實的原木料。妳知道這年頭要弄到天殺的真正木頭做的書桌有多難嗎？我說的可是沒有發霉、沒有長白蟻，或是貼了塑料做的仿木材質想要假裝成真貨蒙混過關的那種。」

「你叫我回來地球總部，就只是為了當面否決我額外徵調監控兵的要求？」郭低吼著：「讓我把話說清楚，部長，我的要求可不是要求。」

「我否決妳這個要求，和我否決妳在迷霧之島釋放灰碳瓦斯同樣的理由，簡直是喪心病狂。那裡可是住了上百萬的人，只因為妳快要打輸了，不代表妳得殺光所有人。」楊老搓了搓下巴：「更何況，妳怎麼會連一群荒地居民都搞不定？」

直接被他踩到痛腳，郭不禁捏緊雙拳。本來她根本不必回答那個問題，但是現在他手上握有她需要的東西。「那些原始人組織起來了，他們奮起抵抗，開始彼此互相合作，而且他們的人數是我的部隊的二十倍。大批大批的野蠻人湧進迷霧之島，自告奮勇要加入對抗我們的陣營。我需要額外的後援補給！」

「所以是真的了。」楊老沉吟著說：「新匹茲堡東邊的採礦業有回報過，當地的荒地部落在進行大規模的遷移。」他咯咯笑起來：「恭喜妳啊，秘安官，妳竟然能在幾個月之內讓這些爭戰了兩百年的部落統一起來。這可是了不起的成就。」

「這些全都是你不該阻礙我行動的理由，一個新興的野蠻人聯盟會危害時旅總署對這星球的控制權。」

楊老放下書本從椅子站起身，緩緩繞過那張斷成兩截的書桌，走上前來和她面對面。當他站著的時候，壞掉的那邊肩膀更是傾斜得厲害。「妳以為妳大肆屠殺和奴役了那些人之後，天殺的還能發生什麼事？妳以為妳把他們的家園毀掉之後，他們看到妳那身閃亮的白色制服，就會嚇得瑟縮在泥濘裡，向妳跪地求饒？」

「你好大的膽子！時旅總署和渥爾塔的合約——」

「——受到我們莫大的重視。」楊老打斷她：「但這並不表示我們會允許妳任意濫用我們的資源，他媽的更不可能允許妳放瓦斯毒殺整座島！你們不是要帶走那個科學家而已嗎？為什麼會搞成現在這種局面？我還以為她是很有價值的資產，在島上放瓦斯和大屠殺是要怎麼找到她？」

「那是不得已的非常手段。」郭僵硬的回答：「如果渥爾塔無法獲取需要的資源，這就是他們的下場，這樣的先例也可以起到殺雞儆猴的作用。」

「所以就要殺掉住在那裡的成千上萬人。」楊老再次陷入沉吟：「只因為妳想要樹立起一個可以殺雞儆猴的先例，好吧。不管怎麼樣，時旅總署否決妳徵調五百名監控兵的要求，當然黑洞的更要否決妳在地球使用大規模殺傷性武器。現在妳手上有多少資源就用多少，不然就拍拍屁股滾出這顆星球。」

郭的超動能熾烈的亮起，把這個老人團團包裹起來，有那麼幾秒鐘，她真的在考慮要當場了結這個目光短淺的老跛子。在氣態巨行星企業旗下的生活非常嚴酷，想要存活下去或有所成就，靠的就是展現侵略性，或是贏得旁人的敬畏。作為渥爾塔的僱傭，這兩種手段都不可或缺，不光只是為了爬上企業的權力階梯，更是為了求生存，因為底下永遠都有人虎視眈眈想要奪取你的位置。有時候，在企業內部的鬥爭中殺害同僚是被容許的做法，領導階層甚至還暗地裡鼓勵他們這麼做。

她如果真殺了他，完全可以辯解說這是合乎情理的，畢竟楊老是有意採取積極行動在妨礙渥爾塔執行的關鍵專案，但即使有這個前提，還是會有不少麻煩。楊老的軍銜和地位不僅限於總署內，在其他許多大型企業也都有一席之地，身為時空旅行機構在地球的部長，他的份量和影響力還是很可觀的。

有趣的是，楊老還是絲毫不為所動：「想動手就動手。」他一副認命的樣子說：「我已經配合妳退讓得夠多了，大屠殺是我最後的底線。」

「愚昧的傢伙。」她反駁：「保護那些對人類的存續毫無貢獻的廢物，是在背叛你對總署的誓言。我會看著你為此被吊死的。」

就在這個時候，竟然有人來敲門，準確來說是敲了敲門框。是個行政人員。

「幹什麼！」他們兩個雙雙怒吼，轉過頭來瞪著那個嚇傻了的可憐蟲。

「非常抱歉，部長，秘安官。」那人連鞠了好幾個躬：「三號審訊室已經準備好了，部長。」

「跟我來，郭。」楊老說完便一瘸一拐的走到門外，甚至懶得回頭看她有沒有跟上來。

郭一度想拒絕，除了公司總部以外，她從來不習慣遵從任何人的命令，更何況渥爾塔才是這個合夥關係裡位階較高的一方，允許時旅總署掌握主導權等於是要她屈居低位，然而，她的好奇心終究還是佔了上風。有那麼一瞬間，她以為他們可能是逮到了那個叫『火星裔』詹姆斯葛里芬，也許他厭倦了那群野蠻人和荒地生活，決定來自首投降。交出那個科學家來換自己在木衛二的生活會是相當划算的一筆交易，但就算他真的談得成，很有可能他前腳才剛踏上衛星表面，殖民地當局就會直接緝拿他。木衛二是人間天堂沒錯，但就像其它運作穩定的殖民地，需要受到極度嚴格的控管，他們不會容忍一個有過行為不端紀錄的前特工到處亂晃。

他們雙雙離開楊老的辦公室，穿過行政大樓側翼前往低樓層。部長的腳步慢得簡直折磨人，雖然這也怪不得他就是。要是在氣態巨行星殖民地，像他這樣的人除非位高權重或是非常富有，早就應該被送到特殊照護中心去。就算沒有這些殘廢拖累，資源也已經夠少的了。

令她意外的是，聯絡官索恩在半途忽然出現，加入他們的行列，她根本不知道他在這裡。他在地球延長駐留的這段期間一直在生病，大部份時間都待在「浮空飯店」，這些巨大的白色星艦只接待企業公民，複製了外環殖民地所有舒適的條件，潔淨的空氣、無菌環境，還有文明世界在外太空用的人工控管大氣系統。

「真是意外的驚喜，聯絡官。」她驚呼。

「秘安官。」索恩冷著臉回應。

郭知道他還在生她的氣。她之前提交的三份報告回報的戰況一次比一次還慘澹，他有充分的理由對她最近的表現表達不滿，而且她的工作狀態走下坡也會連帶算成是他的失敗，如果她不能想辦法讓整個行動起死回生，他們兩個在公司的聲譽就要一起貶值了。再加上她施放灰碳瓦斯的要求被回絕，她想達成的階段性目標基本上已經沒戲唱，他們實在沒有什麼正面消息可以跟公司總部回報的。

索恩轉頭對楊老說：「我說過，除非有要緊事再召見我，最好是真的很重要。」看來聯絡官和部長之間的關係也是挺惡劣，雖然楊老看起來根本也不在乎，在場三個人只有他心情很好。

他們來到整排審訊室所在的走道，一踏進這裡，就讓郭回想起自己最後一次到這裡來的情景，她就是在最尾端那間房間，想從那個哭鼻子的導航員口中挖出她要的答案，最高稽查官就在那個時候跑進來攪局，讓一切全都泡湯。敗在這群無效能生物手裡，簡直是極致的羞辱，害得她得低頭向管理階層求情，請他們再給她一次機會，把那個科學家帶回來將功贖罪，然而，現在她又即將面臨第二次失敗。

他們走進三號審訊室，房間裡只有一套金屬桌椅和一個年輕人在等著他們。她不認得那個年輕人，既不是「火星裔」詹姆斯葛里芬也不是「天衛四裔」李文賈維。真可惜，如果是他們其中之一，她手頭上一大堆問題就解決了。那個年輕人小心翼翼的打量著他們三個，但身體語言顯得很放鬆，似乎是認為自己佔有優勢，或至少有什麼東西可以提供給他們。他身上沒有瘀痕或傷口，神態也很警醒。很好，他們還沒開始審問他，她個人是更喜歡親自監督整個過程進行。

「這人是誰，他有什麼？」索恩問。

「把你剛剛跟我說的告訴他們。」楊老對那年輕人說。

「有人在暗中密謀想推翻總署，部長，我可以替你揪出那些叛徒。」那人說：「前任最高稽查官李文跑來找我──」

「那是時旅總署的家務事。」楊老截斷他：「直接講另一個情報就好。」

年輕人點點頭，轉過來對著郭說：「我可以告訴妳那名異時者，也就是統合起野蠻人部落的罪魁禍首在迷霧之島的確切位置。」接著他的目光又望向楊老，楊老點了點頭，他才繼續說：「作為交換，我想要木衛二的公民資格和一個在私人部門的職位。」

郭立刻整個人都警醒過來。如果她能獲得這份情報，聯軍就不必繼續在那座水泥叢林迷宮裡攪和下去了，她可以在一天之內把這個專案結束掉。「成交。」她急促的說，從她的AI模組拉出迷霧之島的地圖，透過雙眼投影到桌面上：「如果情報是正確的，你會得到豐厚的獎賞。現在馬上說。」

年輕人指出曼哈頓下城區中心附近的一個路口：「就在這棟大樓裡，這裡就是那些野蠻人的大本營。」

楊老傾身靠近她：「現在妳要的五百名監控兵有了。去搞定妳的差事，秘安官。」

第四十九章　愛與戰爭

談到關於政府的議題，伊莉絲一直是「主權在民」信念的擁護者。她讀大學的時候，參加過抵制獵捕海豚和反對民主聯盟國會解散的抗議活動。在那個時候，阻斷人民發聲管道的舉動引起很大的爭議，但事後分析起來，很可能是必要之惡。當時邦聯合眾這個基本教義派神權政體剛成立不久，腐敗的魔爪就已經伸進了國會，讓往後整個世紀陷入膠著和泥淖。

不過，她摯愛的國家已經不再是當初和她一起走上街頭的那幾百萬人做主了。曼哈頓族聯建立的最初幾個月，伊莉絲也一度想要把民主精神注入這個年輕的族國，然而時至今日，她只想要用獨裁者的鐵腕政策整治這些人。看在大地女神份上，有二十個大部落的酋長、首長、導師和國王，還是隨便什麼他們給自己的稱謂，整天為下一步行動吵個沒完，搞得她頭痛得要死。過去幾個星期以來，曼哈頓人贏得了一連串小規模勝仗，好幾次殺得聯軍措手不及，然而，在那之後敵方也重新調整了作戰方針，雙方久久僵持不下，第四十七街到第七十五街之間的所有街區因此成了某種中立地帶，在這個節骨眼上，她們這才剛起步的族國該做的應該是集結起更多部落，一鼓作氣往前推進逼退敵人，可是並沒有，最近以來每次開會，最後都只會演變成無盡的爭吵，一下吵誰可以入住哪棟大樓，一下吵哪個部落可以分到多少資源。李文上次從二十四世紀打撈回來的一批相位手槍就是其中之一，眼下就有六個部落正為了誰能接收那些手槍爭個沒完。每個部落都有各自很有說服力的論據，認為那四十把武器都該歸自己所有，伊莉絲必須很謹慎處理分配的問題。他們近期的作戰之所以能成功，還有其他部落之所以願意加入他們，和他們打撈回來的這些物資有莫大的關係。要是物資耗盡了，這些盟友還會不會留下來全都得靠她維繫。因為作戰初期的幾場勝利撫平了許多部落的恐懼和絕望，族聯的向心力就慢慢的越來越鬆散，這些人開始忘記自己當初答應跟他們合作的初心是什麼了。

伊莉絲環顧一下周圍，光是眼前的景象就道盡了這場會議內容「重要」到什麼程度。提圖斯坐在她左邊，正埋頭忙著記下一道複雜的方程式。他最近一直很沉迷於研究那些安裝在最高的幾棟大樓樓頂的太陽能板，想要設計出新的排列方式，和曼哈頓族聯的電網系統整合在一起。這陣子受到濃霧影響，他們目前的輸電量只供應得了總需求量的幾分之幾而已，光是伊莉絲的實驗室就佔掉將近百分之十。

在她右手邊，葛瑞絲正傾身靠向導師克羅，湊在他耳邊不知道在聊些什麼。高裔大人相當喜歡克羅，很常看到他們兩人出雙入對的。後來克羅知道葛瑞絲是何方神聖的時候，只差沒整個人拜倒在她腳前，好像她是一尊神明或什麼。這些時旅特工實在是，明明就恨透了自己的工作，不知道為什麼，對創造出這個機構的女人還是滿懷著崇敬。伊莉絲對他們的戀情倒是樂見其成，這對高齡愛情鳥是很可愛的一對。導師比葛瑞絲小十五歲，不過葛瑞絲就是喜歡比自己幼齒的男人，而且有克羅轉移她的注意力和喜愛，不再全部投注在詹姆斯身上，那是再好不過了。

不過，話說回來，如果房間裡最聰明的兩個人都完全忽略眼前的對話，也就表示根本沒什麼值得認真聽的內容。

至於伊莉絲自己的私生活，和她的領導者角色一樣，沒有半點起色。這簡直是她最不可能聽到自己說出來的話。她每天都會去探望詹姆斯，但總是待在他的房間外面，從來沒有進去過，她會坐在門邊，一坐就是很久，閉著眼睛靜靜的傾聽，有時候會聽到他在房間裡踱來踱去，有時候會聽到他在哭，有時候是打呼聲，更多時候只有一片沉寂。他不知道她就在外面，就近在咫尺，可能還為她一直還沒來探望他而沮喪不已。

至少像這樣待在他附近，能讓她自己感覺好一點。要伊莉絲遠離他身邊已經很難，特別是在他身陷痛苦的時候更是煎熬。但提圖斯警告過她，最開始幾天是最難熬的，詹姆斯必須遠離所有可能的壓力觸發點。他們的互動和接觸必須降到最低，直到最糟糕的階段度過去為止。她真希望能早點發生。目前族聯非常需要有他這樣的人在，需要仰賴他的能力，更重要的是，他的健康和福祉一直是壓在她心上的一塊大石頭，她恨不得把這場愚蠢的會議拋在腦後，直奔他的房間在他床邊陪伴他。

還有更糟糕的，因為見不到詹姆斯，莎夏簡直傷心透了。這個十歲小姑娘吵著要去探望他吵了好久，但每次都被伊莉絲嚴令禁止。她自己的病也還沒好全，像這樣阻止她去見她的大哥，對她的康復一點好處也沒有，而且也很難跟她解釋他們是在替他做什麼治療，她為什麼不能去探望他。

伊莉絲不禁嘆了口氣。她這個媽媽當得真是一蹋糊塗。

她傾身靠近提圖斯：「大陪審官，我們的病患情況怎麼樣？」

提圖斯一邊回答，手裡寫著的算式絲毫不受干擾：「考慮到目前為止才過了三星期，好得令人吃驚，這人簡直就是一台火力全開的發動機。我相信戒斷期已經告一段落，今天早上替他停藥了。」

她滿懷希望的說：「所以他快要痊癒了？」

提圖斯轉過來面向她：「詹姆斯永遠不可能被完全治好，他這後半輩子都得繼續和他的魔鬼抗爭。如今真正困難的環節才要到來，需要有妳和其他親朋好友支持他。」

「妳得保持堅強，還有讓他知道妳隨時都會在。」

「我需要做些什麼？」

「你的意思是我可以去探望他了？」

提圖斯臉上浮現出微笑：「等這場會議結束就可以。」

伊莉絲馬上站起身，用響亮的聲音向在場所有嘰嘰喳喳吵個沒完的領袖宣布：「今天就到此為止，我們何不稍晚再繼續討論？現在呢，寇比男爵，在好心的滿總督和他的水兵們來支援你們之前，尼克博克人得先從西邊街區撤退。至於你們其他人，在大中央總站設置前鋒哨站的計畫排進明天的議程，我們第一項就討論這個。」說完她用指關節敲敲桌面：「休會。」

「哦，這也是結束會議的一種方法啦。」提圖斯調侃的說。

她搭住他的肩膀輕輕捏了一下，便趕著快步離開會議室。這些所謂的高層級協調會議根本也沒什麼必要，每個部落都很懂得怎麼在稠密的都會區作戰，他們需要的只是一個可以凝聚起他們向心力的人，告訴他們共同敵人在哪裡，偶爾扮演一下保姆和裁判官調解他們的衝突也就夠了。

她先繞路去了實驗室一趟，莎夏正忙著檢測她和葛瑞絲最近新調煮出的一批疫苗的酶含量。伊莉絲一直盡量想多擠出點時間待在實驗室，雖然身為族長的責任和義務讓她很難做到，通常她只有一大清早或是很晚的時候才有空檔溜進來，監督一下實驗進程或是傳達幾個指示，即使這麼做還是完全不夠。幸虧還有葛瑞絲和莎夏當她的後援。現在時間之母不用忙著在太陽系到處跑，可以重新投入研究了。莎夏則不愧是小孩子，學習速度很快，而且這個小姑娘絕對有科學方面的天份。她做起實驗來可以不眠不休，總是有問不完的問題，對她們這門專業來說，這些都是很好的脾性和特質。但她同時也很不知畏懼，這點可能就不是那麼理想，但是可以隨著年紀慢慢克服的。

「嘿，莎夏。」伊莉絲說：「那些樣本怎麼樣了？」

女孩把其中一片藥錠遞給她：「全都紀錄好了，我覺得它們看起來狀況很不錯，比上次那批把所有東西都殺光光的要好。」

伊莉絲接過藥錠，研讀她紀錄下來的數字。何止是「好」而已，簡直是大有起色。這批疫苗的療效可以涵蓋六種地球瘟疫的變種菌株，唯一的問題是，它在氣溫攝氏三十五度以上的地區發揮不了作用，而目前整個地球有一大半地區的氣溫都是這麼高，所以配方的化學式還需要做些修改。

她把藥錠放回桌上：「趕緊去洗洗手，我有個驚喜要給妳。」

莎夏只看了她一眼，整張臉立刻亮了起來，發出一聲狂喜的高頻尖叫，衝到水槽邊沖洗自己滿手的汙泥，伊莉絲看在眼裡，不禁跟著眉開眼笑。莎夏想要的驚喜就只有這個而已，不會有別的，而且伊莉絲絕對不會拿這件事來戲弄她。她在旁邊等著莎夏把自己刷洗乾淨——畢竟她們處理的可是地球瘟疫的樣本，確定身上的阿摩尼亞和糞便味都洗掉了，兩人才結伴離開實驗室前往六十六樓，現在艾爾弗雷人都把那層樓稱為特工樓層。

她們來到詹姆斯的房間外的時候，霍利和喬爾正坐在門口用幾把指刃玩著遊戲，一注意到她們過來了，連忙把刀子藏起來，他們都知道她有多不贊同他們玩這種蠢遊戲。

「長老。」霍利朝她鞠躬。

「你們哪天要是切到自己，跑去醫務室要人家幫你們接回去，我會直接把你們的指頭剁掉，省得浪費繃帶。」

喬爾舉起雙手揮了幾下：「十根手指都還在，長老。」

她翻了個白眼：「詹姆斯前輩還好嗎？」

「他很安靜。」霍利說：「提圖斯長老給他停藥了，我們本來很怕他今天會出什麼事，但他感覺很心平氣和，稍早前他還跟我們一起繞著樓層跑步。」

伊莉絲有聽說過，不知道是因為太無聊還是什麼，詹姆斯竟然開起課來，教幾個守衛和鬥者怎麼戰鬥。不到一個星期，消息就傳遍了整個族聯，現在連其他部落的戰士們都跑來上課了，這樣估計起來，他應該已經收了超過一百個學生。真是出人意料的發展，伊莉絲回想一下最近一連串事件轉折，越想越覺得神奇，詹姆斯被軟禁這麼久，她簡直無法想像他是無聊到了什麼程度才會主動想要這麼做。不但如此，這還是個能恢復各個部落對他印象的好方法。

她伸出一隻手摟住莎夏的肩膀。「我們想見他，麻煩了。」

喬爾打開門，退開來讓她們通過。伊莉絲越靠近房門，就感覺到心臟跳得越快。距離她最後一次見到他，彷彿有永恆那麼久了。以前他們當然有過分離更久的時候，有時候是詹姆斯要出任務，比如說他去帶李文回來那一趟，那次她就有整整兩個月都見不到他。

但是這次感覺不一樣。以前他們都是被情勢所迫的分離，要不是因為距離遙遠，要不就是因為工作。他整天忙著在地球和太陽系到處跑的時候，她則是埋頭忙著在研究地球瘟疫的解藥。這次他們卻是完全自願的分離，唔。「自願」這個詞也不精確就是了，但至少是她自己選擇這麼做的，出於她自己的意志，也是為了詹姆斯的福祉，直到他好轉之前和他隔離開來。他能不能了解她為什麼必須這麼做？他在生她的氣嗎？

隨著她一步步更靠近門口，百般擔憂從她腦海奔騰而過，然而就在她抬起手，還在遲疑要不要敲上門板的時候，莎夏完全不給她做完動作的機會，直接推開門板飛奔進去。「詹姆斯！」

房間裡傳來一聲驚喜的大叫，還有他呼喚莎夏的聲音。她傾身倚著門板，雙手抱胸看著莎夏飛撲到詹姆斯懷裡，看著詹姆斯把她整個人舉到空中，開心得直轉圈圈，不禁感到喉頭一陣梗塞。窗外仍然是一片彷彿恆久不變的灰與褐，迷霧之島仍然被敗壞和腐蝕所籠罩，和眼前的景象形成了強烈的對比。或許真的是有一絲神跡顯現，又或者是因為她透過朦朧的淚眼看著他們，罕見的午後陽光灑落他們身上，有那麼一瞬間，他們散發出鮮活的生命力和色彩，幾乎像是有魔法一樣，讓伊莉絲心中再度升起希望，覺得這個悲慘的現時世界真的可以好起來。

趁著詹姆斯還沒注意到她，她好好端詳了他一番，想要分辨現在的他和最後那次見到的那個半醉半醒的他有什麼不同。她首先察覺到的是他看起來變得很平靜，甚至可以說是健康了。接著她注意到的是他瘦了不少，臉龐的浮腫和斑痕消去很多，浣熊般的黑眼圈也變得淡了，眼神不再那麼晦暗。

她在旁邊靜靜的等著，讓兩個葛里芬家的人盡情享受團聚的時刻，他們兩兄妹本來只相差六歲，如今卻有二十五年的差距，讓詹姆斯變得更像個父親，而不是哥哥，他和莎夏互動的樣子也顯現出這點。好幾分鐘之後，伊利絲才終於開口：「他們有好好餵飽你嗎？」

詹姆斯抬起眼來，這才發現她原來也在，和她目光交會的時候，臉頰微微抽動了一下。時間在那瞬間慢了下來，她不知道詹姆斯會是什麼反應，他會不會很氣她把他關在這裡？

詹姆斯放下莎夏，朝她這邊走來，傾身吻了她的嘴唇：「妳也該是時候來探望我了。妳老是等在門外，我都快不耐煩了。」

她驚訝得合不攏嘴：「你……你怎麼知道？」

他的目光投向他身後的霍利和喬爾：「瞧，看到這幾個負責看守我的門衛了嗎？這是妳自己的失算，長老大人，他們可都是我的人馬。」

她回過頭去瞪他們，那兩個小傻瓜本來笑得嘴角都快裂到耳朵上，連忙擺出一副愧對於她的樣子，但最後她自己也忍不住微笑起來。

「把門關上。」她下令。

接著他們三口人才坐到沙發上，詹姆斯在中間，一邊坐著伊莉絲，一邊是莎夏整個人依偎在他身上，開始他們久違的家庭聚會。莎夏話匣子大開，把她這幾個星期以來的生活，從伊莉絲怎樣教她幾何學、法蘭薇怎麼培育她走上藥草學家之路，到芮瑪教她怎麼得體的鞠躬，鉅細靡遺的告訴她的大哥，伊莉絲則一直在觀察他的反應。當莎夏講到有個新來的熨斗族男孩很愛捉弄她，但每次都會帶花來給她，詹姆斯的笑容立刻垮了下來。在她看來，這個小姑娘實在很有講故事的天份，因為她的故事是越講越誇張，越講越加油添醋了。

詹姆斯發現她在盯著自己看：「妳在笑什麼？」

「沒什麼。」她邊說邊挪近他身邊：「我只是在想，你會是個好爸爸。」

接下來整個下午，他們三人都待在一起，直到布莉亞和羅瑞來跟霍利喬爾換班，帶著詹姆斯的晚餐出現為止。

「我明天還會再來。」伊莉絲環抱住他的脖子，給他最後一吻：「你只管專心養好自己。」

「我還得待在這裡多久？」他問：「只能待在這個樓層，快把我逼瘋了。」

「不久了。」她說：「提圖斯說再過幾天就行。」說著她頓了一下：「你知道我很愛你吧？」

他緊緊把她摟進懷裡：「那是唯一讓我撐下去的——」

就在這時，全銀河大廈一陣天搖地動，搖得窗戶吱嘎作響。所有人都愣在原地動彈不得。緊接著又是一陣搖晃，這次還伴隨著轟隆隆的爆炸聲，幾秒鐘後，喬爾衝進房間：「長老，聯軍正在對我們發動攻擊！」

「在哪裡？」詹姆斯問。

「四面八方！」

「噢不，他們找到我們了！」伊莉絲倒抽一口氣，和詹姆斯同時站起身往門口走。她把莎夏推進布莉亞懷裡：「帶她回去實驗室，實驗室後面的儲藏間有個隱藏的壁櫥，莎夏知道在哪裡。妳如果找到葛瑞絲和提圖斯，也帶他們一起過去。」說完她一把抓起詹姆斯的手，拉著他跑出房間：「看來你得提前出院了。」

第五十章　秘密會議

李文是真的非常願意信守他和范尼克之間的協議，耐心的等著他的前助理跟他聯絡，但隨著日子一天天過去，他不禁開始質疑起自己是否做對了決定。過了毫無音訊的一星期後，他已經幾乎要放棄希望，覺得這個曾經受他監護的年輕人不會再出現了。他也沒有別的備用方案可以取得那些加密檔案，那全都是他從前費盡心思辛苦調查的成果，總署內部的腐敗勢力牽連得有多廣，影響有多深，全都在那些檔案裡面。

「午夜見，貨物裝卸區側翼，D—利奧。」忽然間，范尼克的聲音響起，他只說了這些，立刻又回復一片沉寂。

李文從AI腕帶叫出地球總部的藍圖。D—利奧位在總部南側最遠處的盡頭，是極少數有在使用的地下機棚，通常是用來存放封存狀態的星艦，像是老舊星艦、太陽光砲艦和運輸艦等等，令人驚訝的是，這裡還存放有大量遊樂艦和太空飛艇之類的娛樂用船艦，這類船艦都太過耗能，已經不適合在當代使用。不管從哪個角度看，這都是個很奇怪的會面點。不過他實在也沒得挑就是了，考量到他僅有的幾個選項，他只能信任范尼克。

他抬起頭來對寇爾說：「我們今晚行動，做好準備。」

寇爾正懶洋洋坐在椅子上，一條腿跨著欄杆，咕噥著說：「喔，那個皮包骨小子總算來找你了是吧。」

那天在地下住宿區發生的衝突過後，他的外甥又故態復萌，對他滿懷著敵意和怨恨。打從他們逃出海衛二以來，李文這段時間以來釋出的所有善意全都付諸流水，現在那個悶悶不樂又憤怒的寇爾又回來了。真可惜，他還以為他們來芝加哥以後，關係終於有了點進展，看來他們就是註定得這樣起起落落的。李文決定把當前的狀況當作暫時的低潮期，過一陣子就會好。

「會面點在哪裡？」寇爾問他，聽完他的回答之後皺起眉頭：「那地方根本什麼鬼都沒有，封存檔案庫怎麼會在那裡？」

「這不是重點，如果范尼克要我們在那裡見面，我們就在那裡見面。」李文說：「他是唯一能讓我們進入檔案庫的機會，不要搞砸了。」

他一度有在考慮要寇爾留在這裡別去，雖然他很需要有人當他的後援，但他的外甥實在很不可靠。他在范尼克的住處忽然爆發的暴力舉動實在太過火，讓李文不禁懷疑起他的心理狀況。然而，無論如何他都是他的家人，在這種緊要關頭叫他退守，很可能會徹底毀壞他們的關係，從此再也無法修復，而且等他回來的時候，寇爾很可能根本就跑得不見人影。就在他們從范尼克那裡離開之後沒多久，寇爾就已經消失過整整一天，他一度以為他僅剩的家人就這麼走了，永遠不會再回來，他得承認，當他看到寇爾若無其事似的走進門那霎那，他是真的很驚訝。他問起的時候，寇爾說他只是去找個地方發洩一下怒氣，甚至還為自己的不當舉止道歉。這至少比什麼都沒表示要好，李文立刻就原諒他了，因為這就是家人會做的事，或者說是身為家人應該做的。

此時此刻，他們正在地球總部園區北邊兩公里外，窩藏在密西根湖畔沙灘的貧民窟。這些濱臨湖畔的棚屋常常在豪雨時節被洪水淹沒，只有遊民、毒蟲和窮人會住在這裡，因為暴力衝突太頻仍，加上他們的性命不值錢，當地執法單位根本連理都不想理他們。他們住的這些只有單間的棚屋蓋得很是擁擠，每間都搖搖欲墜的，不過，他們可是在亞馬遜監獄殖民地待過半年，後來又在迷霧之島待了另外半年，早就很習慣這種悽慘的居住條件了。而且待在這個地區還有另一個優勢，李文可以把科學怪人號停在唯一一個他認為安全的地方，就是在距離湖岸一百公尺遠、五十公尺深的水面下，底下的湖床堆滿了廢墟、大型垃圾和地球瘟疫的泥濘，這些廢棄物堆成了一座座小山，有些甚至高到凸出湖面。李文把克力梭開到其中兩座垃圾山中間，再用超動能防護罩把自己和寇爾送出水面，如果他們不小心被發現了，很快就可以脫身逃走。

李文研究過園區的藍圖，規畫出一條通往機棚所在側翼的路線寫在紙條上，接下來的整個傍晚，他們兩個都在討論午夜的行動計畫，反覆確認自己記住每個逃生點，擬定備用的會面點，還有萬一情況變糟時的緊急應變方案。「隨時做好過度準備」是時旅總署的座右銘，不管怎麼樣，他們畢竟都還是學院訓練出來的特工。

「嘿。」李文說著，朝寇爾伸出一隻手：「我們要活著離開這裡，兩個人一起。」寇爾遲疑了一下，終究還是啪的握住他的手，李文順勢把他拉得靠近些：「無論如何，我們都是一家人，只要我們合作，肯定辦得成。」

「是的，舅舅。」

晚上十點過後沒多久，他們就出發前往總署園區。為了節約能源，這座城市入夜之後就會全面停止運作，街道全是一片黑暗和寂靜。他們先潛行進入城市外圍的廢棄沙灘，找到通往地下通道的入口，沿著藍色地下道系統往下行，再轉入更深一層的紫色地下道。通道裡光線黯淡，擠滿了肩碰著肩坐在走道兩側的遊民和夜間市集的小販。李文調低了空氣腕帶和超動能腕帶，節省能量消耗率，然而，雖然他已經很習慣曼哈頓廢墟的髒污，這些不通風又嚴重壅塞的地下道散發的惡臭簡直讓人不堪忍受。他們在迷宮般的通道繞了將近一個小時，好不容易又回到藍色地下道層，當他們終於回到地面上，來到總署園區西北邊的時候，李文才舒緩的呼了一大口氣。

接著他們穿過一片破舊的居住區，回頭往東南方走，遠遠還可以看到北邊摩天大廈群的深黑剪影，那就是芝加哥主城區，在顏色稍淺的夜空映襯下，活像無數根參差的獠牙直伸向天空。那樣的景色表示今天和往常不同，能見度比較高，實在不是個適合潛行的夜晚。但他們還是繼續走，穿過好幾條小巷子和破敗的街道，總算抵達了總署園區。進入園區之後，他們放慢腳步，更謹慎的隱藏行跡，園區裡有監控兵在巡邏，但要避開他們並不難。夜間巡邏的工作是一種懲罰，所以沒人會真的認真做，畢竟有誰會蠢到特地跑來總署的權力中樞基地公然犯罪？

一股微風從西邊吹了過來，挾帶著硫磺的臭味和巨大煙囪群吐出的腐爛氣味。忽然間，他們身後傳來槍響般的拍擊聲和爆裂聲，一陣又一陣迴盪在空氣中。李文示意寇爾停步，雙雙躲進其中一棟建築物的陰影處。周圍相當安靜，除了遠處傳來的爆響，就只有肉眼可見的一道道灰風發出的呼嘯聲。確定整條路上都沒有異狀後，李文才又打個手勢示意繼續前進，在建築物和大樓的陰影之間快步移動，地球總部造型怪異的身影也跟著越來越近，越來越巨大。經過了好幾個街區和好幾群巡邏隊之後，他們抵達園區最南邊和主建築相連的大樓，在大樓周邊繞了大半圈才找到入口，門板上標示著一個巨大斑駁的字母D。

李文把耳朵湊到門上仔細聽，除了頭頂呼嘯的風聲，什麼都沒有。他回頭向寇爾使個眼色，豎起三根手指開始倒數，接著便吱嘎一聲推開門板，寇爾舉起爆能線膛槍，槍托抵著肩窩率先進去，李文則等了一會才跟上。

那是個極其深敞的空間，空氣中瀰漫著油汙和灰塵的氣味，除了牆壁和天花板相接處的細小窗口透進來的些許月光，黑得幾乎伸手不見五指，只隱約可以分辨出一艘星艦的輪廓線，從外形看來是艘防水布蓋著的飛艇。李文用指尖在寇爾的肩膀點了兩下，指了指庫房東側要他過去，自己則壓低身體往西側的牆面走。他沿著外緣走了整個建築物周長的三分之二，忽然注意到兩艘星艦的黑影中間有一絲微弱的亮光，便往光線所在的位置切過去，范尼克就在那裡，緊張的在原地來來回回踱著步。

他感覺到有人靠近，嚇了一跳，往李文的方向看過來：「誰在那裡？」

李文舉起雙手，走進光線照明處。「謝謝你願意見我。」

「稽查官李文。」看到是他，范尼克明顯大鬆一口氣：「當然了，您向來都很準時。請跟我來。」

「我們要去哪裡？封存檔案區絕不可能座落在這種地方。」

范尼克神色緊張，發出了不太自在的咯咯笑：「約在這裡只是為了方便偷渡您進來，走吧，我們還得再往地下走兩層樓。」

「等我一下。」李文說：「我先把寇爾叫回來。」

年輕的行政員瑟縮了一下：「他一定得跟來嗎？」

「我可是聽得到的喔。」李文腦中傳來寇爾的聲音：「整個庫房都是你們的回音。你們去吧，我在這裡可以清楚看到他的一舉一動，藏在暗處剛好幫你把風。」

「就這麼辦，寇爾。」李文默想回應：「嘿，再跟你道聲謝，謝謝你一路跟著我跑這趟當我的後援，這對我來說意義重大。」

「我只是不想讓那個小渾球在『天衛四裔』賈維家的人面前耍什麼花樣，只是這樣而已。」

李文朝范尼克點點頭，兩人便結伴往庫房更東邊前進，沿途又經過好幾艘死氣沉沉的星艦，來到通往地下層的樓梯間。這層樓存放了更多星艦，大部分的艦體狀況比上面那層還糟，總署一定是把毀壞的克力梭都收在這裡，零件可以回收再利用，好幾百個殘骸散佈在整個房間，有些還積著厚厚的灰塵，根本看不出來是什麼。李文從這些克力梭的屍骨旁邊走過時，感覺它們的舷窗就像是一隻隻幽暗的眼睛在盯著他看。最後他們終於穿過這片廢船的迷宮，來到一小片空地上。

「這是怎麼回事？」李文問。

范尼克舉高手裡的燈：「他來了。」

十幾道亮光頓時明晃晃的亮起，從四面八方照過來他身上。這是陷阱！李文立刻啟動超動能，打算穿破天花板逃出去，但他注意到現場也有至少二十個超動能跟著啟動，大部份都是橘色的。他被一群稽查官包圍了。

茱莉亞從黑暗中現身：「不要輕舉妄動，李文。」

李文看著站在他身邊的范尼克，不能說是真的毫無預警，但還是深深感到被背叛的痛楚。他開口想要說點什麼，可能是出於憤怒，也可能是悔恨，是哪個都不重要了。這就是他人生和志業的終點，結束在午夜時分一間老舊的倉庫裡，甚至連戰鬥的機會都沒有，因為他已經下定決心，再遇到茱莉亞的時候不會再跟她戰鬥。不過說實在，眼前這種情況他不管抵不抵抗都沒什麼差別，他根本一點勝算也沒有。

「我向稽查官茱莉亞尋求建議。」范尼克囁嚅的說：「我不知道還能怎麼辦。」

李文轉過身來面對茱莉亞，舉高雙手暴露出腕帶：「就像我們說好的，下次再碰見妳，我就乖乖束手就擒。」

茱莉亞翻了個白眼：「你真的是有夠戲劇化，李文。」說完她走上前來，打開自己的恆儲空間，拿出一個金屬裝置放到他面前，他立刻認出那是個資料庫。「你的加密密鑰，稽查官李文。」

剛開始他還有點困惑，但很快就被重新燃起的希望取代，把一百四十三個字母的密鑰打進去，解開他的私人檔案。檔案一解鎖，茱莉亞就把手放到資料庫上，用清晰的嗓音說：「檔案發送出去了，開始分析和檢閱。」

他往前踏近一步：「我有個摘要主目錄，你們可以存取——」

茱莉亞身周的超動能亮了起來：「不准動，李文。現在你的性命全都取決於這個資料庫裡的東西，如果內容和你告訴我的有一點不一樣，我就直接扭送你到楊老面前。」

接下來的十分鐘，在黑暗中顯得格外漫長。他身後有人倒抽了一口氣，右手邊則有人咒罵出聲，沒有多久，庫房裡的談話聲越升越高，周圍的所有人都開始針對他找到的證據發出怨言。有一道人影踏步上前，接著又有越來越多人跟進，到這個時候他才有辦法認出他們都是誰。他認出了漢米爾，導航中心的負責人；摩耶，監控兵大隊長；羅維，航太總部的最高稽查官；還有馬恩，木衛三的最高稽查官。隨著討論越演越烈，圍在四周的人群也不斷往他這邊聚集過來，他這才意識到，時旅總署地球總部將近一半的高層都到這裡來了。

「寇爾。」李文趁著等待的空檔在腦中默念。「從你的位置看起來狀況如何？我和一整群總署的高級管理人員待在一起。」

「像死人一樣安靜。」寇爾回應：「底下的狀況都還好嗎？」

「目前都沒事。繼續待命。討論可能還要持續一段時間。外頭如果有動靜再通知我。」

「所以你不是在唬爛。」茱莉亞的語調還是有點保留：「你從來不是會誇大其詞的人，但考慮到諸般情況，我得確定你沒有在哄騙我。」

「所以這只是個測試？」李文說：「妳相信我？那妳為什麼不在我們見面的時候就答應我的請求？」

「別開玩笑了。」她說：「我才不會憑你幾句話就讓自己冒上叛變的風險。不過後來范尼克來找我，跟我說你要他幫你做什麼之後，我就知道你說的都是實話了。所以我把你的話告訴了每個我信任的高層人員——」說著她指了指周圍的人：「——他們都和我一樣，已經對總署幻滅了。我們需要你的加密密鑰把資料解鎖，才安排了這場會面。」

「我在乎的問題是。」摩耶踏前一步說：「我們該拿眼前的情勢怎麼辦？因為紐約那場戰爭陷入膠著，我的監控兵每天都在折損。我的部下們不應該為了企業的利益白白送命。」

「如今有將近百分之六十的特工是在為企業委託的任務賣命。」漢米爾接著補充：「這些任務的死亡率足足比平均值高出百分之十六。」

羅維，很可能是在場位階最高的人，也開口問李文：「你想取得這些資料，表示你一定有計畫，說來讓我們聽聽。」

李文環顧著這群人，他們人數不多，卻能帶來真正的影響力，是個很好的開始。「我想發動一場政變，就從地球開始。我們要重新整頓時旅總署，恢復它原本應有的角色，為人類的遠大願景服務，徹底擺脫企業集團的玷汙。」

「現在總署的主要高層都住在木衛二。」馬恩說：「就和我們極力想擺脫的那股腐化勢力同床共眠。」

「那我們就把高層整批換掉。」茱莉亞說。

「地球一直都是時空打撈的重鎮。」李文說：「我們都很清楚這點。誰控制了這顆星球的打撈事務，誰就能控制整個機構。」

「地球這麼大，光靠我們是應付不來的，特別是在人數這麼少的情況下。」漢米爾說。討論隨即又陷入一團亂局，每個人都開始發表自己的意見，認為下一步應該怎麼做。這很可能是有史以來頭一遭，管理階層有這麼多人都對總署的決策方向感到不滿，每個人都以為自己處境孤立，滿懷著恐懼，不敢表達出內心的憂慮，李文的行動只是催化劑，讓蓄勢待發的水壩潰堤了。一開始的時候，每個人都在分享自己的故事，講到後來，就像每個由領導者和解決問題的人組成的團體常會有的發展，思路全都轉向尋求解決的方法。他們的聲音越來越響亮，到後來終於演變成爭執。

「時間數據庫。」漢米爾說：「時間數據庫是總署所有運作的關鍵。如果我們把數據庫還有它在月球的備份佔領下來，我們就可以控制整個總署。」

「同時控制住兩個據點。」摩耶沉吟著說：「這我們辦得到。我們甚至可以在署裡其他人知情以前神不知鬼不覺的出手。」

「等等，你們打算今晚就行動？」茱莉亞皺起眉頭：「我們得再從頭到尾好好想清楚，仔細把整個流程計畫好。」

「現在我們離時間數據庫只有幾千公尺。」漢米爾回答：「如果我們離開總部，就再也不會有機會離得像現在這麼近了。更何況，要是楊老看到我們全都不見了，他肯定會算到有什麼事情不對勁，調派更多人加強保安。今晚不做，更待何時？」

「別管什麼數據庫了。」范尼克也開口，但他的聲音被周圍的話語聲淹沒：「我們該佔領的是導航中心。」

「我站在茱莉亞這邊。」羅維說：「有三十個非戰鬥人員跟我們在一起，真的動手了會讓所有人都身陷險境。」

「我們都是從學院磨練出來的。」老詹說。他是首席統計員，很有些歲數了。「我黑洞的當然知道怎麼用槍，什麼槍都行。我們來大幹一場。」他看起來甚至挺樂在其中的。

「你覺得呢，李文？」羅維問。

李文環顧這群人，思考著他們提出的每個選項。摩耶說得沒錯，此時此刻確實是他們拿下數據庫的最佳良機。但茱莉亞的看法也沒錯，他們要拿下的可是全太陽系戒備最森嚴的數據中心，而他們還沒有任何成形的計畫。可是，等到明天總署發現了這起叛亂，開始進入高度警戒，他們只會更無法成形，很可能從此再也不能踏進地球總部了。現在就是他們可以把握的機會：「今晚就來做個了斷。」

「我們該佔領的是導航中心！」范尼克又說一次，這次提高了音量，剛好夠在場所有人聽到。談話聲終於漸漸停歇，每個人的注意力都轉到了他身上，讓他很是不自在，往李文身邊挪近一步：「只有讓總署其他人知道到底發生了什麼事，這次行動才有可能成功。」

「佔領導航中心有什麼作用？」羅維問。

「在場的幾位。」范尼克比了個手勢指著他們：「都是整個總署最受尊敬的人。你們難道不曉得這對底下的士兵和文職人員意義多重大嗎？我們全都打從心底敬重你們。現在的問題是他們全都不知道到底發生了什麼事，他們全都被蒙在鼓裡，導航中心是唯一可以把資訊散佈出去的管道。」他轉過來對李文說：「把你的檔案公開給他們看，讓他們自己決定。」

「把一切都押在他們的忠誠上，那是在豪賭。」茱莉亞說。

摩耶贊同的點頭：「不，這個小夥子說得沒錯。署裡其他人的忠誠心是我們唯一真正值得一賭的。如果我們說服不了他們，橫豎都是失敗。而且說老實話，就算我們拿下時間數據庫，然後呢？接下來能怎麼辦？挾持時間數據庫根本就是個笑話，所有人都知道我們絕對不可能冒險讓時間流受到半點損害，那會徹底摧毀時旅總署僅剩的正當性，失去我們作為時空旅行管理機構的資格。這麼做只會給那些企業免死金牌，開始肆無忌憚的到處時空跳躍。」

摩耶完全說到了重點上。就算他們真的佔領數據庫好了，到了緊要關頭，李文肯定無法把自己威脅執行到底，如果對監控兵大隊長來說都是這麼顯而易見，對楊老來說更是。他又掃視了一遍圍繞在身邊的這一小群人。他本來沒料到事情會進展得這麼快，但如果說到要並肩作戰，不會再有比現場這些人更好的戰友了。「就這麼辦。」

羅維點點頭：「召集所有忠心的監控兵和稽查官。特工們可能不會想淌這個渾水，不過，既然是出奇不意的行動，我們可能也不需要他們。這樣要操心的就只剩下行政人員。」

李文一把摟住范尼克的肩膀。「這想法真好，孩子。」

范尼克微笑起來：「謝謝您，稽查官李文。能夠參與這一切，我很驕傲——」

忽然間，一道紅色弧光從庫房另一頭射過來，穿透了年輕行政員的身體。他臉上的笑容顫動了一下，頭顱低垂下來，膝蓋一彎就要軟倒，李文即時抱住他，他才沒有整個人倒在地上。

一道身影從射擊來處走來，出現在光線照得到的區域最外緣。那是手持著線膛槍的寇爾，他往地上啐了一口，說：「我老早就想這麼幹了。終於可以擺脫掉這個小渾蛋。」

「你幹了什麼好事？」李文倒抽一口氣，震驚得合不攏嘴：「為什麼？」

寇爾聳了聳肩：「因為我不喜歡他，從來沒喜歡過。更何況，就像你常對我說的，舅舅，自己的生計得靠自己努力掙來。」

當他身上閃現出白色亮光的時候，李文的血液都凍結了。緊接著，幾十個超動能亮光在他們四周圍亮起，絕大部分是黃色，還有少數幾個橘色夾雜其間。一個小型球體帶著楊老的影像飄浮到他們上空，在他們頭頂繞了一圈，評估著他們這群人。「這場混亂比我想得還嚴重。造反，在情況最嚴峻的時刻，在全人類的生死存亡危在旦夕的時候。你們怎麼會想到要幹出這種事來？特別是其中幾個人，我真的對你們很失望。事情演變成這樣，我很遺憾。」

「正因為現在是最嚴峻的時刻，我們才更非做不可，楊老。」李文回應：「我們再繼續沿著這條道路走下去的話——」

楊老立刻截斷他：「安靜！李文，你只是個叛徒和罪犯。」

「您想要怎麼處置這些叛徒，部長？」寇爾問。

楊老嘆口氣：「這攤爛帳可有得收拾的了。總署不得不把一大批管理階層的人都換掉，但我想也只是無濟於事。寇爾，你的新雇主已經給你新的指示，趕緊去辦吧。」

第五十一章　襲擊全銀河大廈

在雲朵般籠罩著整座島的濃霧上空，十艘火神運輸艦、十二艘女武神艦和四十艘克力梭像猛禽一樣，挾帶著驚人的氣勢朝迷霧之島俯衝而來。從遠處看過去，那層濃霧就像是個巨大的圓拱屋頂，霧氣有如活物般在圓頂邊緣繚繞翻騰，只有少數幾棟特別高的大樓穿破雲層突在外面。

這支小型艦隊在圓頂上空停下來，懸浮在表面幾公尺處，船艦排出的氣體在濃霧表面製造出了一些小凹洞，但似乎不管怎樣都吹不散它。整支艦隊開始各自就定位，成一個緊密的平面圓環陣，不斷調整相對位置，直到每艘船都準確的到了指定位置上，才全部一起往南移動六百公尺，接著又調整一次陣形，往順時針方向轉了幾度，圓環的大小剛好足夠覆蓋以全銀河大廈為圓心、半徑兩個街區寬的面積。

「長官。」一個聲音在郭的腦中嗡嗡響起：「我們已經抵達指定座標正上方。」

其中一艘火神艦的後艙門打開了，冷空氣伴隨著高頻的強風尖嘯聲橫掃過整間船艙，郭來到舷梯最外緣，蹲下來看著腳邊滾滾翻騰的灰色濃霧，兩隻手都伸進去霧裡感受一下。既不潮濕，也不冰冷，什麼都不是，就只是存在在那裡。她抬起頭來往上看，有些比較輕盈的雲懶洋洋的飄浮在那裡。電磁脈衝霧雖然被稱為霧，只是取其名而已，它到底是怎麼形成的仍然是個謎，那是已經被遺忘許久的古代武器和科技留下的遺跡，如今卻成了不斷阻撓著她行動的心頭刺。她簡直迫不及待希望這個專案趕緊了結。

「全體聯軍注意。」她透過通訊模組向所有人宣布：「不准使用燃燒彈或炸藥。開火前要確認目標。我要活捉那名異時者，只要傷到她一根寒毛都是對合約的毀損。其他人全都是可消耗的，直接消滅。」

郭叫出這座城市的概略圖，展開被她的艦隊覆蓋的區域，全銀河大廈就在正中心。這次異時者是插翅也難飛了。敵方的叛徒給了她這次進攻的關鍵情報，也就是那名科學家的確切外貌細節。儘管這確實是相當有價值的情報，但在她看來，也沒有到和他交易的條件等值的程度。不過這個問題可以日後再處理。

「所有船艦注意，只要目標物一登艦，立刻離開電磁脈衝霧的範圍，在陣形周邊繞行巡邏，等候進一步指示。只要有任何野蠻人想從島上逃走，當場格殺勿論。」她下令：「入侵行動開始——各就各位。」

一聲令下，整支艦隊便同時往下垂降到幽暗的濃霧中，有幾艘剛好降落在水面上，其他幾艘則各自降落在預定的戰略位置，有的在橋上，有的在出入口，有的在露天平臺和陽臺上。一降落到定點，所有船艦便同時打開艙門，數以千計的渥爾塔突擊兵和總署監控兵傾巢而出，湧進各個大樓裡準備對抗數量不明的野蠻人。但是這一次，敵方有多少人都已經無濟於事，之前這些野蠻人可以壓制住聯軍更優越的火力和戰鬥技巧，靠的就是人海戰術，還有他們每次撤退時，都能憑著地利優勢躲進濃霧瀰漫的叢林裡。如今他們是無路可逃了，她的部隊已經覆蓋過這整個街區，圍堵了所有可能的逃生路線，接下來就只需要有條不紊的把這些野蠻人逼出來，直到目標現身為止，找到那個科學家只是時間早晚的事。她越快解決掉這令人不快的任務，就能越快擺脫掉這個鬼地方回家去。

郭踏出火神艦，來到連接全銀河大廈北側的主要空橋上，九個突擊兵小組在淨空她身後的大樓，三個監控兵小隊則控制住了每條連接的空橋。根據寇爾的說法，第三十四樓，也就是她現在所在的這層樓，就是他們的作戰樞紐，如果聯軍把這層樓佔領下來，就可以切斷其他更高樓層的對外聯繫，控制住這個新崛起的荒地聯盟的心臟。

她來到空橋中央，卻發現她其中一支部隊停在那裡，沒有繼續推進，不禁皺起眉頭。她的小隊有精良的重裝備武器，應該很輕易就能突破那些原始人的石頭和棍棒，或是其他天曉得什麼鬼東西。然而她卻看到機甲兵們啟動了「盾殼」，一種裝在左前臂的半透明強化能量護盾，展開後剛好覆蓋一個人全身，集中隊伍聚攏在一起。

她來到小隊長身邊問：「出了什麼問題？」

小隊長指了指空橋盡頭的垃圾堆，乍看之下不過是一大落隨便亂堆在那裡的廢棄物，但接著她注意到有一群人站在接近頂端的地方，整座路障中間還有一扇金屬的雙開式大門。

「這麼一點小障礙，你們應該很容易就能突破進去。」

「請您再仔細看，長官。」他說。

郭照做了，這時才注意到路障前面有一層淡淡的銀色閃光。「那不是我們的戰地遮罩嗎？」

小隊長點點頭：「是相同的痕跡特徵，很可能是從約克前哨站偷來的。我們位處空橋上，能採取的行動選項很有限。想突破那面遮罩，不用爆破的方式很難辦到。」

「不准有爆破。我們絕不能冒險讓那個科學家受到損傷。」她說：「你們測試過遮罩的能量值了嗎？」

他點點頭：「已經直接取得。我派了兩個人靠近前去取得臨場讀數，結果挨了兩記爆擊槍和光束槍。」

真是相當有意思的發展。這些野蠻人不光只是偷走渥爾塔的單面戰術用護盾，根據他們的需要改造成不同用途，還懂得用企業集團規格的射擊武器。這下任務變得更棘手了，有很多麻煩事她可能得自己親手處理。

「叫機甲兵待命，隨時準備進攻。」她說。

緊接著郭便縱身飛射而上，穿過沒有玻璃的空橋外框沒入霧氣裡，飛了二十公尺高，直接往摩天大樓衝過去。大樓的外牆頗為頑強，但還是被她打穿一個大洞，隨著她降落到路障內部，碎石塊也如雨般崩落到地面。走道上無數的野蠻人像老鼠似的到處奔竄，一波又一波擁上前來阻擋她，手上不管有什麼武器都拼命朝她開火，霎時間一陣彈幕齊發打在她的防護罩上，閃動的超動能在黑暗的走道裡閃閃發亮。她看到爆擊槍、光彈腕帶和拋射彈，甚至還有原始的箭矢，一碰到熾白的防護罩表面就起火燒起來，每個被彈火擊中的點都激起一圈震波，彈幕實在太密集，除了超動能的火花閃動之外什麼都看不清楚。

郭查看一下能量值，竟然掉到了百分之八十一，這場戰鬥已經開始造成耗損了。她的注意力正要轉向路障，忽然整個人就被撞得往旁邊飛出去，以驚人的力道重重撞在牆上，超動能有一瞬間劇烈波動，她急忙重新調整能量值，發現已經降到了百分之六十八。剛剛打中她的是什麼東西？

她順著走道望過去，看到了一座裝在運貨馬車上的黑色加農砲。要是她剛剛反應不及……等等，不對，那是他們裝在女武神艦頂端的聚變彈加農砲。這些野蠻人是怎麼弄到手的？更重要的是，他們是去哪找來那麼多能源供給這種武器？

看來她是太低估這些野蠻人的實力了，不過，還是沒有太大的差別。她一個縱身直接往加農砲飛過去，途中視若無物的撞開掀翻了一堆野人。雖說那個科學家不太可能混在附近的人群裡，但即使可能性再微薄，她也不要冒這個風險，接下來都得謹慎行動。眨眼間她便來到加農砲面前，放出一道白色超動能巨砲，把整座加農砲都包進光束裡舉到半空中，就這樣帶著它一路飄浮著跟她回頭往路障去，沿途中有無數彈火朝她射來，打得防護罩外緣電光火花不停閃動，但她絲毫不為所動，直直飛躍到路障上方，對準正中心，解除光束，這座長長的黑色圓筒狀武器便垂直向下墜。爆炸的壓力波往周圍擴散，剛好不幸在附近的野蠻人全都被橫掃在地，緊接著就是熊熊的火焰和濃煙撲面而來，她在防護罩完美的力場球體內，看著煙霧和火舌在超動能表面肆虐翻騰，而在防護罩外頭，燒燙的碎石塊驟雨般落在那些野蠻人身上，引起一片驚慌失措的慘叫。幾秒鐘過後，她的機甲兵小隊從外面突破進來，真正的大屠殺就此展開。

郭仍然懸浮在上空五公尺處，看著她的部隊形成一小排一小排的方陣隊形，這些機甲兵是專門訓練來鎮壓和控制暴動的兵種，而這些野人就是一群暴民，一群蠻夷組成的烏合之眾，妄想要跟這些紀律更嚴格、訓練更精良、武器更進步的專業軍人對抗。沒一會工夫，她的部隊就拿下了兩道出入口的其中一道，在那裡建立了進攻據點。雖然他們的兵力和對方有一比十的懸殊，但在五分鐘之內，野蠻人的陣線就開始被他們往後逼退了。她全程都保持浮空，由上而下監督著整場戰鬥進行，底下仍然是一片黑暗，加上這群裝備著白色重裝甲的機甲兵殺得他們招架不住，那些野蠻人很快就忘了她的存在。戰鬥剛開始的時候，她的能量值就降到了比原本預估要低的程度，不過沒什麼影響，接下來的行動階段已經不需要她的介入。

十分鐘後，兩個監控兵小隊從北邊抵達，還有三個小隊從西邊抵達，於是她撤下機甲兵，讓這些監控兵去收拾殘局。她的機甲兵還有其他更重要的用途。不到兩個小時，三十四樓的重點戰鬥就差不多結束了。她沿著走道巡視和檢查戰鬥結果，發現機甲兵的軍力竟然降到了百分之六十五，最開始的進攻就已經讓她損失了四十九個人，讓她很是驚訝。不過，敵方的損失更慘重，少說也有三百人，地上的屍體太多了，實在很難得知確切的數字。

她居高臨下的站在機甲兵隊長的屍體前，抬頭看著隊伍最前端的另一個機甲兵：「現在你是小隊長了，你的人馬什麼時候可以再行動？」

「二十分鐘內，長官。」對方敬禮回答。

她點點頭之後便叫他退下。就在這時候，負責搜索樓層的監控兵小組押送了一個老人過來，他們是在後面的房間找到他的。他們把他一路拖過來丟在她腳邊，郭只看了他一眼，就知道他比其他那些尋常的野蠻人還要有份量。

「你的名字？」她問。

「我是導師克羅。妳現在站的地方是我的家，請容我邀請妳坐下。」他撐著自己爬起身，環顧一下四周，悲傷的神色籠罩他的臉：「今晚將會有許許多多的鬼魂徘徊在此處。屠殺了這麼多人，讓妳得到妳尋求的滿足了嗎？」

郭無視他的問題：「那個異時者在哪裡？那個科學家？」

「我不知道妳在說什麼。請，請容我邀請妳坐下。」

「那個女的，伊莉絲，從過去來的那個女人。」

老人只是再度搖頭：「我不知道妳在說什麼。請容我邀請妳坐下。」

郭一把拽住他的襯衫前襟，拖著他橫越過整個房間，這場戰鬥的倖存者，大約兩百個野蠻人都被集中起來，坐在房間另一頭的地板上。她拖著他來到他們面前，用力把他甩到地上，從最近的突擊兵手裡拿了把手槍，槍口瞄準離她最近的一個野蠻人：「我想知道什麼，都給我從實招來，不然我就把這些人一個一個全部射死。」

「我不知道妳在說什麼。請容我邀請妳坐下。」

郭扣下扳機，射穿了那個女人的胸口：「我們再試一次。」

老人的淚水撲簌簌的流下來，但還是努力昂著頭直視前方，不知怎地，他竟然還有辦法擠出一抹微笑來：「我不知道妳在說什麼。請容我——」

她又扣了一次扳機，這次射死的是個受重傷的年輕人。「他的血是沾在你手上，導師。事實上，如果你把我想知道的告訴我，我的軍隊一個小時內就會離開這裡，還你們一片清淨。怎麼樣？你意下如何？」

老人垂下頭，極端的痛苦讓他整張臉扭曲得幾乎不成樣，他用力按壓著雙眼，渾身顫抖不已。郭已經快要失去耐性了，外面的街區有十幾場戰鬥在開打，她居然還在這裡鎖定那個異時者的位置。

她又接連著扣了五次扳機，射殺了五個戰俘，然而，老人還是每次都重覆說著那兩句話。最後郭終於把槍口指向他：「這是最後一次機會了。不光只是你，今天有更多人的命運都懸在刀口上搖搖欲墜。不管你回答什麼，我晚上一樣可以睡得很安穩，所以不要試探我的底線，老頭。告訴我那個女人在哪裡。」

克羅用浸透了血漬的袖子抹去眼淚，背過身去，依依不捨的凝視坐在地上的族人們，他們也全都仰頭回望著他。然後，他微笑著點了點頭。

「我是熨斗族的導師克羅。請容我邀請妳坐下。」

郭扣下扳機，老人的身體頓時垂倒在地。她惱怒的對監控兵隊長說：「把他們全殺了。」

他震驚的張大嘴，往後退了一步：「秘安官，他們都已經卸除武裝了。他們是戰俘，我們不——」

她放出超動能光柱，掐住他的脖子把他整個人離地舉起。「我不知道你們那個沒有效能的總署是怎麼執行任務的。」她斥喝：「但是渥爾塔軍方絕不會容忍以下犯上。聽懂了沒有，監控兵隊長？還是要我現在就公開處決你，給你們樹立一個典範才知道什麼叫真正的軍紀？」

「遵命，秘安官。」他掙扎著回答。

「長官。」在這同時，艾娃小跑步到她身邊：「除了四座主要樓梯間，還有少部分人散落在不同區域零星抵抗，這層樓絕大部份都已經攻下，而且控制住了。鄰近幾棟大樓的偵察兵都已經在回報了，戰況比原先預估的還要激烈，但我們應該可以在入夜前全部戰領控制。」

「有那名異時者的蹤跡嗎？」

「還沒有。」

郭從ＡＩ模組拉出這棟大樓的藍圖。「帶一支隊伍上去七十九樓。那個叛逃者說她有很大概率會待在那裡。」

「馬上照辦，長官。」

目送艾娃和機甲兵小隊離開之後，她的注意力才回到還被吊在半空中的監控兵隊長身上，半透明的白色超動能光束勒著他的脖子，他雙臂亂揮亂舞，臉龐已經脹得通紅。她鬆開光束讓他摔到地上，冷冷看著他大口大口的喘氣。

「對我只能唯命是從，隊長，不然我就另找一個聽話的人替換你。」

接著郭便轉過身去，示意機甲兵小隊跟上，準備穿越整層寬敞的樓層前往另一端，有幾小群還在抵抗的野蠻人等著有人去把他們清理乾淨。她離開那個區塊之前，先停下來等了一會。然後她聽到了，監控兵隊長的聲音：「好了，小夥子們，把這樁破事了結吧。第一小組，讓那些戰俘排成一列。」他嗓音破碎的說：「各就各位。」

遵守命令是最重要的。假如你放任一次不服從發生，就會有第二次第三次。郭啟動超動能，縱身往聲音最近的戰場飛射而去。

第五十二章　自由之邦

伊莉絲站在走道上，看著布莉亞抱起莎夏急匆匆的往更高的樓層跑去。她感覺到詹姆斯恨不得也跟著她們一起去，正在努力壓抑自己的衝動。緊接著又是轟的一聲爆炸，整棟大樓發出一陣呻吟，晃得天花板粉塵直落。慘叫聲此起彼落，底下遠遠某處有個嬰兒在放聲大哭。無盡的痛苦和折磨充斥在空氣中。伊莉絲不禁覺得覺得自己要為當前發生的一切負起責任。她得做些什麼，但能做什麼？

詹姆斯抓住她的肩膀：「妳也該去躲起來，躲在血玉米田裡。等事情結束後我會去找妳。」

「不。」她回答：「你才該去，她是你的妹妹，詹姆斯。現在這一切都是我引起的，我不能眼睜睜看著這些人為此戰鬥和犧牲，自己卻跑去躲起來。」她沒給他回應的機會，就三步併作兩步的跑下樓梯。

詹姆斯很快又追上她的腳步，把她整個人轉過來面向他：「伊莉絲，求妳了。他們就是在找妳。妳得從整個大局去思考，妳是一切的關鍵。妳在戰場上幫不了任何人，要是死了更是幫不了任何人。妳得活下去，找到治療地球瘟疫的方法。」

她把他的手拍開：「別跟我來這套，詹姆斯。你要不是來幫我，要不就別擋我的路。」

她來到五十六樓，大批艾爾弗雷人正在那裡集合，場面相當混亂，大部份的守衛都在樓層的司令部那側，忙著分配武器，準備組織成一支支隊伍。戰鬥指揮官在現場喝令指揮，但看起來也是疲憊不堪。

伊莉絲把他拉到一邊，悄悄問：「艾瑞亞歐，你們都還好嗎？」

艾瑞亞歐點了點頭，但她看得出來他很慌張，不時要急促的吸口氣：「聯軍找到我們了。每棟大樓的信差都回報說有戰鬥發生，我們說話的此刻，熨斗族正在拼命想守住路障樓層。其他好幾個樓層也都回報說有敵軍的單位入侵。我方還有好幾個小組還沒到，還有。」他指著房間另一頭說：「我們得把其他族人移動到安全的地方。」

「深呼吸。」她說：「一次講一件事。」

「您應該到安全的地方。」他說：「我會派一支守衛隊護送您到高樓層。」

「別連你也跟我來這一套。」她駁斥：「我不要什麼護送，我要所有守衛都投入戰鬥，能挽救多少性命是多少。」

艾瑞亞歐一臉嚴峻的說：「沒有後備計畫，淪陷只是時間早晚的事。打從第一波進攻開始，我們的陣線就一直得從其他大樓撤回來。」

伊莉絲不禁咒罵，情況比她原本預料得還要糟。「我們必須守住樓梯間。」她指示說：「趕緊讓守衛們組織好。我去處理其他族民。」

「我們很快就能就緒，長老。」

伊莉絲目送著他往那群蓄勢待發的守衛們走去，有點懷疑他是不是真的能把場面控制住。不過，他畢竟是她的戰鬥指揮官，她得信任他能把自己的工作做好，而她也有自己的工作得做。她快步跑向樓層另一邊，其他非戰鬥人員族民們正聚集在那裡，不知所措的緊挨在一塊，許多人被大樓的轟隆聲和劇烈搖晃嚇壞了，其他人則連衣服都還來不及穿好，眨著惺忪的睡眼，還沒有清醒過來的樣子。

伊莉絲爬到一張椅子上，放開喉嚨朝著所有人發號施令。幸好樓層這側的人都比守衛們還聽話，很快就開始遵照她的指示行動。不到幾分鐘，她就把他們分成了好幾個隊伍，每個隊伍都分派到不同的高樓層去，要他們躲在耕地裡。她不知道敵人都在哪，所以儘可能讓族人們藏得越分散越好。

她回頭看看樓層另一頭，不禁瑟縮了一下。艾瑞亞歐還沒有控制住那群守衛。她跳下椅子跑過去幫他。那個可憐人一會試圖要把兩個不完整的小隊合併成一個，一會想把沒有小隊的散兵配給少了成員的小隊，已經陷入了漫無頭緒的狀態。

她點了點他的肩膀：「艾瑞亞歐前輩——」

忽然間，一陣爆炸轟然響起，震得大樓天搖地動，東側的整片玻璃帷幕被炸成了粉碎。艾瑞亞歐拉著她撲到地上，躲過往內激射進來的玻璃碎片。一艘女武神艦就懸浮在外面，沿著大樓這一整片側面不分青紅皂白的掃射，所有落入它射程範圍的人都無法倖免。有幾個勇敢的守衛匍匐前進到窗邊開火反擊，但他們的子彈全都從船殼上彈開了，連一點刮傷都沒有。

她驚恐的看著那艘攻擊艦停止旋身，然後又回來，發射更多紅色光束橫掃過整個樓層，滾燙的金屬、塑膠和水泥塊在他們周圍炸開，熔化得不成形。這是對他們勇氣的試煉，守衛們的武器遠遠不及對方，還是拼命想要回擊。有個守衛試圖往前進攻，整個人慘遭攔腰切斷，灑了滿地的鮮血，其他人雖然順利搶到窗邊，卻只能繼續用線膛槍徒勞無功的朝戰艦開槍。

忽然間，一記大型爆擊命中戰艦的側翼，整艘艦身斜斜的歪向一邊，然後又是一記打得它原地亂轉。它試圖恢復平衡，但緊接著又被第三記爆擊轟出去，直接撞上另一棟大樓的外牆，撞碎了整排玻璃窗又反彈回來，顛簸的往下墜進濃霧裡。她望向爆擊來處，看到詹姆斯伏在大樓邊緣，手持一把奇形怪狀、幾乎和她身高一樣長的大槍，正探頭在端詳自己的手筆。滿意了之後，他轉過身來對樓層裡的人宣布：「女武神艦的前端和後端武裝很嚴密，但它們的側面是弱點，很容易就能打出破綻。」他舉了舉手裡的大槍：「下次啊，要是你們手邊沒有這個寶貝，就別傻傻的浪費子彈。好了，趕快集合。突擊兵和監控兵不是問題，你們都知道怎麼對付他們，我已經給了你們隨時隨地都能和他們抗衡的條件。真正的麻煩是那些有超動能強化的鎮暴突擊兵。」

他一定是發現自己有點逾越職權了，向艾瑞亞歐望了一眼，但艾瑞亞歐只打個手勢叫他繼續。詹姆斯放下那把槍，立在地上當作拐杖，傾身倚著它掃視了房間一圈，然後用響亮的聲音繼續說：「要對付機甲兵，你們得對他們的裝甲持續爆擊，至於超動能武器，你們要不是耗光他們的能量值，要不就是讓他們的防護罩暫時性超載，就是這兩種辦法。還有，作戰的時候要儘可能越分散越好，為什麼這件事很重要？第一點，使用超動能很仰賴技巧，所以他們能操控的超動能索數量有限。秘安官通常只會製造一種大型光束，叫作超動能巨砲。你們只要分散開來，那些混蛋就沒辦法同時撂倒超過一個人。第二點，他們的防護罩是以能量局部集中為原理運作的，也就是說受到攻擊的時候，能量會導向力場被衝擊到的那一點，所以你們只要同時從相反的方向密集開火，就可以讓防護罩超載。」

他一開始解說示範，整個房間的注意力都匯聚到他身上，很多人握緊了手裡的武器邊聽邊點頭，有些人則交頭接耳的低語，互相交換各自聽到的重點。幾分鐘之後，詹姆斯便開始指揮全局，把他們組織成一支支隊伍。伊莉絲和其他人一樣直盯著他看，完全移不開視線，有那麼一瞬間，她看到的就是她熟知的詹姆斯，她過去幾個月來無比想念的那個詹姆斯，那股掌控全局的自信和力量全都回來了，整個人看起來好輕盈，彷彿終於卸下了一直負在他肩上的巨大重擔。她幾乎想用容光煥發來形容他，但那就有點太超過了，詹姆斯從來就沒有容光煥發過。不過她也不會對自己說謊就是，她是真的很想當場把他撲倒。

艾爾弗雷族的戰鬥指揮官看著眼前的景象，雙手抱胸，一臉難以解讀的神情。伊莉絲湊過去悄聲問：「他就這樣直接接手過去，希望沒讓你感覺不舒服，我晚點會跟他談談的。」

艾瑞亞歐發出一聲咕噥，眼睛仍然盯著詹姆斯：「您知道在您任命我為戰鬥指揮官之前，我是做什麼的嗎，長老？」

「是什麼？」

「我是個製圖師。」他迸出一抹微笑：「從小我就愛畫畫，為了畫出好地圖，我花了好幾年時間在這片土地到處探索，是因為這樣才學會怎麼戰鬥的。所以我非常樂意把戰鬥指揮官的殊榮讓給特工先生，我好回去做我畫圖的老本行。」

她一手摟住他的肩膀：「也許等今天過後再說。今天我們比任何時候都需要你。」

很快的，幾百名守衛們已經全都分好隊，也各自發派了任務，有些小隊負責護送非戰鬥人員到樓上的藏身處，有些小隊負責守住樓梯間和掃蕩樓層，其餘的人則全部到樓下的路障支援熨斗族。

伊莉絲前往她的私人房間，換上機械人駕駛服，幾分鐘之後，艾瑞娜已經蓄勢待發。她駕著艾瑞娜走下停機座，來到詹姆斯剛設置好的臨時指揮中心。詹姆斯本來正埋首忙碌，抬起頭來看到她，一張臉馬上板了起來，踱著重步往她這邊走來。又來了，他們是要老調重彈多少次。她做好心理準備要迎接一頓訓斥，也打好腹稿等著反駁他所有說詞。她知道他的過度保護傾向源自於恐懼和罪惡感，但或多或少還是希望他可以克服這個心魔。

他走上前來，從頭到腳打量她的機械人：「這台機器見識過戰場。看來妳不但把我關起來，連帶還搶走了我的工作。」

「你忙著康復的時候，總得有人負責看家。」

詹姆斯抿起嘴唇，指著一隊等在樓梯間出入口的守衛。「那隊人馬交給妳。」然後他傾過身來悄聲說：「我不知道他們的名字。」

「凱特、蘇特、寇米、伊帝維，那個小個子好像叫尤西什麼的，那傢伙脾氣不太好，很愛碎碎念。其他人我不記得了。」她說。

「還真是一點忙也沒幫上。妳到實驗室去看看莎夏和老人大軍，確定他們都沒事。聽好了，要是戰況失利，妳得駕駛艾瑞娜帶著莎夏想辦法逃出去，往南邊的大樓撤退，那棟大樓的距離應該夠近了，機械人可以跳得過去。知道嗎？」

「我會保護好莎夏的，我保證。」伊莉絲實在很不想做出這種保證，畢竟要是他們落到必須要逃跑的境地，大概也已經在劫難逃。但不管怎麼樣，如果情況真的變得那麼糟，她會竭盡全力救莎夏，她知道自己一定會。

就在詹姆斯轉身要走開的時候，伊莉絲打開機殼，雙臂環抱住他的脖子，在他嘴唇用力印下一吻，緊緊把他摟進懷裡。「別做任何會讓你回不了我身邊的事，聽到了嗎？」

「死亡不行，時間不行，一群大企業的混蛋更別想把我從妳身邊拉開。」他一邊回答，一邊也使勁回抱她。

「聽起來實在很不浪漫，不過我接受。」她期待從詹姆斯那裡聽到的就是這樣而已。他向來不擅長講那些宣示承諾和愛的言辭，但他對她的愛是無庸置疑的。

「我愛妳，伊莉絲。」接著他提高音量，對聚集在周圍的人群宣布：「守衛們，出發吧！敵人別想踏上我們的家園半步，聽到沒有！」

「是，前輩！」所有人齊聲高呼。

第五十三章　交戰

伊莉絲率領著人數比較少的其中一組守衛往高樓層去了。詹姆斯目送著她離開，還是很擔心她可能會碰到危險，但是把她派往高處去，總比樓下那片腥風血雨的地獄要強得多。根據路障樓層的倖存者回報，底下的戰況根本稱不上戰鬥，而是一場大屠殺。

他一直等到機械人的身影消失在盡頭，才收回注意力，準備率領大夥進行反擊。這支由守衛和志願者組成的軍隊擠滿了整個樓層，還有更多志願者還在樓梯間待命。詹姆斯先諮詢過艾瑞亞歐的意見，才達成了目前的戰略共識，他們不可能保護得了所有樓層，但可以儘量把戰線集中維持在前端，好讓敵方從背後襲擊的可能性降到最低。要辦到這件事，他們得守住每個樓梯間。

詹姆斯剛把各部隊人馬分派完，就和莽克斯打了照面。他把年輕的指揮官悄悄拉到一邊：「你不是應該跟鬥者們在一起嗎？」

年輕的指揮官滿臉痛苦的神色：「敵人進攻的時候，我正好和喬爾在一起練習你教的東西。後來戰況太混亂，我沒辦法回去族人身邊，如果單槍匹馬的往路障樓層去，可能只會徒勞的死在半路上。」

詹姆斯點點頭：「我們剛好也用得上另一個指揮官帶領守衛們。」

「哪裡需要我我就去哪，都聽您差遣，前輩。」莽克斯說。

詹姆斯和艾瑞亞歐把守衛們分成四個隊伍，分別由艾瑞亞歐、詹姆斯、莽克斯和一名叫提得哈的守衛，每個隊伍都由比例相當的守衛和志願者組成。比起躲在作物田裡，這些志願者更想和敵人面對面拼死一戰，而詹姆斯一個人也沒回絕。

看到他率領的隊伍裡有許多熟面孔，飛衛們也全都在，令他心頭一陣暖意。他向喬爾和霍利點點頭，拍了拍年輕的多克斯的肩膀。羅瑞也在幾分鐘後趕到。等到他們和往常一樣，全都準備就緒了，便示意所有人的注意力集中到他這裡來。

如今，站在這群人面前，詹姆斯有點手足無措，才短短一年前，這些人對他來說只不過是一大群野蠻人，心裡還有點鄙視他們。其中有些人投來的目光很是不自在，但這也不是什麼新鮮事了，打從他加入部落以來就老是受到這種注目禮。要是以前，他根本不會在乎這些人怎麼看待他，然而現在一切都不同了，他想要贏得他們的尊敬，特別是在他顯露出弱點和缺陷之後。

「今天，你們全都是保衛家園的守衛。」他朗聲說：「你們就站在最前線，擋在艾爾弗雷族和想要傷害我們的人之間。聯軍每往上進攻一層樓，就離你們的母親、你們的父親和你們愛的人更近一層樓。我們絕不給他們任何爬上來的機會，絕不讓他們多靠近一層樓。我們要把他們趕出全銀河大廈，我們要把他們趕盡殺絕，追到他們離開迷霧之島，追到他們徹底從曼哈頓地區消失得一乾二淨。聽懂了嗎，守衛們！」

「是，前輩！」整個部隊齊聲大吼。

詹姆斯點點頭：「很好。我們要不在路障樓層見，要不就來世再見。」

只聽見滿屋子的守衛和志願軍歡呼起來，很快的一支支隊伍便分散開來，往各自分派到的樓梯間移動。詹姆斯率領的是往北面樓梯間的隊伍，葬克斯往南面，提得哈和艾瑞亞歐則分別往西面和東面。他們給所有隊伍發布了命令，整支隊伍每往下一層，就派出一組五人小組搜查整層樓，等到搜查小組抵達對面的樓梯間，這兩支隊伍就各派出一名信差到相鄰的另外兩個樓梯間報訊，等到四個樓梯間都收到了兩名信差通報，所有人才可以繼續往下一層樓。

他們一層接著一層往下推進，出乎意料的是，他們沿途只碰到過幾次零星的抵抗和衝突，直到抵達路障樓層上方的醫務樓層，才被密集的聯軍勢力擋了下來。聯軍佔領了醫務間，四座樓梯間的出入口都在他們控制之下，艾爾弗雷族發動圍攻，由外而內包抄敵人。

令他意外的是，在二十分鐘的激烈交戰之後，殘存的聯軍部隊竟然投降了。詹姆斯開始巡視樓層的時候，有約莫十來個渥爾塔和總署的人員被族人們團團包圍集中起來，另外還有三十來個渥爾塔突擊兵和差不多數目的監控兵受了重傷，族聯的傷兵則是他們的兩倍多。知道傷亡數相對輕微，詹姆斯本來還有點振奮，後來才意識到聯軍這方大部份都只是醫生和醫護人員。

他走到其中一個艾爾弗雷族的傷兵身邊：「這些人有沒有虐待我們的傷員？」

那個老人搖搖頭：「他們只有把一些人移到外側去，除此之外就沒有打擾我們。躺在那床的芭拉需要吃藥的時候，他們其中一個人還幫她把藥弄來了。」

「謝謝你。」詹姆斯輕輕拍了下老人的肩膀。算他們幸運，有好好用心對待曼哈頓族人，否則詹姆斯可就別無選擇，只能用非常手段處置他們。他走向那一小群戰俘所在的角落，看到一張熟面孔，凱爾，總署的醫生，時旅特工們的抑制錠處方常常都是他在處理的。他們很快就認出彼此，但兩人都默默的不說破。

「聽著。」詹姆斯對這批戰俘說：「你們已經和這場戰鬥沒有關係了，只要你們保持現狀，就不會有人為難你們。如果你們想照料傷患，我們也允許，條件是你們那方和我們這方的傷患都要得到照顧。同意嗎？」

戰俘們遲疑的面面相覷。過了好一會，他認得的那位醫生率先站起來，緊接著其他總署醫務人員也加入了他的行列，只有渥爾塔的人員還繼續坐在地板上。詹姆斯對凱爾點點頭，讓他們回到崗位上工作，打個手勢要最近的一名守衛看著他們：「不准他們離開這個樓層。」

接著他來到邊角的房間，和艾瑞亞歐、莽克斯、提哈得一起策畫接下來對主要路障樓層的突襲行動。他們不確定敵方的兵力有多少，但如果四座樓梯間的出入口都在聯軍控制之下，他們只能假定尉斗族已經慘遭全軍覆沒。

「曼哈頓防衛軍的其他部隊怎麼樣了？」他問。

「還不知道。」艾瑞亞歐說：「路障樓層淪陷之後，我們就和其他人失聯了。那個樓層是我們唯一的對外出路，而且整個街區都是戰鬥的聲音，我們無從判斷底下的情況到底怎麼樣。」

「我們可以一直守住樓梯間。」提得哈說：「何不等他們自己送上門來？我們還有耕作樓層，餓不死我們的。」

艾瑞亞歐搖搖頭：「路障樓層是離開大廈唯一一條通路，敵人大可以守在那裡，等我們自己出來送死。更何況以他們的戰力，如果他們想，要上去更高的樓層根本不成問題。」

「那我們更要不惜一切擋下他們。」莽克斯說：「我們可以同時對四個出入口猛烈進攻，重新連結起各個戰線，徹底把他們趕出我們的家園。」

「如果我們的人數壓不過他們，我們會陷入瓶頸，任由他們宰割。」詹姆斯說。

「所以我們該怎麼辦？」提得哈問。

詹姆斯站起身，來來回回踱著步。已經沒有多少空間可以調度族人們，以現在的情況，那些混蛋聯軍根本不用費什麼力氣，就可以把他們永遠困在這裡。該死，要是艾爾弗雷人正面進攻，只會造成無謂的犧牲，屍體很可能會多到堆滿整座樓梯間，而這筆血債將會是他一手造成的。

他走到玻璃已經被震碎的窗口前。這裡離路障樓層至少有三十公尺高，在滾滾濃霧籠罩下，幾乎看不到底下的空橋。他探頭到窗外，左顧右盼四下查看，上方的窗口和他們這層只隔了幾間房間的距離，接著他又目測了西側的空橋，連最近的那座都離他們遠到看不見橋體。

他轉回來問艾瑞亞歐：「我們有多少繩子？」

戰鬥指揮官聳了聳肩：「有很多地方都會用到繩子。農夫們平常會收割豆藤當成固定棚屋的建材，老人家織衣服和毯子也會用到，要把這些豆藤收集起來不是什麼難事。

「趕緊弄來，越多越好。」詹姆斯說：「我有個主意。」

從高樓層收集來那些豆藤繩，花的時間比他預期的還要久，不過收集來的數量足夠把三分之一的守衛都送下去。每五個守衛用一條藤繩，每座空橋垂降七條。詹姆斯自己也會跟著這組人馬垂降到東北邊的空橋上，本來他是想要送更多人下去的，但目前的條件也只能這樣了。

就在他做好準備要跨出窗口前，艾瑞亞歐拍了拍他的肩膀：「五人心拍後出動，我的朋友，做好準備。」艾爾弗雷人對於時間沒有很確切的概念，他們的數學系統是以人數、手腳、手指和腳趾為單位建立的。一個人的心拍是二十拍。某方面來說，這種算法其實非常有邏輯，詹姆斯沒花多少時間就習慣了。至於那句「我的朋友」，還是跟以往一樣，立刻觸發了關於史密特的回憶。他下意識偷覷一下四周，然而，這次他沒見到幻影的蹤跡。即使知道那不是真的，只是酒精和時旅後遺症混合後的產物，但沒能看到他的老朋友，還是讓詹姆斯有點傷心。每次那個幻影跟他說話時，感覺都無比真切，不知道以後他還能不能再見到史密特的臉。

「你還好嗎，前輩？」艾瑞亞歐問。

詹姆斯回過神來，才意識到自己還保持著跨在窗口上的姿勢，半個身體懸在大樓邊緣。他點點頭：「我們樓下見。」

「或是死後見。」

詹姆斯咧嘴一笑：「不管怎樣都是在底下。」

他抓起一束硬梆梆的豆藤繩，繞著兩隻手掌纏了好幾圈，翻過身去沿著牆面開始援繩而下，儘量不發出任何聲響。他垂降了大概一公尺之後，排在他後面的守衛才跨出窗口，等她也垂降了幾公尺，另一個守衛也比照辦理，一個接一個魚貫而下。當他爬到繩子尾端的時候，正好就懸在空橋出入口上方，距離橋面還有五公尺，滿橋散落的碎石塊讓他們很難找到落腳點，如果落地的時候不慎滑倒了，很容易就會驚動到聯軍的注意，不然就是害自己摔斷腳踝。

他左右張望了一下，等著其他人就定位，整隊人馬悄無聲息的懸吊在繩子上，一拍一拍的數著時間。在這段期間，他的心思飛到了伊莉絲身上，不確定讓她保護自己到底是不是正確的決定。派她到樓上去是最安全的選擇，但這也表示他不能在她身邊親自照看著，更令他痛恨的是，他必須同時放她和莎夏獨自面對可能的危險。

他閉上眼睛仔細聆聽，可以聽到底下傳來人們到處奔走的聲音、叫喊聲和指揮官的交談聲。沒有任何要發動攻擊的跡象。就在這時，三名渥爾塔突擊兵正好從全銀河大廈出來，沿著空橋一路巡邏過去。他們得安靜快速的解決掉這三個人。

他放掉豆藤繩，在巡邏小隊身後落地，朝著離他最近的突擊兵就是一記掃堂腿，緊接著又猛撲向第二個突擊兵，手臂緊緊鎖住對方的脖子把他整個人拽倒在地，扣住他的頭使勁一扭，那突擊兵頓時手腳癱軟一動也不動了。就在他要對付第三個的時候，一記清脆的撞擊猛地從他臉側狠狠擦過去，打得他眼冒金星倒在地上，驚險的一個翻身滾開，差點就被爆擊槍射中，旁邊的水泥塊被打成了碎屑飛散四射。他翻個身站起來，又立刻慘遭一記腹部重擊，痛得他直不起腰，只能勉強抬眼往上一瞥，爆擊線膛槍的黑色槍口正對準著他。眼看那個突擊兵就要扣下扳機了，忽然一道身影從天而降，撲在突擊兵頭上把他整個人撞倒在地上，緊接著又有更多身影接二連三的落地，是他的守衛們來救他了。

霍利一刀捅進那個突擊兵的脖子，眼睛盯著其他人說：「爆擊槍是我的。」其他人也跟著宣示起自己的戰利品。

喬爾來到他身邊，伸手想要扶他：「您還好吧，前輩？」

「我沒事。」他咕噥著說，接受了飛衛隊長的援手，感覺自尊受傷到了極點。應付這三個小丑對他來說應該是小菜一碟才對，看來他的身手真的生疏了。

「大家都沒事嗎？」他問。

「我好像扭到腳踝了，前輩。」多克斯跛著腳走過來，可憐兮兮的說。

詹姆斯只回他一句：「是喔，你最好忍著點。」

大樓裡的喊叫聲越來越高漲，緊接著則是爆擊槍開火的哀鳴聲。詹姆斯打個手勢要守衛們跟上，往北邊路障的廢墟潛行過去。他躲在破碎的金屬雙扇門板後，小心翼翼往裡頭窺探。大部份的聯軍人馬都在另一頭，圍繞在樓梯間的出入口附近，看起來艾爾弗雷族的攻擊並沒有達到他們希望的成效，聯軍正在往上推進。

「好吧，空橋小組。」他下令：「別管那些重裝備的傢伙了，要撂倒他們太浪費時間，瞄準那些輕裝突擊兵。」

接著他便打手勢指揮守衛們在大門前散開，要他們就地找掩護，不然就往後退進濃霧裡。他一隻手舉在空中，等所有人都就定位了，便在他一個示意下同時開火，霎時間彈雨齊發，好幾排突擊兵中彈倒地。這陣彈幕攻擊引起了敵方一陣混亂和騷動，但他們畢竟是訓練有素的部隊，很快便重振隊形組織起來。一支鎮暴小組立刻出現在部隊最前方，開始猛烈的鎮壓掃射，久到足夠讓突擊兵重新建立起射擊線。爆擊槍彈幕肆虐過詹姆斯一行人的所在位置，沒能找到掩護的守衛都被打倒在地，其他人則盡其所能的回擊，但是情況太混亂，他們基本上只是在亂槍打鳥，而且機甲兵的火力實在太集中也太強，把大部份的遮蔽物都打碎了，更多守衛被擊中倒地。

詹姆斯本來還希望他們這支小隊至少可以擾亂敵方，趁勢殺出一條路進入路障樓層，但隨著戰鬥不斷持續，他們只有越來越居於劣勢。他太低估敵人的軍力了，如果他們這支小隊抵擋不住，其他空橋的隊伍肯定也陷入了同樣的苦戰，甚至可能比他們更糟。幾分鐘之後，他實在別無選擇，只得指揮守衛們撤退，往後躲回濃霧裡。就在他們撤退的時候，鎮暴小組的彈火仍然連珠砲似的掃射過來，又射倒了好幾個落後的守衛，詹姆斯和其他四個人跑回去把他們連拖帶扛的帶走，他一個人扛起一個年輕女人，其他人則兩兩攙扶起兩個男人，然而他錯估了鎮暴小組離他有多近，等他再回頭看的時候，起碼有六個機甲兵在衝著他狂掃猛射。一發爆擊彈在他腳邊炸開，炸得他整個人失去平衡摔倒在地上，他急著想把線膛槍抓回來，但是太遲了，那個機甲兵已經近到可以近距離擊斃他，或是乾脆一腳踩扁他。他一個翻身往旁邊滾，在那隻巨大金屬腳踏下來之前千鈞一髮的躲開，卻因此離他的線膛槍更遠，不禁咒罵出聲。那個機甲兵平舉起前臂裝甲的加農砲筒，直直對準他的胸膛，詹姆斯知道自己是死定了，但還是抱著點希望，看能不能在最後一刻躲過爆擊爬到安全的地方。忽然間，一陣巨大的轟隆聲從大樓裡傳來，緊接著空橋出入口那端亮起了白色光芒，有超動能使用者出現了。

「第六鎮暴小組集合，三角洲指令即刻執行！現在！」

這道命令來得真是時候，說時遲那時快，所有機甲兵都停下原本的動作，全部撤退到大樓裡。詹姆斯簡直不敢相信自己的好運，在這場戰局居於劣勢這麼久，他的運勢總算開始有點起色了。不過，剛才那一下實在是驚險，他現在還能活著純粹就是走狗運。從前那個還是特工的他要是看到他犯的種種錯誤，肯定會毫不客氣的嘲笑他。

「前輩，快看！」喬爾指著樓層另一端竄起的火舌。更多戰鬥的聲音在全銀河大廈內部爆發開來，聯軍的陣形似乎正在潰散，陷入一片混亂中。到底黑洞的發生了什麼事？

在這同時，倖存的守衛們連爬帶滾的來到他身邊。「下一步的命令是什麼，前輩？」霍利問。

「我不……」詹姆斯把還沒出口的話吞了回去，提醒自己不能在部隊面前說出來。然而那就是真相，他是真的不知道接下來該怎麼辦。「好吧。」他聳聳肩：「看來我們能做的也只有這個了。我們上吧，進攻！」

說完他便率領著守衛們衝向大廈，衝向那片被戰火釋放出來的無盡地獄。

第五十四章　高樓層

伊莉絲的小隊進入了南側的樓梯間，跟著避難的人群拾級而上，往接近頂樓的耕地樓層去。敵人彷彿無所不在，從四面八方在攻擊他們。隨著他們經過好幾個正發生零星戰鬥的戰場，伊莉絲心裡的罪咎感便開始作祟，後來還遇到一群守衛從樓上魚貫而下，其中有許多人都受了傷。她知道她只能信任族人們，相信他們可以做好自己的工作。然而，隨著她越爬越高，她就越來越難以忽視他們。最後她終於屈服了，忍不住問那些受傷的守衛是不是需要幫助。

「情況還好嗎？你們需不需要支援？」到六十五樓的時候，她問了一個靠在樓梯間出入口牆邊的守衛，那個年輕女子搖了搖頭，她滿臉都是血，抓著自己的左手臂：「敵人從東面的窗戶公進來，不過我和吉爾的隊伍把情況控制住了，長老。我們逮住他們了，現在吉爾正在給他的隊伍配備聯軍的武器，等一下就要出發往下到路障樓層。」

伊莉絲不太確定自己真的相信這個女人說的，但還是點點頭，繼續沿著樓梯往上爬。後來她又停下來過五次，問她遇到的守衛們情況怎麼樣。有四支隊伍都說整個樓層還在他們控制之下，讓她很是意外。曼哈頓防衛軍幹得比她預期的還要出色，也許他們真的有機會打贏這場仗。

可惜，她的樂觀持續不了多久。她來到停機露臺所在的七十三樓，赫然看到十來個守衛倒在樓梯間，還有六個倒在更上面的階梯。通往露臺的門已經被炸開了，屍體、燒焦的痕跡和碎石塊散佈在整個區域。她就近找到了一個還有意識的守衛，問他負責人在哪裡，他指著不遠處一小群人，他們正聚攏在桌子旁圍成一圈。她示意隊員們分散到樓層周邊防守，然後才上前去了解情況。

這樓層總共有九個隊伍正在和聯軍作戰，戰況陷入膠著，降落臺和其中一個樓梯間已經被敵方佔領，守衛們從樓梯間上下包夾了位在七十二樓的聯軍部隊，但在樓層內部的陣地正在節節退敗。雖然艾爾弗雷人是聯軍人數的五倍，還是難以抵擋機甲兵的屠戮。

「你們守得住嗎？」她問一個在樓層後方指揮隊伍作戰，名叫薩法的男子。

薩法咬緊嘴唇，低著頭說：「很抱歉，長老。我們會拼死守到最後一刻，活到哪時候就撐到哪時候。」

戰場上的殺伐聲越來越近，絕大多數的守衛也都已經精疲力竭，看起來不比死人好到哪裡去。防衛軍大部份的兵力都往低樓層去了，樓上這些隊伍得不到任何支援。於是伊莉絲做出了她認為唯一合理的決斷。

「直接棄守這層樓。所有人都撤退回去樓梯間，從那裡把通路堵死，能擋多久是多久。」她下令。

「不能那麼做。」薩法說：「瑪塔的五支小隊困在主要補給室，如果把他們留在那裡，他們會被殲滅的。」

「有辦法知道他們還活著嗎？」她問。

「可以，長老。」薩法指著倒在附近的一具屍體：「穆爾是他們派來的信差，他們在防禦位置守得很穩固，但只能待在原地動彈不得，他拼命突破重圍，捎來口信之後就死了。如果我們從這裡撤退，那五十個人恐怕都要全軍覆沒。」

伊莉絲開始考慮當前的幾個選項。如果真的下這個命令，要犧牲掉太多守衛，但是她實在沒有多少可行的辦法，好辦法更是沒有。補給室是位在樓層中央的一間庫房，裡頭放滿了數不清的貨架和板條箱，是座名符其實的迷宮。貿然跑去固然很危險，但是，要她捨棄那五支隊伍，放著他們在那裡等死，她是怎麼樣都無法接受的。伊莉絲心底有一部份暗自希望自己沒有問起他們的狀況，而現在她既然問了，這份沉重決斷的責任就落到了她肩上。如果她決定棄那些守衛而去，他們的死等於是她一手造成的，她不知道自己往後要如何面對這件事情活下去。

「天殺的大地女神。」她說：「我們現在就去救他們出來。我不會拋下任何人，一個也不會。有辦法跟其他樓梯間的人發信號嗎？我們全部同時向聯軍發動攻擊。」

「可以，長老。」接著他便派了兩名年輕的守衛出去傳令。

伊莉絲查看一下艾瑞娜內建的時鐘，準確的數到五拍。「就是現在。兩人心拍後行動。」她下令：「開始！」

她在戰鬥方面還是個菜鳥，光是那股蓄勢待發的預期情緒都像要她的命一樣，她在機艙裡緊張得不得了，汗流個不停，差不多數到十拍和十五拍之間就亂套了。不過，就算她沒記住時間也無所謂，身邊守衛們都跟著拍數整齊一致的踏著步。霎時間，所有人像是離弦的飛箭般一齊縱身往前衝，途中還有另一批守衛從西側過來加入他們的行列。他們衝進補給室的時候，首當其衝的是一支二十人的聯軍隊伍，其中半數人穿的是標準渥爾塔制服，另外一半則活像是會走動的坦克，站起來足足有三公尺高，而且機體表面全是金屬防護甲。守衛們的攻勢來得太出乎意料，讓他們一時間反應不過來，可惜即使如此，還是造成沒有多大的差別，在雙方交火中倒下的族人還是比敵人要多，事實上，那些巨大的機甲畜生看上去根本毫髮無傷，族人們發射的彈火和光束好像全都從他們身上彈開了，難怪那群守衛們會陷入困境。

然而，艾瑞娜身上配備的砲筒似乎是另一回事。那些人型坦克本來一直無視她的存在，直到她用肩上的加農砲開了一炮，直接命中其中一個裝甲人的胸膛，那台巨大的機械裝甲竟然當場爆炸了，才立刻引起了其他裝甲人的注意力，全都把攻擊焦點集中到她身上來。伊莉絲能做的只有開溜，左閃右躲的閃避他們連珠砲的彈幕攻擊。不幸的是，艾瑞娜比守衛們高出半個身長，加上它光滑的深藍色金屬表面和八條長腿，在人群裡顯眼到不行，其中一個站在她前面的守衛就因此被掃過來的彈火波及，中彈倒地。她得趕緊和守衛們拉開距離。

幸好她還蠻擅長駕駛艾瑞娜逃跑的。她縱身一躍跳到天花板上，把聯軍的彈火從她族人身邊引開，迅速竄過整個房間，隨機往各個方向之字形移動，那些人型坦克的掃射也沒停過，一路對她緊追不捨。那麼密集的轟炸竟然沒打中任何重要部件，簡直就是奇蹟，但可不是因為敵方有放水，接連不斷的爆擊炸得她周圍的天花板坑坑疤疤，碎塊像雨一樣崩落到地面，然而她的機械人速度夠快，而且她的駕駛技巧相當不錯，敵人怎樣也打不中她，就算有少數幾發擊中，爆炸的衝擊也被機體表面的防護甲吸收掉了。

伊莉絲不太確定她的調虎離山計有沒有成功，她光是顧著逃命都來不及，沒辦法好好看清楚底下的情況怎麼樣，但她認為自己應該已經引開夠多敵人的注意力，為她的族人們製造接近聯軍的空檔。隔了好一陣子，她才意識到敵人的砲火追擊已經停下來了，便操縱著艾瑞娜一個原地旋身，看看究竟發生了什麼事，眼前的景象卻讓她驚訝得合不攏嘴。她一定是為守衛們爭取到充裕的時間接近敵方，瑪塔的隊伍也加入了作戰，總共有超過一百五十人，現在他們正用人海戰術壓制那二十個突擊兵，活像是螞蟻大軍在和幾隻黃蜂對抗。面對這麼懸殊的人力差距，那些渥爾塔突擊兵根本不是他們的對手，很快就被她的族人們團團抓住按倒在地上。那幾個巨大的人型坦克就得費比較多力氣，每尊都有五六個守衛堆在他們身上，死拉猛扯他們的裝甲部件，往他們暴露的關節處沒命的射擊。都到了這個地步，這些裝甲兵還能繼續反擊，這種裝備肯定能供給他們超出人類限度的力量，好幾個守衛們被他們打得粉身碎骨，像破布娃娃一樣甩到旁邊去。現場戰況太混亂，伊莉絲沒辦法精確瞄準敵人，只能眼睜睜看著乾著急。越來越多守衛從樓梯間湧上來，經過一番苦戰，最後還站著的終於只剩下艾爾弗雷人。這並不是個可以用「贏」來形容的局面。她們這方的傷亡數太高了，比聯軍的二十人足足多出一百多人，讓她不禁懷疑自己是不是做了錯誤的選擇。然而，勝利畢竟還是勝利，聯軍方二十人已經全數覆滅，不是被殺就是被俘虜，倖存的守衛們則在分配著他們從敵人身上得來的武器。

「長老。」薩法一瘸一拐的朝她走來，整個左半身都血淋淋的，臉色也很蒼白：「這是屬於您的勝利。」

「我們犧牲的人數是原本想救的兩倍。」她說：「我們的失敗都是我害的。」

「並非如此，長老。」薩法說：「為部落奮戰而死比什麼都值得。我們失去了很多優秀的守衛，但我們也擊敗了敵軍，守住了我們的樓層，這就能夠挽救很多人的性命，能夠辦到這件事都是您的功勞。」

這番說詞並沒有說服伊莉絲，不過眼下還有更重要的事需要她操心。這場降落臺樓層的大戰打得比她預估的還要久。她把後續清場的工作交給薩法，找回她的隊伍生還者——所有人都找回來了，除了蘇特，然後便繼續往實驗室趕去。希望葛瑞絲、提圖斯和莎夏他們都還好，如果他們都躲在那個祕密藏身處，應該不會有事。不過，要是她真讓詹姆斯的妹妹有什麼不測，特別是她已經向詹姆斯承諾過會保證她的安全，她這輩子再也不可能面對得了自己。

他們抵達七十九樓之後，圍繞著實驗室分散開來。這層樓很安靜，還可以聽見底下其他樓層遠遠傳來的混戰聲。實驗室本身就佔據了整個樓層，劃分成好幾個小區塊，給她用來做測試和存放樣本。

「葛瑞絲？提圖斯？」伊莉絲一邊喊，一邊操縱著艾瑞娜在實驗桌之間小心翼翼的移動，以免碰壞了那些精密又脆弱的儀器。她穿過主要工作區來到第一孵化室，從一排排樣本架的外緣繞過去，忽然間，其中一座裝滿了玻璃水族箱的架子往她迎頭倒下來，一隻巨大的金屬機械手揮過來，匡啷一聲打中艾瑞娜的肩膀。她操縱機體轉過身，一尊人型坦克赫然就在她面前，那個機甲兵收回手臂，又是狠狠一記朝她揮來，伊莉絲急忙往後跳開，沒命的開火掃射，胡亂間射中了對方的裝甲胸膛。這傢伙是打哪冒出來的？她環顧四周，更多渥爾塔突擊兵正成群結隊的湧入實驗室。有個標準裝備突擊兵抓住了她的視野死角，跳到機體旁邊的一口箱子上，瞄準艾瑞娜的其中一隻機械腿開火。伊莉絲兩隻手猛力一掃，掃得他整個人飛出去老遠。損傷報告從她面罩內部的屏幕跑過，紅色警示閃爍個不停，告知她可憐的艾瑞娜被打斷了一條腿。為什麼他射的是腿，不直接射她的頭？依剛才的情況，他要是想殺她簡直是輕而易舉。但她沒有時間想下去，又有兩個突擊兵分別從兩側欺上前來攻擊她。她只來得及射倒其中一個，另一個已經朝她開了好幾槍，打得她機體另一側又有一條腿報銷。

他們會這麼做一定是有來由的。緊接著她就明白了，這些人知道是她在裡面。他們想要活捉她，這也是為什麼剛剛在降落臺那些機甲兵和突擊兵都沒打中她，他們多半也知道，想要讓艾瑞娜失去行動能力，同時又要避免她受傷。

「該死，伊莉絲。」她低吼：「趕緊離開這裡。」

她逃向另一個房間，看到更多聯軍人馬湧進來，她的隊伍抵擋不住，人數越來越少。她的心思立刻飛到莎夏、葛瑞絲和提圖斯身上。他們沒事嗎？被俘虜了嗎？還是已經死了？但緊接著又意識到她現在首先要擔心的是自己。她嘗試要撤退到離她最近的窗口，但是艾瑞娜斷了兩條腿，只能一跛一拐的往出口移動。兩個突擊兵和一個機甲兵上前來想要抓住她，雖然很勉強，但她還可以和他們對戰，一邊和其中一個突擊兵扭打，同時設法繞到外側，拉開距離射倒另一個突擊兵和那個人型坦克。好不容易擺脫他們之後，伊莉絲終於來到窗口邊，想要飛躍到隔壁大樓去，但是艾瑞娜的損傷太嚴重，沒辦法跳這麼遠。最後倖存的兩個守衛努力想要殺出一條血路，還來不及來到她身邊就雙雙中槍倒地。

她改變計畫，設法前往最近的樓梯間，就在不到十公尺外，然而忽然間，艾瑞娜不但沒有再往前爬行，竟然還開始向後退。伊莉絲立刻恐慌起來，拼命捶打控制面板上的指令鍵，但機械人沒有任何反應。事實上，所有系統都顯示她還在繼續前進，感覺她簡直就像在……飄浮。接著她注意到機體周圍有一圈淡淡的白色光暈，像軌道似的繞著她打轉，然後她看到一個穿著白色制服的女人，全身都被那種白色光芒所籠罩。

「妳一定就是那位諾卓思科學家。」那個女人說：「我是秘安官艾娃。我們真的是跑遍天涯海角在找妳。」

伊莉絲做了她當下唯一想得到的事，扣下加農砲的扳機，先把眼前這個不管是誰炸個粉碎再說。加農砲發射了，那個女人的防護罩發出強光，一時間兩人什麼也看不見，接著伊莉絲聽到金屬撕裂的聲音，艾瑞娜肩上的砲筒整個被扯下來扔得遠遠的。

「好了。」那叫艾娃的女人歪嘴一笑：「現在我們把妳從這台奇形怪狀的玩意裡弄出來，怎麼樣？」

一道無形的力量撬開了艾瑞娜的軀幹，機艙頓時從中間裂成兩半，伊莉絲感覺到一股源源不絕的高溫和震顫湧進來，緊接著便聽到一陣淒厲的尖叫。她過了好一會才意識到，那尖叫聲是她自己發出來的。

第五十五章　家務事

在地球總部的地下庫房裡，敵人的彈幕和超動能索照亮了周圍的黑暗，朝著他們這些反抗者鋪天蓋地的襲來。李文和其他稽查官急忙擴張防護罩，想要保護那些沒有超動能的同伴，但沒能及時覆蓋到所有人。布夏南，他們的醫療軍需官，眾所周知的和平主義者，李文此生認識過最仁慈的人，被一個特工的超動能索抓住，像破布娃娃似的整個人被甩出去狠狠撞到牆上。越來越多超動能索和光彈接踵而來，把他們打散了，其他無數個資深行政官、醫生、導航員和工程師也都慘遭同樣的毒手。

「成方陣防禦！就第二陣式位置。」羅維喝令：「茱莉亞，帶非戰鬥人員到安全的位置，其他人提供掩護！」

所有稽查官立刻往內聚攏，把防護罩拼接起來，形成一整面球體狀的保護屏障包圍住所有人，緊接著他們全體一起移動，撤退到庫房後方一艘廢棄的火神運輸艦和牆面之間的空間裡。每個上前來攻擊他們陣位的監控兵和特工都被他們擊退了，現在他們是安全的，但也被困在原地動彈不得。

「想要離開總部的話，最近的出口是南邊的污水下水道。」茱莉亞說：「我們應該趁還有機會時想辦法逃出去，組織反抗軍。」

「不。」漢米爾說：「這樣做改變不了什麼的。而且正因為我們手下的監控兵都在這裡，我們更應該現在就佔領導航中心。如果我們這個時候逃走，之後要再回來可是難上加難。」

李文緊盯著運輸艦的後端，留意敵方的動靜。有兩個監控兵試圖從角落偷襲，立刻被他的超動能索擋住甩了出去。他從艦身後面的角落看出去，楊老的人馬已經遍布在整間庫房，準備要對他們的所在位置發動攻擊，幾乎所有監控兵和特工都在場，還有幾個和他們同級別的稽查官，有些監控兵帶著超動能鎖鍊。接著他又看看他的同伴，有好幾個總署最傑出的人才都在他們這邊。他們確實居於劣勢，但也不是完全沒有扭轉局勢的可能。

他回過身來對同伴們說：「如果我們正面迎戰就還有機會。」

「而如果我們逃走，就再也不會有了。」摩耶補充。

羅維看著茱莉亞，她面有難色的點了點頭。接著他又和馬恩對上視線，兩人交換了不言自明的默契和理解。「就這麼辦。」他說：「我們一路打到導航中心去。」

「走道太窄了，而且整個總部很可能都在高度警備狀態。」茱莉亞說：「他們可以直接把我們堵死。我們的主力應該留下來牽制這些小丑，另外派一支小分隊設法溜出去。」

「我跟漢米爾李文他們兩個一起去。」摩耶說：「導航中心的人很尊敬漢米爾，而我有進出這棟大樓的權限。」

茱莉亞給李文一個擁抱，然後伸出雙手，喀答一聲鬆開所有腕帶，全部卸下來交給李文：「你會需要這些，稽查官李文。」

李文點點頭，把自己的特工腕帶給她：「回頭見，不然就是來世再見。」

羅維指著庫房盡頭的那扇門：「你們的出口在那裡，李文，我們會掩護你。準備出動。」

接著羅維便率領其他人繞到另一頭，出其不意的朝總署的人馬發動突襲，整個庫房頓時陷入交戰，這一小群稽查官、特工、行政人員，以一對三的懸殊和總署方的人馬周旋對抗。眼看著好幾個朋友倒了下來，李文感到心痛不已，其中包括馬恩，他們從學院時代就認識了，還有潘德羅，他一手栽培指導的門生。

等到總署方的人全都投入戰鬥之後，李文才開始行動，並示意另外兩人跟上。他們緊貼著庫房外緣的牆面跑，沿途擋住了好幾發光彈攻擊，終於抵達那扇雙開門。李文張開防護罩讓漢米爾和摩耶先出去，回頭看著身後越來越激烈的戰況。羅維正靠著一己之力對付三個特工和半打的監控兵，還被其中一個監控兵的超動能鎖鍊扣住。茱莉亞則和另一個稽查官打得難分難捨。就連那個看上去像是好幾年沒拿過線膛槍的詹都在和兩個監控兵交火。令他震撼的是，其中有些監控兵竟然倒戈到他們的陣營來，或至少看起來是那樣。

面對著這番情景，李文實在於心不忍，覺得自己是棄朋友和戰友們於不顧。他又看了庫房最後一眼，發出一聲嘶吼，放出十幾條超動能索抓住離他最近的星艦，衝出門外的同時，以驚人的力道拉著星艦往自己的方向猛力一扯，轟隆一聲巨響徹底堵住庫房的出入口。

「不能讓他們白白無謂的犧牲。」他對摩耶和漢米爾說，三人沿著走道飛馳而去。除非萬不得已，他們沿途儘可能避開主要通道，利用摩耶的權限走維修通道抄近路。現在還是深夜時分，除了那些被派往南翼支援作戰的監控兵小隊，整個地球總部幾乎沒有什麼車流和人潮。

他們抵達導航中心所在的側翼，沿途都沒被發現，然而李文才踏出樓梯間，就被迎面而來的超動能鎖鍊攻擊，緊接著是一記光彈擊中他臉部附近的防護罩，就在他快要倒地前，出於純粹的反射反應，他猛一伸腿往攻擊他的人橫掃過去，把對方也掃倒在地上，但很快又雙雙爬起來面對面對峙。李文的動作比對方快了一步，一發現沒辦法放出更多超動能索，立刻縱身撲向前，趁那人還沒站穩之前一擊命中他的臉，又把對方打倒在地。不一會兒，他就被六個監控兵圍團包圍起來。

「是稽查官李文！」其中一個監控兵倒抽一口氣。

「小心點，部長說要活捉他。」另一個人說。

「我剛剛呼叫支援了。」第三個人說：「很快就會有個特工過來。」

李文擺好架式，準備徒手對付他們。對一個稽查官來說，同時對付六個人還不是全世界最糟的狀況，但他也不覺得自己可以毫髮無傷的脫身。他用手指示意其中一個監控兵上前來：「來吧，梅拉，看看我教你的東西你還記得多少。杜格斯，你最好加強左邊的防禦，我知道你會習慣性放下來。帕爾，你到旁邊坐下來觀戰好了，我記得你好像只剩幾個月就可以退休了？」

聽到他這麼說，那群監控兵都露出了不自在的神情。他們彼此交換了下眼色，全都放下了平舉著的光彈腕帶，只有一個除外，他是六個人當中最年輕的，李文不認得他。

「你們這些傢伙還在等什麼？」那年輕人說：「逮住他！」

「聽著，稽查官。」叫杜格斯的那個監控兵說：「這不是私人恩怨，只是公事公辦。」

「去他的。」梅拉咒罵一聲便往後退開：「最高稽查官從那個渥爾塔賤貨手裡救過我一命，我才不要在他們的名義下逮捕他。」

其他人全都跟著小聲應和，除了那個年輕人，他躊躇不安的來回轉頭，看看李文，又看看他那些資深的同僚，不知道該怎麼辦。要不是因為他的光彈腕帶還對準著他的臉，李文幾乎都要替他難過了。這個小夥子很可能才剛離開學院沒幾個月，根本還沒有什麼經驗，就要面臨這種不可能的選擇。他打算用更仁慈的方式解決這個困境，在不殺死他的前提下，從他手中接過做出這個決定的重擔。

「立刻放開稽查官，監控兵們，現在！」就在這時，摩耶正好從樓梯間走出來，朝他們發號施令。他大步走進這場對峙正中間，凌厲掃視過每個人，活像在自己辦公室對他們訓話似的。讓李文意外的是，超動能鎖鍊竟然真的鬆開了。摩耶瞪著那個最年輕的監控兵，他的光彈腕帶還是瞄準著李文不放。「監控兵賽斯。」

「摩耶大隊長！」那年輕人聽到自己的名字，整個人驚跳了一下，有那麼一瞬間差點就要向隊長敬禮了，但隨即又想起來他接到的命令是要逮捕他，轉而把光彈腕帶對準摩耶。

摩耶踏前一步，一手抓住賽斯的手腕：「你做好開槍射我的準備了嗎，孩子？」賽斯的手臂抖得好厲害，連牙關都跟著打起顫來。摩耶把他的手臂用力甩開：「那就別用那玩意指著我。」然後轉過身來對其他監控兵說：「你們都認識最高稽查官，當然也他媽黑洞的認識我。你們打算跟從誰？」

「搞什麼飛機？」一個新來的聲音大喊著。只見一個人影快步趕進房間，那是個三級特工，叫施維特。「你們都傻站在那裡幹嘛？快拘捕那些叛徒！」

他還來不及再多說什麼，超動能鎖鍊就甩過來纏住了他的身體，把他整個人拖倒在地上，另外兩個監控兵立刻上前來壓制他，讓他失去行動能力。

摩耶對李文歪嘴一笑：「我不是早說了嗎？他們是我的人。」接著他又轉過去對監控兵們說：「你們能護送我們到導航中心嗎？」

「可以，隊長。」梅拉說。

「很好。」摩耶說：「我們去看看還能召集多少人。」

於是，在李文和六個監控兵的護衛下，摩耶和漢米爾大大方方的走上了主要通道，沿途有好幾個監控兵小隊擁上前來，但沒有一個人敢對他們開火。摩耶會舉起雙手，問他們每個人相同的問題，他們相信什麼？他們跟從誰？他們為什麼要遵從那些命令？當年李文還在受訓的時候，這個年長的男人也一度指導過他。李文在整個總署和地球上確實是廣受敬重，但摩耶卻是深深受到所有人的愛戴，他不但是監控兵的大隊長，還是所有人的老師，目前還活著的每個特工和稽查官都曾經在某段時間受過他的教導。

他們遇到的監控兵最後大多加入了他們的行列，人數一路膨脹到四十多個，然後是八十個。幾乎每個監控兵都倒戈到他們這方來，然而還是有兩個人選擇拒絕並逃走了。隨著他們越來越接近導航中心，楊老肯定已經知道他們打算往哪去，當他們來到出入口前的走道的時候，有更大的一群監控兵等在那裡，阻擋住了他們的去路。

而寇爾就站在最前面。

李文發出了低沉的怒吼。寇爾事到臨頭的背叛傷他傷得很深。從備用機棚來到導航中心整段路上，無數個推測在他腦海中打轉，苦苦尋思他的外甥為什麼要這麼做。也許他是被逮住了，在楊老威逼脅迫之下不得不背叛他。也許他們恐嚇了他母親。也許其中有什麼內情是他不知道的。

不，純粹只是有人提供更好的條件給他，這就是李文最後得出的結論。寇爾打從一開始就是在他面前演戲，為的只是讓李文帶他來芝加哥，然後就一直悄悄在等待時機，準備把李文的計畫洩漏給他們，用這些情報當籌碼給自己換來赦免。他能提供什麼情報給他們？當然了。寇爾背叛了所有人。那小子已經沒有機會了。李文暗自下了決心，下次他們再見到面，就是他們此生最後一次見到彼此，不是你死就是我亡。

然而，當李文的視線和房間另一端的寇爾交會時，他才意識到這個「下一次」比他以為的要早太多了。

「他們給你什麼條件，寇爾？」他問：「他們要赦免你？還是要給你一個職位？木衛二的通行證？」

寇爾大笑出聲：「以上皆是，舅舅。」白色的渥爾塔超動能在他身周亮起。「你現在得叫我秘安官寇爾，逃犯。」

「上吧，小伙子們。」摩耶說：「讓我以你們為傲，把我們送進去導航中心！」

只見兩邊的監控兵排好陣勢，準備要發動攻擊，但李文知道這場戰鬥的勝負關鍵是在他跟寇爾身上。他的外甥配備的腕帶性能更強，李文已經在那次和郭秘安官戰鬥中見識過了，然而腕帶是一種複雜的工具，使用起來很講求技巧，沒有充份的練習和經驗，是不可能一戴上新腕帶就上手的。

說時遲那時快，兩方人馬開打了，超動能索和光彈滿天亂飛，活像是中世紀古戰場重現。監控兵的裝甲對光彈類武器的防禦力特別弱，所以戰鬥得靠近身戰決勝負。李文和寇爾分別在戰場兩端，途中還得越過其他監控兵才能和對方兵刃相接。

寇爾縱身飛到半空中，造出一道巨大的超動能光柱，比他多出半個身子長，像在耍狼牙棒那樣揮舞著光柱，一揮就掃倒三四個人，掃得李文的人馬東倒西歪。李文一口氣放出十幾條超動能索，像隻巨大的章魚海怪在戰場上穿梭，抓住一個又一個敵方的監控兵，甩到空中扔到房間另一頭去。最後他們在戰場的正中心交會，寇爾笨拙的拖著光柱狂揮猛甩，李文則跳舞似的繞著光柱敏捷的左閃右躲，他已經好久沒用過稽查官級超動能了，它流暢的反應和高度延展性勾起了他的懷念之情。他往左一個閃身，躲過寇爾往下劈來的攻勢，那一擊打得地板轟隆碎裂，三個監控兵也連帶遭殃，其中有一個還是寇爾那方的，不過寇爾也不在乎傷到自己人就是。

可是李文很在乎，而這層顧慮讓他行動受阻，而且在六公尺高二十公尺寬的走道裡，實在沒有多少空間可以發揮超動能的機動性。他好幾次用超動能索突刺，但每次都被寇爾更強的防護罩反彈回來。不過，他也看到寇爾在集中精神操控光柱的時候，表情總是很緊繃，那小子在監獄服刑期間沒有機會練習，加上用的又是不熟悉的超動能，和時旅特工用的差太多，更是格外吃力。對李文來說，最好的策略就是讓他自己慢慢耗光體力和能量。於是他繼續用延長的超動能索東戳西刺的擾亂寇爾，保持在渥爾塔超動能的範圍外，不讓自己被胡亂肆虐的光柱掃到。

結果寇爾在挫敗之下，飛射到空中想要追到他，這就犯了超動能戰鬥的大忌。使用太空超動能的時候，腕帶配戴者需要地心引力作支點，他在空中一揮動光柱，整個人就被離心力狠狠甩出去撞到牆上，還掀翻了五個他自己那方的人。李文立刻逮住機會，一口氣放出比原本多五六倍的超動能索往寇爾的防護罩猛攻，消耗掉他的超動能量值，然後在寇爾重新站起身的時候又立刻退開。

「如果你不小心一點，會波及到更多人。」李文說。

寇爾怒吼一聲，重新造出一道光柱，迅雷不及掩耳的朝他猛擊過去。這一記直接命中李文，打得李文像顆彈珠似的亂彈亂撞，穿破牆壁飛了出去。正在天旋地轉之際，李文查看了一下能量值，已經掉到只剩百分之二十八。茱莉亞把腕帶交給他的時候，就已經只剩下一半的能量了。這表示他只能再承受一兩次攻擊，能量就會耗光。

李文迅速勘察過整個戰場。摩耶那邊的戰況也好不到哪去，遲遲無法接近導航中心的入口。李文很快就發現原因何在，敵方的援軍源源不斷的從走道那頭湧進來，李文他們這方的人快要招架不住了。當他把注意力轉回來的時候，寇爾的光柱正迎面往他掃來，他急忙一個矮身，渥爾塔超動能從他頭頂驚險的掠過去，轟隆一聲打到對面的牆上，又有兩個敵方的監控兵遭殃。這倒是讓李文有了個主意，而且肯定會讓那些想要保護他側翼的監控兵們很頭痛。他把自己飛射到敵軍最密集處，放出十幾條超動能索在人群中到處竄動，讓敵軍陷入一片恐慌。他集中全副精神操控這些超動能索，彷彿它們都是他身體的延伸，專注到連寇爾已經再度出擊，像頭發狂的公牛一樣衝到他面前來都險些沒看到。

這次李文沒能來得及閃開，寇爾截住了他的去路，把他整個人撞得飛進一大群敵軍裡。這場戰鬥拖得太長，他的能量值快要觸底了。

「我不是叫你要小心點嗎。」李文說：「你傷到的自己人比我這方的人還多。」

寇爾那方的監控兵當然有意識到這點，比起李文和他們那方的人馬，他周圍的人顯然覺得他造成的威脅更大。但寇爾根本不在乎他們，只管繼續造出光柱，滿心只想把李文給撂倒。他一次又一次試，一次又一次落空，每次揮動的速度都越來越慢，但還是不斷誤傷到站在附近的人。最後，當他的胡亂攻擊掃倒了最效忠楊老的一整支小隊，他那方的監控兵似乎終於受夠了，其中一個小隊長決定回過頭來對付他，拋出超動能鎖鍊鎖定他，喝令他退下。寇爾立刻狂叫起來，出言威脅那個小隊長，說他怎麼膽敢動到渥爾塔的秘安官頭上，緊接著便出手攻擊對方，結果只是讓事態更惡化。

此時李文已經安全的退到監控兵的陣線後，由於腕帶的能量完全耗盡，他只能從地上撿起一支警棍充當武器。從目前的情況看來，兩方都不想再繼續打下去了，他看到摩耶正在和剛剛那個小隊長談話，沒一會之後，兩邊都向自己那方下令解除戰鬥狀態。

摩耶走上前來，傾身湊到李文身邊低聲說：「把那支警棍放下。監控兵羅會同意停火，是因為他以為你的超動能腕帶還有能量。」李文立刻拋掉警棍，擺出一副像是要用腕帶飛射到空中的姿勢。摩耶咧嘴一笑：「我跟他說了我打算做什麼，等我把我們要廣播的訊息和資訊放送出去之後，如果他不贊同事後的結果，我們全體就當場投降乖乖就範。」

「投降？」李文皺起眉頭。

摩耶聳了聳肩：「隔壁門還有一百個監控兵等著呢，我們到現在還沒被剿滅，純粹只是因為這條走道塞不下那麼多人，還有你那個蠢頭蠢腦的瘋外甥害他們自己人傷亡慘重。」

「也只能這樣了。」李文說：「趕緊把訊息放送出去吧。希望你夠有說服力，說老實話，海衛二實在是爛透了。」

摩耶微笑著說：「來吧，看看我們是不是真的像我們以為的那麼受歡迎。」接著便打個手勢要漢米爾從後方出來。當他們接近導航中心入口的時候，導航長露出了緊張的神色。

「你應付得了那些導航員嗎？」李文問。

漢米爾聳聳肩：「有比一半少一點的人痛恨我的膽量，所以至少有超過一半的人喜歡我吧。」

「那樣應該就夠了。」李文咧嘴笑著說。

於是，他們三人就在監控兵的護送下，氣勢洶洶的踏進導航中心。導航員們嚇得呆在原地，有些人還站起來舉高雙手。

「回到你們的崗位上，導航員。」漢米爾說：「你們都知道我是誰，也知道這兩個人是誰。我在這裡告訴你們，這麼做是為了總署的福祉，相信我。準備好可以放送給所有單位、級別、順位和軍階的全系統廣播。」

其中一個導航員舉手問：「東邊那支在執行無通訊行動的部隊要包含在內嗎？」

「什麼部隊？」李文問。

「就是和渥爾塔一起出動的部隊。」那個導航員回答：「他們打算徹底摧毀那個新成立的荒地聯盟。」

第五十六章　專案結案

郭秘安官看著這些可悲的野蠻人展開又一次反擊，不死心的想要把樓層奪回來。敵軍一次又一次的試圖在四座樓梯間建立起作戰據點，然而每一次都被他們擋回去。事實上，她的部隊不只是把這些野人圍堵在樓梯間，還不斷往上推進，把他們逼退到更高的樓層。根據總隊長豪瑟的最新回報，東邊的樓梯間已經全面潰敗，她預估應該短時間內就能重新控制住醫療樓層。

不知怎地，這些野蠻人還懂得如何協調作戰，從大樓周邊每座空橋同時發動攻擊。她不確定他們是怎麼辦到的，不過也沒什麼差別，反正這些攻擊還是很弱，很容易就能應付過去。這些荒地部落能做到最好的程度，就只是在機甲兵把他們逼退回濃霧裡之前製造一點紛亂而已。

然而即使如此，勝利仍然尚未在握，她本來以為自己已經穩操勝算，情況卻沒她想得那麼容易。其他大樓的回報都延遲了，她到目前為止收到的都是無法做出反應的零碎情報，大部分回傳的訊息說的都是敵方比預期中還要頑強。「仍在進攻並控制目標區域」、「需重新校準臨界路線」，諸如此類的廢話，全都是這些小組無法順利達成任務里程碑的藉口，而且還不是少數幾個特例而已，是絕大部份的小組都這樣。

她看著更多機甲兵攻進樓梯間，這場戰鬥結束只是時間早晚的事而已。在這同時，一艘克力梭從牆面的破洞駛了進來，降落在大樓南側好幾排克力梭旁邊，總署的監控兵在那裡設置了一個行動基地。先前一個鐘頭，聯軍的飛艦一直飛進飛出的，不斷送來補給品、發電機和帳篷。到這項任務結束之前，這整層樓都是她的指揮中心，樂觀估計的話應該可以在幾天內解決，不過，這次郭絕不會再讓任何節外生枝的可能性發生。經過連續幾個月的煩擾，她終於找到了這群野蠻人的大本營，並打定主意要把這根心頭刺徹底連根拔除。

幾分鐘後，艾娃出現在她身邊：「我們的任務目標已經捕獲，目前正準備登上一艘待機中的克力梭，沒有受到任何損傷，並已使用冬眠模組解除她的行動能力。等目標登梭完畢，便會按照命令直接返回地球總部。」

「派一支安全機甲小組守著那艘船，另外再派一支中隊隨梭護送目標回去芝加哥。」郭下達指示：「我要排除所有萬一的可能性。」

就在這時，一艘女武神艦從牆上的開口飛進來，直接懸浮在大樓內部，緊接著駕駛員便打開座艙門跳了下來。郭皺起眉頭。出了什麼問題嗎？她認得那個駕駛員，那是黑穆爾，負責率領女武神聯隊支援這個專案。

「你的戰艦為什麼要擋住出入口，聯隊長？」對方走上前來時她問。

「克力梭艦隊有狀況，長官。」他說。

「什麼意思？」

「他們的通訊系統全面斷線，而且忽然全都從進入迷霧之島的戰鬥位置撤下來。後來我呼叫我在時旅總署的對接人沃夫，要他解釋這是什麼情況，但他也把通訊切斷了，所以我只得一路追著他。後來發現他跑到這裡來，我決定把出入口擋住，他沒給我個答案之前都別想走。」

郭望向剛剛那艘克力梭的駕駛員，他正在和監控兵隊長說話。「我們去看看到底是有什麼問題。」說完便朝那兩人大步走去。沃夫和監控兵隊長本來正湊著腦袋激烈的討論著什麼，看到她過來的時候，似乎已經達成了某種共識，緊接著監控兵隊長便轉身走開，開始向他的部下們下達命令。

「有什麼問題嗎，隊長？」她問。

隊長向她鞠了個躬：「沒有，秘安官。我不明白您指的是什麼。」

「我剛剛得知所有克力梭都捨棄了他們被分配的崗位。給我解釋清楚。」

「我們從地球總部接到了新的指示。」他回答：「所有總署人員立即退出這項任務。」

「這是什麼意思？誰授權這道命令的？」

「我沒有權限向另一個外星權力實體透露我接到的命令。」

「我們走著瞧……」她望向那群監控兵所在的區域，那裡已經進入全面動員狀態，忙著把還沒設置完畢的營地拆掉卸走，不禁暗暗咒罵。「停止動作，監控兵，通通回到你們的崗位上。」

令她喪氣的是，這群低效益人竟然無視她。那個被她用光柱吊在半空中威脅過的監控兵隊長，對旁邊的屬下們說了幾句話，接著便朝她的方向走來。他還是一副面無表情又嚴肅的樣子，但底下潛藏著什麼剛才沒有的東西，似乎是他的眼神，還有嘴角略微抽動的弧度。他在得意。

「很抱歉，秘安官。」他說，但他的語氣聽不出有半點歉意：「您對時旅總署人員的指揮權已經被撤銷了。目前所有克力梭正在和地面的部隊通訊，向他們傳達新的指令。」

郭感覺到即將到手的勝利正從指縫間溜走。「楊部長會把你們——」

「不好意思，秘安官。」沃夫插話進來：「地球總部已經不是楊老當家作主了。事實上，我來這裡就是為了通知你們，所有渥爾塔相關人員都不得繼續在星球上逗留，你們被驅逐了。你們必須中止行動立刻撤退。」

她仔細端詳著這兩個總署的走狗，他們竟然試圖正面反抗她。沃夫的手放在他腰間皮套裡手槍的槍柄上，隊長的光彈腕帶也在備戰狀態，隨時可以發射，他們這些舉動顯然不是巧合。地球總部那邊發生了什麼事，已經很清楚明瞭。雖說時機不是很湊巧，不過反正渥爾塔已經達成他們在地球的核心目標，也沒什麼要緊了。殲滅這些野蠻人是個蠻不錯的附帶好處，但實在也沒有什麼必要性，只是額外幫這些低效益人一把而已。

「等你們這個小小政變的消息傳到木衛二。」她冷笑著說：「傑若米部長會讓你們所有人腦袋不保。」

「那是我們時旅總署的家務事，不勞煩你們操心。」監控兵隊長回答，這次他有足夠的膽量舉起光彈腕帶對準她了。

「那好吧。」她說：「秘安官艾娃，把那名異時者從克力梭轉移到女武神艦上。聯隊長，帶她到航行軌道上和豐盛號會合，跟上將說專案已經結案了，準備將佈署的資源全數撤回。」

「事實上。」沃夫說：「我得到的命令是要帶伊莉絲金回去地球總部。她脫離原本所屬時間線的狀態，隸屬於時旅總署的事務範疇。」

他還來不及說更多，郭就造出一道超動能光柱砰的轟向他的身體，爆擊之猛應該讓他當場斷了好幾根骨頭。緊接著她往旁邊踏開，閃過監控兵隊長的光彈，一掌擊中他的喉嚨，隊長頓時滾到地上，抓著脖子用力吸氣，她上前去用靴跟踩住他的喉嚨，隊長絕望的刨抓著她的腳踝，拼命掙扎著想要推開她，她只管繼續把身體重量往下壓，直到他一動也不動為止。

她向溫隊長打個手勢：「馬上把目標帶走。」

然而，她的行動全都被周圍的人看在眼裡。黑穆爾才踏出去三步，就有十幾個監控兵上前來擋住他的去路，接著又有更多監控兵出現在他們的同伴身邊，擺好架式，在他們的營地前形成了一整條防禦陣線。

「秘安官艾娃。」郭惡狠狠瞪著這群烏合之眾：「把第六、第九和第十二機甲兵小組召回來。三角洲指令即刻執行。」說完她踏前一步，看誰有那個膽子敢朝她開第一槍：「很遺憾，時旅總署違背了他們和渥爾塔簽訂的合約。我們會把這份不滿轉告給這個低效益機構的真正指揮官，但你們不需要涉入，這件事的層級遠超過你們的職薪範圍，乖乖就範，否則就等著吃苦頭。」

站在最前面一個年長的監控兵看著她腳邊監控兵隊長的屍體，抬起眼來衝著她怒吼：「去妳的吧，賤人！那天我在機棚眼睜睜看著妳殺了九個監控兵，今天要妳血債血償。」

他平舉起右臂朝她開火，卻被一記爆能槍直直命中胸口。郭聽到機甲兵的強化裝甲腳步聲從後方靠近，一開始只有一個，緊接著艾娃帶著更多機甲兵出現，十來個裝甲巨人在她身邊一字排開。她露出一抹冷笑，目光掃視過其他監控兵：「你們這些愚蠢的低效益人，還有人想質疑企業的權威嗎？你們應該知道——」

話還沒說完，好幾道光彈就直往她防護罩打來，那些監控兵朝著她和機甲兵開火了。這個樓層後方本來應該是整個行動計畫最安全的防禦點，轉瞬間立刻成了另一道新戰線。當她的部隊上前和這些叛徒交火的時候，她縱身躍到遮蔽物後面尋求掩護，查看一下能量值，只剩下百分之三十，但戰鬥已經開打，她沒有時間去給超動能模組充電，得等之後再說。只是要應付這點程度的干擾，應該也夠用了。

聯隊長黑穆爾跟蹌著要尋找掩護時，身上中了好幾記光彈，整個人摔倒在地上，只得手腳並用的往機甲兵陣線後面爬過去，其中一個機甲兵離開原本的崗位掩護他，結果只是引來更多注意，雙雙慘遭敵方的連珠炮掃射猛攻。秘安官艾娃也好不到哪裡去，她在第一波交火的時候防備不及，試圖飛越過監控兵的陣線往克力梭停放區找掩護，也陷入了差不多的困境，一陣火力集中的彈幕把她從半空中擊落，直接掉進敵軍之中，沒多久之後，她看到超動能鎖鍊的紅光，緊接著艾娃的身影就被蜂擁而上的監控兵給吞沒了。

幸運的是，其他機甲兵小組注意到了這邊的戰況，迅速前來支援他們。然而這也等於他們不得不捨棄原本在樓梯間和空橋的崗位，還有那些尚未結束的戰鬥不管。這也是沒辦法的，總署一夕間從友軍成了敵人，那名異時者如今是落在敵方屬地範圍內，這條和監控兵對抗的新戰線是絕對優先，其他行動通通都無關緊要了。她仔細查看後面的一排克力梭。這場戰鬥不過只是用來分散敵方的注意力，她可以充分利用這點。那些監控兵躲在他們搬來基地的物資後面，遮蔽和掩護的條件更好，但她的部隊也已經把他們逼退到樓層東南方的角落。

郭趁著更多突擊兵加入戰場，悄悄從最前線退開，貼近東邊的牆面，那裡有一排帳篷，正好和牆面之間形成一條窄長縫隙。只要她的部隊繼續讓那些監控兵忙不過來，再配合一點運氣，她就可以神不知鬼不覺的奪回目標物。那邊戰鬥的聲音越來越激烈，讓她的任務更是加倍容易。於是她沿著那條縫隙開始往前進。

可惜不是只有她想到可以這麼做。就在她往克力梭的方向走的時候，就和一群從對面過來的監控兵狹路相逢，肯定是想用同樣的方法偷襲她的部隊。他們兩邊都同時看到了對方，那些監控兵立刻停下來舉起光彈腕帶，然而還是太遲了，郭早他們一步啟動了超動能，轉瞬間就來到他們跟前。對方總共四個人，他首當其衝的第一個人被她迎面撞翻，整個人被她的防護罩輾過去，接著她又用巨砲抓住第二個人甩到空中，那個女監控兵頓時發出慘烈的尖叫，以平緩的拋物線飛過大半個樓層。第三個勉強來得及開火，但往左射偏了大老遠，郭一個箭步上前用左掌抓住她的臉，狠狠按著她的頭往牆上撞過去。最後那個想要逃跑，但他只跑了四步遠，就被她的巨砲抓住拖回來懸在半空中。

郭最鄙視的就是這種人，走到他面前時甚至發出了不滿的嘖嘖聲。「因為你的懦弱，你得到的會是最漫長也最痛苦的懲罰。」她盡情欣賞著他嚇得灰敗的臉色，然後開始慢慢收緊光柱，一點一點往內擠壓。超動能的高溫炙烤著他的身體，燒得他的皮膚嘶嘶作響，他想要尖叫，但是體內的空氣已經全被擠出去，幾乎發不出半點聲音，只能細弱的微微呻吟，沒多久便昏死過去。她的伺候才剛開始而已呢，不過她也不意外就是了。她繼續更用力的收緊光柱，直到他的身體整個爆開，碎掉的骨頭、皮膚和鮮血灑得滿地都是，再也看不出半點人形為止。她臉上浮起了殘酷的微笑。這傢伙經歷的每分每秒都是罪有應得，想要穿上軍人的制服，他就得對得起花在他身上的每一分訓練和裝備，否則他的存在就只是純粹的浪費。

她繼續沿著縫隙走，終於來到排頭第一艘停放的克力梭跟前。此時她的ＡＩ模組忽然跳出一道警告，她的能量值只剩下百分之十五。確實是太低，不過她已經快要大功告成了，等她一取回那名異時者，就可以直接開著那艘待機中的女武神艦離開這顆星球。她的部隊得自己想辦法殺出重圍，不過他們不是她優先要考慮的事。

第一艘克力梭的艙門是打開的，駕駛員正在忙亂的操作控制臺。當她進來的時候，他驚訝的張大了嘴：「搞什麼——」

她二話不說，甩出光柱當場宰了他，連帶也把駕駛艙給毀了大半。她在梭裡檢查的時候，忽然有一名監控兵衝了進來，顯然他要不是已經看到她進來，就是想要躲避外頭的戰鬥。不管是哪種，他因此來得及在她反應過來之前開火，可惜只是完全被她的防護罩吸收掉，一點損傷也沒有，最後還是被她用光柱抓起來的補給貨櫃給一擊斃命。

郭搜完這艘船之後，緊接著又往下一艘去，在那之前她縱身跳到隔壁梭的艙頂上，迅速評估一下目前的戰況。那些監控兵正試圖逼退她的部隊，成效時有時無。機甲兵雖然還守著陣線，但那些高大的裝甲士兵明顯比幾分鐘前減少了。他們的軍備缺乏爆破類武器是個致命傷，嚴重拖累她部隊的戰鬥效能，在目前這種情況下尤其棘手。有好幾個樓梯間的戰線也在潰散中，北面其中一座空橋是已經完全被攻破了。她得動作快點，整個局面正在分崩離析。

下一艘克力梭載滿了貨物，她花了幾分鐘把貨櫃全部拉出來，搜完之後又趕到下一艘，然後又是下一艘。當她從梭身側邊繞過去的時候，注意到附近有個年輕的監控兵正瞪著她看，整個人僵在原地，渾身抖個不停。她往他的方向踏近一步，他嚇得驚跳起來，仰天摔倒在地上，手腳並用狼狽的往後爬，拚命退開好幾步遠才站起來轉身逃跑。這次郭就放他去了，時間太緊迫，沒那個閒工夫再去追這些懦弱的低效能人。

她繼續一艘接著一艘搜下去，想要找到那名異時者，沿途又殺了好幾個阻擋她去路的監控兵。這裡總共有將近二十艘克力梭，不過只要它們還沒有起飛離開，那名異時者一定就藏在某處。就在這時，她發現後面有一艘克力梭的艙門有兩個監控兵在把守。他們看到她繞過船身過來，立刻朝她開火。她矮身閃過一記光彈，用防護罩擋掉另一記，然後就直接上前攻擊，為了節省能量沒有再造出光柱。離她比較近的那個再度開火，手臂卻被她往上打偏。她一拳命中他的腹部，緊接著一個旋身往另一個臉上就是一記飛踢，兩人同時雙雙倒地。她低頭看了看自己的戰果，難怪這些廢物只能在這種沒效能的機構幹活。

她打開艙門，看到一個女人躺在船艙角落裡的金屬床板上，正輕柔的打著鼾。她手上戴著冬眠腕帶，連接到克力梭的能源面板上。郭側著頭端詳了一下這名異時者。這個小不點就是那個諾卓思科學家，害她一整年都困在這顆爛泥巴星球的罪魁禍首？就是她最近以來一切挫敗的來源？這女孩最好值得那麼多犧牲。

就在她要踏進船艙的時候，忽然感覺到一條超動能鎖鍊拉著她的防護罩，她還來不及反應，整個人就被扯得往地面撲倒。她摔倒之後立刻又站起來，然而一起身又吃了一頓爆能槍連珠砲射擊，把她的能量消耗到近乎見底，防護罩還勉強撐著，但超動能鎖鍊讓她無法造出光柱。

郭看不到對方在哪，只能盲目出擊，那個拿著鎖鏈的人肯定不會離她太遠。她聽到一聲低沉的悶哼，緊接著鎖鏈那頭又是一陣猛拉，結果兩人同時摔倒在地上。這次她還是三兩下就爬起身，終於和攻擊她的人正面相對。那是個憔悴的男人，又瘦又蒼白，看起來髒兮兮的，總之絕不會是個監控兵。可能是個野蠻人？

他瞪著她的目光滿懷著恨意：「我一直很期待和妳交會，郭秘安官。我有個過期很久的舊帳，老早以前就該算清了。」

第五十七章　企業之爭

在短短幾分鐘的時間內，詹姆斯和他的小隊在這場全銀河大廈之戰的角色，陡然間變得無關緊要了。樓層後方似乎發生了什麼事，引走了所有聯軍的注意力，晾著空橋上的戰場不管全都跑了回去。不過詹姆斯倒也沒什麼好抱怨，畢竟他們正被聯軍打得屁滾尿流。只見聯軍仍然一批接著一批不斷往大樓最南端趕過去。佔領全銀河大廈南邊那棟大樓的部落是莫拉德的埃爾門族，還有庫特的華爾街族，難道是他們突破重圍來支援了？

詹姆斯下令要守衛們在出入口的陰影處就定位，接著自己則獨自潛行到克羅位處樓層側邊的辦公室。雖然聯軍攻擊這個樓層的時候，大部份人應該不是被殺就是被俘虜了，他還是希望那個老人沒事。從敵人發動第一波攻擊以來，他就沒再看到過熨斗族的鬥者，讓他心裡很難過。這表示他們整個部落都是因為他而死，他手上沾著他們的血，就像卡沃長老，就像史密特。

他潛進房間，沿著牆面躡手躡腳的前進，躲到克羅其中一張扶手椅後面。聯軍已經把這間辦公室改造成他們的臨時哨崗，門邊牆上有個架子，上面整整齊齊擺滿了爆能槍，旁邊還有好幾落能量彈匣。至於壁爐旁邊擺著的，如果詹姆斯沒搞錯，那絕對是一台咖啡機。有那麼一瞬間，他忽然無比的想要喝咖啡。他上次喝到咖啡不知道是幾個月前的事了，而現在他又清光了體內的酒精，只是讓他的另一個癮頭變得比以前更變本加厲。

就在這時，房間另一端傳來咳嗽聲。詹姆斯身體一僵，偷偷往聲音來處窺探。有個人影背對著他站在陰暗處，那人穿著一身白色制服，他搞不懂自己怎麼會沒注意到。他的感知蒙蔽了他，搞得他最近以來失誤連連，這些疏忽和大意很可能會害其他人送命，而他已經因此害死過人了。那個突擊兵一邊吹著口哨，一邊把彈匣裝到爆能槍上，一把接著一把架到牆上。他留在原地等了好幾個心拍，等著對方轉頭移開視線，終於讓他逮到機會。那突擊兵不小心弄翻了一堆彈匣，他趁著對方分神的空檔從椅子後面衝出來，躍過克羅的辦公桌往對方身上撲過去，線膛槍猛揮一記把對方打倒在地，緊接著把槍托高舉在半空中，往對方的臉就要往下擊落。然而他卻在最後一刻硬生生煞住，只差一毫米，對方的顱骨就要被當場打碎。剛才那一擊把那名突擊兵的白色頭盔震掉了，他看到底下是一張稚嫩的臉。他還只是個少年，年紀還很小，很可能是渥爾塔部隊裡軍階最低的，才會被發派到這裡當警衛。他想起他在柯尼斯堡城堡殺死的那個納粹少年，那個不知名男孩的年紀就和這小子差不多。此時此刻，他能想到的只有一件事。

「你叫什麼名字，小子？」

那個年輕的突擊兵本來驚恐的緊閉著雙眼，一隻手擋在臉上想要保護自己，忽然聽到這句話，勉強睜開一隻眼睛看著他：「什……什麼？」

「你的名字。你叫什麼？」

「伊斯……伊斯坦。」

詹姆斯往後退開一步：「起來吧，伊斯坦。你有配備武器嗎？」

那年輕的突擊兵搖搖頭，踉蹌著想要站起身，結結巴巴的說：「我……我的……」

詹姆斯拉了他一把，指著房門說：「我想讓你活下去。年紀輕輕就得死在這種地方簡直是爛透了。不要攪和進這場戰鬥裡，如果你再被我看見，我就會殺了你。走。」

「可是我有合約要——」

「出去！」詹姆斯用力一推，推得那男孩跌跌撞撞的摔到走道上。年輕的突擊兵這才反應過來，大喊大叫著逃跑了，他的叫聲很快就消失在外頭那片混戰的喧囂聲裡。詹姆斯望向空橋的出入口，示意守衛們過來加入他。不一會兒，他倖存的二十個隊員便壓低身子匆匆趕了進來，他們進來的時候，詹姆斯在門口給他們一人發了一把爆能線膛槍。

「你為什麼要放走那個渥爾塔人，前輩？」其中一個守衛問他。

詹姆斯聳聳肩：「只是要把我虧欠某個鬼魂的債還清，早在當時我就應該這麼做了。」接著他快速給他們解說了一下渥爾塔線膛槍的用法：「這是你們平常用的那種爛意的進化版。它比較重，不過沒有拋射類武器的後座力，也不需要像一般線膛槍那樣要常常重新填彈。」他只給他們幾分鐘練習，很快就趕著他們離開辦公室。那個年輕突擊兵很有可能會無視他的建議，跑去找援兵來對付他，詹姆斯才剛放他一條生路，一點也不想這麼快又得殺掉他。

幸好他似乎不需要擔心這件事。不管這個大廳另一端到底是發生什麼事，那裡爆發的混亂都在不斷往外擴散。艾瑞亞歐率領著一大批守衛從東邊的樓梯間衝了出來，勢如破竹的直搗渥爾塔的防線。北邊的樓梯間也發生了同樣的大肆虐，差別只在敵軍稍微撐得比較久。

詹姆斯爬到靠著東邊牆面堆放的一落貨櫃頂端，往南邊眺望過去。眼前的景象讓他驚訝得下巴都快掉下來，渥爾塔士兵竟然在跟總署監控兵對打！接著他又往左看，北邊樓梯間的守衛正在拼命掙扎著想要突破，他應該去那裡幫他們，然而有其他更重大的事情正在發生。

「詹姆斯前輩。」艾瑞亞歐朝他這邊跑過來：「看到你還活著真好。」一大群他負責率領的守衛也從東邊的路障跑過他面前，衝向那群擋住北邊樓梯間的渥爾塔士兵。「我們是不是該加入他們？如果我的隊伍和你的合併，可能有機會把敵軍逼退。」

但詹姆斯的目光仍然盯著大樓南側的戰場不放，那邊的戰況是最激烈的，而且監控兵們正在逐漸敗退。目前艾爾弗雷人之所以有機會打贏，正是因為渥爾塔的部隊太專注在對付監控兵了。萬一總署的部隊被打敗了，這支企業大軍就會回過頭來把艾爾弗雷人掃蕩得一乾二淨。

於是他扯住艾瑞亞歐的袖子：「聽著，我們得過去幫忙那邊的人。」

戰鬥指揮官皺起了眉頭：「那些監控兵？為什麼？讓他們自相殘殺就好了。」

詹姆斯搖搖頭：「我們在這邊可以殺出重圍，就是因為他們在戰鬥。要是總署的部隊被渥爾塔殲滅了，艾爾弗雷人也要跟著完蛋。」

「你怎麼不說要是監控兵贏了，他們也有可能會殲滅我們？何不先讓他們削弱彼此的兵力，我們再來看怎麼對付倖存的那方。」

那是個很有說服力的計畫，但是詹姆斯的直覺告訴他的是另一回事。艾瑞亞歐會被偏見影響是理所當然的，畢竟當初攻擊農耕塔、殺害他們無數族人的就是總署，但現在的情況已經和當時不一樣了。當初率領總署部隊攻打農耕塔的人，如今正在為他們的族人打撈物資。當初被他們當成難民收留的女人則成了他們的領袖。李文離開之前說的那番話，忽然開始在他腦海中迴響——只靠他們自己是辦不到的。伊莉絲、葛瑞絲、李文、艾爾弗雷人，他們所有人如果想要生存下去，真的想要達成他們在努力的事，就需要外來的幫助。

「時旅總署不是我們真正的敵人。」他說：「他們是比較不邪惡的那一方。」

但艾瑞亞歐沒有被說服：「這些人幾個小時前還在殺我們呢。」

「你去指揮北邊樓梯間的守衛們。」

了。」

「我得想辦法和那些監控兵取得聯繫。我們兩方必須合作，想要打敗渥爾塔只有這條路能走

「你要去幹什麼？」

「你確定嗎，前輩？這真的是正確的選擇嗎？」

「我不知道。」詹姆斯坦白：「但我相信是。」

艾瑞亞歐的臉皺了一下，最後終於聳了聳肩說：「你打算怎麼和他們接應上？」

「我也不確定。」詹姆斯說：「要不是潛行過去，要不就是一路打過去。」

「只靠你一個人是不可能辦到的。渥爾塔控制著整個樓層的中心地帶，那些監控兵也完全被他們圍住了。」艾瑞亞歐一手搭住他的肩膀，指著大廳的東側說：「那裡是他們的陣線最薄弱的地方。」只見十幾組渥爾塔小隊正從樓層的正中心附近往牆邊移動，但他還是得穿過五十公尺的突擊兵人牆才有辦法和那些監控兵直接接觸，不過，比起另一邊有幾百個突擊兵和機甲兵和監控兵及艾爾弗雷人作戰的區塊，至少人數是少得多了。

「也只能從那裡試試看了。」詹姆斯說。

「我會派一支守衛隊幫你殺出一條路來。」艾瑞亞歐說。

詹姆斯搖搖頭：「多那麼幾個人也沒什麼差別，只是徒然引來更多注意而已。」

「那就把所有人都派過去。」

「等等，別。」詹姆斯反駁他：「你需要他們去支援北邊樓梯間的守衛。」

「如果你真的相信這麼做攸關我們的生存，他們就得靠自己撐久一點了。」

詹姆斯這大半輩子以來，總是隨時做好送死的準備，當他還是個青少年、在涅墨辛妮基地掙扎

求生的時候如此，他還在時旅總署學院當見習生的時候如此，還有他當特工的二十年來也都是如此。他隨時都能為伊莉絲，甚至為艾爾弗雷人付出自己的生命，現在卻是他們願意為他這麼做，他整個人都呆住了。

「那會是場大屠殺。」他靜靜的說。

艾瑞亞歐環顧著整個大廳：「看看周圍吧，前輩，大屠殺早就已經開始了。我們得趕緊想辦法終結這一切。」

沒過一會兒，戰鬥指揮官就召集起了所有守衛，命令他們朝渥爾塔陣線發動單點突擊，以楔形攻勢突破突擊兵組成的防線，和另一邊的監控兵接應。詹姆斯看著他們排好隊形，準備好要直搗渥爾塔的防禦位置，深深被他們的信念和勇氣所折服。跟著他一起降到空橋的隊伍也在最前線，還活著的飛衛們拼命擠過人群來到他身邊，像是他的親衛隊一樣守著他，喬爾站在他左邊，霍利在他右邊，多克斯則站在他前面。

詹姆斯傾過身對喬爾說：「你不能死，知道嗎？不然誰要來照顧科學怪人號？」

喬爾露齒一笑：「怎麼，當然是你啊，前輩。」

只聽見艾瑞亞歐聲嘶力竭的一聲喝令，這一大群守衛便以排山倒海的氣勢往前全速衝刺，縮短雙方距離的同時不斷開火射擊。突擊兵也全面迎擊，第一排守衛在他們掃射下紛紛倒了下來。幾秒鐘之後，守衛們衝破了渥爾塔士兵用板條箱堆起的防禦線，雙方頓時陷入一片激烈的混戰。詹姆斯手上的爆能槍一刻也沒停，他往前移動，閃避，開槍，然後繼續移動，沿途解決掉了好幾個突擊兵。多克斯是第一個倒下的，捨身為詹姆斯擋下了一記爆能彈，直接命中胸膛。接著是霍利，他把一名突擊兵扯到地上扭打，雙雙消失在人群裡。詹姆斯本來想幫他，但喬爾揪住他的襯衫前襟拉著他繼續往前進。

忽然間，有個什麼從詹姆斯的視野死角擊中他，打得他倒在地上，兩名突擊兵居高臨下的欺上前來，猛擊他的手臂和胸膛。他閃過一記爆能彈，用線膛槍打斷其中一個突擊兵的膝蓋，一個翻滾躲過踩踏，順勢絆倒了另一個，站起身一槍一個解決掉他們。

他往左轉過身，和另一個新來的敵人正面相對，正是他在警衛室放走的那個年輕突擊兵，他還是沒戴頭盔，但不知從哪裡弄來了一把爆能槍。他們兩人大眼瞪小眼對峙了半天，都在等著誰會先動作。詹姆斯內心有一部份極其希望他會在最後一刻退開，但沒有，男孩終究還是舉起了槍對準他。

詹姆斯早他一步開槍，當場就把他擊斃了。他站在那裡看著那年輕人的屍體，不禁無奈的搖搖頭。不管他怎麼努力想要放別人一條生路，死神總是會回來取走他應得的那一份。他環顧四周想找到喬爾，卻看到他的飛衛血淋淋的倒在地上，鮮血不斷從他嘴邊和肚子上的傷口湧出來。

「去做你該做的，前輩。」他喘著大氣說：「科學怪人號就交給你了。」

「你可以自己照顧她的，該死！」詹姆斯一邊說，一邊試圖把他扛起來拉到安全的地方。

但喬爾一把推開他：「來不及了，前輩。」說完他又咳了更多血：「我只希望有機會可以和她一起飛，就像你說你會教我的那樣。」然後他目光斜向一邊，死去了。

詹姆斯感覺自己膝蓋發軟。有很多人都曾經在他指揮下犧牲，不管是作為特工還是前輩的時候，但這次不一樣，這次的打擊比以往什麼時候都要深。他想起他們兩人第一次見面的情景。為了報答他給艾爾弗雷人帶來的物資，喬爾拿烈酒請他喝。他也是第一個自告奮勇要學習怎麼保養克力梭的。時旅總署攻打農耕塔那時，也是他在詹姆斯不在的時候捨命保護伊莉絲。而這次，他又為了保護詹姆斯而死。

詹姆斯好希望可以坐在這男孩身邊久一點，但他沒有那麼奢侈的餘裕可以好好哀悼。他能為喬爾做到最光榮的事，就是讓他的犧牲有意義和價值。他深深吸了一口氣，起身繼續往前進。艾爾弗雷人的攻勢開始停滯了，而且逐漸往錯誤的方向偏移過去。不過他們確實削弱了渥爾塔的軍隊，足夠讓詹姆斯穿過重圍，慢慢的在帳篷迷宮繞行著往前進，最後終於抵達了監控兵的陣地所在，立刻就有一支監控兵小隊上前要來拘押他。一記光彈射過來，從他身邊驚險擦過，他舉起雙手說：「別開槍，我需要和監控兵隊長說話。」

射他的那個人走上前來，仍然舉著手臂對準他：「會說太陽系英語的野蠻人？你想怎麼樣？」另一個監控兵驚訝得張大眼：「那是『火星裔』詹姆斯葛里芬。」

「見鬼的黑洞。」第三個監控兵說：「真不敢相信你竟然還活著。」

「馬上帶我去見你們隊長！」詹姆斯大喊：「如果你們想打敗這批渥爾塔混蛋，就得和我們這些荒地部落合作。」

「他不是個叛徒嗎？」第一個監控兵問。

「搞清楚事情的輕重緩急，監控兵。」詹姆斯斥喝：「沒有時間了。人們正在死去，而你們也在節節敗退。」

第二個監控兵點了點頭，示意詹姆斯跟他們走，押送他到一座帳篷裡，有好幾個監控兵隊長聚集在那裡，圍著一張板條箱充當桌子在討論戰況。詹姆斯認出了負責領頭的人，那是波拉克，比他小好幾屆，晉級考的時候沒能升上特工級別。不過從那時候起，他在監控兵同儕之間建立起了自己的名聲，所有人都視他為摩耶潛在的接班人。

波拉克看到他的時候皺起了眉頭：「特工『火星裔』詹姆斯葛里芬，真是意想不到。你來這裡做什麼？」

「渥爾塔和總署之間發生了什麼事？」詹姆斯追問：「你們為什麼在打仗？」

「地球總部發動了一場政變。」波拉克說：「我們要從大企業手中把總署奪回來。」

「稽查官李文也牽涉其中？」

波拉克吃了一驚：「你怎麼知道？」

「沒時間解釋了。」詹姆斯說：「外面那些荒地部落想要和你們聯手對抗渥爾塔。」

波拉克皺起眉頭：「你跟他們的首領談過了嗎？」

「我就是帶領他們的人。眼下他們正努力想從東邊突破渥爾塔的陣線。我們兩邊可以彼此幫助。」

「我怎麼知道能不能信任你？」波拉克質問：「你已經背叛過總署一次了。」

「我有嗎？」詹姆斯回答：「也許應該說，我們現在終於都站到了正確的立場上。沒時間再為這件事爭論了，我們必須並肩作戰，否則沒人可以活著出來。如果我們兩邊通力合作，就可以從兩邊包抄夾擊渥爾塔。」

波拉克和帳篷裡其他幾位隊長交換了幾句話，很快便達成共識，緊接著他就把地圖推向詹姆斯的方向：「告訴我他們的位置。」

詹姆斯把守衛們用楔形攻勢突破的區域指給他看：「在這裡的部落都知道不要和監控兵戰鬥，除非你們先發動攻擊。如果你先跟他們聯繫上，我們兩邊就可以構成一條聯合陣線。等消息傳出去之後，我們可以從這裡、這裡和這裡截斷他們的去路。」

波拉克打個手勢，要其中一名隊長去他說的那個側翼檢查。幾分鐘之後，那隊長便回來了，證實詹姆斯說的是真的。於是帳棚裡的隊長立刻著手開始擬定新戰略，慢慢把他們的攻擊焦點轉移到右側。又過了幾分鐘，監控兵們就和艾瑞亞歐在東邊樓梯間的部隊會合了，接著沒多久南邊樓梯間的莽克斯也跟他們接應上了。三方部隊的通訊系統一開通，他們就開始聯手策畫每次進攻，同時從兩邊發動攻擊，好幾次把渥爾塔的人馬困死在中間。詹姆斯則待在監控兵隊長的帳棚裡，充當兩方的中間人，他們兩邊對彼此的信任還很薄弱，只要有一點點誤解，就有可能演變成衝突，讓監控兵和部落民倒戈相向。不過，他們和共同敵人之間的戰局逐漸開始發生變化了，時旅總署和曼哈頓防衛軍組成的聯合陣線，扭轉了渥爾塔原本握有的優勢，甚至還一步一步把他們的勢力推回到樓層中心的根據地。

一名監控兵跑進帳棚來：「隊長。」他喘吁吁的說：「我在克力梭那邊看到郭秘安官。」

波拉克咒罵一聲：「她黑洞的在那裡幹什麼？八成是想挾持一艘克力梭自己腳底抹油。算了，我現在沒空理會那個渥爾塔指揮官想怎樣。」

詹姆斯感覺自己全身血液都凍結了，他握緊了拳頭問：「那些克力梭停在哪？」

波拉克皺眉說：「沒有腕帶是對付不了秘安官的，詹姆斯，而且我也撥不出人手去幫你制服她。最好的處理方式就是放她自己逃跑。」

「我是絕不會讓那種事發生的。」詹姆斯回答，史密特在夢中慘死的情景還鮮明的烙印在他腦海裡。「這裡的情況交給你了，我要去追那個叫郭的傢伙。」

波拉克本來還想再說些什麼，但最後還是打住了，跑到帳篷另一端，從儲物櫃裡拉出一副超動能鎖鍊交給他：「帶著這個。我最多只能做到這樣了。」

詹姆斯點點頭：「謝謝你，波拉克隊長。」

波拉克擺了擺手要他趕緊去：「等我這邊分得出手，馬上就派一支小隊過去幫你，在那之前給我活著啊。如果她想逃走，看在黑洞份上，只管放她去就是。」

「我不可能放過她的。」詹姆斯抓起鎖鏈，朝停放在後方的那排克力梭直奔而去。此時此刻他滿腦子想的只有史密特，還有要為慘遭謀殺的他討回公道。這是他唯一一次可以撥亂反正的機會。

他找到她的時候，正好看到她殺了那兩名守在艘克力梭外面的監控兵。他立刻衝上前去，甩出超動能鎖鍊鎖定她，猛力一扯，扯得她失去平衡往後仰倒，緊接著用爆能槍往她的防護罩就是一陣狂轟猛射。不幸的是，防護罩還是撐住了。而且他不得不承認，郭的反應速度比他預期的還要快，實在是有兩下子，她馬上就騰腿一踢把他絆倒在地上，但兩人都很快又站起身，虎視眈眈的繞著彼此打轉。

「我一直很期待和妳交會，郭秘安官。我有個過期很久的舊帳，老早以前就該算清了。」

郭只給他一個輕蔑的眼色：「區區一個野人怎麼會知道我的名字？」

「妳謀殺了我的朋友，我是來替他討回公道的。」

郭有點驚訝的睜大眼，哈哈大笑起來。「『火星裔』詹姆斯葛里芬，我們總算見到面了。我想你指的是那個導航員，我不記得名字了。」

「他的名字是『海衛八裔』史密特大衛，妳這個變態殺人狂。」他怒吼，舉起爆能槍給她又是一記。郭試圖閃避，但超動能鎖鍊牽制住了她的動作，沒辦法跑太遠，爆能彈直接擊中了防護罩，震得超動能表面一陣波盪閃動。詹姆斯立刻察覺她的能量值已經非常低，幾乎沒辦法再多承受一次爆能槍的彈火。就在他繼續開槍削弱她的超動能的時候，郭也立刻欺上前，瞬間縮短兩方的距離，一個箭步搶到他側邊往他撲過來，他抓著超動能鎖鍊往反方向一甩，把她狠狠絆倒在地上。當她再度爬起身的時候，他小心翼翼的緊握住手柄，這條鎖鍊就像一條栓在她身上的韁繩，只要他一直控制住韁繩，就可以牽制她的行動讓她失去平衡，同時避免她逃跑。郭往左做個假動作，但詹姆斯還是往反方向一扯，趁著她踉蹌的時候又射了她一記，這次爆能彈穿透防護罩擦傷了她的肩膀。但她只是聳了聳肩，不當一回事。

她又試著攻擊過他好幾次，然而他每次都能用那條鎖鏈絆得她失足踉蹌，趁她還沒恢復平衡的空隙用爆能槍掃射她。再這麼下去，防護罩失效只是時間早晚的事，到時候他就可以殺了她。

「放棄吧，妳別想再逃過另一次制裁。」他低吼著，狠狠啐出一口血。剛剛他絆住她的時候，她出奇不意的趁勢撲上前，往他的下巴結結實實狠揍一拳，當場打掉了他一顆牙齒，然後才雙雙摔到地板上。

她爬起來的時候冷笑著說：「我為什麼要放棄？我已經快要贏了。」

「妳不可能——」她再度衝上前，他縱身往右跳開，往反方向用力一扯超動能鎖鍊，把她更往左邊帶過去，郭立刻一個急轉身再度衝向他，但這次她做了完全出乎他意料的事。

她解除了超動能。

沒有運作中的防護罩連結，超動能鎖鍊就無用武之地。他拉著鎖鏈往右邊猛力一扯，但只是害得自己一個踉蹌失去平衡，造成的結果就是讓自己落入脆弱無從防備的狀態，而他很快就因為這個失誤付出了慘重的代價。她立刻上前踢掉了他的爆能槍，一拳命中他的下巴，打得他雙膝一軟跪倒在地上。

詹姆斯立刻重新爬起來反擊，專門針對她受傷的肩膀下手，但她總是有辦法或矮身或翻滾避過他的攻擊，不讓自己受到進一步傷害。她的身手真的很迅捷，他不得不承認，雖然他從剛剛一路打下來佔了不少優勢，還是連中了她好幾下攻擊。他的腹部狠狠吃了一拳，緊接著又是一記上鉤拳打得他腦袋往後仰，他踉蹌了一下，試圖保護住臉部，但她轉身一記迴旋踢命中了他的頭顱側邊。他一陣天旋地轉，還來不及從震驚中恢復過來，整個人就面朝下摔倒在地上，眼睛還瞪得老大。

他往右一個翻身，往她的方向猛踢過去，但她輕輕鬆鬆的就閃開了，往後退開一步，開始繞著他踱步轉圈子，活像是頭掠食者在端詳著自己的獵物。「你真是令我失望，特工。我還以為像你這樣的一級特工，還是個把所有人都捲入這場大麻煩的人物，會有什麼讓我刮目相看的身手。」

他站起身再度出擊，但她只是一個側步閃過他，架住他揮來的拳頭，往旁邊跳開時趁勢往他的膝蓋側邊狠狠踩下去，他的腿支撐不住，整個人又摔回了地上。他粗重的喘著大氣，努力把自己撐起來。他全身上下都在痛，雙腿也巍巍顫顫的，他實在很不想承認，但是，和當初縱橫打撈任務的他比起來，如今的他只不過是一具軀殼。他往左虛晃一招，矮下身往她的腿橫掃過去，可惜郭沒被他唬住，她往後退開一步，往他的臉頰又是一拳招呼過去，然後立刻又敏捷的閃到旁邊去。詹姆斯知道自己動作變遲緩了，不過說老實話，他開打的時候也沒快到哪裡去。他的體能衰退一開始並不明顯，但自從他帶提圖斯回來的那趟跳躍過後，他的身體就開始公然背叛他了，只是他一直都不肯承認而已。李文能夠來接手他的打撈工作，或許還是他的運氣呢。先撇開時旅後遺症不談，光是他在任務期間不斷增加的那些小失誤，就有可能會害死自己。到了這個節骨眼，他甚至開始希望史密特的鬼魂能現身，重新燃起他的鬥志，但他心裡也清楚知道那不是真正的問題所在。那股力量就是已經不再存在他體內了。

「那名異時者。」郭用一種極其平淡就事論事的語氣說，彷彿只是在談論什麼每日例行事務：「她是你的女人？你是為了她才幹出這些事的嗎，特工？」

伊莉絲可能會受到傷害的念頭立刻引爆了他的怒火。他是伊莉絲仰賴的對象，而眼前這個女人就是一直以來在獵捕她的人。他絕不能再辜負她，絕不能像他辜負了史密特、莎夏和艾爾弗雷人那樣辜負她。他帶給他愛的那些人們，帶給關心他的人們的，從來就只有無盡的痛苦和死亡。他必須把一切導向正軌，這是他虧欠他們的。

詹姆斯握緊了拳頭，開始踱步繞起圈子靠近她，悄悄等待出手的時機。他需要的只是一個瞬間的破綻，如果他能夠直接抓住她的身體，就可以把她扭到地上，她就沒辦法再用她的速度壓制他了。他必須再更靠近她。「我做的這一切是出於很多原因，為了愛，為了全人類，為了我的靈魂。從來不是為了利益和權力，恐怕像你這樣的企業奴隸很難理解吧。」

「那就是你以為你們在做的？」她大笑出聲，還是同樣那副漫不在乎的態度：「喔，你們這些鬼遮眼的低效能人，如果你們知道——」

在這同時，他已經靠近到和她相距不到一公尺。詹姆斯立刻逮住機會撲上前，她的體型比他小，他試圖用手臂鎖住她小小的身體，想把她整個人扭到地上壓制住。然而他只撲了個空，郭輕易的就從他的手臂下溜開，往他的臉就是一記膝擊。詹姆斯頓時昏死過去，至少他以為如此。等他意識恢復過來，他的頭像是要被鐵鎚敲開一樣，周圍的聲音都變得異常響亮，戰場上不間斷的爆炸和叫喊聲只是讓情況更糟。他的心智完全無法處理這些外來刺激，好一陣子才有辦法讓雙眼重新聚焦，看清楚那張懸在他面前的臉。

郭正單膝跪在他身邊，轉頭不知道在看著旁邊的什麼。他伸手想要抓住她，只是被她漫不經心的撥開，接著她才轉回目光俯視著他：「你還真是不屈不撓，我挺欣賞你這點的。太陽系需要更多像你這樣信念堅定的人，就可惜，你的判斷力被蒙蔽了。不管怎麼樣，我相信這裡的情況正在惡化，幸好我已經把我要的東西弄到手了。我可以現在就殺了你，但那未免有點太可惜。你可能不知道，你為渥爾塔做到的事遠超過你的想像。光就這點來說，我們都欠你一份。」

說完郭秘安官便站起身，抬起一隻腳：「再見了，特工『火星裔』詹姆斯葛里芬。你最好祈禱我們永遠都不會再相見。」接著她的腳跟就倏地往他的頭顱踩下去。

第五十八章　尾聲

到頭來，光是數據資料的殺傷力，就比任何一顆發射出去的子彈都要來得致命。他們甚至根本連一槍都不用開。李文在他被拘押和受審之前那幾個星期，就把這些總署高層人員普遍都知道的內情通通編譯成了程式資料，那是由無數分散的資料串連而成的，展示出一整幅更大也更清晰的全景，徹底揭露總署內部的腐敗和徇私，而這只是讓本來就潛藏在整個機構裡的怒火更加熾烈，於是一場全面的反抗行動就這麼展開了。

李文他們一行人在地球總部發動的政變只是點燃導火線的火種，反抗的火勢很快就大幅延燒出去，首先是擴散到整個地球，然後是金星、月球和火星的前哨基地，等到總署其他部門驚覺到情況不對，封鎖住所有通往外環行星殖民地的航線，已經太遲了，災情已經無法收拾。

到了後來，地球總部絕大多數的部門都站到了反抗軍這方。摩耶掌握了所有監控兵的赤誠忠心，而李文則掌握了稽查官的，至於其他的行政人員、工程師、後勤人員和醫療團隊實在也沒別的選擇，當然也只能跟從了，不過李文還是寧可把他們想成是支持他的，他們也和其他人一樣，總署長期以來的腐敗問題對他們也有著深遠而直接影響。

目前還是未知數的就只剩下特工們，不過誰也不覺得意外就是，特工向來都是無法信賴又難以預測的一個群體。只要有被照顧到，他們對於執掌機構的是什麼牛鬼蛇神一點也不在乎，時旅特工就是這樣的人，所以到後來他們自己內部也發生了分歧，地球上只有約莫三分之一的特工發誓效忠反抗軍，另外三分之一則直接逃往外環行星去了。李文本來想阻止他們從機棚起飛，但轉念一想，決定放他們自己選擇，他們的出走正好也向全太陽系其他人宣示，留下來的人決意堅守的這份意志，比任何他們損失的克力梭、腕帶和資源都要來得有價值。

最後剩下的那三分之一則還沒做出決定，並向政變後總署的新領導階層提出陳訴的要求。這群特工由一名叫布洛克的一級特工領頭，他們想問的多半不外乎是以後任務該怎麼執行，想要更好的合約分成比，還有想要從打撈中獲得更多盈利。這些條件李文都帶著強烈的熱忱接受了。長久以來，特工們一直都被當成工具在利用，他們的聲音也該是時候被聽見了。不管怎麼樣，這些令人頭痛的事都留待明天再解決。今天還有另一件事盤據在他心頭。

他再度戴上稽查官腕帶，上樓來到地球總部的行政部門側翼。當他來到楊部長辦公室外面的『守護者公告榜』面前，頓時被勾起了數不盡的思緒，在整個空間裡四散紛飛。茱莉亞和羅維本來想陪他一起來見部長，但被李文回絕了，是他催生了這一切事態發展，他認為自己至少該和楊老一對一的坐下來好好當面談，這是他欠楊老的。

守護者公告榜的數字還沒有更新。不知道這些數字會怎麼反應出昨晚發生的事件，這場政變讓時旅總署徹底分裂成了兩個對立的實體，地球和內行星對抗整個太陽系。已經開始有人稱之為第二次太陽系大戰，黑洞在上，李文只能希望整個情勢最後不會走上相同的老路。

經過昨晚的戰鬥，他和他的那群戰友們在機棚相會，有比一半少一點的人倖存了下來，比李文原本預期的要還要好。他需要每個領導者的幫忙，把整個機構整頓起來，重新走回正確的目標和方向上。根據他的初步估算，新的時旅總署——如今這是他的責任了——只剩下原先舊總署四分之一的建築和人員，但他們在地球要管理的可打撈時間線約莫是總數的百分之七十。地球是截至目前資源最豐富、打撈成本也最低的一座藏寶窟，而這個條件讓他們在整個太陽系占據著十分強而有力的地位，同時也需要小心權衡處理各方勢力。一方面他們必須先處理好新時旅總署的種種狀況，才能繼續維繫全人類的生存，另一方面，他的團隊正面臨著相當不安穩的處境。如果太陽系其他星球認為舊政權才是正當的，認為他們這批叛亂份子應該要被消滅，他有辦法應對嗎？他們有辦法嗎？

李文望著右邊那扇通往楊老辦公室的雙開門。他上次踏進那裡，已經是一年前的事了。當楊老知道自己已經失去整個地球總部的控制權，就把辦公室徹底封鎖了起來，把自己關在裡面。李文決定留給那位老人一片清淨，等事情全都塵埃落定後再來找他。那是這位部長應得的尊重。他走到那扇門前，抬手敲了敲門板，門內傳來一聲空洞沉悶的金屬響聲。

「進來。」部長的聲音從辦公室另一端傳來。至少他還活著。剛剛李文站在外面的時候，還在猜想他會不會已經自殺了，但像楊老這麼強悍的人，是不可能做那樣的事的，那一點也不像這個老渾蛋的作風。

他推開門走進去，在身後把門掩上，門板發出了吱嘎響。楊老坐在他的辦公桌後面，正一邊看書一邊喝著一小杯威士忌，桌上擺了五六個空酒瓶，他這幾天晚上肯定都是忙著在喝空他珍藏的所有佳釀。李文來到他的辦公桌前，耐心的站在那裡等候著。

楊老還是跟往常一樣，不慌不忙的舔了舔指尖，又翻了一頁繼續讀下去。他們兩人就這樣一站一坐的維持了十五分鐘，最後楊老似乎終於找到了滿意的暫停點，闔上書擱在一邊，拿起威士忌杯緩緩啜飲了一小口。

「屁股上那根刺還是沒拔掉，我懂了。你可以坐下。」

「謝謝您，部長。」李文在辦公桌前的位子坐下來。

「我上次把你拖來這裡已經是好一陣子前的事了。」

「先前那段時間實在沒什麼機會來這裡。我看到您重新裝修過，您換了新的門和辦公桌？」

楊老咒罵一聲：「那個沒教養的渥爾塔賤人，根本不懂得尊重貨真價實的木頭。」

李文指著滿桌子的酒瓶說：「看來您是想要在我們把您帶走之前，把這些全都喝完。」

部長從鼻子裡哼了一聲：「他媽的說對了。我可是花了整整半世紀收集這些寶貝。你以為我會捨得讓這些好東西浪費在你們這些惡棍身上嗎？」說完他往後靠向椅背：「所以接下來要怎樣？派一支小隊槍決我？還是要把我吊死？」

「所以你連要求赦免，或是強迫退休之類的都不想？」

「我當時的確是想當場射殺你。」

「那也的確讓我們的關係產生了一些隔閡，不過也不多就是。我和你認識得夠久了，早就有心理準備要面對這樣的事情發生。」

「所以呢，你打算拿我怎麼辦？」

李文仔細思考他的各種選項。其他大部分的主事者都想要處決他，或至少也要把他關進牢裡。作為地球總部的最高部長，他和機構裡的貪污腐敗有最密切的直接關係。李文回想起他上次坐在同樣這張椅子上的時候，楊老告訴他的那些話。在這間辦公室裡，在這個職位上，只當一個優秀的行政人員是遠遠不夠的。接下來的幾個月，他們的反抗軍政權能不能存續下去，全都得看他們怎麼跟各個仰賴他們的打撈存活的大企業和政府協商新條件。他很痛恨這麼說，可是現在有兩個時旅總署在互相競爭，這些企業和政權大可以獅子大開口，同時跟雙方要求更好的酬金比和合約條件，簡直就是資本主義的最顛峰，還有比眼前這種情況更諷刺的嗎？而這些協商需要的技巧就是李文徹底欠缺的。不過，現在坐在他對面的這個男人，擁有一切他所需的經驗。

「給你一份職位怎麼樣？」

楊老皺起眉頭：「做什麼？」

「和你現在做的事情差不多。我們需要一個精通協商技巧的人和那些大企業和殖民地周旋。」

楊老啜了一口威士忌，沉吟思索了一番，往另一只玻璃杯倒了些威士忌推到李文面前。「先讓我搞清楚。你率領一支反抗軍和總署對抗，讓整個太陽系陷入一片大混亂，然後又把權力交回同這個你口中所謂腐敗的源頭手上？我不懂。」

李文舉杯向楊老致意，然後啜了一口。不管這是什麼威士忌，味道都好得不得了。他發現自己有點分心了：「這是什麼？」

「豪美帝國。沒有比這更好的了。」

李文花了點時間好好品味那口酒，才又繼續說：「你的工作內容還是一樣，但要按照新的規則來。如果你想接受這個職位，就得照本宣科的遵守時間法。我們保護的是時間流和這個機構的正當性，時旅總署不能被收買。」

楊老大笑出聲：「你根本沒搞懂自己幹了什麼好事。替你的反抗軍總署協商新的打撈條件不是問題，你有其他更大的麻煩要處理。」

「像是什麼？」

部長搖了搖頭：「我猜你已經切斷了總署其他分部登入主要時間流數據庫的權限，這代表他們無法再繼續保持時間流的正當性了。你以為他們沒了權限之後就會乖乖停止打撈嗎？那些企業和政府呢？如果他們看到時旅總署自己都不遵守規則了，他們為什麼要？接下來所有只要有戴腕帶的蠢貨都會跳進來打撈他們要的東西了。整個時間流會被搞得面目全非，你們打算只靠自己監督這一整團混亂嗎？」

當他開始思考部長說的這些情況可能造成的後果，整個人像是被浸到冰水裡一樣，全身的神經都開始麻木。這不只是可能而已，而是真的會發生的事。他採取的所有行動是不是反而摧毀了他極力想保護的東西？雖然這麼做會讓他們徹底失去目前佔有的優勢，他終究還是得把時間流數據庫的權限開給另一個時旅總署，讓他們幫忙維護時間流。

「我沒想到這一層。」

「你向來都有這個毛病，李文。」楊老叱責他：「你在你原本位置上的時候只想到後續兩步，在我這個位置上必須想到十步遠。你沒有想過自己的行動會造成什麼樣的長期後續效應。不管怎樣，我接受你的提議。我猜我的部長職權也一併被剝奪了，以後我該向誰呈報，你嗎？」

「事實上，我心裡已經有別的人選了。你要呈報的對象是時間之母。」

有那麼一瞬間，楊老看起來很困惑，等他意會過來李文剛剛那句話到底是什麼意思之後，李文有點擔心他會當場心臟病發。

詹姆斯在一片亮光下醒來，感覺好冷，而且全身痛得要死。或許他已經死了。他記得以前聽過一個古老的宗教故事，說什麼人快要死掉的時候，要跟著白色亮光走到隧道的盡頭之類的。如果死後的世界跟活著一樣糟，感覺和他挺合襯的。跨越了某種門檻之後，一個人總算能安息了吧。他試著重新看向那道強光，卻發現自己辦不到。一開始他以為只是眼睛在痛，後來發現是整張臉都在痛，還有他的腿和肚子和手臂。基本上他根本全身都在痛。

他試著坐起身，卻被一雙強而有力的手按回去。

「前輩醒來了。」有個聲音大喊。

有那麼一瞬間，詹姆斯真恨自己為什麼要活下來，害他還得繼續處理這些荒地部落、時旅總署和渥爾塔的狗屎爛蛋。緊接著他想起伊莉絲，一陣強烈的恐慌立刻襲上胸口，拼命和那雙想把他按回去的手掙扎，然而他才坐起身，一陣全新的疼痛浪潮頓時席捲過他全身，害得他躺回去的時候差點又昏死過去。

「別再亂動了，你這火燒的白癡。」提圖斯的聲音從某處由遠而近的靠過來。

詹姆斯勉強睜開眼，看到提圖斯和葛瑞絲的臉懸在他面前，接著法蘭薇也在他另一邊出現。

「你們都還活著。」他氣若游絲的說：「所以我們贏了嗎？伊莉絲在哪裡？」

「一次講一件事。我是叫你不要動，不是叫你一直亂動。」提圖斯罵他：「你全身有一半的骨頭都斷了，脾臟可能也破了好幾個洞。不管跟你打的是誰，他還真是把你打得慘兮兮。」

監控兵隊長波拉克也出現在法蘭薇旁邊：「我和我的部下們去找他的時候，那個秘安官已經快要把他活活打死了。她開著克力梭逃走之前還殺了我三個部下。」

詹姆斯痛苦的扭曲著臉。那很可能是他唯一一次能替他的朋友復仇的機會，就只差那麼一點點，卻在轉瞬間徹底落空。「莎夏怎麼樣了？伊莉絲呢？她們都還好嗎？」他問。

「莎夏很好，我們讓她待在樓上，她才不會看到你這副樣子。」法蘭薇說：「那小姑娘也一直在問你的事。」

「至於伊莉絲……」葛瑞絲頓了一下，和其他人交換了疲倦的眼色：「被渥爾塔帶走了。」

詹姆斯的心跳瞬間停止了，整個頭像是要爆開一樣。他再度掙扎著想坐起來，卻只是證明了現在的他虛弱到什麼程度，居然只需要三個老人就能壓制他。

「我們得去救她！」他狂吼：「你們怎麼能坐視這種事發生？」

「我很抱歉，特工。」波拉克按住他的肩膀把他壓回床上：「我們差點連自己的小命都不保。我的部下不知道她有多重要，知道的時候已經太遲了。」

「不！」詹姆斯再次大叫起來，到後來直接沒了聲音，全部化成了淚水和啜泣。他辜負了她，就像他辜負了史密特，辜負了他人生中每一個人。他在這群朋友們的安撫和壓制下拚命掙扎，發狂的衝著每個人和每件事大肆發作。

就在這時，葛瑞絲欺到他面前，帶著一臉冷峻的表情舉起手掌，狠狠賞他一記耳光。一陣劇痛的浪潮頓時沖刷過他全身，痛得他差點當場休克。

「住手。」提圖斯大喊：「他那邊的眼眶骨斷了，下次要打就打另一邊。」

「很好。」她回答：「這樣他才不會在那裡亂發脾氣。」

有個小小的聲音從他的腦袋裡浮現出來，試圖蓋過他那顆破碎的心發出的尖叫和呼號。她說得沒錯。為你自己負起責任。好好把自己整頓起來做點什麼。

詹姆斯緊緊抓住這個聲音，戰鬥期間的記憶從他腦海中流過，他知道這是他自己的錯。他的身體變得衰弱了，而且是他任由這件事發生的。不管是長年積累的時旅後遺症還是酗酒問題，還是多年來的疲勞和內在撕扯終於追上了他的身體，全都是他自己造成的。在伊莉絲和史密特最需要他的時候，他退卻了，放任自己沉浸在酒精裡，放任自己變得支離破碎。他感覺所有希望都已經流逝，忍不住再度淚如雨下。

「我很抱歉。」他說，聲音細微得幾乎聽不見。

「不要再說抱歉了，詹姆斯。」葛瑞絲說：「沒人在乎你的道歉。想想該怎麼把事情做對。」

「我不知道我能不能……」

「你再給我來這套，我就再繼續賞你耳光，打到你清醒過來為止，我發誓。」葛瑞絲怒吼：「現在我們需要的是以前那個詹姆斯。」

「她說得沒錯。」法蘭薇說：「今天曼哈頓族聯打贏了一場重要的戰役。我們擊敗了入侵者，偵察兵也回報說，所有的人都已經從迷霧之島撤離了。勝利是屬於我們的，而大家正在為此慶祝。然而，有很多部落的酋長犧牲了，伊莉絲也不在了，他們正在找新的領袖。有很多人都希望你來帶領他們，特工。」

「我領導不了他們的。」他說：「他們不信任我，從來就不信任我。看在黑洞份上，連我都不信任自己。」

「我可不會那麼快就把話說死。」法蘭薇說：「很多人都認為能奪回全銀河大廈是你的功勞。艾瑞亞歐都說了，如果由你來當戰鬥指揮官，我們部落會得到更好的保障。」

「那傢伙想讓賢都來不及，想了好幾個月了。」葛瑞絲咯咯笑著說。

「你得為整個大局著想。」法蘭薇說：「外頭那幾百個荒地部落，整個曼哈頓族聯，全都在尋求指引。如果沒有一個強大的力量來領導，這個聯盟很快就會分崩離析。」

「我才不在乎什麼聯盟不聯盟的！」他大喊。

法蘭薇抓住他的肩膀，直瞪進他的眼睛：「你的嘴巴在說謊，特工，但你的心沒有。你很在乎，我知道。」

葛瑞絲可沒她那麼客氣：「我發誓我真的會再賞你一巴掌，詹姆斯。你難道想讓伊莉絲至今為止的努力全都付諸流水，只因為你太軟弱，太害怕，太自怨自艾而不敢挺身站出來？更何況，如果我們想要從那些渾蛋手中把她救出來，我們需要越多人來幫我們越好。」

「如果她不在這裡，這一切的意義何在？」

提圖斯一手搭住他的肩膀：「意義在於我們還有機會可以救她，孩子。別讓這個機會白白從你指縫間溜走。」

這些話直接打進了詹姆斯心坎裡。他是真的很在乎他們建立的這一切，比他願意承認的還在乎，而且對他來說，想辦法去救伊莉絲是目前唯一能讓他免於絕望的一條路。他發誓他會不惜一切把她帶回來。他做個深呼吸，閉起眼睛，花點時間整理自己的思緒。

「你們需要我做什麼？」他問：「不管是什麼我都願意做。」

「接下族聯戰鬥指揮官的職務，成為像伊莉絲那樣的精神領袖。族人們需要一個可以仰賴的人，需要有人給他們信心和希望。」葛瑞絲微笑：「我們三個會是在幕後讓事情實際運作的人。」

「我們會像指引伊莉絲那樣指引你。」法蘭薇說。

她和葛瑞絲轉頭望向提圖斯，但他只是聳聳肩：「大概吧。」

詹姆斯輪流看向他的三個顧問。他們站在一起，看起來不過就是三個加起來還不滿三百歲的老傢伙。「如果我們要對抗渥爾塔那樣的大企業，光靠曼哈頓族聯是不夠的，我們需要更多幫助。」

「稽查官李文從地球總部捎來了訊息。」波拉克補充：「他說時旅總署希望能夠和曼哈頓族聯結盟。他想要立刻就和你們的族長們會面，和諸位討論如何防衛地球，還有怎麼繼續推動地球瘟疫療法的進度。我應該怎麼回應他？」

詹姆斯回頭看了看身邊每個人，他們全都用期盼的目光看著他。最後他終於點點頭：「告訴李文，曼哈頓族聯的戰鬥指揮官很期待能和他會面。」

伊莉絲在一間白色房間醒來的時候，也以為自己已經死了。一開始她先注意到的是白得發亮的牆壁和天花板，接著她轉頭往左看，地板、門，甚至連家具都是同樣純淨到不可理喻的白。她覺得這種顏色根本就是不可能存在的，因為她現在所在的這個現時，從來沒有看過有何東西是這麼……不髒的。

只有一次。除了那一次。就是在芝加哥那艘閃亮的白色星艦大樓。

她坐起身，發現自己躺在一張床上，在一間方形的房間裡，房裡只有一張桌子和兩把椅子，其他什麼也沒有。觸目所及全是一片雪白，包括她的衣服，從長褲到襯衫到——她掀起領子檢查一下——內衣都是白色的。她環顧著這間純白的未來主義式房間，完全就是她想像中的未來會有的樣子。

一股強烈的恐慌立刻侵襲上來。她在哪裡？是誰抓走了她？她最後的記憶，就是她駕駛著艾瑞娜正在和那些渥爾塔的混蛋，那些穿著白色制服的突擊兵作戰。越來越多記憶接著湧現，她的機械人被扯成兩半，然後她就失去意識了，一睜開眼睛就變成在這裡。

「看在大地女神份上，我在哪裡？」她大聲說。她的聲音在這間沒有窗戶的房間聽起來好死板，一點力道也沒有。「哈囉？」她提高音量：「有人在嗎？」

幾秒鐘後，其中一面牆發出嘶嘶聲，一個又瘦又高、臉也差不多長的男人走了進來。他是個禿頭，但毛髮經過精心修剪，身形纖細修長，看起來幾乎像是外星人，和她一樣穿了一身白，走起路來有一種飄忽詭異的優雅。當他接近的時候，她整個人往後縮到床的最後面。

那個男人拉了一把椅子過來，在她床邊坐下：「哈囉，伊莉絲金。我相信比起妳過去幾個月來遭遇的那些恐怖經歷，這間住所應該更符合妳的需要。」

「你是誰？」她問：「你們抓我想要做什麼？」

那男人向她鞠了個躬。「我是索恩，渥爾塔企業地球分部的副總裁。能夠迎接妳登艦，實在令我等雀躍不已。」

伊莉絲感覺彷彿有個鉛塊直直沉落到胃裡。她想放聲大叫，但什麼聲音也發不出來，雙手顫抖個不停。「你們這些屠殺犯，大混蛋，你們殺了多少艾爾弗雷人和曼哈頓族人。你們殺了我在諾卓斯平臺的朋友們。」

索恩露出了驚訝的表情，搖了搖頭說：「妳那些朋友和野蠻人一直都在對妳說謊。沒關係的，妳已經重新回到我們這些文明人身邊。妳現在安全了。」

「你在胡說什麼？」伊莉絲說：「你們到底想從我這裡得到什麼？你們為什麼要俘虜我？」

「俘虜妳？」他看起來真的很困惑：「親愛的，我想這其中肯定有什麼誤會。聽我說，自從我們得知妳身處的困境之後，就不惜動用我們的所有力量和資源，一直想要把妳從那些野蠻人手中解救出來。」

「什麼？解救我？」一絲小小的疑慮開始滲透進她的思緒，但她還是補充：「他們不是野蠻人。」

「他們當然是了。那些野蠻人俘虜了妳，過去這一年來妳一直都被他們軟禁著。我們費盡千辛萬苦，終於成功把妳解救出來，真是鬆了一大口氣。」

伊莉絲驚訝的合不攏嘴：「你到底在說些什麼？」

她知道自己過去這一年來經歷了什麼，知道她和詹姆斯、葛瑞絲、法蘭薇和艾爾弗雷人共同經歷了什麼。那一切都再真切不過。可是，這個叫索恩的人說的好像也有道理。她會不會從一開始就誤解了整個情況？這會不會是某種奇怪的斯德哥爾摩症候群？那顆疑慮的種子開始生根，逐漸在她心裡擴散開來。她再也無法確定任何事了。

「所以你們到底要我做什麼？」她又問了一次，但這次語氣變得有點遲疑。

「我們需要妳的專業知識，伊莉絲金。渥爾塔一直試圖治療地球上一種叫泰拉維拉，或妳稱之為地球瘟疫的邪惡病毒，而我們需要妳的協助。不然妳以為我們為什麼要取走那些諾卓思機器？」

索恩站起身，朝她伸出手：「妳願意協助我們治療我們的星球嗎？」

「我為什麼要幫你們？」伊莉絲往後退卻。

「因為。」索恩給她一個溫暖的微笑：「我們是好人。」

〈未完待續〉

羅伯麥肯曼
Robert McCammon
Swan Song
天鵝之歌 上
天鵝之歌 — 上
天鵝之歌 — 下
《奇風歲月》作者的傳奇巨作，末日史詩的絕對經典
200萬人票選「美國人最愛的100本小說」
「史上最驚悚的小說TOP100」
「麥肯曼這個同行太厲害，他的書真的真的好看到爆！」

天鵝之歌
Swan Song

《奇風歲月》作者的傳奇巨作，末日史詩的絕對經典
美國公共電視網（PBS）有史以來最大規模的調查
200萬人票選「美國人最愛的100本小說」
美國公共廣播網（NPR）世紀票選「史上最偉大的恐怖小說TOP100」
來自同行對手的至高讚譽，史蒂芬金：
「麥肯曼這個同行太厲害，他的書真的真的好看到爆！」

灰暗的雲層遮蔽了天空，永遠看不到太陽，氣溫永遠是零度以下，狂風呼嘯，整個世界成為一片冰天雪地，被污染的大地永遠長不出植物。核戰爆發後的幾個鐘頭裡，有好幾億人當場死亡，然而，對那些僥倖活下來的人來說，活著，究竟是上天的恩典、還是一種詛咒？

能喝的，只剩污染的融化雪水，喝了會生病；能吃的，只剩沒被炸毀的罐頭，總有一天會吃完……然而，核彈可以毀滅世界，卻毀滅不了希望，還是有人掙扎著要活下去，因為，不管這世界多麼令人絕望，只要活著，至少還能等待奇蹟……

「天鵝」是一個九歲的小女孩，她是如此迷戀花草，從早到晚挖土種花，那永遠綠油油的小手指彷彿有一種魔力，無論什麼花草在她手上就有了生命。

酷熱的夏天，她窗外的小花園裡卻長滿了冬天才會開花的紫羅蘭，附近的草地稀疏枯黃，唯獨她家四周綠草如茵，一片青翠茂密，那景象是如此奇特神祕，鄰居都覺得不可思議。

那天，所有的城市都升起一團巨大的火雲，世界毀滅了，她的小花園也化為灰燼，但她卻活下來了。塌陷的地下室沒有陽光沒有水，然而，她躺的地方竟然長出了嫩綠的草苗……

而在遙遠的紐約，有一個叫老媽的流浪漢也活下來了。她在城市的廢墟裡失魂落魄的遊蕩，忽然看到瓦礫堆裡埋著一團亮亮的東西……那是一團被高熱熔化的玻璃，凝固後像一個環，裡面夾雜著無數寶石和金銀細絲。她把玻璃環拿到手上，玻璃環瞬間射出七彩繽紛的光，開始隨著她的心跳閃爍，而且，當她凝視著玻璃環，眼前開始浮現出奇特的景象，感覺像在夢遊，但那景象卻如此逼真，彷彿伸手就摸得到……她看到焦黑的荒地上有一個洞，裡面伸出一隻巨大黑色的手，旁邊有一個玩具娃娃……

她不由自主的開始往西邊走，彷彿玻璃環有一股神祕的力量在牽引她，要帶她去某個地方，尋找一個孩子……彷彿，那孩子是這絕望的世界裡最後的一線希望……

她的搖籃曲
Mine

「刺激一九九五」大導演法蘭克達拉邦生平最鍾愛的故事
耗費十年完成改編劇本，是他畢生最想拍的一部電影
《奇風歲月》《天鵝之歌》作者另一鉅作

當妳累了一天，拖著疲憊的腳步回到家，一進門聽到的，卻是小寶寶聲嘶力竭的哭嚎……

面對自己的心肝寶貝，任何一個媽媽都會立刻把孩子抱起來搖一搖，哄一哄，就算孩子哭不停，媽媽都會有無比的耐心，把孩子哄到睡著為止，不管自己有多累……

但瑪莉不是這樣的媽媽。她抱著「寶寶」哄了半天，「寶寶」還是哭不停，於是，她把「寶寶」抱到燒紅的烤爐前面……

瑪莉曾經活過。在那狂飆的六〇年代，一切曾經是那麼美好。

她曾經深信愛與和平、做愛不作戰，她曾經是那麼年輕美麗，乘著迷幻藥的翅膀飛翔，享受過青春肉體的激情。可是，漸漸的，反戰變得激進狂暴，「暴風戰線」、汽油彈和M十六、鮮血和火藥。一九六九年，她被聯邦調查局通緝。她本名是瑪莉泰瑞爾，然而，大家更熟悉的名字是「恐怖瑪莉」。

她還記得她的英雄——「暴風戰線」的領袖傑克。她記得他們永不止息的愛，記得到他堅挺熾熱的進入她體內，在她肚子裡留下他們愛的結晶。

然而，那一天，手榴彈在她肚子上炸出了一道巨大的傷口，殺死了暴風戰線的大多數成員，殺死了她肚子裡的孩子，毀滅了她的一切。

從那天以後，極端的仇恨吞噬了她。她陷入瘋狂，再也分不清真實和虛幻。二十多年後，四十一歲的她卻永遠滯留在六〇年代，生命中一無所有，只剩扭曲的靈魂、瘋狂的邪惡……

蘿拉是一個傑出的記者，丈夫是一個成功的股票經紀人，而且，他們的孩子就快出生了。她的人生是那麼美好，然而，當她發現丈夫外遇，她的美麗世界瞬間粉碎，孩子，是她生命中最後的一線光明……

瑪莉一直認定傑克還活著。有一天，她在雜誌上看到一則廣告，認定那是傑克用昔日的暗號在連絡她，要她在約定的日子去一個地方找他……可是，傑克的孩子死在她肚子裡，她怎麼面對他……她必須找到另一個孩子，抱著孩子去找傑克，到時候，他一定會很高興，又會像從前一樣愛她……

然而，哪裏找得到剛出生的孩子？

於是，她潛入醫院偷了一個孩子……蘿拉的孩子。

為了奪回孩子，蘿拉必須逼自己成為一個比「恐怖瑪莉」更恐怖的人……

國家圖書館出版品預行編目資料

斷裂2097第二部／朱恆昱
Wesley Chu著；陳韻如譯　初版
臺北市：鸚鵡螺文化，2019.09
面；公分。－－(Kwaidan004)
譯自：Time Siege
ISBN 978-986-94351-5-4(平裝)

874.57　　108012469

Kwaidan 004

斷裂2097第二部
時間圍困

Time Siege

作　　者—朱恆昱
　　　　　Wesley Chu
譯　　者—陳韻如
選 書 人—陳宗琛
美術總監—Nemo

出版發行—鸚鵡螺文化事業有限公司
　　　　　新北市鶯歌區建國路85號11樓之7
　　　　　電話：(02)86776481
　　　　　傳真：(02)86780481
郵撥帳號—50169791號
戶　　名—鸚鵡螺文化事業有限公司
電子信箱—nautilusph@yahoo.com
總 經 銷—大和書報圖書股份有限公司
ISBN　　978-986-94351-5-4(平裝)
定　　價—新台幣399元
初版首刷—2019年9月